Das Europäische Verwaltungsrecht
in der Konsolidierungsphase

DIE VERWALTUNG

Zeitschrift für Verwaltungsrecht
und Verwaltungswissenschaften

Herausgegeben von

Wilfried Berg, Gabriele Britz, Martin Burgi
Stefan Fisch, Johannes Masing, Matthias Ruffert
Friedrich Schoch, Helmuth Schulze-Fielitz

Beiheft 10

Das Europäische Verwaltungsrecht in der Konsolidierungsphase

Systembildung – Disziplinierung – Internationalisierung

Herausgegeben von

Peter Axer, Bernd Grzeszick, Wolfgang Kahl,
Ute Mager und Ekkehart Reimer

Duncker & Humblot · Berlin

Bibliografische Information der Deutschen Nationalbibliothek

Die Deutsche Nationalbibliothek verzeichnet diese Publikation in der Deutschen Nationalbibliografie; detaillierte bibliografische Daten sind im Internet über http://dnb.d-nb.de abrufbar.

Fremddatenübernahme und Druck:
Berliner Buchdruckerei Union GmbH, Berlin
Printed in Germany

ISSN 0946-1892
ISBN 978-3-428-13421-2

Gedruckt auf alterungsbeständigem (säurefreiem) Papier
entsprechend ISO 9706 ♾

Internet: http://www.duncker-humblot.de

Vorwort

Das vorliegende Beiheft fasst in erweiterter Form die Vorträge eines Symposions zusammen, das am 16. April 2010 in der Alten Aula der Ruprecht-Karls-Universität Heidelberg stattfand. Die hierin enthaltenen Beiträge der Herausgeber des Beihefts stellen deren Antrittsvorlesungen vor der Heidelberger Juristischen Fakultät dar.

Die Veranstalter danken den Referenten für ihre Vorträge und deren schriftliche Ausarbeitung, ihren Fakultätskollegen für die Diskussionsleitung, ihren Mitarbeitern und Hilfskräften für vielfältige Unterstützung, den Herausgebern der Zeitschrift „DIE VERWALTUNG“ für die Bereitschaft zur Veröffentlichung des Tagungsbandes sowie dem Verlag, insbesondere Herrn Prof. Dr. jur. h.c. Norbert Simon und Herrn Dr. Florian R. Simon (LL.M.), für die reibungslose Zusammenarbeit und zügige Drucklegung.

Heidelberg, im Mai 2010

Peter Axer
Bernd Grzeszick
Wolfgang Kahl
Ute Mager
Ekkehart Reimer

Inhaltsverzeichnis

Erster Abschnitt

Grundlagen

Entwicklungslinien des Europäischen Verwaltungsrechts

Von Ute Mager, Heidelberg*

I. Erkenntnisinteresse

1983 – immerhin 25 Jahre nach dem Inkrafttreten der Römischen Verträge – schreibt der damalige Richter am EuGH *Ulrich Everling* unter der Überschrift „Elemente eines europäischen Verwaltungsrechts", dass „wohl kaum schon von einem wirklichen europäischen Verwaltungsrecht gesprochen werden" könne[1]. Als wichtigste Teilgebiete nennt er das Recht der Beihilfenaufsicht und die landwirtschaftlichen Marktordnungen. Wichtigster Akteur der Verwaltungsrechtsentwicklung sei der Europäische Gerichtshof mit seiner fallweisen Ausarbeitung von rechtsstaatlichen Grundsätzen wie Vertrauensschutz, rechtlichem Gehör oder dem Verhältnismäßigkeitsprinzip. Vier Jahre später folgt ein Aufsatz mit dem Titel „Auf dem Weg zu einem europäischen Verwaltungsrecht"[2]. Darin geht Everling den Unterschieden in den nationalen Rechtsordnungen etwa in den Bereichen Rechtsschutz, Zuerkennung von subjektiven Rechten oder Kontrolldichte nach[3], die der Entwicklung eines europäischen Verwaltungsrechts im Weg stehen. Auch hier führt der Weg noch nicht weiter als bis zur richterrechtlichen Entwicklung allgemeiner Rechtsgrundsätze des Verwaltungshandelns.

Im Jahre 1993 erreichte das Thema die Staatsrechtslehrervereinigung unter dem Titel: „Deutsches und europäisches Verwaltungsrecht – Wechselseitige Einwirkungen". Die Kollegen *Zuleeg* und *Rengeling* trugen vor[4]. Der Schwerpunkt ihrer Ausführungen lag auf der Beschreibung und Lösung von Kollisionen zwischen gemeinschaftsrechtlichen Anforderungen und

---

* Für konstruktive Kritik an früheren Fassungen und weiterführende Hinweise danke ich *Armin von Bogdandy, Wolfgang Kahl* und *Bettina Schöndorf-Haubold.*

1 *Everling,* DVBl. 1983, S. 649 (649).

2 *Everling,* NVwZ 1987, S. 1 ff.; s. zuvor schon *Rivero,* Vers un droit européen: nouvelles perspectives en droit administratif, in: Cappelletti (Hrsg.), New perspectives for a Common Law of Europe, 1978, S. 389 ff.; *Schwarze* (Hrsg.), Europäisches Verwaltungsrecht im Werden, 1982.

3 s. dazu die rechtsvergleichenden Arbeiten in *Schwarze* (Hrsg.), Europäisches Verwaltungsrecht, 1. Aufl. 1988, 2. Aufl. 2005.

4 *Zuleeg,* VVDStRL 53 (1994), S. 154 ff.; *Rengeling,* ebd., S. 202 ff.

nationalem Verwaltungsrecht. Beide stellten eine Steigerung des gemeinschaftsrechtlichen Einwirkens auf den mitgliedstaatlichen Verwaltungsvollzug fest[5] und insbesondere Rengeling mahnte an, dass dem Grundsatz der institutionellen und verfahrensmäßigen Autonomie der Mitgliedstaaten gegenüber dem gemeinschaftsrechtlichen Effektivitätsgrundsatz ein angemessenes Gewicht eingeräumt werden müsse[6].

2006 befasste sich die Staatsrechtslehrervereinigung erneut mit dem europäischen Verwaltungsrecht, dieses Mal unter dem Titel „Verantwortung und Effizienz in der Mehrebenenverwaltung". In den Beiträgen der Kollegen *Pache* und *Groß*[7] stand nunmehr die Zusammenarbeit zwischen den Verwaltungseinheiten und -ebenen ganz im Vordergrund. Verwaltungskooperation und europäische Kooperationsgesetzgebung mit den verschiedenen Kooperationsinstrumenten bildeten den Untersuchungsgegenstand. Problematisiert wird dieses Kooperationsverwaltungsrecht vor allem unter den Anforderungen von Demokratie und Rechtsstaatlichkeit[8].

Im Spiegel der deutschen Staatsrechtslehre zeigt sich also die Entwicklung von der allmählichen Ausbildung allgemeiner Rechtsgrundsätze durch die europäische Gerichtsbarkeit über eine quantitative und qualitative Intensivierung gemeinschaftsrechtlicher Einwirkungen auf das nationale Verwaltungsrecht bis hin zu umfangreichen Verwaltungskooperationsbeziehungen. Angesichts dieses Befunds stellt sich die Frage, was heute Begriff und Gegenstand des europäischen Verwaltungsrechts ausmacht sowie nach den Hintergründen und Charakteristika der Entwicklung. Nicht zuletzt gibt die äußere Konsolidierung des europäischen Integrationsprozesses in *einer* juristischen Person, der EU, Anlass, sich über den aktuellen Stand des europäischen Verwaltungsrechts aus seiner Entwicklung heraus zu vergewissern, denn eine klare Standortbestimmung ist nur möglich in Kenntnis des zurückgelegten Weges, wie sie ihrerseits Voraussetzung dafür ist, die Aufgaben der Zukunft zu erkennen[9].

---

5 *Zuleeg* (FN 4), S. 155 ff., 158 und LS I. 1., 5.; *Rengeling* (FN 4), S. 204, 226, LS 16 a.

6 *Rengeling* (FN 4), S. 229 f., 232, LS 16 b.

7 *Pache,* VVDStRL 66 (2007), S. 106 ff.; *Groß,* ebd., S. 152 ff.

8 *Pache* (FN 7), S. 136 ff.; *Groß* (FN 7), S. 169 ff.

9 Zum Sinn einer solchen Fragestellung s. *Wahl,* Herausforderungen und Antworten: Das öffentliche Recht der letzten fünf Jahrzehnte, 2006, S. 12–16; vgl. auch *Höffe,* FAZ vom 6. 3. 2010 in anderem Zusammenhang: der Blick in die Vergangenheit „gibt der Gegenwart ein schärferes Profil".

II. Zum Begriff des europäischen Verwaltungsrechts – Stand der Systematik

1. Europäisches Verwaltungsrecht

Der Begriff der Verwaltung wird vielfach als deskriptiv und nicht definierbar bezeichnet[10]. Im innerstaatlichen Recht erhält er seine Begrenzung aus dem Verhältnis zu den beiden anderen Staatsfunktionen, Gesetzgebung und Rechtsprechung[11]. Der Übertragbarkeit dieses Konzepts auf das Unionsrecht wird entgegengehalten, dass für dieses nicht das Gewaltenteilungsprinzip, sondern das interinstitutionelle Gleichgewicht und der Dualismus zwischen Union und Mitgliedstaaten prägend seien[12]. Dieser Einwand hat seine Berechtigung allerdings in erster Linie in Bezug auf den Versuch, Funktionen aus der Verknüpfung mit Organen zu erläutern und zu begrenzen. Dies gelingt auf staatlicher wie europäischer Ebene am besten in Bezug auf die Judikative[13], die sich als Streitentscheidung durch Gerichte definieren lässt. Sie wird schwieriger, und ist für die europäische Ebene kaum durchführbar, in Bezug auf Gesetzgebung und Verwaltung[14]. Daraus folgt allerdings nicht, dass sich die Funktionen nicht abgrenzen ließen, sondern nur, dass sich aus der Zuordnung zu einer Funktion keine Vermutung für die Zuständigkeit eines Organs ergibt. Die Gesetzgebung auf europäischer Ebene ausschließlich als Funktion lässt sich definieren als Erlass abstrakt-genereller Normen in unmittelbarer Wahrnehmung primärrechtlich zugewiesener Kompetenzen. Europäische Verwaltung und Europäi-

10 s. *Forsthoff,* Lehrbuch Verwaltungsrecht, Allgemeiner Teil, 10. Aufl. 1973, S. 1; *Ehlers,* Verwaltung und Verwaltungsrecht im demokratischen und sozialen Rechtsstaat, in: Erichsen/Ehlers, Allgemeines Verwaltungsrecht, 13. Aufl. 2005, § 1 Rn. 3–12; *Maurer,* Allgemeines Verwaltungsrecht, 17. Aufl. 2009, § 1 Rn. 5 ff.; s. auch *Gil Ibáñez,* The Administrative Supervision and Enforcement of EC Law: Powers, Procedures and Limits, 1999, S. 17 ff., der von „puzzling notion" spricht und *Schwarze,* Einleitung, in: ders. (Hrsg.), Europäisches Verwaltungsrecht, 2. Aufl., 2005, S. 13 ff.

11 *Maurer,* Verwaltungsrecht (FN 10), § 1 Rn. 6. Am deutlichsten wird dies bei der sog. Substraktionsmethode nach *Mayer,* Verwaltungsrecht, Band 1, 3. Aufl. 1924, S. 7 und *Jellinek,* Verwaltungsrecht, 1928, S. 5.

12 s. *Schwarze* (FN 10), S. 22; *von Danwitz,* Verwaltungsrechtliches System und Europäische Integration, 1996, S. 130 f.; *von Bogdandy,* Europäische Prinzipienlehre, in: ders. (Hrsg.), Europäisches Verfassungsrecht, 1. Aufl. 2003, S. 149 (199); *Simon,* Le système juridique communautaire, 3. Aufl. 2001, S. 183 ff.; *Schmidt-Aßmann,* Europäische Verwaltung zwischen Kooperation und Hierarchie, in: FS Steinberger, 2002, S. 1357 (1384 f.).

13 Zum deutschen Verfassungsrecht s. *von Münch/Mager,* Staatsrecht I, 7. Aufl. 2009, Rn. 518; zum europäischen Recht s. *Schmidt-Aßmann* (FN 12), S. 1384 ff.; *Möllers,* Gewaltengliederung, 2005, S. 263, 285; *Nettesheim,* Institutionen der Europäischen Union, in: Oppermann/Classen/Nettesheim, Europarecht, 4. Aufl. 2009, § 7 Rn. 11.

14 s. in Bezug auf die Normsetzung *Bast,* Handlungsformen und Rechtsschutz, in: von Bogdandy/Bast (Hrsg.), Europäisches Verfassungsrecht, 2. Aufl. 2009, S. 489 (530); s. auch *Möllers* (FN 13), S. 254, 264 ff.; *Schwarze* (FN 10), S. 23 f.; s. auch *Schmidt-Aßmann* (FN 12), S. 1387 ff.

sches Verwaltungsrecht befassen sich dann *im Kern*, wie schon von *Everling* definiert, mit dem „Vollzug der gemeinschaftsrechtlichen Vorschriften in konkreten Situationen“[15]. Diese Definition bedarf jedoch der Erläuterung und der Ergänzung. Zum einen sollten zu den gemeinschaftsrechtlichen, oder besser unionsrechtlichen, Vorschriften auch die Regelungen des nationalen Rechts gezählt werden, die ihre Grundlage im Unionsrecht haben[16]. Zum anderen sollte der „Vollzug in konkreten Situationen“ erweitert werden auf jegliche Aufgabenwahrnehmung, die durch europäisches Sekundär- oder auch Tertiärrecht zugewiesen wird, wohingegen die Begrenzung auf konkrete Situationen nur für die Ausübung unmittelbar primärrechtlich zugewiesener Kompetenzen, mit anderen Worten für die Abgrenzung von der Gesetzgebungsfunktion von Bedeutung ist. Schließlich erstreckt sich das Europäische Verwaltungsrecht als Rechtsgebiet auch auf die Indienstnahme des nationalen Rechts für den Vollzug von Unionsrecht[17]. Die für eine Systematik anhand von Rechtsquellen und für die Perspektive des nationalen Rechts sinnvolle Unterscheidung zwischen europäisch gesetztem Verwaltungsrecht und Europäisierung des Verwaltungsrechts[18] taugt nicht für die inhaltliche Bestimmung des Begriffs der Europäischen Verwaltung als Funktion oder des Begriffs des Europäischen Verwaltungsrechts als Rechtsmaterie.

2. Systematik nach der Vollzugsverantwortung

An das Kriterium der zugewiesenen Aufgabe bzw. Kompetenz anknüpfend, wird das europäische Verwaltungsrecht nach den verantwortlichen Hoheitsträgern systematisiert. Es wird unterschieden zwischen der europäischen Eigenverwaltung, das heißt der Durchführung von europäischem Recht durch europäische Organe und Einrichtungen, insbesondere die Europäische Kommission, und der Durchführung von Unionsrecht durch mitgliedstaatliche Behörden[19]. Mitgliedstaatliche Behörden vollziehen ent-

---

[15] *Everling* (FN 1), S. 649.

[16] Vgl. *Zuleeg* (FN 4), S. 177: „Die Umsetzung ins nationale Recht macht das Regelwerk nicht unabhängig vom zugrundeliegenden Gemeinschaftsrecht. Die Begriffe des umgesetzten Rechts richten sich nach dem Gemeinschaftsrecht, das den Handlungsauftrag erteilt.“

[17] s. auch *Schmidt-Aßmann*, Das allgemeine Verwaltungsrechts als Ordnungsidee, 2. Aufl. 2004, 7. Kap. Rn. 13 (S. 385): „Die Basis bildet das nationale Verwaltungsrecht. ... Das nationale Recht ist bisher die einzige umfassend entwickelte Schicht der europäischen Verwaltungsrechtsordnung.“

[18] s. diese Unterscheidung bei *Schnapauff*, Deutsche Verwaltung und europäische Integration, in: S. Magiera / Sommermann (Hrsg.), Verwaltung in der Europäischen Union, 2001, S. 13 (20 f.).

[19] Die Begriffe Eigenverwaltungsrecht und Gemeinschaftsverwaltungsrecht verwendet zuerst *Schmidt-Aßmann*, DVBl. 1993, 924 (925, 926); s. auch die prägnante, systematische Übersicht zu den Schichten des europäischen Verwaltungsrechts in *ders.*, Strukturen des Europäischen Verwaltungsrechts, in: ders. / Hoffmann-Riem

weder unmittelbar anwendbares Unionsrecht oder Unionsrecht, das in nationales Recht umgesetzt wurde. Die Anwendung des Subsidiaritätsgrundsatzes hat zur Folge, dass im Regelfall mitgliedstaatliche Behörden unionsrechtlich veranlasstes nationales Recht vollziehen[20]. Soweit das Unionsrecht Lücken lässt, was wiederum infolge des Grundsatzes der institutionellen und verfahrensmäßigen Autonomie der Mitgliedstaaten (Prinzip der Verwaltungsautonomie[21]) und des Subsidiaritätsprinzips[22] im Bereich des Verwaltungsverfahrens und der Verwaltungsorganisation häufig der Fall ist, kommt das nationale Verfahrens-, Organisations- oder auch Haftungsrecht zur Anwendung. Kommt nationales Recht im Zusammenhang mit der Vollziehung von Unionsrecht zur Anwendung, wird es durch unionsrechtliche Auslegungs- und Anwendungsgrundsätze überformt.[23] Auch diese Auslegungs- und Anwendungsgrundsätze gehören zum europäischen Verwaltungsrecht, bilden geradezu seine älteste Schicht[24].

(Hrsg.), Strukturen des Europäischen Verwaltungsrechts, 1999, S. 9 (32 f.). s. auch *Hoffmann-Riem,* Strukturen des Europäischen Verwaltungsrechts – Perspektiven der Systembildung, ebd., S. 322 ff. Die Begriffe werden aufgenommen von *Rengeling,* (FN 4), S. 206 f.; s. zur Unterscheidung in der Sache bereits *ders.*, Rechtsgrundsätze beim Verwaltungsvollzug des Europäischen Gemeinschaftsrechts 1977, S. 9 ff.; *Everling* (FN 1), S. 650; zum aktuellen Stand *von Danwitz,* Europäisches Verwaltungsrecht, 2008, S. 313 sowie S. 315 ff. zum Europäischen Eigenverwaltungsrecht, S. 467 ff. zum Gemeinschaftsverwaltungsrecht; zu den Anforderungen an die Einrichtung eines Vollzugs in Eigenverwaltung s. EuGH, Urt. vom 2. 5. 2006, Rs. C-217/04 – Einrichtung der Europäischen Agentur für Netz- und Informationssicherheit, Slg. 2006, I-3771 (3806).

20 *Ruffert,* DÖV 2007, S. 761 (766): „Das Ideal dezentralen Vollzugs, das im Subsidiaritätsprinzip verwurzelt ist, im Gedanken der Verwaltungsautonomie der Mitgliedstaaten zum Ausdruck kommt ..., stellt die eigenverantwortliche Aufgabenerledigung durch die mitgliedstaatlichen Verwaltungen nach wie vor in den Mittelpunkt.“; s. zur Bedeutung des Subsidiaritätsprinzips für die Handlungsform Verordnung oder Richtlinie *Kahl,* Kooperative Rechtsangleichung, in: FS Spellenberg, 2010, im Typoskript Abschnitt IV. 2. b), im Erscheinen.

21 So der Begriff bei *Schwarze,* NVwZ 2000, S. 241 (244) mit Hinweis auf *Hatje,* Die gemeinschaftsrechtliche Steuerung der Wirtschaftsverwaltung, 1998, S. 24; s. auch *ders.*, Formen, Standards und Zukunftsperspektiven des europäischen Verwaltungsrechts, in: *ders.* (Hrsg.), Bestand und Perspektiven des Europäischen Verwaltungsrechts, 2008, S. 16.

22 Vgl. *Rengeling* (FN 4), S. 232; s. auch *Ruffert* (FN 20); *Sydow,* Verwaltungskooperation in der Europäischen Union, 2004, S. 44 ff.

23 Vom Mindeststandard über Angleichung bis zu einer abwägenden Balance; s. dazu *von Danwitz* (FN 19), S. 476 ff. und schon *ders.* (FN 12), S. 353 ff., 389 ff.; s. zu einer Einschätzung der neueren Rechtsprechung des EuGH auch die Rechtsprechungsanalyse von *Ruffert,* Die Verwaltung 41 (2008), S. 543 (551 f.).

24 *Schwarze,* Die neuere Entwicklung des europäischen Verwaltungsrechts, in: ders. (Hrsg.), Europäisches Verwaltungsrecht, 2. Aufl. 2005, S. XLVIII: „Das europäische Verwaltungsrecht hat sich zunächst in Form von ungeschriebenen, durch Richterrecht formulierten allgemeinen Rechtsgrundsätzen entwickelt.“ s. aus der frühen Literatur etwa *Lecheler,* Der Europäische Gerichtshof und die allgemeinen Rechtsgrundsätze, 1971; *Rengeling,* Rechtsgrundsätze beim Verwaltungsvollzug des Europäischen Gemeinschaftsrechts, 1977; s. auch *Schwarze* (FN 10), S. 62 ff. sowie die Auflistung bei *Everling* (FN 1), S. 652 und die Bewertung bei *Hatje* (FN 21), S. 342 f.

Die Unterscheidung zwischen Eigenverwaltung und Unionsverwaltung richtet sich nicht danach, welche Verwaltungsebene eine Entscheidung mit Wirkung außerhalb der Verwaltung anordnet oder vollzieht, also wem die Wahrnehmungsbefugnis zusteht, wie wir dies nach deutschem Recht gewohnt sind[25], sondern danach, welcher Ebene – vorbehaltlich gerichtlicher Überprüfung – die verbindliche Sachentscheidungsbefugnis zukommt[26]. Für die sich daraus ergebenden Rechtsschutzprobleme gibt das Zusammenwirken im vertikalen Verwaltungsverbund reiches Anschauungsmaterial[27].

Quer zu dieser Einteilung, die sich an dem zur Sachentscheidung kompetenten Hoheitsträger orientiert, verläuft das sog. Verbund- und Kooperationsverwaltungsrecht[28]. Damit sind die zahlreichen Formen des Zusammenwirkens zwischen europäischen und mitgliedstaatlichen Verwaltungsstellen (vertikale Kooperation) oder auch mitgliedstaatlicher Behörden untereinander (horizontale Kooperation) gemeint[29]. Es handelt sich um Handlungsformen und Instrumente, die im staatlichen Verband zum großen Teil Binnenbeziehungen ohne rechtliche Außenwirkung betreffen[30]. In der supranational-föderalen Union[31] erlangen sie wegen der nicht voll integrierten Dualität von Union und Mitgliedstaaten größere Sichtbarkeit als

---

[25] s. BVerfGE 81, 310 (331 ff.). – Kalkar und dazu *von Münch/Mager* (FN 13), Rn. 458.

[26] *Mager,* Die europäische Verwaltung zwischen Hierarchie und Netzwerk, in: Trute/Groß/Röhl/Möllers (Hrsg.), Allgemeines Verwaltungsrecht – zur Tragfähigkeit eines Konzepts, 2008, S. 369 (389); vgl. auch *Frenz,* DÖV 2010, S. 66 (73): „Die Verantwortung nach außen ... trifft regelmäßig die nationalen Verwaltungsbehörden, außer wenn eine europäische Stelle allein und für den Bürger eindeutig erkennbar die Entscheidung determiniert." s. dazu EuGH, Urteil vom 3. 12. 1992, Rs. C-97/91 – Oleificio Borreli, Slg. 1992, I-6313 Rn. 9.

[27] *Hofmann,* Rechtsschutz und Haftung im Europäischen Verwaltungsverbund, in: Schmidt-Aßmann/Schöndorf-Haubold (Hrsg.), Der Europäische Verwaltungsverbund, 2005, S. 353 (365 ff.); s. auch *Röhl,* ZaöRV 60 (2000), S. 331 (358 ff.); *Kahl/Gärditz,* NuR 2005, S. 555 (560 ff. und zusammenfassend S. 565); s. auch *Schmidt-Aßmann,* JZ 1994, S. 832 (833, 837).

[28] s. zum aktuellen Stand des europäischen Verbundverwaltungsrechts *von Danwitz* (FN 19), S. 609 ff.; s. auch die Beiträge in Schmidt-Aßmann/Schöndorf-Haubold (Hrsg.), Der europäische Verwaltungsverbund, 2005, sowie *Sydow* (FN 22). Das Phänomen thematisiert schon früher *Kahl,* Die Verwaltung 29 (1996), S. 341 ff. unter Verwendung des Begriffs Verbundesaufsicht (S. 360) und Mischverwaltung (S. 373). Zu den Urhebern des Begriffs gehört auch *von Bogdandy,* Der Staat 40 (2001), S. 3 (18) unter inhaltlichem Verweis auf *Schmidt-Aßmann,* Strukturen (FN 19), S. 9 ff.; s. auch *ders.,* Europäische Verwaltung zwischen Kooperation und Hierarchie (FN 12), S. 1381 f. Anregend wirkte die Wortschöpfung „Staatenverbund" in der Maastricht-Entscheidung des BVerfG E 89, 155 (184 ff.); so explizit *Kahl,* ebd., S. 360 Fn. 116; s. auch *Schmidt-Aßmann* (FN 12), S. 1381 f.; *Hofmann* (FN 27), S. 355.

[29] *von Danwitz* (FN 19), S. 341 ff. und S. 609 ff.

[30] Vgl. *Schmidt-Aßmann* (FN 12), S. 1380 f.

[31] s. zu dieser Kennzeichnung *von Bogdandy,* Supranationaler Föderalismus als Wirklichkeit und Idee einer neuen Herrschaftsform, 1999, insbes. S. 61 ff.; zum Hertensteiner Programm der Europäischen Föderalisten von 1946 s. *Schulze/Walter,* Einleitung, in: dies. (Hrsg.), 50 Jahre Römische Verträge, 2008, S. 2.

im staatlich-föderalen Verband oder gar im Einheitsstaat. Auch hier wird deutlich, dass die erkenntnisleitende Funktion, die mit dem Begriff der Außenwirkung für das staatliche Recht verbunden ist – etwa für Handlungsformen oder für den Rechtsschutz – auf das Unionsrecht nicht übertragen werden kann.

Das Repertoire des Kooperationsverwaltungsrechts umfasst neben allfälligem Informationsaustausch[32] Kontrollinstrumente[33] – etwa Berichtspflichten[34] oder Inspektionen[35] –, die Koordination von Zuständigkeiten – z. B. im sog. Netzwerk der Kartellbehörden[36] –, gemeinsame Planung – etwa im Rahmen der Strukturfonds[37] oder im Biotopverbund Natura 2000[38] –, bis hin zum institutionalisierten Zusammenwirken im Rahmen der Ausschussverfahren[39], durch welche die Mitgliedstaaten Einfluss auf das Verwaltungshandeln der Kommission nehmen, oder in den verschiedenen

---

32 s. *Schmidt-Aßmann,* EuR 1996, S. 270 (290): ... Basis jeder Verwaltungskooperation; s. auch *ders.*, Ordnungsidee (FN 17), Kap. 7, Rn. 11 (S. 384); *Hatje* (FN 21), S. 134 ff.; *ders.*, Datenaustausch und Datenschutz in der Europäischen Union, in: Magiera / Sommermann (Hrsg.), Verwaltung in der Europäischen Union, 2001, S. 193: „... Zusammenarbeit der Verwaltungen in Europa, als deren Herzstück der Austausch von Informationen eine herausragende Rolle spielt ..."

33 s. dazu *Mager* (FN 26), S. 381 f. m. w. N.

34 Zahlreich im Umweltrecht, s. *Krämer,* Defizite im Vollzug des EG-Umweltrechts und ihre Ursachen, in: Lübbe-Wolff (Hrsg.), Der Vollzug des europäischen Umweltrechts, 1996, S. 7 (24 f.); s. dazu auch *Sommer,* Informationskooperation am Beispiel des europäischen Umweltrechts, in: Schmidt-Aßmann / Schöndorf-Haubold (Hrsg.), Der Europäische Verwaltungsverbund, 2005, S. 57 (63).

35 Im Wettbewerbs-, Veterinär-, Fischerei-, Subventions- und Zollrecht. s. dazu *Krämer* (FN 34), S. 13; *David,* Inspektionen als Instrument der Vollzugskontrolle im Europäischen Verwaltungsverbund, in: Schmidt-Aßmann / Schöndorf-Haubold (Hrsg.), Der Europäische Verwaltungsverbund, 2005, S. 237 ff.

36 VO EG Nr. 1 / 2003 (ABl. EG Nr. L 1, S. 1 ff.) Erwägungsgrund 15: „Die Kommission und die Wettbewerbsbehörden der Mitgliedstaaten sollen gemeinsam ein Netz von Behörden bilden, die die EG- Wettbewerbsregeln in enger Zusammenarbeit anwenden" und Erwägungsgrund 16: „Der Austausch von Informationen (...) zwischen den Mitgliedern des Netzwerks ..."; die amtliche Paragraphenüberschrift des Umsetzungsaktes § 50 a GWB spricht von einer „Zusammenarbeit im Netzwerk der europäischen Wettbewerbsbehörden".

37 *Schöndorf-Haubold,* Die Strukturfonds der Europäischen Gemeinschaft, 2005, S. 158 ff.; *dies.*, Gemeinsame Europäische Verwaltung: die Strukturfonds der Europäischen Gemeinschaft, in: Schmidt-Aßmann / Schöndorf-Haubold (Hrsg.), Der Europäische Verwaltungsverbund, 2005, S. 25 ff.; *Puttler,* Die Verwaltung europäischer Strukturbeihilfen, in: Magiera / Sommermann, Verwaltung in der europäischen Union, 2001, S. 171 ff.

38 *Kahl / Gärditz,* NuR 2005, S. 555 ff.; *Weiß,* Die Verwaltung 38 (2005), S. 517 (522 ff.). Die Kommission hat hinsichtlich der Gebietsfestsetzung keine Letztentscheidungskompetenz, vielmehr ist gemäß Art. 5 FFH- RL ein bilaterales Konzertierungsverfahren zwischen dem Mitgliedstaat und der Kommission vorgesehen. Ist dieses nicht erfolgreich, so entscheidet der Rat.

39 s. dazu *Falke,* Komitologie – Entwicklung, Rechtsgrundlagen und erste empirische Annährung, in: Joerges / Falke (Hrsg.), Das Ausschusswesen der Europäischen Union, 2000, S. 109 ff.; *Bücker / Schlacke,* Die Entstehung einer „politischen Verwaltung" durch EG – Ausschüsse, ebd., S. 136 ff.

Regulierungsagenturen[40], in denen die Mitgliedstaaten über die Verwaltungsräte mitwirken[41].

3. Systematik nach Funktionen, Zwecken und Themen

Systematisch lässt sich innerhalb der genannten Schichten funktional, nach Zwecken (final) und thematisch unterscheiden:

Funktional sind die Kategorien materielles Verwaltungsrecht, Verfahrensrecht und Organisationsrecht zu nennen. Die funktionale Gliederung ist hilfreich für die Analyse im Wandel der Steuerungsformen und deshalb für die Frage nach Entwicklungslinien besonders wichtig.

Zweckorientiert lässt sich gliedern nach Ordnungsrecht, Leistungsrecht sowie Abgabenrecht[42]. In Bezug auf Verwaltungsbinnenbeziehungen lässt sich dem noch die Lenkung und Kontrolle von Verwaltungshandeln hinzufügen[43]. Die an Zwecken ausgerichtete Unterscheidung gibt Hinweise für die Untersuchung der Interessenlagen[44], die für die Rechtsgestaltung und -entwicklung von wesentlicher Bedeutung ist.

Thematisch ist die gröbste Unterscheidung die zwischen allgemeinem und besonderem Verwaltungsrecht, wobei Letzteres in die ganze Breite der konkreten Regelungsmaterien führt. Die thematische Ordnung verweist auf die spezifischen Sachgesetzlichkeiten eines Regelungsbereichs.

III. Konstanten und große Linien

Betrachtet man den zunächst systematisch skizzierten Gegenstand des europäischen Verwaltungsrechts in der geschichtlichen Perspektive, zeigt sich als prägende Konstante der Dualismus zwischen Union und Mitgliedstaaten, während als Entwicklungslinien eine Dynamik der räumlichen und thematischen Erweiterung sowie eine strukturelle Vertiefung hervortreten.

---

40 *Schmidt-Aßmann,* Strukturen Europäischer Verwaltung (FN 19), S. 40; s. auch *ders.*, Ordnungsidee (FN 16), Kap. 7 Rn. 4 (S. 379); ausführlich *Fischer-Appelt,* Agenturen der Europäischen Gemeinschaft, 1999, S. 46 ff.; s. auch *Uerpmann,* AöR 125 (2000), S. 551 ff.; *Schulze-Fielitz,* Die Verwaltung im europäischen Verfassungsgefüge, in: Erbguth / Masing, (Hrsg.), Verwaltung unter dem Einfluss der Europarechts, 2006, S. 91 (97 ff.); *Koch,* EuZW 2005, S. 455 ff.

41 s. zu den Instrumenten des Kooperationsverwaltungsrechts etwa *Pache* (FN 7), S. 126 ff.; *Ruffert* (FN 20), S. 762 ff.; *Schmidt-Aßmann* (FN 32), S. 275 ff.

42 s. zu dieser Einteilung *Schmidt-Aßmann,* Europäische Verwaltung zwischen Kooperation und Hierarchie (FN 12), S. 1376 ff.

43 *Mager* (FN 26), S. 376.

44 s. dazu *Mager* (FN 26), S. 376.

1. Der Dualismus von Union und Mitgliedstaaten

Eine hervorragende Konstante ist der Dualismus zwischen Unionsinteresse und mitgliedstaatlichen Interessen[45], wobei die Mitgliedstaaten als Herren der Verträge einerseits, als durch die europäische Hoheitsgewalt Gebundene andererseits, eine Doppelrolle haben, ja geradezu janusköpfig sind und sich zum Teil auch so verhalten. Die Ausbalancierung von Unionsinteresse und mitgliedstaatlichen Interessen prägt alle organisatorischen Arrangements und Verfahren.

a) Komitologie. Ein bekanntes Beispiel ist das Ausschusswesen, die sog. Komitologie[46]. Die mit der Delegation von Rechtsetzungsbefugnissen vom Rat auf die Kommission prinzipiell verbundene Stärkung des Unionsinteresses erhält ein Gegengewicht sowohl in der Zusammensetzung der Ausschüsse mit Vertretern der Mitgliedstaaten wie auch in den verschiedenen Rückkoppelungsverfahren zwischen Kommission und Rat im Falle fehlender Einigung in den Ausschüssen.[47] Die Entstehung und die Reformen des Ausschusswesens stellen ein typisches Beispiel für die dem Europarecht eigene pragmatische Rechtsentwicklung dar: Ein Problem findet zunächst eine faktisch-praktische Lösung, deren Europarechtskonformität durch Gerichtsentscheidungen geklärt und sodann in Rechtsnormen gegossen wird[48]. Weitere Reformen ergeben sich wiederum aus praktischen Erfahrungen teils krisenhafter Art[49]. Mit keiner Reform aber ist es der Kommission gelungen, das Unionsinteresse auf Kosten der Mitgliedstaaten wesentlich zu stärken[50].

---

45 s. schon *Everling* (FN 1), S. 657: „Grundproblem der Gemeinschaft ... ist das Spannungsverhältnis zwischen ihr und ihren Mitgliedstaaten"; s. auch *ders.*, Die Europäische Union als föderaler Zusammenschluss von Staaten und Bürgern, in: von Bogdandy/Bast (Hrsg.), Europäisches Verfassungsrecht, 2. Aufl. 2009, S. 961 (962, 963 und passim).

46 Zu den Anfängen s. *Noël,* Témoignage: l'administration de la Communauté européenne dans la rétrospective d'un ancien haut fonctionnaire, JEV 4 (1992), S. 145 (158). *Noël* nennt als Funktionen der ersten Ausschüsse die Einbindung und Koordination der nationalen Verwaltungen sowie deren Nutzung als Informationsquelle und Steuerungsinstrument für die Gemeinschaftspolitik. Er kennzeichnet sie als wirksames Instrument, um die nationalen Verwaltungen nach Brüssel auszurichten; s. auch *Cassese/della Cananea,* JEV 4 (1992), S. 75 (90 f.), 91; zur weiteren Entwicklung s. *Falke* (FN 39), S. 52 ff.; s. auch *Hofmann/Türk,* Policy Implementation, in: dies. (Hrsg.), EU Administrative Governance, 2006, S. 74 (77 ff.).

47 s. zusammenfassend *Everling,* Die Europäische Union als föderaler Zusammenschluss von Staaten und Bürgern, in: von Bogdandy/Bast (Hrsg.), Europäisches Verfassungsrecht, 2. Aufl. 2009, S. 961 (980 f.); zu verschiedenen theoretischen Konzeptionen des Ausschusswesen s. *Craig,* EU Administrative Law, 2006, S. 114 ff., 141; zu den verschiedenen Verfahren s. *Streinz,* Europarecht, 8. Aufl. 2008, Rn. 526 ff.

48 s. zur Rechtsentwicklung des Ausschusswesens neben den in FN 46 genannten *Craig* (FN 47), S. 105 f.; zur Rolle des Gerichtshofs s. *Hofmann/Türk* (FN 46), S. 79 ff.

49 Vgl. *Craig* (FN 47), 1. Kapitel mit dem Titel: „Crisis, Reform and Constitutionalization", S. 3 ff. und zusammenfassend S. 28 ff.; allgemein zur Bedeutung von Krisen für die Entwicklung des Umweltrechts *Bohne,* Langfristige Entwicklungstendenzen im Umwelt- und Technikrecht, in: Schmidt-Aßmann/Hoffmann-Riem (Hrsg.), Strukturen des Europäischen Verwaltungsrechts, 1999, S. 217 (220).

b) Regulierungsagenturen. Das dualistische Organisationsprinzip prägt auch den Aufbau der Europäischen Regulierungsagenturen. Diese sind strikt zu unterscheiden von den Exekutivagenturen[51]. Während es sich bei den Exekutivagenturen um nur der Rechtsform nach selbständige, hinsichtlich der Aufgabenwahrnehmung aber um spezialisierte Verwaltungseinheiten im Bereich der europäischen Eigenverwaltung zur Durchführung von Gemeinschaftsprogrammen handelt[52], sind die nicht nur nach ihrer Rechtsform, sondern auch hinsichtlich ihrer Aufgabenwahrnehmung selbständigen Regulierungsagenturen in Reaktion auf die räumliche Erweiterung und den zunehmenden Bedarf nach Informationsaustausch und koordinierter Kooperation zwischen den Mitgliedstaaten entstanden[53]. Es handelt sich um europäische Einrichtungen der Verwaltungskooperation[54]. Die Unterschiede schlagen sich in unterschiedlichen Organisationsstrukturen nieder: Während die Exekutivagenturen ihren Sitz in Brüssel haben und sowohl der Direktor als auch der Lenkungsausschuss von der Kommission bestimmt werden[55], ist bei den Regulierungsagenturen stets einem Direktor als Leiter und Repräsentant des Unionsinteresses ein Verwaltungsrat aus Vertretern der Mitgliedstaaten beigefügt[56]. Wesentlicher Anstoß für dieses Organisationsmuster war die Notwendigkeit, die bis dahin vernachlässigten

---

50 *Craig* (FN 47), S. 107 ff., 141; s. auch *Falke* (FN 39), S. 100 „Vereinfachungsbedarf, aber keine Notwendigkeit für die Regelung auf der Ebene des Vertrages"; S. 102, 108; *Joerges,* „Gutes Regieren" im Binnenmarkt, in: ders. / Falke (Hrsg.), Das Ausschusswesen der Europäischen Union, 2000, S. 367 und insbes. S. 368 ff.; *Hofmann / Türk* (FN 46), S. 81: „an institutional arrangement which has been relatively unchanged since its inception in the 1960s"; s. auch *Everson / Joerges,* Re-conceptualising Europeanisation as a public law of collisions: comitology, agencies and a interactive public adjudication, in: Hofmann / Türk (Hrsg.) (FN 46), S. 512 (525 ff.).

51 s. zur Unterscheidung zwischen diesen beiden nach Funktion und Organisation sehr unterschiedlichen Agenturtypen *Groß,* EuR 2005, S. 54 (56 f.); erhellend auch *Craig* (FN 47), S. 37 ff., der die Exekutivagenturen als Reaktion auf und Lehre aus dem Scheitern der Santer-Kommission erklärt; s. auch *Gundel,* Verwaltung, in: Schulze / Zuleeg (Hrsg.), Europarecht. Handbuch für die deutsche Rechtspraxis, 2006, § 3 Rn. 42, der die Verwaltungskrise darüber hinaus als Auslöser einer auch die Regulierungsagenturen umfassenden Externalisierungspolitik bewertet, *ders.,* ebd., Rn. 22 ff.; zu den Regulierungsagenturen *Craig,* a. a. O., S. 143 ff.

52 Vgl. VO (EG) Nr. 58 / 2000 des Rates vom 19. 12. 2002 zur Festlegung des Status der Exekutivagenturen, die mit bestimmten Aufgaben bei der Verwaltung von Gemeinschaftsprogrammen beauftragt werden, ABl. (EG) Nr. L 11 vom 19. 1. 2003, S. 1 ff.

53 Vgl. *Fischer-Appelt* (FN 40), S. 545 ff. sowie die Nachweise in FN 51.

54 s. *Chiti,* der die Exekutivagenturen im Kapitel „Les agences et l'administration directe dans l'union européenne " behandelt, die Regulierungsagenturen dagegen im Kapitel „Les agences, l'administration indirecte et la coadministration", in: Auby / Dutheil de la Rochère (Hrsg.), Droit Administratif Européen, 2007, S. 99 ff. und S. 267 ff.

55 Zum Sitz Art. 5, zur Organisation Art. 7 – 10 VO (EG) Nr. 58 / 2000 (FN 53).

56 s. zur internen Struktur *Uerpmann* (FN 40), S. 562 ff.; *Groß* (FN 51), S. 59 f.; *Craig* (FN 47), S. 170 ff.; die darin liegende Stärkung des Einflusses der Mitgliedstaaten hebt *Gundel* (FN 51), Rn. 34 hervor; s. auch *Hofmann / Türk* (FN 46), S. 86 f.

nationalen Verwaltungen institutionell-organisatorisch auf der europäischen Ebene einzubeziehen[57]. Die Tatsache, dass es trotz eines Kommissionsvorschlags[58] und anders als bei den Exekutivagenturen[59] bisher nicht gelungen ist, den Wildwuchs in den Rechtsgrundlagen für die Regulierungsagenturen durch einen Rechtsakt zu ordnen, verweist auf das Gewicht aber auch die Unterschiede der mitgliedstaatlichen Interessen im Rahmen dieses Agenturtyps[60], der als Einrichtung der Verwaltungskooperation zwar die hervorgehobenen Strukturähnlichkeiten zeigt, nach den jeweils wahrgenommenen Aufgaben jedoch sehr Disparates umfasst[61].

c) Landwirtschaftspolitik und Strukturfonds. Als weitere Beispiele für das andauernde Ringen um eine Balance zwischen Unionsinteresse und mitgliedstaatlichen Einzelinteressen lassen sich die Reformprozesse im Bereich der gemeinsamen Landwirtschaftspolitik[62] sowie der Strukturfonds[63] begreifen, beides Bereiche der Leistungsverwaltung. Die Reformimpulse sind dabei zum einen von den Erweiterungen ausgegangen[64], zum anderen von Rechnungshofberichten und der gerichtlichen Aufarbeitung missbräuchlicher Mittelverwendung[65]. Die Versuche der Mitgliedstaaten, ihre Kontrollverantwortung gering zu halten, ist durch den Unionsgesetzgeber mit zunehmenden Anreizen für eine wirksame mitgliedstaatliche Kontrolle beantwortet worden[66].

---

57 *Fischer-Appelt* (FN 40), S. 544 ff.; s. auch *Chiti* (FN 54), S. 269 f.; *Groß* (FN 51), S. 58; für das Umweltrecht *Winter*, Kompetenzen der EG im Verwaltungsvollzug, in: Lübbe-Wolff (Hrsg.), Der Vollzug des europäischen Umweltrechts, 1999, S. 107 (108 f.).

58 Kom (2005), 59.

59 VO (EG) Nr. 58/2003 (FN 52).

60 *Ladenburger*, Evolution oder Kodifikation eines allgemeinen Verwaltungsrechts in der EU, in: Trute/Groß/Röhl/Möllers (Hrsg.), Allgemeines Verwaltungsrecht – zur Tragfähigkeit eines Konzepts, 2008, S. 107 (127).

61 Zu Systematisierungsversuchen s. *Fischer-Appelt* (FN 40), S. 46 ff.; s. auch *Riedel*, Die Europäische Agentur für Flugsicherheit im System der Gemeinschaftsagenturen, in: Schmidt-Aßmann/Schöndorf-Haubold (Hrsg.), Der Europäische Verwaltungsverbund, 2005, S. 103 (110 ff.).

62 *Craig* (FN 47), S. 58 ff. und insbes. S. 62 ff.; s. dazu auch *Busse*, Agrarrecht, in: Schulze/Zuleeg (Hrsg.), Europarecht. Handbuch für die deutsche Rechtspraxis, 2006, § 25 Rn. 61 ff.

63 s. zur Entwicklung der Strukturfondsförderung *Schöndorf-Haubold* (FN 37), S. 46 ff. und zusammenfassend S. 68; s. auch *Craig* (FN 47), S. 69 ff. und insbes. S. 78 ff.

64 *Craig* (FN 47), S. 75 und 76 f. in Bezug auf die Strukturfonds; s. auch *Schöndorf-Haubold* (FN 37), S. 68 und S. 70.

65 *Craig* (FN 47), S. 66 ff. in Bezug auf die Landwirtschaftspolitik, S. 91 ff. in Bezug auf die Strukturfonds, S. 93 f. zu Rechnungshofberichten.

66 s. dazu *Craig* (FN 47), S. 57 ff., 3. Kapitel: „Shared Management" und insbes. S. 62 ff., 72 ff., 93 ff.

2. Dynamik der räumlichen Erweiterung

Anstoß für Veränderungen im Verhältnis von Union und mitgliedstaatlichen Interessen, Gewichtsverlagerungen und Themenverschiebungen haben immer wieder die Erweiterungen bewirkt. Sozialwissenschaftlich wird die Dynamik der Expansion als Ausgleich des Gefälles zwischen prosperierendem Kern und Peripherie erklärt, gemäß dem Konzept der Inklusion als eigennütziger Hilfe[67]. Der Zweck der europäischen Integration war dennoch anfangs wie im weiteren kein wirtschaftlicher, sondern ein politischer[68]: zunächst der politische Wille zur Stabilisierung des Friedens in Europa, später, bei der Süderweiterung in den 80er Jahren wie bei den Osterweiterungen 2004 und 2007, die Stabilisierung der jungen Demokratien[69]. Nach den letzten Erweiterungsrunden um insgesamt zwölf osteuropäische Staaten scheint die bisherige Dynamik an ihr Ende gekommen[70]. Dies legt die inzwischen erreichte räumliche Ausdehnung der EU ebenso nahe wie die Vielzahl der Mitgliedstaaten und Sprachen[71]. Hinzu kommen erhebliche wirtschaftliche Entwicklungsunterschiede und politische Differenzen, die eine Abstufung der Integration in verschiedenen Feldern unausweichlich erscheinen lassen[72], sofern sie nicht ohnehin schon Realität ist – Währungsunion ohne Großbritannien, Schweden und Dänemark[73], Schengener Besitzstand ohne Großbritannien und Irland[74], ganz abgesehen von den zahlreichen Übergangsregelungen für die zuletzt hinzugekommenen Mitgliedstaaten[75]. Für die europäische Verwaltung bedeutet dies zusätz-

---

67 *Vobruba,* Die Dynamik Europas, 2. aktualisierte Auflage, 2007.

68 s. auch *Schulze / Walter* (FN 31), S. 5; *Wagener / Eger,* Europäische Integration. Wirtschaft und Recht, Geschichte und Politik, 2. Aufl. 2009, S. 47, 62 ff.

69 *Wagener / Eger* (FN 68), S. 107; *Elvert,* Der europäische Integrationsprozess zwischen Konstitutionalisierung und Krise, in: Schulze / Walter, 50 Jahre Römische Verträge, 2008, S. 79 (83 f.).

70 *Schulze / Walter* (FN 31), S. 7; s. auch *Everling* (FN 47), S. 1007; zu den mit der Osterweiterung verbundenen Herausforderungen s. Hensel (Hrsg.), Die Osterweiterung der Europäischen Union, 2002 und darin insbes. *P.-C. Müller-Graff,* Die rechtliche Dimension der Osterweiterung der Europäischen Union, S. 21 (29 ff.).

71 Vgl. den Hinweis von *Bohne* (FN 49), S. 221 Fn. 9 auf den Historiker Paul Kennedy, The Rise and the Fall of the Great Powers, 1987, S. XVI f. und seine These, dass der Niedergang der europäischen, arabischen und asiatischen Großmächte seit 1500 jeweils auf eine übermäßige territoriale Ausdehnung zurückzuführen ist, welche die wirtschaftlichen, administrativen und letztlich militärischen Fähigkeiten dieser Mächte überschritt, die Großreiche zusammenzuhalten. *Hesse / Grotz,* JöR 2006, S. 607 (626) sprechen von einem Zustand der Überforderung wie Überdehnung als Strukturmerkmale des Integrationsprozesses.

72 s. zu den verschiedenen Mechanismen *Hesse / Grotz* (FN 71), S. 607 ff.; zu den Möglichkeiten der verstärkten Zusammenarbeit im Raum der Freiheit der Sicherheit und des Rechts s. *Monar,* Der Raum der Freiheit, der Sicherheit und des Rechts, in: von Bogdandy / Bast (Hrsg.), Europäisches Verfassungsrecht, 2. Aufl. 2009, S. 749 (776 ff.).

73 *Wagener / Eger* (FN 68), S. 147; *Hesse / Grotz* (FN 71), S. 609.

74 s. dazu *Monar* (FN 72), S. 773 f.; *Wagener / Eger* (FN 68), S. 150; *Hesse / Grotz* (FN 71), S. 609.

liche Fragmentierung und Unübersichtlichkeit. Angesichts der erheblichen Intensivierung der internationalen Zusammenarbeit zeigt das europäische Verwaltungsrecht in Teilbereichen fließende Übergänge zum internationalen Recht[76]. Die räumlich und sektoral begrenzte und abgestufte Integration könnte an die Stelle der bisherigen Dynamik der Erweiterung treten und sie damit erübrigen.[77]

3. Von der Wirtschafts- zur Wertegemeinschaft

Von entscheidender Bedeutung für die Entwicklung des europäischen Verwaltungsrechts war die thematische Erweiterung der Integration, die schlagwortartig als Entwicklung von der Wirtschafts- zur Wertegemeinschaft[78] bezeichnet wird. So wurde mit dem Inkrafttreten der Einheitlichen Europäischen Akte 1987 nicht nur die Binnenmarktinitiative gestartet und deren Realisierung durch die Einführung von Mehrheitsentscheidungen ermöglicht[79], sondern etwa auch eine Kohäsionspolitik eingeführt und der

---

75 Vgl. hierzu die Bestimmungen mit begrenzter Geltungsdauer in den Beitrittsakten der Erweiterungsrunde 2004 (Vierter Teil, Akte über die Bedingungen des Beitritts der Tschechischen Republik, der Republik Estland, der Republik Zypern, der Republik Lettland, der Republik Litauen, der Republik Ungarn, der Republik Malta, der Republik Polen, der Republik Slowenien und der Slowakischen Republik und die Anpassungen der die Europäische Union begründenden Verträge, Abl. 2003, Nr. L 236/40) und 2007 (Vierter Teil, Protokoll über die Bedingungen und Einzelheiten der Aufnahme der Republik Bulgarien und Rumäniens in die Europäische Union, Abl. 2005, Nr. L 157/35) – jeweils mit Verweis auf die entsprechenden Anhänge; s. auch *Hesse/Grotz* (FN 72), S. 609: Übergangsbestimmungen für die Bereiche WWU, Inneres und Justiz, Binnenmarkt, Landwirtschaft.

76 s. zu Assoziierungsabkommen *Schmalenbach,* in: Calliess/Ruffert (Hrsg.), EUV/EGV, 3. Auflage, 2007, Art. 310 EGV Rn. 36 ff.; *Booß,* in: Lenz/Borchart (Hrsg), EU-Verträge, 5. Auflage, 2010, Art. 217 AEUV Rn. 8 f.; s. zur Stellung der assoziierten Schengen-Mitglieder *Monar* (FN 72), S. 778 f.; s. zur internationalen Verflechtung im Politikbereich Asyl und Immigration *Costello,* Administrative governance and the Europeanisation of asylum and immigration policy, in: Hofmann/Türk (Hrsg.) (FN 46), S. 287 (295 ff.); im Bereich der polizeilichen und justiziellen Zusammenarbeit s. *Aden,* Administrative governance in the fields of EU police and judicial co-operation, ebd., S. 341 (353 f.); zum Bologna-Prozess im Bereich der Bildungspolitik *Mager,* Europäische Bildungspolitik in internationaler Verflechtung, in: Kadelbach (Hrsg.), 60 Jahre Integration in Europa – Variable Geometrien und politische Verflechtung jenseits der EU, Beiträge des IX. Walter-Hallstein-Kolloquiums am 27. 11. 2009 (im Erscheinen); zum Einfluss des WTO-Rechts auf das Lebensmittelrecht s. *Streinz,* Lebensmittel- und Arzneimittelrecht, in: Schulze/Zuleeg (Hrsg.), Europarecht. Handbuch für die deutsche Rechtspraxis, 2006, § 24 Rn. 31 ff.

77 Die durchaus auch zu beobachtenden Tendenzen des EuGH, die Rechtsordnung der EU zum Völkerrecht hin abzugrenzen, kritisiert *Faßbender,* DÖV 2010, S. 333 ff.

78 s. dazu *von Bogdandy,* Supranationaler Föderalismus (FN 31), S. 22 ff.; s. auch *Calliess,* JZ 2004, 1033 ff.

79 s. zur Bedeutung der EEA etwa *Haltern,* Europarecht, 2005, S. 5 ff.; *Schulze/Walter* (FN 31), S. 8; *Joerges,* Das Recht im Prozess der europäischen Integration, in: Jachtenfuchs/Kohler-Koch (Hrsg.), Europäische Integration, 1996, S. 73 (97 f.); s. auch *Kahl* (FN 38), S. 341: „Katalysator".

Umweltschutz als eigenständige Kompetenz im Primärrecht verankert[80] und mit den weiteren Vertragsänderungen kontinuierlich gestärkt. Mit dem Inkrafttreten des Vertrags von Maastricht 1993 entstand nicht nur die Währungsunion, sondern es wurden auch die Unionsbürgerschaft[81] begründet, das Sozialprotokoll vereinbart und die Grundsätze der Freiheit, der Demokratie, der Achtung der Menschenrechte und Grundfreiheiten sowie der Rechtsstaatlichkeit zum Fundament der Union erklärt. Nicht zuletzt hat die Charta der Grundrechte, 2000 in Nizza feierlich proklamiert und mit dem Vertrag von Lissabon verbindlich geworden, der Wertegemeinschaft sichtbare Gestalt gegeben[82]. Mit diesen Ergänzungen wurde das Fundament für eine positive Integration gelegt und ihr zugleich die Richtung gewiesen.

4. Vom Mehrebenensystem zum Verwaltungsverbund

Die primärrechtliche Grundlegung einer positiven Integration ermöglichte und beförderte die strukturelle Vertiefung des Mehrebenensystems zum europäischen Verwaltungsverbund. Das Mehrebenenbild ist wenig spezifisch, legt aber ein Denken in gestuften, übereinander geordneten Schichten nahe[83]. Damit sind durchaus zwei Strukturmerkmale erfasst, die das Europarecht im Ausgangspunkt kennzeichnen, nämlich die durch den Anwendungsvorrang bewirkte Normenhierarchie einerseits, der Grundsatz der Verwaltungsautonomie der Mitgliedstaaten und das Prinzip der Trennung zwischen der europäischen und den nationalen Verwaltungen andererseits[84]. Dennoch ist diese Beschreibung unvollständig[85]. Kritisch wurde

---

80 *Hatje* erklärt diese Entwicklung als Kompromisspakete zum Ausgleich verschiedener Vorstellungen von Wirtschaftspolitik, s. *ders.*, Wirtschaftsverfassung im Binnenmarkt, in: von Bogdandy / Bast (Hrsg.), Europäisches Verfassungsrecht, 2. Aufl. 2009, S. 801 (824).

81 Dazu *Skouris,* Rückblick und Ausblick aus der Perspektive der europäischen Gerichtsbarkeit, in: Schulze / Walter, 50 Jahre Römische Verträge, 2008, S. 17 (20).

82 Dazu *Skouris* (FN 81), S. 23; s. auch *Mager,* Die Bedeutung der Grundrechte für das Binnenmarktziel – der zweite Verfassungsabschnitt auf dem Prüfstand des Binnenmarktkonzepts, EuR Beiheft 3 / 2004, S. 41 (43, 48 ff., 52 ff.).

83 s. *Cassese,* Is there a Global Administrative Law?, in: von Bogdandy / Wolfrum / von Bernstorff / Dann / Goldmann (Hrsg.), The Exercise of Public Authority by International Institutions, 2009, S. 761 (767); kritisch zum Begriff des Mehrebenensystems auch *Kirchhof,* Der europäische Staatsverbund, in: von Bogdandy / Bast (Hrsg.), Europäisches Verfassungsrecht, 2. Aufl. 2009, S. 1009 (1023 f.).

84 s. EuGH, Rs. C-201 / 02 (Wells), Urt. v. 7. 1. 2004, Slg. 2004, I, 723 Rn. 65 oder 67: Grundsatz der Verfahrensautonomie; EuGH, verb. Rs. C-392 / 04 und C-422 / 04 (i-21 Germany u. a.), Slg. 2006, I-8559, Rn. 57; s. dazu auch *von Danwitz* (FN 19), S. 302 ff., 312. S. nunmehr Art. 291 Abs. 1 AEUV „Die Mitgliedstaaten ergreifen alle zur Durchführung der verbindlichen Rechtsakte der Union erforderlichen Maßnahmen nach innerstaatlichem Recht."

85 So schon *Schmidt-Aßmann,* Verwaltungskooperation 1996 (FN 30), S. 270 ff.; s. auch *ders.*, Strukturen 1999 (FN 28), S. 15, 19 f.; *Hatje* (FN 21), 129; s. auch *Hofmann / Türk,* Conclusions: Europe's integrated administration, in: dies. (Hrsg) (FN 46),

dem Bild der Schichttorte der Marmorkuchen entgegengehalten[86]. Nicht von ungefähr, wenn auch mit einiger Verspätung, hat der Vertrag von Lissabon den Titel „Verwaltungszusammenarbeit“[87] in das Primärrecht eingeführt. Im Zuge und als Mittel einer solchen Verwaltungszusammenarbeit wurden Verwaltungsverfahren und Verwaltungsorganisation in den Mitgliedstaaten zunehmend von europäischem Recht geregelt oder beeinflusst, wenn auch sektoral nach Zeitpunkt, Umfang, Intensität und Form höchst unterschiedlich[88].

a) Die Impulse der EEA für die Verwaltungskooperation. Von entscheidender Bedeutung hierfür war die mit der Einheitlichen Europäischen Akte[89] ausgelöste Vertiefung der Integration. Die Vertragsänderungen und -ergänzungen reagierten auf die Tatsache, dass der Binnenmarkt nicht allein durch negative Integration, also durch Beseitigung von Handelshemmnissen zu realisieren ist, sondern flankierender Maßnahmen positiver Ordnung bedarf[90] – neben der im Anwendungsbereich der Marktfreiheiten liegenden Gewährleistung von Produktsicherheit gehören hierzu etwa der Umweltschutz oder die Förderung des wirtschaftlichen und sozialen Zusammenhalts[91]. Zudem war zu diesem Zeitpunkt deutlich geworden, dass das Konzept der Rechtsangleichung im Bereich der Marktfreiheiten viel zu schwerfällig war, um das Binnenmarktziel in wenigen Jahren zu erreichen. Harmonisierung sollte deshalb auf das unbedingt Nötige begrenzt werden[92]. Zusätzlich wurden die Möglichkeiten der Delegation von Rechtssetzungsbefugnissen vom Rat auf die Kommission erheblich ausgeweitet,

---

S. 573 (582): „Joint administration is – unlike the federal systems of Germany or the US – not the exception in the EU but the rule.“ (Ob die Aussage in Bezug auf Deutschland zutrifft, mag allerdings bezweifelt werden.)

86 s. *Knodt*, http://www.politikwissenschaft.tu-darmstadt.de/fileadmin/pg/arbeitsbereiche/policy/heinelt/GovernanceVorlesung4mlg_omk_neu.pdf, Folie Nr. 6; s. auch *Cassese* (FN 77), S. 767 f.

87 Titel XXIV Art. 197 AEUV; dazu *Frenz*, DÖV 2010, 66 ff.

88 s. zum europäischen Verbundverwaltungsrecht *von Danwitz* (FN 19), S. 609 ff.; s. auch die Beiträge in Schmidt-Aßmann / Schöndorf-Haubold (Hrsg.), Der europäische Verwaltungsverbund, 2005, sowie *Sydow* (FN 22); *Siegel*, Entscheidungsfindung im Verwaltungsverbund, 2009; s. außerdem die Nachweise in FN 42.

89 EEA unterzeichnet am 28. 2. 1986, in Kraft seit dem 1. 7. 1987.

90 s. zum Verhältnis von negativer und positiver Integration *Wagener / Eger* (FN 68), S. 29 f.; s. auch *Scharpf*, Politische Optionen im vollendeten Binnenmarkt, in: Jachtenfuchs / Kohler-Koch (Hrsg.), Europäische Integration, 1996, S. 109 ff.

91 s. etwa *Wagener / Eger* (FN 68), S. 144.

92 Weißbuch Vollendung des Binnenmarktes, KOM 85 (310) endg. vom 14. 6. 1985, S. 19 f.; zusammenfassend *Wagener / Eger* (FN 63), S. 180 f.; zur Bedeutung des neuen Konzepts für die Rechtsangleichung ausf. *Müller-Graff*, Die Rechtsangleichung zur Verwirklichung des Binnenmarktes, Europarecht 1989, S. 107 ff.; für das Lebensmittelrecht s. *Streinz* (FN 76), Rn. 38 f.; s. auch *Hufen*, Verwaltungskooperation in der EG: Lebensmittel- und Veterinärrecht, in: Schmidt-Aßmann / Hoffmann-Riem (Hrsg.), Strukturen des Europäischen Verwaltungsrechts, 1999, S. 99 (105 f.); *von Danwitz*, Systemdenken eines Rechts der Verwaltungskooperation, ebd., S. 171 (180); *Kahl* (FN 20), Abschnitt II.

allerdings in steter Rückbindung an mitgliedstaatlich besetzte Ausschüsse. Im Übrigen setzte die Kommission auf das Prinzip der gegenseitigen Anerkennung[93]. Sowohl die neuen Politiken positiver Integration wie auch der Konzeptwechsel zur Verwirklichung des Binnenmarktes verlangten nach Zusammenarbeit zwischen der europäischen und den mitgliedstaatlichen Verwaltungen, wie auch zwischen den mitgliedstaatlichen Verwaltungen untereinander, in einer bisher nicht gekannten Intensität[94]. Je mehr die Realisierung des Binnenmarktes auch durch Maßnahmen positiver Integration vorangetrieben oder flankiert wurde, umso wichtiger wurde die Kooperation zwischen den Verwaltungen, aber auch die Kontrolle eines wirksamen Vollzugs. Der unionsrechtliche Erlass von Verfahrensregelungen hatte also vor allem zwei Funktionen: die Organisation von Kooperation zwischen den Verwaltungen[95] und den Abbau von Vollzugsdefiziten[96]. Daneben darf die Rechtsschutzfunktion nicht unerwähnt bleiben[97]. Sie steht jedoch gerade im Bereich des mitgliedstaatlichen Vollzugs im Dienst der effektiven Verwirklichung des Unionsrechts[98].

---

93 Weißbuch Vollendung des Binnenmarktes (FN 92), S. 22; s. zu der ebenfalls nicht einfachen Realisierung dieses Prinzips im Weiteren die Mitteilung der Kommission KOM (1999), 299 endg.: Die gegenseitige Anerkennung im Rahmen der Folgemaßnahmen zum Aktionsplan für den Binnenmarkt.

94 s. beispielhaft zu den Folgen des „Neuen Konzepts" auf die Produktsicherheit *H. C. Röhl,* Konformitätsbewertung im Europäischen Produktsicherheitsrecht, in: Schmidt-Aßmann / Schöndorf-Haubold (Hrsg.), Der Europäische Verwaltungsverbund, 2005, S. 153 (154 ff.); allg. *Schmidt-Aßmann,* Strukturen (FN 28), S. 13 und schon *ders.,* Verwaltungskooperation (FN 32), S. 270 f.: „manches deutet darauf hin, daß überhaupt erst die Verwirklichung des Binnenmarktes die Verwaltungszusammenarbeit neben der Rechtsvereinheitlichung als eigenständige Steuerungsressource hat hervortreten lassen."

95 Dazu *Sydow* (FN 22); *ders.,* Vollzug des europäischen Unionsrechts im Wege der Kooperation nationaler und europäischer Behörden, DÖV 2006, 66 ff.; *Schmidt-Aßmann,* Verwaltungskooperation (FN 32), S. 274: im Verwaltungskooperationsrecht könne „ein Teil des sich ausbildenden Europäischen Verfahrensrechts gesehen werden".

96 *Hatje* (FN 21), S. 174; s. auch *Möllers,* Materielles Recht – Verfahrensrecht – Organisationsrecht, in: Trute / Groß / Röhl / Möllers (Hrsg.), Allgemeines Verwaltungsrecht – zur Tragfähigkeit eines Konzepts, 2008, S. 489 (492): „Die herausragende Bedeutung von Verfahrensregelungen etwa für das europäische Umweltrecht hat auch etwas mit den spezifischen Vollzugsproblemen der Europäischen Union zu tun." Zum Verfahrensrecht als Mittel zum Abbau von Vollzugsdefiziten im Umweltrecht s. *Pache,* EG-rechtliche Möglichkeiten und Grenzen einer Harmonisierung nationaler Vollzugssysteme, in: Lübbe-Wolff (Hrsg.), Der Vollzug des europäischen Umweltrechts, 1996, S. 177 (192 ff., 196 ff.).

97 *Hatje* (FN 21), S. 174.

98 Zum Verhältnis der Verfahrensfunktionen „einheitlicher Vollzug" und „Rechtsschutz" sei verwiesen auf *F. Schoch,* Die europäische Perspektive des Verwaltungsverfahrens- und Verwaltungsprozessrechts, in: Schmidt-Aßmann / Hoffmann-Riem (Hrsg.), Strukturen des Europäischen Verwaltungsrechts, 1999, S. 279 (296 f.). Dieser stellt eine Abstufung in der Bedeutung je nach Vollzugsform fest: Danach dienen Verfahrensrechte beim direkten Vollzug primär dem Rechtsschutz; beim Vollzug von Verordnungen durch Mitgliedstaaten stellt er eine Gleichrangigkeit beider Funktionen fest; bei dem häufigsten Fall des indirekten mittelbaren Vollzugs stehen die

b) Die Impulse des Vertrags von Maastricht für die Verwaltungskooperation. Mit dem Vertrag von Maastricht wurden der Politik der positiven Integration weitere Elemente hinzugefügt: Neben der Währungsunion sind die Bereiche der Wirtschafts-, Beschäftigungs-, Sozial- und Bildungspolitik zu nennen sowie die polizeiliche und justizielle Zusammenarbeit[99] als notwendiger Bestandteil des Raums der Freiheit, der Sicherheit und des Rechts[100]. Die insoweit vorwiegend auf die EU / EG übertragenen Kooperations- und Koordinationskompetenzen zeigen allerdings nicht nur die Anerkennung notwendiger Zusammenarbeit, sondern auch gewichtige Souveränitätsvorbehalte der Mitgliedstaaten, insbesondere gegenüber einer Harmonisierung des materiellen Rechts. Kooperation in unterschiedlichen Intensitäten erscheint vor diesem Hintergrund als milderes Mittel der Integration[101], was nicht ausschließt, dass sie als Einstieg in eine materielle Harmonisierung dient, auch wenn der Erlass von materiellem Recht nicht als Annex einer Kooperationskompetenz verstanden werden kann; anders als dies umgekehrt der Fall ist[102]. Materielles Recht und Verfahrensrecht stehen also nicht in einem für alle Bereiche gleichermaßen geltenden spezifischen Entwicklungsverhältnis zueinander, vielmehr gibt die jeweilige Kombination von materiellem und Verfahrensrecht vor dem Hintergrund der primärrechtlichen Kompetenzgrundlage Auskunft über den Stand der Integration.

c) Europarechtliche Einwirkungen auf die Verwaltungsorganisation und das Verwaltungspersonal der Mitgliedstaaten. Seltener sind europäische Vorgaben für die Verwaltungsorganisation der Mitgliedstaaten[103]. Jedoch ist auch insoweit im Zuge der Verwirklichung des Binnenmarktes eine Zunahme zu erkennen[104]. Zu erwähnen sind die benannten Stellen im Bereich

Rechtsschutzfunktionen dagegen im Dienst der effektiven Verwirklichung des Gemeinschaftsrechts.

99 s. dazu *von Bogdandy* (FN 31), S. 19.

100 s. dazu *Monar* (FN 72), S. 749 ff.

101 *Monar* (FN 72), S. 780, 785 f.; zu den koordinierenden Kompetenzen im Bereich der Sozialpolitik s. *Hatje* (FN 74), S. 834; im Bereich der Beschäftigungspolitik *F. Rödl,* Arbeitsverfassung, in: von Bogdandy / Bast (Hrsg.), Europäisches Verfassungsrecht, 2. Aufl. 2009, S. 855 (885 ff.).

102 Zur Regelungskompetenz für Organisation und Verfahren als Annex zur Sachkompetenz s. *Schnapauff* (FN 18), S. 21; *Sydow* (FN 22), S. 43 f.; s. auch *Mager* (FN 26), S. 382; *Siegel* (FN 88), S. 290 ff.; *Kahl* (FN 20), Abschnitt V 4.

103 s. *Ruffert* (FN 23), S. 563: „Gemeinschaftsrechtliche Zugriffe auf das mitgliedstaatliche Verwaltungsorganisationsrecht sind prima facie Ausnahmeerscheinungen. . .“; s. auch *Kahl* (FN 38), S. 345; *Hatje* (FN 21), S. 113, 172.

104 s. *Ruffert* (FN 23), S. 563: „. . . solche Ausnahmeerscheinungen (machen sich) in der jüngeren Zeit nachhaltig bemerkbar“; s. auch die Bestandsaufnahme bei *Kahl* (FN 38), S. 353 ff.; *Hatje* (FN 21), S. 100 ff., 116 ff.; *ders.*, Europäische Rechtseinheit durch einheitliche Rechtsdurchsetzung, EuR Beiheft 1 / 1998, S. 7 (14 ff.); *Kugelmann,* VerwArch 2007, 78 ff.; zur Anpassung der Behördenstruktur in Deutschland im Bereich des Lebensmittelsrechts im Gefolge der EG-Basisverordnung Nr. 178 / 2002 (ABl. Nr. L 31 S. 1 ff.) s. *Streinz* (FN 76), Rn. 82.

der Produktsicherheit[105], die Begleitausschüsse im Rahmen der Strukturförderung[106] oder die unabhängigen Nachprüfungsinstanzen im Vergaberecht[107]. Erheblichen Druck auf nationale Organisationsstrukturen hat auch die Umgestaltung von der Erfüllungs- zur Gewährleistungsverwaltung im Bereich der netzbezogenen Infrastrukturen bewirkt[108]. Einen strukturellen Eingriff in die Verwaltungsorganisation hatte jedoch erst die vielbesprochene Dienstleistungsrichtlinie[109] zur Folge. Sie soll mit der Verpflichtung zur Schaffung eines einheitlichen Ansprechpartners die Unterschiede in den nationalen Verwaltungsorganisationen als Hindernis für den einheitlichen Binnenmarkt beseitigen[110].

In Bezug auf das Verwaltungspersonal der Mitgliedstaaten – als drittem und besonders gehütetem Element der Verwaltungsautonomie[111] – enthält der neue Titel Verwaltungszusammenarbeit erstmals eine ausdrückliche Kompetenz: Unter Ausschluss jeglicher Verpflichtung der Mitgliedstaaten sowie jeglicher Harmonisierung von deren Rechtsvorschriften kann die Union daran mitwirken, den Austausch von Beamten zu erleichtern sowie deren Aus- und Weiterbildung zu unterstützen. Der „Entwicklungslinie" vom faktisch Bewährten zum Normativen folgend, gibt es derartige Maßnahmen und Programme schon seit langem[112].

d) Zwischenfazit. Die Entwicklung zum Verwaltungsverbund zeigt also insgesamt eine signifikante Zunahme europäischer Vorgaben für das Verwaltungshandeln, in geringerem Umfang auch für die Verwaltungsorgani-

---

105 Dazu *Röhl* (FN 94), S. 163 ff.

106 Dazu *Schöndorf-Haubold* (FN 37), S. 283 ff., 451 ff.

107 Zuerst im Agrarrecht gemäß VO (EG) Nr. 1290/2005 über die Finanzierung der gemeinsamen Agrarpolitik, wonach die Mitgliedstaaten verpflichtet werden, spezielle Zahlstellen und Koordinierungsstellen einzurichten, s. dazu *von Danwitz* (FN 19), S. 500.

108 s. dazu schon *Kahl* (FN 38), S. 353 f.; zur Frage eines europäischen Regulierungsverbunds *Britz,* EuR 2006, 46 ff.

109 RL 2006/123/EG über Dienstleistungen auf dem Binnenmarkt, ABl. EU 2006 Nr. L 376/36; ihr wird von *Siegel* (FN 88), S. 225 ff. die Bedeutung eines Referenzgebiets zugewiesen; s. zur Umsetzung *Ohler,* BayVBl. 2006, 261 (263 ff.); *Schliesky,* DVBl. 2005, S. 887 (890 ff..); *Schmitz/Prell,* NVwZ 2009, S. 1 ff..; *Windoffer,* DÖV 2008, S. 797 ff.; *Ziekow,* WiVerw 2008, 176 ff.

110 s. dazu *von Danwitz* (FN 19), S. 500 f. sowie die Nachweise in FN 109.

111 *Groß* (FN 7), S. 168: übergreifende Personalgewalt nur ganz ausnahmsweise.

112 s. zu „Instrumenten zur Förderung der Europafähigkeit des Verwaltungspersonals" *Sydow* (FN 22), S. 91 ff. ; zum „Steuerungsfaktor Personal" *Hoffmann-Riem* (FN 19), S. 343; *Groß* (FN 51), S. 62 weist darauf hin, dass „eine besondere Art der Informationszusammenarbeit die Schulung und Ausbildung des Personals der nationalen Behörden darstelle und diese Aufgabe sich erstmals in Art. 2 c) i) der Seeverkehrs-VO bei der Europäischen Agentur für die Sicherheit des Seeverkehrs finde, VO (EG) Nr. 1406/2002, ABl. L 208, S. 1. Entsprechendes sei vorgesehen in der Verordnung zur Errichtung eines Europäischen Zentrums für die Prävention und die Bekämpfung von Seuchen, KOM (2003) 441 endg.; s. inzwischen Art. 9 Abs. 6 VO (EG) 851/2004, ABl. Nr. L 142, S. 1 ff.

sation. Mangels normierter Vollzugstypen, wie das GG sie kennt, besteht große sektorale Ausdifferenzierung und folglich einige Unübersichtlichkeit. Dennoch ist es bemerkenswert, dass der Befund im Europarecht der normativen Typisierung im deutschen Verfassungsrecht tendenziell entspricht, wonach die Verwaltungsorganisation der Länder in ihrer Eigenständigkeit sehr viel stärker geschützt wird als die Kompetenz zur Verfahrensgestaltung[113].

IV. Referenzgebiet[114] Umweltrecht

Der Umweltschutz ist ein Bereich positiver Integration, in dem die europäische Ebene auf umfangreiche Kompetenzen zurückgreifen kann. Das Umweltrecht ist deshalb in besonderer Weise geeignet, die Auswirkungen positiver Integration mit den Mitteln des Rechts und damit auf das Verwaltungsrecht der Mitgliedstaaten zu veranschaulichen.

1. Die Entwicklung auf der primärrechtlichen Ebene[115]

In das Primärrecht fand die Umweltpolitik 1987 mit der EEA als Kompetenztitel Eingang, auch wenn die Gemeinschaft bereits seit Anfang der 70er Jahre Umweltpolitik betrieb. Der Vertrag von Maastricht verstärkte den Umweltschutz explizit zu einer Aufgabe der Gemeinschaft, mit den Änderungen von Amsterdam 1999 erstarkte er zu einer Querschnittsaufgabe unter besonderer Betonung des Nachhaltigkeitsgrundsatzes[116]. Damit hat sich die Umweltpolitik in drei Jahrzehnten von anfänglicher Inexistenz über einen Annex zum Binnenmarktwirtschaftsrecht zu einem eigenständigen Politikziel der Gemeinschaft mit Ausstrahlung auf alle Gemeinschaftspolitiken entwickelt.

---

113 *Möllers* (FN 96), S. 500 hebt hervor, dass die Gestaltung von Organisationsstrukturen stets Legitimationsfragen aufwirft. Dies kann den Unterschied zu Verfahrensregelungen erklären.

114 s. zum Begriff und Konzept des Referenzgebiets grundlegend *Schmidt-Aßmann,* Ordnungsidee (FN 17), 1. Kap. Rn. 12 ff. (S. 8 ff.).

115 s. dazu *Epiney,* Umweltrecht in der EU, 2. Aufl. 2005, S. 11 – 15; *Jans / von der Heide,* Europäisches Umweltrecht, 2003, S. 3 – 10 mit einer Phasenbildung.

116 *Epiney* (FN 115), S. 14: „integrierte das Konzept der „Nachhaltigen Entwicklung" in die sog. „Querschnittsklausel" und verankerte diese im Ersten Teil „Grundsätze" (Art. 6 EGV)." Die Querschnittsklausel (Integrationsprinzip) fand zwar bereits mit der EEA Eingang in das Primärrecht, jedoch zunächst in den Kompetenznormen, wo sie wenig Aufmerksamkeit fand. Mit dem Vertrag von Amsterdam erfolgte die Einfügung in Art. 6 EG. s. dazu *Krämer / Winter,* Umweltrecht, in: Schulze / Zuleeg (Hrsg.), Europarecht. Handbuch für die deutsche Rechtspraxis, 2006, § 26 Rn. 51; s. auch *Caspar,* Das europäische Umweltverfassungsrecht, in: H.-J. Koch (Hrsg.), Umweltrecht, 2. Aufl. 2007, § 2 Rn. 58 f.

2. Der Wandel der Regelungskonzepte

Diese Entwicklung auf primärrechtlicher Ebene findet ihren Niederschlag im Wandel der Regelungskonzepte[117]. Den Umweltaktionsprogrammen[118] lassen sich drei Phasen entnehmen: Im Vordergrund standen zunächst Rechtsakte mit technikbezogenen Anforderungen an Anlagen oder Produkte zur Begrenzung von Emissionen, Abwässern oder Abfällen. Sie zielten schon wegen des Fehlens einer eigenständigen Kompetenzgrundlage primär auf die Beseitigung oder Verhinderung von Wettbewerbsverzerrungen[119]. Erst mit den selbständigen Umweltkompetenzen war es möglich, einen Ansatz zu entwickeln, bei dem der Schutz der Umwelt selbst ins Zentrum rückte, womit sich der Blick für die Gefahren der Verlagerung von Umweltbelastungen aus einem Umweltmedium in andere öffnete. Infolge der Aufwertung des Umweltschutzes zu einem Gemeinschaftsziel sehen die letzten beiden Umweltaktionsprogramme von 1993 und 2002 einen medienübergreifenden Ansatz mit einem vielfältigen Instrumentenmix für die verschiedenen umweltbelastenden Sektoren, Industrie, Verkehr, Energie und Tourismus, vor[120]. Die vom Querschnittscharakter geforderte Integration der Umweltpolitik in die wirtschaftspolitisch orientierte Lissabon-Strategie ist für die Bedeutung des Umweltschutzes allerdings durchaus ambivalent.

3. Ausdifferenzierung der Instrumente und Regelungsbereiche

a) Einflussfaktoren. Die konzeptionelle Entwicklung spiegelt sich in den umweltschutzrechtlichen Instrumenten[121]. Die Standardisierungs-, Quali-

---

117 Eine knappe Zusammenfassung des konzeptionellen Wandels im Umweltrecht findet sich in *Durner / Ludwig,* NuR 2008, S. 457 (457 f.) m. w. N.

118 1. Umweltaktionsprogramm 1974–75, ABl. EG C Nr. 112 vom 20. 12. 1973, 1–53; 2. Umweltaktionsprogramm 1977–1981, ABl. EG C Nr. 139 vom 13. 6. 1977, S. 1–46; 3. Umweltaktionsprogramm 1982–1986, ABl. EG C Nr. 46 vom 17. 2. 1983, S. 1–16; 4. Umweltaktionsprogramm 1987–1992, ABl. EG C Nr. 328 vom 7. 12. 1987, S. 1–44; 5. Umweltaktionsprogramm 1992–2000, ABl. EG C Nr. 138 vom 17. 5. 1993, S. 1–98; 6. Umweltaktionsprogramm 2002–2012, ABl. EG L Nr. 242 vom 10. 9. 2002, S. 1–15. s. zur Bedeutung der Umweltaktionsprogramme *Caspar* (FN 116), § 2 Rn. 71–73; *Krämer,* Umweltpolitische Aktionsprogramme mit Leitlinien und Regelungsansätzen, in: Rengeling (Hrsg.), Handbuch zum europäischen und deutschen Umweltrecht, 2. Aufl. 2003, § 14.

119 *Jans / von der Heide* (FN 115), S. 4 f., allerdings auch einzelne weitergehende Rechtsakte unter Heranziehung von Art. 235 EWG / 308 EG; *Caspar* (FN 116), § 2 Rn. 56; s. im Zusammenhang mit der Entwicklung des Luftreinhaltungsrechts *Mayer,* EurUP 2008, S. 227 (228 ff.).

120 Ebenfalls von konzeptioneller Bedeutung ist das Vorsorgeprinzip, das zwar bereits im ersten UAP Erwähnung findet, jedoch erst mit Inkrafttreten der EEA normative Bedeutung gewinnt und neben dem schon genannten medienübergreifenden Ansatz Ausprägung im Instrument der Planung findet; s. zum Vorsorgeprinzip im EU-Recht umfassend *Arndt,* Das Vorsorgeprinzip im EU-Recht, 2009, insbes. S. 69 ff.

121 Zur Entwicklung von Instrumenten und Verfahren s. *Breuer,* Entwicklungen des europäischen Umweltrechts – Ziele, Wege und Irrwege, 1993, S. 32 ff. Unterschei-

täts- und Stoffrichtlinien der ersten binnenmarktbezogenen Phase werden in der zweiten medienübergreifenden und eigenständig umweltrechtlichen Phase ergänzt durch Instrumenten- und Verfahrensrichtlinien mit Querschnittscharakter[122].

Zu nennen sind die Umweltinformationsrichtlinie von 1990[123], die Öko-Audit-Verordnung von 1993[124], die Richtlinie über die integrierte Vermeidung und Verminderung der Umweltverschmutzung von 1996[125], die Richtlinie über die Umweltverträglichkeitsprüfung in der Fassung von 1997[126] sowie die Richtlinie über die Strategische Umweltprüfung von 2001[127], sie alle inzwischen schon wieder mindestens einmal reformiert[128].

Drei weitere Umstände nehmen Einfluss auf die Entwicklung im Umweltrecht: Dies sind zum einen die Fakten-, Wissens- und Informations-

---

dung zwischen Standardisierungsrichtlinien, Qualitätsrichtlinien; Ordnungsrichtlinien, Stoffrichtlinien, Verfahrens- und Instrumentenrichtlinie mit Querschnittcharakter (UVP-RL); Aktionsrichtlinien (FFH-RL).

122 Zur Herkunft dieses Ansatzes aus dem angelsächsischen Raum *Bohne* (FN 49), S. 223 ff. und insbes. zum Integrationskonzept S. 228 ff.; zur Kritik unter dem Aspekt des Gegensatzes von konditionaler und finaler Rechtsetzung s. *Breuer,* AöR 127 (2002), S. 524 ff.

123 Umweltinformationsrichtlinie von 1990: Nr. 90/313/EWG des Rates; ABl. L 158 vom 23. 6. 1990, S. 56 ff.

124 Öko-Audit-Verordnung von 1993: Nr. 1836/93 des Rates; ABl. Nr. L 168 vom 10.7. 1993, S. 1 ff.

125 Richtlinie über die integrierte Vermeidung und Verminderung der Umweltverschmutzung von 1996: Nr. 96/61/EG des Rates; ABl. Nr. L 257 vom 10. 10. 1996, S. 26 ff.

126 Richtlinie über die Umweltverträglichkeitsprüfung in der Fassung von 1997: Nr. 97/11/EG des Rates; ABl. Nr. L 73 vom 14. 3. 1997, S. 5 ff.

127 Richtlinie über die Strategische Umweltprüfung von 2001: Nr. 2001/42/EG des europäischen Parlaments und des Rates; ABl. Nr. L 197 vom 21. 7. 2001, S. 30. Einen eigenen Charakter hat die FFH-Richtlinie von 1992: Nr. 92/43/EWG des Rates; ABl. Nr. L 206 vom 22. 7. 1992, S. 7 ff. Auch sie ist nur auf der Grundlage einer eigenständigen umweltpolitischen Kompetenz möglich und mit ihrem Ziel, einen europaweiten Biotopverbund herzustellen, ein Musterbeispiel für das administrative Zusammenwirken im europäischen Verwaltungsverbund.

128 Umweltinformationsrichtlinie von 1990 geändert durch: Richtlinie 2003/4/EG des Europäischen Parlaments und des Rates vom 28. Januar 2003 über den Zugang der Öffentlichkeit zu Umweltinformationen; Öko-Audit-Verordnung von 1993 geändert durch: Verordnung (EG) Nr. 1221/2009 des Europäischen Parlaments und des Rates vom 25. November 2009 über die freiwillige Teilnahme von Organisationen an einem Gemeinschaftssystem für Umweltmanagement und Umweltbetriebsprüfung und zur Aufhebung der Verordnung (EG) Nr. 761/2001 sowie der Beschlüsse der Kommission 2001/681/EG und 2006/193/EG; Richtlinie über die integrierte Vermeidung und Verminderung der Umweltverschmutzung von 1996 geändert durch: Richtlinie 2008/1/EG des Europäischen Parlaments und des Rates vom 15. Januar 2008 über die integrierte Vermeidung und Verminderung der Umweltverschmutzung; Richtlinie über die Umweltverträglichkeitsprüfung in der Fassung von 1997 geändert durch: Richtlinie 2009/31/EG des Europäischen Parlaments und des Rates vom 23. April 2009 über die geologische Speicherung von Kohlendioxid und zur Änderung der Richtlinie 85/337/EWG des Rates sowie der Richtlinien 2000/60/EG, 2001/80/EG, 2004/35/EG, 2006/12/EG und 2008/1/EG des Europäischen Parlaments und des Rates sowie der Verordnung (EG) Nr. 1013/2006.

abhängigkeit der Gestaltung wie des Vollzugs von umweltschützenden Normen, zum anderen das immer wieder beklagte Vollzugsdefizit[129], zum dritten internationale Einflüsse[130].

Der Verbesserung der Informationslage diente die Gründung der europäischen Umweltagentur sowie des europäischen Umweltinformations- und Umweltbeobachtungsnetzes bereits im Jahre 1990[131]. Auf den Abbau von Vollzugsdefiziten zielt eine Diversifizierung des Instrumentariums[132]: Neben behördliche Ordnungs- und Überwachungsinstrumente treten verschiedene Maßnahmen zur Aktivierung der Unionsbürger[133]: Hierher gehören neben dem Recht auf Zugang zu Umweltinformationen[134] und dem Öko-Audit-Verfahren[135] die Stärkung der Öffentlichkeitsbeteiligung[136], Subventionsmaßnahmen[137], die Ökologisierung des Vergaberechts[138], die

---

129 s. zu Deutschland etwa *Caspar* (FN 116), § 2 Rn. 68: defizitäre Umsetzung der IVU-RL, UVP-Änd-RL, FFH-RL sowie Informations-RL; Rn. 69: strukturelle Divergenzen, letztlich sei aber auch der mangelnde politische Wille ursächlich; s. auch *Krämer* (FN 34), S. 18 ff.; *Wahl*, ZUR 2000, S. 360 (360).

130 In keinem UAP (FN 118) fehlt ein Abschnitt zu internationalen Beziehungen, im 6. UAP s. Art. 9 und passim.

131 Verordnung 1210/90 zur Errichtung einer Europäischen Umweltagentur und eines Europäischen Umweltbeobachtungsnetzes, ABl. 1990, Nr. L 120, S. 1; nunmehr Verordnung (EG) des EP und des Rates vom 23. 4. 2009 über die Europäische Umweltagentur und das Europäische Umweltinformations- und Umweltbeobachtungsnetz, ABl. L Nr. 126 vom 21. 5. 2009, S. 13–22. Zum Umweltbeobachtungsnetz (Eionet) s. *Hofmann / Türk* (FN 46), S. 91 f.; s. zur Verbesserung der verwaltungsinternen Informationslage auch die RL 91/692 über die Standardisierung und Rationalisierung der Berichte über die Durchführung bestimmter Umweltrichtlinien, ABl. 1991, Nr. L 377, S. 48 ff. und dazu *Krämer* (FN 34), S. 25.

132 s. dazu für das Luftreinhaltungsrecht *Mayer* (FN 119), S. 232 ff.

133 s. dazu *Pache* (FN 96), S. 189 f.; zum Konzept der „Mobilisierung des Bürgers für die Durchsetzung des Rechts" s. die gleichnamige Arbeit von *Masing*, 1997, insbes. S. 19 ff., 230 ff.

134 Dazu *Bohne* (FN 49), S. 272 ff.; *F. Schendel*, Umweltinformationsrichtlinie und Umweltinformationsgesetz sowie allgemeine Umweltinformation, in: Rengeling (Hrsg.), Handbuch zum europäischen und deutschen Umweltrecht Bd. 1, 2. Aufl. 2003, § 39.

135 Dazu *Mittelstaedt*, Vollzugsverbesserung durch Steuerung zur Selbststeuerung?, in: Lübbe-Wolff (Hrsg.), Der Vollzug des Umweltrechts, 1996, S. 235 ff.; *Bohne* (FN 49), S. 261 ff.; *Ewer*, Öko-Audit, in: Rengeling (Hrsg.), Handbuch zum europäischen und deutschen Umweltrecht Bd. 1, 2. Aufl. 2003, § 36.

136 Dazu *Schmidt-Aßmann / Ladenburger*, Umweltverfahrensrecht, in: Rengeling (Hrsg.), Handbuch zum europäischen und deutschen Umweltrecht Bd. 1, 2. Aufl. 2003, § 18 Rn. 7 ff.

137 Verordnung 1973/92 zur Schaffung eines Finanzierungsinstruments für die Umwelt (LIFE), ABl. 1992, Nr. L 206, S. 1, s. auch VO Nr. 1655/2000, ABl. 2000, Nr. L 192 S. 1; VO (EG) Nr. 1682/2004; VO (EG) Nr. 614/2007, ABl. Nr. L 149; Verordnung 1164/94 zur Errichtung eines Kohäsionsfonds, ABl. 1994, Nr. L 130, S. 1 ff.; s. dazu *Magiera*, Subventionen der EG und der Mitgliedstaaten, in: Rengeling (Hrsg.), Handbuch zum europäischen und deutschen Umweltrecht Bd. 1, 2. Aufl. 2003, § 37 Rn. 81 ff.

138 *Wegener*, Zukunftsfähigkeit des europäischen Umweltrechts, ZUR 2009, S. 459 (461) m. w. N.; *Caspar* (FN 116), § 2 Rn. 59 mit Hinweis auf EuGH, Rs. C-513/99 –

Ausweitung der Verbandsklage[139] und auch der Emissionszertifikatehandel[140].

Das letztgenannte Instrument ist ein jüngeres und besonders bekanntes Beispiel für den Einfluss des internationalen auf das europäische Umweltrecht. Bereits die UN-Umweltkonferenz von Stockholm 1972 war Auslöser für das erste europäische Umweltaktionsprogramm. Das Nachhaltigkeitsprinzip, das 1999 Eingang in das Primärrecht fand, geht zurück auf die UN-Umweltkonferenz von Rio 1992. Die Aarhus-Konvention ist Hintergrund für die europäisch vorgegebene Stärkung der Öffentlichkeitsbeteiligung und der Verbandsklage[141]. Daneben dienen Rechtsakte des Abfall-, Chemikalien-, Natur-, Arten- und Wasserschutzrechts der Umsetzung internationaler Übereinkommen[142].

Concordia Bus Finland, Slg. 2002, I-7213 = EuZW 2002, S. 628 ff. sowie Rs. C-448/01 – Wienstrom, Slg. 2003, I-14527 = EuZW 2004, S. 81 ff.; s. zur Judikatur auch *Fischer*, EuZW 2004, S. 492 ff.

139 *von Danwitz*, NVwZ 2004, S. 272 (279 ff.); *Ekardt/Pöhlmann*, NVwZ 2005, S. 532 ff.; s. auch schon *Bohne* (FN 49), S. 272 ff.

140 Zur Bedeutung der EU als „Umsetzungskatalysator" in Bezug auf das Klimaübereinkommen, aber auch allgemein in Bezug auf die Umsetzung internationaler Umweltabkommen s. *Kment*, JZ 2010, S. 62 (65); s. auch *Krämer/Winter* (FN 116), Rn. 387.

141 *Aarhus-Konvention*: Übereinkommen über den Zugang zu Informationen, die Öffentlichkeitsbeteiligung an Entscheidungsverfahren und den Zugang zu Gerichten in Umweltangelegenheiten, unterzeichnet am 25. 6. 98; in Kraft getreten am 30. 10. 01; ABl. EU 2005 Nr. L 124/4 ff. *Umsetzungsakte der EG/EU:* Richtlinie 2003/4/EG des Europäischen Parlaments und des Rates vom 28. 1. 2003 über den Zugang der Öffentlichkeit zu Umweltinformationen und zur Aufhebung der Richtlinie 90/313/EWG, ABl. EU 2003 Nr. L 41/26 ff. (sog. Umweltinformationsrichtlinie); Richtlinie 2003/35/EG des Europäischen Parlaments und des Rates vom 26. 5. 2003 über die Beteiligung der Öffentlichkeit bei der Ausarbeitung bestimmter Pläne und Programme und zur Änderung der Richtlinie 85/337/EWG und 96/61/EG des Rates in Bezug auf die Öffentlichkeitsbeteiligung und den Zugang zu Gerichten, ABl. EU 2003 Nr. L 156/17 ff. (sog. Öffentlichkeitsbeteiligungsrichtlinie); Richtlinie 2001/42/EG des Europäischen Parlaments und des Rates vom 27. 6. 2001 über die Prüfung der Umweltauswirkungen bestimmter Pläne und Programme, ABl. EU 2001 Nr. L 197/30 ff. (sog. SUP-Richtlinie); Verordnung (EG) Nr. 1367/2006 über die Anwendung der Bestimmungen des Übereinkommens von Århus über den Zugang zu Informationen, die Öffentlichkeitsbeteiligung an Entscheidungsverfahren und den Zugang zu Gerichten in Umweltangelegenheiten auf Organe und Einrichtungen der Gemeinschaft vom 28. 6. 2007, ABl. EU 2006 Nr. L 264/13 ff.; *Umsetzungsgesetze in Deutschland:* Umweltinformationsgesetz, 22. Dezember 2004 (BGBl. I S. 3704); Gesetz über die Öffentlichkeitsbeteiligung in Umweltangelegenheiten nach der EG-Richtlinie 2003/35/EG (Öffentlichkeitsbeteiligungsgesetz), 9. Dezember 2006 (BGBl. I S. 2819); Gesetz über ergänzende Vorschriften zu Rechtsbehelfen in Umweltangelegenheiten nach der EG-Richtlinie 2003/35/EG (Umwelt-Rechtsbehelfsgesetz), 7. Dezember 2006 (BGBl. I S. 2816) – Letzte Änderung durch: Art. 15 G vom 31. Juli 2009 (BGBl. I S. 2585, 2618 f.); Gesetz zur Einführung einer Strategischen Umweltprüfung und zur Umsetzung der Richtlinie 2001/42/EG (SUPG) vom 25. Juni 2005 (BGBl. I S. 1746); Gesetz zur Anpassung des Baugesetzbuchs an EU-Richtlinien (Europarechtsanpassungsgesetz Bau – EAG Bau) vom 24. Juni 2004 (BGBl. I S. 1359).

142 Zur Bedeutung des Umweltvölkerrechts für das europäische Umweltrecht s. die Zusammenstellung von internationalen Abkommen unter Beteiligung der EG bei *von Heinegg*, EG im Verhältnis zu internationalen Organisationen und Einrichtun-

b) Neuere Entwicklungen. Im letzten Jahrzehnt hat sich in den klassischen Feldern des Umweltschutzes so etwas wie ein Regelungsmodell der zweiten Generation herausgebildet. Es handelt sich um ein Regelungsmodell aus Rahmen- und Tochterrichtlinien. In der Rahmenrichtlinie werden die Instrumente und Prinzipien geregelt, in den Tochterrichtlinien die Mindeststandards für Teilbereiche gesetzt. Hier zeigt sich ein aus Erfahrung gespeister Fortschritt in der Regelungstechnik. Aus einer Vielzahl von Einzelregelungen wird ein allgemeiner Teil abstrahiert, um die bis dahin gewachsene Rechtslage zu bereinigen und übersichtlicher zu gestalten[143].

Die Rahmenrichtlinien weisen darüber hinaus eine Neuausrichtung hinsichtlich des Verwaltungshandelns auf. Neben oder an die Stelle von inhaltlichen oder verfahrensmäßigen Vorgaben für ordnungsrechtliches Verwaltungshandeln treten Verpflichtungen zum Ressourcen- und / oder Risikomanagement[144]. Dieser Management-Ansatz besteht aus Zielvorgaben, die zum Teil sehr konkret, zum Teil vor Ort zu konkretisieren sind, aus der Verpflichtung zur Planung von Maßnahmen zur Zielerreichung innerhalb eines bestimmten Zeitraums, stets unter Beteiligung der Öffentlichkeit, sowie regelmäßigem Monitoring[145]. Neben Luftreinhaltung, Lärmbekämpfung und Wasserwirtschaft findet sich dieser Ansatz im Hochwasserschutz, der Meeresstrategierahmenrichtlinie sowie der geplanten Bodenschutzrichtlinie[146]. Nicht nur das Vorsorgeprinzip und der Nachhaltigkeitsgrundsatz, sondern auch pragmatische Anpassung an die Realitäten des Verwaltungsvollzugs liegen ihm zugrunde. Die Beschränkung auf die Vorgabe von Zielen lässt den Behörden vor Ort Spielraum bei der Planung der zu ergreifenden Maßnahmen, womit dem vielbeschworenen Subsidiaritätsprinzip Genüge getan wird. Zugleich handelt es sich um die Reaktion auf die

---

gen, in: Rengeling (Hrsg.), Handbuch zum europäischen und deutschen Umweltrecht, Bd. 1, 2. Aufl. 2003, § 22 Rn. 43; s. beispielhaft zur Espoo- und Aarhus-Konvention *Wolfrum,* Ansätze eines allgemeinen Verwaltungsrechts im internationalen Umweltrecht, in: Trute / Groß / Röhl / Möllers (Hrsg.), Allgemeines Verwaltungsrecht – zur Tragfähigkeit eines Konzepts, 2008, S. 665 ff.

143 s. zur Luftqualitätsrahmenrichtlinie *Mayer* (FN 119), S. 231; *Krämer / Winter* (FN 116), Rn. 178 ff.; s. zur Wasserrahmenrichtlinie *dies.*, ebd., Rn. 212 ff.; solche Vereinheitlichungsbestrebungen finden sich im EU-Recht zahlreich: s. im Rahmen der Strukturfondspolitik etwa *Schöndorf-Haubold* (FN 37), S. 56; zum Lebensmittelrecht *Streinz* (FN 77), Rn. 40 ff.; zum Vergaberecht *Noch,* Öffentliches Auftragsrecht, in: Schulze / Zuleeg (Hrsg.), Europarecht. Handbuch für die deutsche Rechtspraxis, 2006, § 29 Rn. 345 f.; zu geplanten Vereinfachungen im Zollrecht s. *Wolffgang,* Zollrecht, ebd., § 33 Rn. 137 ff.; zu vergleichbaren Systematisierungsbemühungen im Bereich des Privatrechts „Aktionsplan für ein kohärentes europäisches Vertragsrecht" s. *Schulze / Walter* (FN 31), S. 13.

144 s. zur Planung als Risikomanagement und Adaptionsstrategie bei unsicherer Sachlage *Kment* (FN 140), S. 67.

145 Vgl. zu dieser Beobachtung *Durner / Ludwig* (FN 117), S. 457 ff.; s. auch *Oldiges* (Hrsg.), Umweltqualität durch Planung, 2006.

146 s. *Durner / Ludwig* (FN 117), S. 460 ff.; *K. F. Gärditz,* Europäisches Planungsrecht, 2009, S. 40 ff.

schlichte Unmöglichkeit, bei der Vielzahl und Heterogenität der Mitgliedstaaten durch Konditionalprogramme Vollzugsgleichheit herzustellen[147].

4. Der Beitrag des Umweltrechts zum europäischen Verwaltungsrecht

Der Überblick zeigt, dass sich im Umweltrecht fast alle Formen und Instrumente der Öffnung zum Verwaltungsverbund studieren lassen; für viele war das Umweltrecht vorbildlich oder prägend. Zu nennen sind das Agenturmodell als Kernelement eines europäischen Informations- und Kooperationsverwaltungsrechts[148], die Herstellung von Verwaltungsöffentlichkeit durch die Gewährung von Informationsansprüchen[149] sowie umfangreiche Öffentlichkeitsbeteiligung und allgemein die Stärkung des Verfahrens[150]. Auch für den Bereich der komplexen Verwaltungskooperation und -koordination ist das Umweltrecht von exemplarischer Bedeutung[151]. Nicht zuletzt zeigt sich an der Entwicklung des Umweltrechts ein hohes Maß an Reform- und Lernfähigkeit einschließlich einer großen Offenheit gegenüber internationalen Rechtsentwicklungen; ein Befund, der bei aller Zukunftsungewissheit hoffnungsfroh stimmt.

V. Krise?

Während der Bereich der europäischen Umweltpolitik trotz anhaltender Vollzugsdefizite als Referenzgebiet für eine positive Integration mit den Mitteln des Rechts taugt[152], scheint in anderen Teilbereichen der Unionspolitiken die Vertiefung zum Verwaltungsverbund ins Stocken zu geraten oder geraten zu sein, zumindest dann, wenn man mit dem Begriff des Verwaltungsverbunds eine rechtlich strukturierte Verwaltungskooperation ver-

---

147 Dieses Problem betont auch *Wegener* (FN 138), S. 462 f.

148 Informationsaustausch als wesentliche Funktion der Agenturen hebt auch *Groß* hervor (FN 51), S. 61 f.

149 s. zu der Entwicklung von der Umweltinformationsrichtlinie zu einem allgemeinen Recht auf Zugang zu Dokumenten der Gemeinschaftsorgane *Gundel* (FN 51), Rn. 190 ff.

150 *Burgi*, JZ 2010, S. 105 (108): „Indem die bereits erwähnten Umweltrichtlinien explizit zu mehr Informationsgewähr, zu mehr Partizipation und zu mehr Drittschutz verpflichten, wird dem Verfahren ein Eigenwert jenseits und unabhängig vom jeweils betroffenen materiellen Recht zuerkannt, worin außerhalb des Umweltrechts zugleich ein Impuls für die Fortentwicklung des Verfahrenskonzepts im Allgemeinen gesehen werden kann." *Wegener* (FN 138), S. 459 f.; s. auch *Bohne* (FN 49), S. 296.

151 Beispiele bei *Winter* (FN 57), S. 112, 113: Planungsverbund Natura 2000 auf der Grundlage der FFH-RL; die streitentscheidende Funktion der Kommission bei Meinungsverschiedenheiten zwischen Mitgliedstaaten in Bezug auf die Zulassung gentechnisch veränderter Organismen.

152 s. die überaus positive Bewertung in innerrechtlicher Perspektive bei *Wegener* (FN 138), S. 459.

bindet. Etwa seit Mitte der neunziger Jahre und verstärkt seit der Jahrtausendwende ist eine politisch-faktische Steuerung in den Bereichen Wirtschafts-, Bildungs-, Forschungs-, Sozial- und Gesundheitspolitik immer mehr in den Vordergrund getreten[153]. Einen Koordinierungsmechanismus für die Wirtschaftspolitik führte der Vertrag von Maastricht ein[154]. Der Vertrag von Amsterdam regelte sodann der Sache nach die Offene Methode der Koordinierung für die Beschäftigungspolitik[155], die im Rahmen der Lissabon-Strategie zur Positionierung der EU im globalen Wettbewerb ausdrücklich zur propagierten Methode für die wirtschaftsrelevanten Politikbereiche wurde, in denen die EU nur eine schwache Kompetenzausstattung besitzt[156]. Darüber hinaus findet sie mittlerweile ergänzend in anderen Politikbereichen Einsatz, etwa in der Umweltpolitik[157].

Die Offene Methode der Koordinierung setzt sich zusammen aus dem sich periodisch wiederholenden Dreischritt: Vereinbarung von Zielen und Richtwerten auf europäischer Ebene, nationale Umsetzung, Begleitung durch unionsweiten Vergleich und Erfahrungsaustausch unter Einbeziehung der verschiedensten Gruppen und Experten. Auf der Grundlage der gewonnen Erkenntnisse beginnt sodann die nächste Periode mit modifizierten Zielen und Richtwerten[158]. Es handelt sich damit um ein Konzept der indikativen Planung[159].

Bemerkenswert ist, dass Planung nicht nur als Instrument rechtlicher Steuerung, wie für das Umweltrecht dargelegt, sondern in der Form der OMK auch als Instrument politisch-faktischer Steuerung zunehmend Verwendung findet. Gleich mehrere Bedingungen des Handelns der EU scheinen auf den Einsatz gerade dieses Steuerungsansatzes zu drängen. So verlangen das Vorsorgeprinzip und die Nachhaltigkeitsphilosophie ganz besonders im Umweltrecht, aber – entsprechend dem Querschnittscharakter

---

153 s. *Hesse / Grotz* (FN 71), S. 614 mit dem Hinweis, dass die zunehmende Verbreitung weicher Steuerungsinstrumente parallel zu den territorialen Differenzierungsprozessen verläuft.

154 Vgl. Art. 103 EG-Vertrag in der Maastrichter Fassung = Art. 99 EG, nunmehr Art. 121 AEU.

155 Art. 125 ff. EG, nunmehr Art. 145 ff. AEU. Dazu *Lang / Bergfeld,* Zur „offenen Methode der Koordinierung" als Mittel der Politikgestaltung in der Europäischen Union, EuR 2005, S. 381 (382); *Karl,* Offene Methode der Koordinierung als Gestaltungsgrundsatz europäischen Rechts, in: Deutscher Sozialrechtsverband e.V. (Hrsg.), Offene Methode der Koordinierung im Sozialrecht, 2005, S. 7 (12 f. und 17 ff.).; s. auch *Höchstetter,* Die offene Koordinierung in der EU, 2007, S. 60 ff.

156 *Lang / Bergfeld* (FN 155), S. 381, 387; *Karl* (FN 155), S. 8 und 12 ff., die hervorhebt, dass es sich um ein politisches Instrument handelt, ebd., S. 25.

157 *Karl* (FN 155), S. 15 ff.; *Lang / Bergfeld* (FN 155), S. 385; s. zum Aktionsplan für Umwelttechnologie *Falke,* Neueste Entwicklungen im Europäischen Umweltrecht, ZUR 2004, S. 180 (181).

158 Schlussfolgerungen des Europäischen Rates von Lissabon, 23. und 24. März 2000, Nr. 37 ff.; s. auch *Hesse / Grotz* (FN 71), S. 615.

159 *Wagener / Eger* (FN 68), S. 456.

der Umweltpolitik – nicht nur dort, vorausschauendes und damit planerisches Vorgehen. Daneben fördert das ökonomische Steuerungsmodell eine zielorientierte und folglich planerische Herangehensweise[160]. Schließlich lässt sich das Instrument der Planung – gerade weil es sowohl rechtsverbindlich als auch unverbindlich verwendbar ist, auch dort einsetzen, wo Kompetenzen oder Durchsetzungskraft fehlen[161]. Planung in der Form der OMK erscheint vor diesem Hintergrund als Versuchslaboratorium zum Auffinden von Regelungskonzepten unter den Bedingungen von Unsicherheit und Heterogenität angesichts der Notwendigkeit weiterer Integration bei gleichzeitigen mitgliedstaatlichen Souveränitätsvorbehalten[162]. Bei aller Kritik an der OMK in Bezug auf die Kompetenzordnung, Effektivität und Transparenz[163] lässt sie sich bei optimistischerer Betrachtung als das aktuelle Modell pragmatischer Integration auffassen, die bisher noch stets in rechtliche Strukturen gemündet ist[164].

VI. Fazit und Ausblick

Welches Fazit lässt sich aus dieser tour d'horizon für den Stand des europäischen Verwaltungsrechts ziehen? Es ist letztlich schlicht und in Analogie zu dem berühmten Diktum von *Fritz Werner*, Verwaltungsrecht sei konkretisiertes Verfassungsrecht, zu formulieren: Im europäischen Verwaltungsrecht konkretisiert und materialisiert sich der Stand des europäischen Integrationsprozesses[165]. Die wesentlichen Impulse sind dabei von der Einheitlichen Europäischen Akte, sodann vom Vertrag von Maastricht ausgegangen[166]. Die beiden sehr schnell aufeinander folgenden Impulse für eine

---

160 *Hesse / Grotz* (FN 71), S. 614.

161 Möglicherweise passt hier das bei *Hufen* (FN 92), S. 111 in anderem Zusammenhang herangezogene „Bonmot der 60er Jahre: Planung ist die Tochter der Krise".

162 Vgl. auch *Karl* (FN 155), S. 8; *Lang / Bergfeld* (FN 155), S. 387; s. auch *Wagener / Eger* (FN 68), S. 560–566.

163 s. dazu *Lang / Bergfeld* (FN 155), S. 388 ff.; *Karl* (FN 155), S. 22 f.; *Hesse / Grotz* (FN 71), S. 618 f., 623; *Höchstetter* (FN 155), S. 183 ff., 203 ff., 216 ff., 235 ff., und zusammenfassend S. 242.

164 Keynes Urteil über die indikative Planung passt auch hier: Selbst wenn diese Maßnahmen sich als unzureichend erweisen, werden sie uns doch mit einer besseren Kenntnis ausstatten, um den nächsten Schritt zu tun, als wir sie bisher haben. „Even if these measures prove insufficient, nevertheless, they will furnish us with better knowledge than we have now for taking the next step." Keynes in seinem Aufsatz „Laissez-faire" von 1926. Zitat nach *Wagener / Eger* (FN 68), S. 457.

165 In einem anderen Sinne, nämlich im Sinne der Prognose, dass ein allgemeines europäisches Verwaltungsrecht sich nicht durch den Gesetzgeber, sondern nur durch Ableitung von Rechtsgrundsätzen aus dem Primärrecht entwickelt, in Analogie zur Entwicklung des deutschen Verwaltungsrechts aus verfassungsrechtlichen Vorgaben, spricht *Hufen* (FN 92), S. 119 und S. 122 von einem Europäischen Allgemeinen Verwaltungsrecht als konkretisiertem Europäischem Verfassungsrecht.

166 s. III. 4. a) und b); s. auch *Schnapauff* (FN 18), S. 13.

positive Integration haben allerdings im Laufe der 90er Jahre auch zu Überforderung und wachsendem Widerstand in den Mitgliedstaaten geführt. Auch als Reaktion darauf lassen sich Erscheinungen des Verwaltungsverbundes lesen. Nach dem Scheitern des Verfassungsvertrags gibt der Vertrag von Lissabon dem Integrationsprozess in der Gestalt der Union eine konsolidierte Form. Auch wenn auf dieser Grundlage und in dieser Form eine neue Phase der Integration beginnt[167], wird das europäische Verwaltungsrecht weiterhin durch den Dualismus von Union und Mitgliedstaaten gekennzeichnet bleiben, ebenso wie durch föderale Strukturen. Für deren Ausprägungen wird die Bedeutung des Subsidiaritätsprinzips als Maßstab für eine sachgerechte Aufgabenverteilung zwischen Union und Mitgliedstaaten wachsen[168]. Auch die Bedeutung der europäischen Grundrechte wird noch zunehmen[169].

Nachdem die äußere Konsolidierung gelungen ist, steht – unbeschadet der Offenheit für notwendige Entwicklungen – auch im europäischen Verwaltungsverbund eine Phase der Konsolidierung an[170]. Im Interesse von Transparenz und Rechtssicherheit muss diese darin bestehen, das Kodifikationsfähige zu kodifizieren[171], das Unübersichtliche durch Strukturierung zu vereinfachen und das faktisch Institutionalisierte, soweit es sich bewährt hat, in primärrechtskonformer Weise zu verrechtlichen.

---

167 So *Wagener / Eger* (FN 68), S. 101.

168 *Lübbe-Wolff,* Staatenintegration und Bürgerintegration, in: Schulze / Walter (Hrsg.), 50 Jahre Römische Verträge, 2008, S. 37 – 41; skeptisch zur Leistungsfähigkeit des Subsidiaritätsprinzips *Everling* (FN 47), S. 984: „gelingt nur, wenn Auslegung nicht am Vertragstext, sondern an den Vertragszielen und der Notwendigkeit, die föderale Balance in der Union zu wahren, ausgerichtet wird"; s. dazu auch *ders.*, Rechtsschutz in der EU nach dem Vertrag von Lissabon, EuR Beiheft 1 / 2009, S. 71.

169 Für die Stärkung der Bürgersicht im europäischen Verwaltungsverbund plädiert *Ruffert* (FN 20), S. 768 f.

170 *Everling* (FN 47), S. 1007: Sicherung des Integrationsstands; *Kahl* (FN 20), Abschnitt I.

171 s. dazu *Ladenburger* (FN 60); *Kahl,* Die Europäisierung des Verwaltungsrechts als Herausforderung an Systembildung und Kodifikationsidee, in diesem Heft; *von Danwitz* (FN 19), S. 466.

Die Europäisierung des Verwaltungsrechts als Herausforderung an Systembildung und Kodifikationsidee

Von Wolfgang Kahl, Heidelberg*

I. Die Europäisierung des Verwaltungsrechts in der Konsolidierungsphase

Lässt man die bisherigen Entwicklungsphasen der europäischen Integration und der Europäisierung des Verwaltungsrechts[1] Revue passieren[2], so ergibt sich hieraus folgendes Bild: Die europäische Integration ist nach einer *ersten* Phase dynamischer, weitgehend marktzentrierter, richterrechtlich vorangetriebener[3] Integration von der Unterzeichnung der Römischen

---

* Für kritische Lektüre früherer Fassungen und weiterführende Anregungen danke ich *Klaus Ferdinand Gärditz, Jens Kersten* und *Ute Mager.*

1 Für einen Überblick über Begriff, Wege, Formen und Wirkungen der Europäisierung des (insbesondere Allgemeinen) Verwaltungsrechts vgl. *Brenner,* Der Gestaltungsauftrag der Verwaltung in der Europäischen Union, 1996; *von Danwitz,* Verwaltungsrechtliches System und europäische Integration, 1996; *ders.,* Europäisches Verwaltungsrecht, 2008, insbes. S. 4 ff., 141 ff.; *Ehlers,* in: Erichsen / ders. (Hrsg.), Allgemeines Verwaltungsrecht, 13. Aufl. 2006, § 4; *Hatje,* Die gemeinschaftsrechtliche Steuerung der Wirtschaftsverwaltung, 1998; *Jans* u. a., Europeanisation of Public Law, 2007, S. 35 ff.; *Kadelbach,* Allgemeines Verwaltungsrecht unter europäischem Einfluß, 1999; *Kahl,* Die Verwaltung 42 (2009), S. 463 (466 ff.); *Rengeling,* VVDStRL 53 (1994), S. 154 ff.; *Ruffert,* Die Verwaltung 41 (2008), S. 543 ff.; *Scheuing,* in: Hoffmann-Riem / Schmidt-Aßmann / Schuppert (Hrsg.), Reform des Allgemeinen Verwaltungsrechts, 1993, S. 289 (298 ff., 331 ff.); *Schmidt-Aßmann,* Das Allgemeine Verwaltungsrecht als Ordnungsidee, 2. Aufl. 2004, S. 31 ff., 377 ff.; *ders.,* in: FS Winkler, 1997, S. 995 ff.; *ders.,* in: FG 50 Jahre BVerwG, 2003, S. 487 ff.; *ders. / Hoffmann-Riem* (Hrsg.), Strukturen des Europäischen Verwaltungsrechts, 1999; *Schoch,* Die Verwaltung, Beiheft 2, 1999, S. 135 (136 ff., 142 ff.); *R. Schröder,* Verwaltungsrechtsdogmatik im Wandel, 2007, S. 123 ff.; *Schwarze* (Hrsg.), Bestand und Perspektiven des Europäischen Verwaltungsrechts, 2008; *Streinz,* in: Schweitzer (Hrsg.), Europäisches Verwaltungsrecht, 1991, S. 241 ff.; *Zuleeg,* VVDStRL 53 (1994), S. 202 ff.

2 Eingehend hierzu der Beitrag von *Mager,* in diesem Band. Allgemein zur Entwicklungsgeschichte der europäischen Integration BVerfGE 123, 267 (272 ff.); *Oppermann / Classen / Nettesheim,* Europarecht, 4. Aufl. 2009, S. 10 ff.; *Schulze / Walter* (Hrsg.), 50 Jahre Römische Verträge, 2009 (insbesondere die Beiträge von *Elvert,* ebd., S. 79 [83 ff.] und *Skouris,* ebd., S. 17 ff.), mit Blick auf das Verwaltungsrecht speziell *Schmidt-Aßmann,* in: ders. / Hoffmann-Riem (FN 1), S. 9 (10 ff.).

3 Marksteine: EuGH, Rs. 26 / 62 (van Gend & Loos), Slg. 1963, 1 (24 ff.); Rs. 6 / 64 (Costa / ENEL), Slg. 1964, 1251 Rn. 8 ff.; für eine Zwischenbilanz aus wissenschaftlicher Sicht s. *H. P. Ipsen,* Europäisches Gemeinschaftsrecht, 1972, insbes. S. 66 ff. („Zweckverband funktionaler Integration"); retrospektiv *Ruffert,* in: Hoffmann-Riem / Schmidt-Aßmann / Voßkuhle (Hrsg.), GVerwR, Bd. I, 2006, § 17 Rn. 121 ff.

Verträge bis Ende der siebziger Jahre des vergangenen Jahrhunderts, einer *zweiten* Phase weiter ausgreifender, integrativer Ansätze mit Bezügen auch zum Allgemeinen (Verfahren, Organisation, Haftung) in den achtziger Jahren, einer *dritten* Phase der Aufgabenexpansion und präföderalen Politisierung in den neunziger Jahren (Stichwort: Maastricht) und einer *vierten* Phase der Reformbestrebungen, aber auch der Krise seit dem Jahrtausendwechsel, nunmehr in eine neue, *fünfte Phase* der Konsolidierung eingetreten[4]. Der Begriff der *Konsolidierung* bezieht sich dabei auf die *politische* bzw. *primärrechtliche* Ebene und ist mit dem Namen „Lissabon" verbunden[5]. Konsolidierung bezeichnet keinen Stillstand oder gar Rückschritt[6], wohl aber eine gewisse Entschleunigung[7] des Integrationsprozesses. Auf absehbare Zeit geht es der Union vorrangig um die Sicherung des Besitzstandes (*acquis communautaire*), nicht zuletzt in den – permanenten Relativierungstendenzen ausgesetzten – Kernbereichen des Binnenmarktes[8] und der Währungsunion[9], und im Übrigen um eine Erhöhung der weiterhin labilen politischen Akzeptanz bei den Bürgern durch Optimierung und Dezentralisierung der Organisationsstrukturen und Verfahrensabläufe.

Davon unberührt – und hierin zeigt sich die *Dialektik* der Konsolidierung – schreiten jedoch die Produktion von Sekundärrecht sowie die damit einhergehende Europäisierung des nationalen Verwaltungsrechts ungebremst dynamisch voran. Einer Phase *verfassungsrechtlicher Entschleunigung* steht somit *gleichzeitig* eine Phase *verwaltungsrechtlicher Beschleunigung* gegenüber. Die sekundärrechtlichen Vorgaben für das deutsche Ver-

---

4 s. zu diesem entwicklungshistorischen Befund *Kahl,* in: FS Spellenberg, 2010, S. 727 ff.

5 Zum genetischen Hintergrund *Streinz / Ohler / Herrmann,* Der Vertrag von Lissabon zur Reform der EU, 3. Aufl. 2010, S. 16 ff.

6 Zum maßvoll erweiterten Kompetenzumfang der EU nach Lissabon vgl. BVerfGE 123, 267 (406 ff.); *Hatje / Kindt,* NJW 2008, S. 1761 (1763).

7 Für Deutschland geht eine gewisse, freilich nicht zu überschätzende Entschleunigungswirkung nicht zuletzt vom Lissabon-Urteil des BVerfG (BVerfGE 123, 267) aus. Kritisch speziell unter diesem Aspekt *Terhechte,* EuZW 2009, S. 724 (727). Die Stoßrichtung des Urteils dagegen bekräftigend *Gärditz / Hillgruber,* JZ 2009, S. 872 ff.; vgl. auch *Schorkopf,* EuZW 2009, S. 718 (718), der eine „Neuvermessung" der europäischen Integration erkennt. Eher zurückhaltend mit Blick auf mögliche Einschränkungen der integrationspolitischen Handlungsdynamik durch das Lissabon-Urteil dagegen *Müller-Graff,* integration 2009, S. 331 (357 ff.).

8 Mit der notwendigen Klarheit gegen Relativierungen im Bereich der Grundfreiheiten *Ruffert,* AöR 134 (2009), S. 197 (231 f.). Zu dem semantischen und lokativen Abschliff der wettbewerblichen Dimension im Vertrag von Lissabon (vgl. Art. 2, 3 Abs. 1 lit. g EGV einerseits und Art. 3 Abs. 3 S. 1 EUV, Protokoll Nr. 6 andererseits) *Müller-Graff,* ZHR 173 (2009), S. 443 (445 ff., 448 ff.). Auch das Binnenmarktziel tritt systematisch nach hinten (vgl. Art. 14 Abs. 2 EGV / 26 AEUV).

9 s. hierzu vor dem Hintergrund des aktuellen Falls Griechenland *Frankenberger,* FAZ Nr. 50 v. 1. 3. 2010, S. 1. Frühzeitig vor einer zu geringen rechtlichen Absicherung und einer politischen Aufweichung der Stabilitätskriterien warnend *R. Schmidt,* in: Isensee / Kirchhof (Hrsg.), HStR, Bd. V, 3. Aufl. 2007, § 117 Rn. 13, 27; s. auch *Palm,* EuZW 2004, S. 71 ff.; *Waldhoff,* in: Isensee / Kirchhof, ebd., § 116 Rn. 165.

waltungsrecht betreffen längst nicht mehr nur Einzelfragen des Besonderen, sondern greifen immer stärker auch auf Aspekte des Allgemeinen wie Verwaltungsverfahren, Verwaltungsorganisation oder Verwaltungsprozess und damit auf die Strukturen des nationalen Rechts aus. Dabei haben die Einwirkungen zwar an Zahl und Tiefe zugenommen, erweisen sich aber noch immer als stark fragmentarisch, sektoral und punktualistisch[10]. In der Folge kommt es zu einem Verlust an dogmatischer Orientierung. Damit ist *insofern* eine Konsolidierung gerade *nicht* eingetreten, sondern stellt erst noch ein Desiderat dar. In Anbetracht der breitflächigen, häufig aber inkohärenten, kasuistischen und zersplitterten Überformung des nationalen Verwaltungsrechts durch das EU-Recht bedarf es umso dringender der Etablierung von rahmensetzenden und ordnungsstiftenden rechtlichen Regelungsstrukturen, welche, mit *Eberhard Schmidt-Aßmann* gesprochen, als Aktionsrecht europäischer Verwaltungsinstanzen, als Determinationsrecht für die nationalen Verwaltungsrechtsordnungen und als Kooperationsrecht[11] spezifischer Verbundprobleme fungieren[12].

Vor dem Hintergrund dieses Strukturierungsbedarfs verwundert es nicht, dass die Idee der Schaffung einer *Kodifikation* des Verwaltungsrechts auf *europäischer* Ebene seit einiger Zeit wieder vermehrt in das Blickfeld der Rechtswissenschaft rückt[13]. Zu wenig Beachtung findet dabei bislang

---

10 Dazu *Ulmer,* JZ 1992, S. 1 (6). Vgl. auch die Feststellung von *Gundel,* in: Schulze/Zuleeg (Hrsg.), Europarecht, 2006, § 3 Rn. 152, unterschiedliche rechtliche Ausgestaltungen fänden in der EU ihre Ursachen eher in historischen Zufälligkeiten und der sektoralen Zersplitterung des EU-Rechts als in tatsächlich bestehenden unterschiedlichen Anforderungen der einzelnen Sachbereiche. Von einer „Ausdünnung des erkenntnisleitenden dogmatischen Geflechts" im Zuge der Europäisierung und Internationalisierung spricht *Voßkuhle,* in: Willoweit (Hrsg.), Rechtswissenschaft und Rechtsliteratur im 20. Jahrhundert, 2007, S. 935 (945).

11 Die *Verwaltungskooperation* findet ihre Grundlage in Art. 4 Abs. 3 EUV und in einigen leges speciales, insbesondere Art. 197 AEUV (dazu *Frenz,* DÖV 2010, S. 66 ff.; *Gärditz,* DÖV 2010, S. 453 [462 f.]). Zum Kooperationsprinzip als dem – neben dem Trennungsprinzip – zweiten Strukturprinzip der Europäischen Verwaltung *Schmidt-Aßmann,* Ordnungsidee (FN 1), S. 381 ff. Als „nicht-hierarchisch" bewertet die allgemeine Struktur zwischen EU und Mitgliedstaaten *Wahl,* Der Staat 48 (2009), S. 587 (602 f.); ähnlich *Mager,* in: Trute u. a. (Hrsg.), Allgemeines Verwaltungsrecht – zur Tragfähigkeit eines Konzepts, 2008, S. 369 (372); a. A. *Calliess,* VVDStRL 66 (2007), S. 87.

12 So bezogen auf die Internationalisierung des Verwaltungsrechts *Schmidt-Aßmann,* in: Hoffmann-Riem/ders./Voßkuhle (Hrsg.) (FN 3), § 5 Rn. 48; vgl. auch zur „Strukturbildung" *ders.* (FN 2), S. 11.

13 Vgl. für das Umweltrecht *Rengeling,* in: Gesellschaft für Umweltrecht (Hrsg.), Umweltrecht im Wandel, 2001, S. 171 ff.; *ders.,* in: Bohne (Hrsg.), Ansätze zur Kodifikation des Umweltrechts in der Europäischen Union am Beispiel der Wasserrahmenrichtlinie und ihrer Umsetzung in nationales Recht, 2005, S. 123 ff. Für das Allgemeine Verwaltungsrecht zuletzt dezidiert eine umfassende Kodifikation auf EU-Ebene befürwortend *Mir Puigpelat,* Die Verwaltung, Beiheft 8, 2009, S. 177 ff., der von einem Stadium der „Präkodifikation" (ebd., S. 178) spricht und bereits jetzt eine gestiegene Zahl an Bereichskodifikationen im Unionsrecht konstatiert (ebd., S. 189 ff.).

aber der Beitrag, den die *nationale* Verwaltungsrechtskodifikation zu einer Konsolidierung durch Systembildung zu leisten vermag. Auch im *Europäischen Verwaltungsverbund*[14] sind es nämlich in erster Linie die *Staaten*, die gewährleisten, dass der Prozess der Europäisierung des nationalen Rechts transparent, kontrolliert und demokratisch rückgebunden an die Völker abläuft[15]. Daher haben weiterhin die nationalen Parlamente als „Mitte der Demokratie"[16] dem Verwaltungshandeln auch unter den Bedingungen offener Staatlichkeit[17] und verbundtypischer Interaktion[18] Inhalt und Ziel zu verleihen sowie geeignete Organisationsstrukturen und Verfahren hierfür bereitzustellen[19]. Durch die Rückbindung des Europäisierungsprozesses an das nationale Recht kommt der Staat seiner unaufgebbaren Funktion nach, als Wächter und Garant für einen konstitutionellen Rahmen zu sorgen, der die Einhaltung zentraler Verfassungsstrukturprinzipien und elementarer verwaltungsverfahrensrechtlicher Prinzipien auch unter den veränderten Bedingungen europäisierter Verwaltungsbeziehungen gewährleistet[20]. Hierfür ist entscheidend an den Schnittstellen

---

14 Begriffsprägend zunächst („Staatenverbund") *P. Kirchhof,* in: Isensee/ders. (Hrsg.), HStR, Bd. VII, 1. Aufl. 1992, § 183 Rn. 38, und passim; im Anschluss an diesen BVerfGE 89, 155 (156 [Ls. 8], 181, 184 f., 188 ff.); zuletzt wieder *P. Kirchhof,* in: von Bogdandy/Bast (Hrsg.), Europäisches Verfassungsrecht, 2. Aufl. 2009, S. 1009 (1019 ff.) sowie die variierte Verbundterminologie in BVerfGE 123, 267 (267 [Ls. 1], 364, 371, 406). Zur Verbundstruktur des europäischen Verwaltungsrechts vgl. bereits *Kahl,* Die Verwaltung 29 (1996), S. 341 (360); konzeptprägend („Verwaltungsverbund") *Schmidt-Aßmann,* in: ders./Schöndorf-Haubold (Hrsg.), Der Europäische Verwaltungsverbund, 2005, S. 1 (2, 6 ff.); *ders.* (FN 12), § 5 Rn. 16, 25, 28. Aufgenommen u. a. von *Britz,* EuR 2006, S. 46 ff.; *dies.*, in: Die Verwaltung, Beiheft 8, 2009, S. 71 (85 ff.); *Gärditz,* Europäisches Planungsrecht, 2009, S. 108 ff.; *Hoffmann-Riem,* in: ders./Schmidt-Aßmann/Voßkuhle (Hrsg.) (FN 3), § 10 Rn. 73 ff.; *Glaser,* in: Dalibor u. a. (Hrsg.), Risiko im Recht – Recht im Risiko, 2010, im Erscheinen (sub II. 2. c); *Kahl* (FN 1), S. 467 f.; *Mager* (FN 11), S. 370; *Röhl,* in: Hoffmann-Riem/Schmidt-Aßmann/Voßkuhle, ebd., Bd. II, 2008, § 30 Rn. 48 ff.; *Ruffert,* DÖV 2007, S. 761 ff.; *J.-P. Schneider,* EuR, Beiheft 2, 2005, S. 141 (147 ff.); *ders.*, Die Verwaltung, Beiheft 8, 2009, S. 9 ff.; *Schöndorf-Haubold,* Die Strukturfonds der Europäischen Gemeinschaft, 2005, S. 37 ff., 427 ff., 465 ff.

15 *Grimm,* Souveränität, 2009, S. 121 ff.; *Kahl,* in: Trute u. a. (Hrsg.) (FN 11), S. 71 (76 ff.); *Müller-Franken,* AöR 134 (2009), S. 542 (567 f.); *R. Schmidt,* in: FS Scholz, 2007, S. 889 (901); *Streinz,* in: FS Ress, 2005, S. 1277 (1291 ff.).

16 *P. Kirchhof,* in: FS Badura, 2004, S. 237 ff.

17 Grundlegend *Vogel,* Die Verfassungsentscheidung des Grundgesetzes für eine internationale Zusammenarbeit, 1964. Aus neuerer Zeit vgl. statt vieler *Hobe,* Der offene Verfassungsstaat zwischen Souveränität und Interdependenz, 1998; *Kokott,* VVDStRL 63 (2004), S. 7 (24 ff.); *Sommermann,* in: von Bogdandy/Cruz Villalón/Huber (Hrsg.), Handbuch Ius Publicum Europaeum, Bd. II, 2008, § 14 Rn. 1 ff., 14 ff.; *Tomuschat,* in: Isensee/Kirchhof (Hrsg.), HStR, Bd. VII, 1. Aufl. 1992, § 172 Rn. 1 ff.; *Walter,* in: Wittreck (Hrsg.), 60 Jahre Grundgesetz, 2010, S. 61 ff.; für einen verfassungsrechtlichen Grundsatz der Europarechtsfreundlichkeit BVerfGE 123, 267 (347, 354, 401).

18 *Britz,* EuR (FN 14), S. 53; *Ruffert* (FN 14), S. 766; *Mir Puigpelat* (FN 13), S. 185 ff.

19 Vgl. *Calliess,* in: Bauer/Huber/Sommermann (Hrsg.), Demokratie in Europa, 2005, S. 130 (135 ff.); *Müller-Franken* (FN 15), S. 570; *Schmidt-Aßmann,* Der Staat 45 (2006), S. 315 (330).

und an den Verknüpfungen von supranationalem[21] und nationalem Recht anzusetzen.

Damit ist der deutsche Gesetzgeber gefordert, sich fortan aus seiner bisherigen, in erheblichen Teilen *selbstverschuldeten Steuerungsunfähigkeit* im Bereich des internationalen[22] und europäischen Verwaltungshandelns zu befreien, im überstaatlichen Raum anzusiedelnde Erscheinungsformen der Determination des nationalen Rechts aufzugreifen und hierauf gegenstandsadäquate Antworten zu formulieren[23]. Die meisten Fragen, um die es dabei geht, sind so komplex und speziell, dass sie grundsätzlich nur im jeweiligen Fachrecht passgenau, das heißt vor allem hinreichend differenziert, normiert werden können. Wollte man es hiermit indes bewenden lassen, so wäre dies ein unnötig reduzierter Anspruch an Gesetzgebung und Rechtswissenschaft. Die Europäisierung erweist sich vielmehr nicht nur als Herausforderung an das *Besondere*, sondern – und hierauf soll das Augenmerk im Folgenden gerichtet werden – zugleich auch als Herausforderung an das *Allgemeine*, sprich an Systembildung und Kodifikationsidee.

II. Europäisierung und Systembildung

1. Systembildung als Ziel der Verwaltungsrechtswissenschaft

Die Verwaltungsrechtswissenschaften in Europa haben sich in den letzten Jahren auf erfreuliche Weise aus nationalstaatlicher Introvertiertheit gelöst und durch eine immer mehr als selbstverständlich empfundene integrative Berücksichtigung europarechtlicher Bezüge sowie eine produktive Rechtsvergleichung, die neben Divergenzen auch ein erhebliches Maß an Konvergenzen zwischen den nationalen Rechtsordnungen[24] zu Tage gefördert hat[25], europäisiert. Wissenschaftliche Vereinigungen, Tagungen, Zeit-

---

20 Frühzeitig *R. Schmidt,* VVDStRL 36 (1978), S. 65 (74); vgl. auch *ders.,* Öffentliches Wirtschaftsrecht, AT, 1990, S. 213 ff. Tendenziell wie hier auch BVerfGE 89, 155 (188); 123, 267 (350, 354 ff., 356 ff., 381 ff.); dazu in rechtsvergleichender Perspektive instruktiv *Huber,* VVDStRL 60 (2001), S. 194 (214 ff.); *ders.,* in: von Bogdandy / Cruz Villalón / ders. (Hrsg.) (FN 17), § 26 Rn. 22, 31, 35 f.

21 Zum Begriff *Ipsen* (FN 3), S. 97 ff.

22 Auf Fragen des *internationalen* Verwaltungsrechts wird im Folgenden allenfalls ganz am Rande eingegangen, da dies ein eigenes Thema darstellte; vgl. zum Diskussionsstand insoweit stellv. *Kahl* (FN 1), S. 476 ff. m. z. Nachw.

23 *Schmidt-Aßmann* (FN 19), S. 329.

24 Die steigende Konvergenz basiert nicht zuletzt auf einer Selbstkoordinierung der Mitgliedstaaten (vgl. *Sommermann,* DÖV 2007, S. 859 [865]), für die die Rechtsvergleichung eine unabdingbare Grundlage bildet. Zu Angleichungstendenzen speziell im Verwaltungsverfahrensrecht s. *Pünder,* in: Erichsen / Ehlers (Hrsg.), Allgemeines Verwaltungsrecht, 13. Aufl. 2006, § 12 Rn. 26.

25 Pionierhaft *Schwarze,* Europäisches Verwaltungsrecht, 1. Aufl. 1988, 2 Bde.; *ders.* (Hrsg.), Das Verwaltungsrecht unter europäischem Einfluss, 1996; aus der jün-

schriften, Lehrbücher, Dissertationen und Habilitationsschriften zum Europäischen Verwaltungsrecht sind schon jetzt kaum mehr überschaubar und nehmen an Zahl weiter zu. Mit Fug wurde daher kürzlich die Entwicklung einer auf gemeinsamen Grundüberzeugungen beruhenden *europäischen Verwaltungsrechtswissenschaft* bereits im Sinne eines Faktums festgestellt[26].

Eine der Kernaufgaben und ein verbindendes Element der europäischen Verwaltungsrechtswissenschaft, die sich mehrheitlich als dogmatische Wissenschaft versteht, liegt in der *Systembildung*[27]. Dogmatik und System sind hinsichtlich der Rationalität rechtlichen Entscheidens[28] dem angelsächsischen Alternativmodell eines case law approach überlegen. Die gerade für das deutsche Verwaltungsrecht seit der Mitte des 19. Jahrhunderts prägende[29] Systembildung erfüllt auch in der europäischen Verwaltungsrechts-

---

geren Zeit grundlegend *von Bogdandy / Cassese / Huber* (Hrsg.), Handbuch Ius Publicum Europaeum, Bd. III, Verwaltungsrecht in Europa: Grundlagen und Wissenschaft; *J.-P. Schneider* (Hrsg.), Verwaltungsrecht in Europa, bisher erschienen: Bd. 1 (2007); Bd. 2 (2008); *Schwarze,* Zukunftsaussichten für das Europäische Öffentliche Recht, 2010, S. 25 ff.

26 *Mir Puigpelat* (FN 13), S. 203 (Hervorhebung im Original) unter Bezugnahme auf *Schwarze,* DVBl. 1996, S. 881 (888) und *Schoch* (FN 1), S. 154. Zur Europäisierung der Rechtswissenschaft vgl. auch *von Bogdandy,* Der Staat 40 (2001), S. 3 ff.; *Häberle,* JöR 50 (2002), S. 123 ff.; *Ruffert,* Die Verwaltung 36 (2003), S. 293 ff.; *Schwarze,* in: ders. (FN 1), S. 11 ff.

27 Grundlegend *von Danwitz,* Verwaltungsrechtliches System (FN 1), S. 187 ff., 334 ff., 395 ff.; *ders.*, in: Schmidt-Aßmann / Hoffmann-Riem (FN 1), S. 171 ff.; *Schoch* (FN 1), S. 148 ff.; *Schmidt-Aßmann,* Ordnungsidee (FN 1), S. 403 ff.

28 Zur Unaufgebbarkeit juristischer Rationalität *Schmidt-Aßmann,* Ordnungsidee (FN 1), S. 84 ff., 312; *Voßkuhle,* in: Schuppert / ders. (Hrsg.), Governance von und durch Wissen, 2008, S. 13 ff.; relativierend dagegen *Franzius,* Die Verwaltung 39 (2006), S. 335 (343); *Hoffmann-Riem,* in: Scherzberg (Hrsg.), Kluges Entscheiden, 2008, S. 3 (3 ff., 16 f.); zum Rationalitätspostulat speziell im rechtswissenschaftlichen Kontext vgl. *Scherzberg,* in: FS Erichsen, 2004, S. 177 (181 ff.); *Schulze-Fielitz,* in: FS Vogel, 2000, S. 311 (312 ff., 320 ff.).

29 Für die gerade das deutsche Verwaltungsrecht kennzeichnende juristische Methode und die Ordnungsidee des Systems grundlegend *O. Mayer,* Deutsches Verwaltungsrecht, 2 Bde., 3. Aufl. 1924 (insbes. Bd. 1, S. 18, 20 f.); *ders.*, AöR 3 (1888), S. 1 (3); berichtend (auch zu früheren systembezogenen Ansätzen bei *Gerber, F. F. Mayer, L. von Stein, G. Meyer, von Sarwey, von Stengel* u. a.) *Forsthoff,* Lehrbuch des Verwaltungsrechts, Bd. 1, 10. Aufl. 1973, S. 49 ff.; *Groß,* Die Verwaltung, Beiheft 2, 1999, S. 57 (58 ff.); *Stolleis,* Geschichte des öffentlichen Rechts in Deutschland, Bd. 2, 1992, S. 395 ff.; *Dennewitz,* Die Systeme des Verwaltungsrechts, 1948, S. 66 ff., 82 ff.; weit ausgreifend *Vesting,* Rechtstheorie, 2007, S. 35 ff.; speziell zu O. Mayer *Bumke,* in: Schmidt-Aßmann / Hoffmann-Riem (Hrsg.), Methoden der Verwaltungsrechtswissenschaft, 2004, S. 73 (86 ff.); *Hueber,* Otto Mayer – Die juristische Methode im Verwaltungsrecht, 1982, S. 72 ff. Fortentwickelnd sodann *F. Fleiner,* Institutionen des Deutschen Verwaltungsrechts, 8. Aufl. 1928, insbes. S. 57. Für das Systemdenken im deutschen Verwaltungsrecht nach 1945 vgl. *H. J. Wolff,* Studium Generale 1952, S. 195 (205); *Schmidt-Aßmann,* Das allgemeine Verwaltungsrecht als Ordnungsidee und System, 1982, insbes. S. 7, 10, 67; *ders.*, in: Ehlers / Krebs (Hrsg.), Grundfragen des Verwaltungsrechts und des Kommunalrechts, 2000, S. 1 ff.; *von Danwitz,* Verwaltungsrechtliches System (FN 1), S. 48 ff. (85 f.); *Voßkuhle,* in: Hoffmann-Riem / Schmidt-Aßmann / ders. (Hrsg.) (FN 3), § 1 Rn. 5, 46 f.; *Schoch,* Die Verwaltung, Bei-

ordnung eine wesentliche Hilfsfunktion gegenüber der *Rechtsdogmatik*[30]. Versteht man unter Dogmatik das „Bemühen darum, rechtlich gehaltvolle Unterscheidungen und Kategorien zu entfalten, die es uns erlauben, die zahllosen Rechtsakte zu ordnen, zu analysieren, zu beurteilen und ihr Zusammenspiel nachzeichnen zu können“[31], so ist dogmatische Arbeit am Recht zwar nicht notgedrungen, aber doch regelmäßig systematische Arbeit[32]. Systembildung dient Akten der Rechtsanwendung und der für diese typischen Situation, zumal der des Richters, die durch die Pole der Gesetzesbindung einerseits und des „richtigen“ Entscheidens zwischen teilweise konfligierenden Zielvorgaben andererseits gekennzeichnet ist und die einen komplexen Prozess der Erfassung, Analyse und Selektion des Bestandes vorhandener Normen anhand eines bestimmten Sachverhalts in Gang setzt[33]. Dieser Prozess ist nur partiell gesetzesdirigiert und bedarf daher darüber hinaus eines Steuerungsmechanismus von außernormativen, gleichwohl juristischen Auslegungsregeln, um „die Reconstruction des dem Gesetze innewohnenden Gedankens“[34] zu ermöglichen. Teil des Auslegungsprozesses als einer „Selektions- und Syntheseleistung“ ist die Rückbindung der Einzelnorm an gesetzliche Wertungsgrundlagen und allgemeine Rechtsgrundsätze im Sinne eines „systematisch konstruierten Bezugsraster(s)“[35]. So können etwa die teleologische und die systematische Auslegung unmittelbar an Vorleistungen wissenschaftlicher Systembildung anknüpfen, um den geltenden Rechtsinhalt zu ermitteln.

---

heft 7, 2007, S. 177 (191 ff.); *Kahl* (FN 1), S. 485 ff.; *Gärditz,* Hochschulorganisation und verwaltungsrechtliche Systembildung, 2009, S. 2 ff., 147 ff., 261 ff. Zu der mit der systematischen Vorgehensweise eng verbundenen juristischen Methode *Appel,* VVDStRL 67 (2008), S. 226 (235 ff., 239 ff.); *Eifert,* VVDStRL 67 (2008), S. 286 (289 ff.); *Krebs,* in: Schmidt-Aßmann / Hoffmann-Riem (Hrsg.), Methoden der Verwaltungsrechtswissenschaft, 2004, S. 209 (213 ff.); *Pauly,* Der Methodenwandel im deutschen Spätkonstitutionalismus, 1993, S. 177 ff.; *Schulze-Fielitz,* Die Verwaltung, Beiheft 7, 2007, S. 11 (18 ff.). Zum Systemdenken im Zivilrecht grundlegend *Canaris,* Systemdenken und Systembegriff in der Jurisprudenz, 2. Aufl. 1983; *Larenz,* Methodenlehre der Rechtswissenschaft, 6. Aufl. 1991, S. 165 ff., 437 ff.; *Somek,* Rechtssystem und Republik, 1992; *Bydlinski,* System und Prinzipien des Privatrechts, 1996; vgl. auch *Rittner,* in: FS Nörr, 2003, S. 805 ff.

30 *Jestaedt,* Das mag in der Theorie richtig sein ..., 2006, S. 81; *Schulze-Fielitz,* Theorie und Praxis parlamentarischer Gesetzgebung, 1988, S. 524 f.

31 *Bumke* (FN 29), S. 88 f.

32 Zum unaufgebbaren Zusammenhang von Rechtsdogmatik und System(bildung) s. *Schmidt-Aßmann,* Die Verwaltung 42 (2009), S. 439 (445); *Schoch* (FN 29), S. 209. Allgemein zu den Funktionen von (Rechts)Dogmatik *Bachof,* VVDStRL 30 (1972), S. 193 (197 f.); *Brohm,* VVDStRL 30 (1972), S. 245 (246 ff.); *ders.,* in: FS Maurer, 2001, S. 1079 (1080 ff.); *Bumke,* Der Grundrechtsvorbehalt, 1998, S. 30 ff.; *Klement,* Verantwortung, 2006, S. 38 ff., 91 ff.; *Schulte,* Schlichtes Verwaltungshandeln, 1995, S. 9 ff.

33 Hierzu und zum Folgenden instruktiv *von Danwitz,* Verwaltungsrechtliches System (FN 1), S. 27 f.

34 *von Savigny,* System des heutigen römischen Rechts, Bd. 1, 1840, S. 213.

35 *von Danwitz,* Verwaltungsrechtliches System (FN 1), S. 28.

Diese Umschreibung der *generellen* Aufgabe von Systembildung lässt sich bei genauerem Zusehen in verschiedene *Einzelfunktionen* auffächern[36]:

(1) *Speicher- und Entlastungsfunktion:* Die Systembildung dient der Rechtsanwendung insbesondere als Speicher für allgemeine, wiederholt auftauchende Problemlösungsansätze, um die Entscheidungspraxis zu entlasten und zugleich rechtsstaatlich zu konturieren. Sinnzusammenhänge, Konzepte und Lösungsansätze müssen nicht Fall für Fall jeweils neu entwickelt werden, sondern werden auf der Grundlage von zu Recht geronnenem historischem Erfahrungswissen, das sich in Begriffen, Instituten und Lehren der Dogmatik in die Zukunft hinein abbildet[37], durch Abstraktion, Bündelung und Verklammerung für die Fallanwendung allgemein verfügbar gehalten.

(2) *Komplexitätsbewältigungsfunktion:* Die Abstraktion von Begriffen, Prinzipien und Instrumenten des Verwaltungshandelns aus einer Vielzahl ausdifferenzierter und hochgradig verzweigter Normen leistet einen wesentlichen Beitrag dazu, die ständig wachsende Stofffülle, zumal die Gesetzesflut, überschau- und beherrschbar zu halten[38] und hierdurch Komplexität durch deren Reduktion praktisch zu bewältigen.

(3) *(Re-)Integrationsfunktion:* Perspektive der Systembildung ist die (Re-) Integration[39] disziplinärer Diskurse und nicht überzeugender recht-

---

[36] Die folgenden Überlegungen können aufbauen auf *von Danwitz,* Verwaltungsrechtliches System (FN 1), S. 34 ff.; *Schmidt-Aßmann,* Ordnungsidee (FN 1), S. 4 ff.; *ders.,* Die Verwaltung 27 (1994), S. 137 (139 ff.). Bündig zu den Funktionen von Systembildung *Stober,* in: Wolff / Bachof / ders. / Kluth, Verwaltungsrecht I, 12. Aufl. 2007, § 2 Rn. 6.

[37] Zur *historischen* Speicherfunktion rechtlicher Begriffe und Institute vgl. *Böckenförde,* in: ders., Recht, Staat, Freiheit, 1991, S. 143 (143 f., insbesondere mit Blick auf von ihm sog. „Schleusenbegriffe"); *von Bogdandy,* Der Staat 40 (2001), S. 3 (12 ff.); *Kahl,* Die Staatsaufsicht, 2000, S. 26 ff.; vgl. auch *Schuppert,* in: ders. / Voßkuhle (Hrsg.), Governance von und durch Wissen, 2008, S. 259 (277): Recht als „zu Normen geronnenes Regelungswissen". Die Speicherfunktion ist dabei durchaus ambivalent: Mit ihr ist auch die Gefahr einer Versteinerung bzw. Überalterung der Dogmatik verbunden, weshalb sie einer Ergänzung u. a. durch die Innovationsfunktion von Systembildung bedarf (s. dazu sogleich im Text).

[38] Diese Funktion der systematischen Vorgehensweise wird zu Recht betont von *Schmidt-Aßmann,* VBlBW 1988, S. 381 (382 f.); *Voßkuhle* (FN 29), § 1 Rn. 5. Vgl. auch bereits *Mayer* (FN 29), S. 113, für den das Rechtsinstitut als „Hilfsmittel der Rechtswissenschaft zur Beherrschung der Fülle von Stoff" dient. Diese Funktion von Systembildung nunmehr mit einem zurückgenommenen, verwaltungsrechtsdogmatisch operationalisierten Governancebegriff aufnehmend *Rixen,* Die Verwaltung 42 (2009), S. 309 (318); vgl. auch *Kersten,* in: Grande / May (Hrsg.), Perspektiven der Governance-Forschung, 2009, S. 45 (47 f.).

[39] Zur integrierenden Kraft von Systembildung *Schmidt-Preuß,* in: FS Maurer, 2001, S. 777 (779 ff.). Eine Reintegrationsdebatte ist seit einiger Zeit etwa erneut hinsichtlich der Drei-Säulen-Struktur aus VwGO, FGO und SGG entbrannt; s. dazu – eine Reintegration im Ergebnis befürwortend – *Gärditz,* Die Verwaltung 43 (2010), S. 309 (339 ff.). Ein paralleler Diskurs wäre mit Blick auf die verwaltungs-*verfahrens*rechtliche Drei-Säulen-Struktur aus VwVfG, AO und SGB X (dazu statt vieler

licher Sonderentwicklungen[40] in einer übergreifenden Struktur und Ordnung. Dies geschieht vor allem durch Aufgreifen von Erfahrungen und Figuren, insbesondere Handlungsformen, aus den Referenzgebieten[41] des Besonderen Verwaltungsrechts und deren Transfer in das Allgemeine Verwaltungsrecht[42] wie auch umgekehrt durch die – ggf. bereichsadäquat angepasste – Verwendung von Instituten des Allgemeinen Verwaltungsrechts durch das Besondere Verwaltungsrecht (Prozess des wechselseitigen Austauschs und Lernens)[43].

(4) *Freilegungs- und Verknüpfungsfunktion:* Rechtliche Systembildung zielt darauf ab, den vorhandenen Rechtsstoff nach systematischen Gesichtspunkten zu ordnen, Sinnzusammenhänge herauszukristallisieren, Wertungen sowie Wertungsunterschiede sichtbar zu machen und hierdurch die dem positiven Recht innewohnenden Konzepte und Gedanken freizulegen. Dieses Vorgehen erlaubt es, zwischen unterschiedlichen Lösungsansätzen im positiven Recht Relationen (Verknüpfungen) herzustellen sowie Abweichungen als solche identifizierbar und damit im Gesamtkontext der Rechtsordnung erst hinreichend erklärbar zu machen.

(5) *Rechtspolitische Begleitungs- und Kritikfunktion:* Systembildung kann darüber hinaus auch rechtspolitisch operationalisiert werden, indem sie die Stimmigkeit und systematische Geschlossenheit des geltenden

---

Schwarz, in: Fehling/Kastner [Hrsg.], Hk-VerwR, 2. Aufl. 2010, Einleitung zum VwVfG Rn. 31 ff.) noch intensiver zu führen; vgl. *Schönenbroicher,* in: Burgi/ders. (Hrsg.), Die Zukunft des Verwaltungsverfahrensrechts, 2010, S. 82 (99). Mit Recht von der Notwendigkeit einer weiteren Rechtsvereinheitlichung und -bereinigung ausgehend *Bonk/Schmitz,* in: Stelkens/Bonk/Sachs (Hrsg.), VwVfG, 7. Aufl. 2008, § 1 Rn. 7. Dagegen lässt die neuere Gesetzgebung die Differenzen zwischen den verfahrensrechtlichen Säulen eher noch wachsen, vgl. *Henneke/Ruffert,* in: Knack/Henneke (Hrsg.), VwVfG, 9. Aufl. 2010, Vor § 1 Rn. 8.

40 Vor einer einseitigen und verzerrenden Dogmenbildung durch Spezialisierung und Abkopplung von den allgemeinen Wurzeln warnt auch *Hufen,* Die Verwaltung 42 (2009), S. 405 (420 ff., 431, 434).

41 Zur Arbeit an Referenzgebieten grundlegend *Schmidt-Aßmann,* in: Hoffmann-Riem/ders./Schuppert (Hrsg.), Reform des Allgemeinen Verwaltungsrechts, 1993, S. 11 (14 f., 26 ff.); *ders.,* Die Verwaltung (FN 36), S. 148 ff.; *ders.,* Ordnungsidee (FN 1), S. 8 ff.

42 Bei den vom Allgemeinen Verwaltungsrecht aufgenommenen Typen handelt es sich nach der überzeugenden Klassifikation von *Kersten/Lenski,* Die Verwaltung 42 (2009), S. 501 (532), die insoweit auf Begriffe von *M. Weber* (in: ders., Gesammelte Aufsätze zur Wissenschaftslehre, 7. Aufl. 1988, S. 146 [177]) zurückgreifen, um „Gattungstypen", die das Besondere Verwaltungsrecht allgemein prägen, oder um „Idealtypen", von denen konzeptionelle Anstöße für die Weiterentwicklung des Besonderen Verwaltungsrechts zu erwarten sind.

43 Hierzu *Gärditz* (FN 39), sub V. 1.; *Kersten/Lenski* (FN 42), S. 528 f. (529): „dynamisches Austauschverhältnis"; *Ladeur,* in: Trute u. a. (Hrsg.) (FN 11), S. 795 (796 ff.); speziell für das Verwaltungsverfahrensrecht *Ziekow,* in: FS Bartlsperger, 2006, S. 247 ff. sowie für das Sozialrecht *Kingreen/Rixen,* DÖV 2008, S. 741 (745 ff.); *Rixen* (FN 38), S. 333 ff., 336 f. Zur Lernfähigkeit des Allgemeinen Verwaltungsrechts *Groß* (FN 29), S. 70 ff.

Rechts hinterfragt und ggf. auf eine (gesetzliche) Rechtsfortbildung hinwirkt[44]. Dabei geht es darum, mögliche Reformperspektiven für das geltende Recht wissenschaftlich fundiert und differenziert zu erörtern[45] sowie unter Berücksichtigung von Folgenabschätzungen Handlungsspielräume und -optionen für Reformen aufzuzeigen, an denen sich die Rechtspolitik orientieren und die sie zur Grundlage ihrer Entscheidungen machen kann. Diese politische Komponente rechtswissenschaftlicher Systembildung verfolgt – bezogen auf das positive Recht – eine immanent *systemkritische* Zielrichtung, da die Rechtswissenschaft hier ein originär wissenschaftliches System als Idealbild in Kontrast zur geltenden Gesetzgebung stellt. Hingewiesen werden soll dadurch auf kritikwürdige Zustände, die sich in der Folge einer weitgehenden Systemabstinenz von Gesetzgebung entwickelt haben, insbesondere Normbzw. Systemkonflikte[46] sowie Möglichkeiten zu deren Bereinigung.

(6) *Rezeptionsleitungs-, Vermittlungs- und Akzeptanzfunktion:* Bezogen auf Vorgänge der Europäisierung liegt der Eigenwert juristischer Systembildung – in Ergänzung zu den oben genannten Funktionen – vornehmlich darin, rezeptionsleitend zu wirken und unionsrechtliche Wirk-

---

[44] Vgl. *Canaris* (FN 29), S. 97 f.; *Schmidt-Aßmann,* Ordnungsidee (FN 1), S. 5; *Schoch* (FN 29), S. 209; *Schulze-Fielitz* (FN 29), S. 20. Exemplifiziert anhand der administrativen Handlungsformen bei *Axer,* Normsetzung der Exekutive in der Sozialversicherung, 2000, S. 22 f.; *Schmidt-Aßmann,* Die Verwaltung (FN 36), S. 141 f. sowie anhand der Rechtswegspaltung im Verwaltungsrecht bei *Gärditz* (FN 39), S. 334 ff.; *Hufen* (FN 40), S. 414 ff.; *Ramsauer,* NordÖR 2004, S. 147 (149 f.).

[45] Insoweit übereinstimmend *Jestaedt* (FN 30), S. 86 f. und im Anschluss an diesen *C. Möllers,* in: Jestaedt/Lepsius (Hrsg.), Rechtswissenschaftstheorie, 2008, S. 151 (163). Zur Generierung von „Orientierungswissen" vgl. *Voßkuhle* (FN 28), S. 20 f.

[46] Zur Unterscheidung von Normkonflikten (Kollisionen) und Systemkonflikten *Kadelbach* (FN 1), S. 32 ff. *Kadelbach* (ebd., S. 35) versteht unter „Systemkonflikten" Abstimmungsschwierigkeiten infolge unterschiedlicher Systementscheidungen und Möglichkeiten zu deren Überwindung. Zu „Systemveränderungen" durch Europäisierung, die „besondere Aufmerksamkeit" verdienten, auch *Schoch* (FN 1), S. 145 ff. Ähnliche Beobachtungen, allerdings mit kritischer bis ablehnender Konnotation, die sich in Begriffen wie „Systembruch" oder „Irrweg" niederschlägt, mit Blick auf die Informationszugangsfreiheit bei *Ibler,* in: FS Brohm, 2002, S. 405 ff.; *W. Schroeder,* Das Gemeinschaftsrechtssystem, 2002, S. 460 ff. und mit Blick auf das europäische Umweltrecht und vor allem dessen Finalprogrammierung bei *Breuer,* NVwZ 1997, S. 833 ff.; *ders.,* Entwicklungen des europäischen Umweltrechts – Ziele, Wege und Irrwege, 1993; zurückhaltender *Kloepfer,* NVwZ 2002, S. 645 (646 ff.: „Spannungslagen"). Die Rede von „Systembrüchen" durch Europäisierung ist auch im Privatrecht verbreitet, vgl. in diesem Sinne etwa *Koch,* JZ 2006, S. 277 (278); *T. M. J. Möllers,* JZ 2002, S. 121 (125 f.). Dezidiert positiv dagegen *Hirsch,* in: FG 50 Jahre BVerwG, 2003, S. 3 (18): „mangelnde Systemkompatibilität durch Öffnung der Systemgrenzen [...] überwinden" sowie die Nachweise unten in FN 129; berichtend zum Ganzen *Schulze-Fielitz,* Die Verwaltung 36 (2003), S. 421 (440 f.), m. w. Nachw. Grundsätzliche Bedenken gegen die Fähigkeit eines systematischen Ansatzes, Kriterien zu benennen, anhand derer das Vorliegen von System-, zumal von bloßen Wertungswidersprüchen, festgestellt werden kann, bei *Bumke,* Relative Rechtswidrigkeit, 2004, S. 29 ff., 51 ff.; zuversichtlicher dagegen insoweit für das Zivilrecht *Canaris* (FN 29), S. 98 f., 112 ff., 133 ff.

samkeitsprobleme sowie dogmatische Verschiebungen sichtbar zu machen. Mit dem Anliegen einer systematischen Ordnung geht gerade in dem besonders unübersichtlichen und vernetzten Europäischen Verwaltungsrecht[47], das sich aus vier Rechtsschichten (Eigenverwaltungsrecht, Unionsverwaltungsrecht, Kooperationsverwaltungsrecht, nationales Verwaltungsrecht)[48] zusammensetzt[49], eine „Rationalisierung des Rechtsstoffes einher, die eine unverzichtbare Voraussetzung für die Vermittlung und für das Verstehen dieser Materie bildet, ohne die wiederum die notwendige Akzeptanz von Seiten der rechtsunterworfenen Bürger ausbliebe"[50]. Systembildung und Allgemeine Teile erfüllen insoweit eine ähnliche Funktion als „Transmissionsriemen" (*Reiner Schmidt*)[51] wie im Kontext der Konstitutionalisierung des einfachen Gesetzesrechts. Dies wird auch durch Parallelen zwischen den Instituten der verfassungs- bzw. der unionsrechtskonformen Auslegung[52] unterstrichen.

---

47 Aufgrund der Vernetzung der Probleme im Verbund führen (scheinbar) punktuelle europäische Vorgaben für die nationalen Rechtsordnungen nicht selten zu – rechtlichen oder faktischen, unmittelbaren oder mittelbaren – Folge- und Fernwirkungen auch an anderen, damit zusammenhängenden Stellen und verbietet sich daher für den systematisch denkenden Wissenschaftler eine isolierte Betrachtungsweise. Vgl. *Schoch* (FN 1), S. 149 f., der hierfür u. a. das Beispiel der Europäisierung des subjektiven öffentlichen Rechts nennt. Hier ergeben sich Folgewirkungen eines unionsrechtskonform erweiterten Verständnisses insbesondere mit Blick auf § 42 Abs. 2, § 47 Abs. 2 VwGO (Klage- bzw. Antragsbefugnis als Zulässigkeitsvoraussetzung; prozessrechtliche oder materiellrechtliche Lösung; vgl. zum Problem *Ehlers,* DVBl. 2004, S. 1441 [1446]; *Huber,* BayVBl. 2001, S. 577 [582]; *Schoch,* in: FG 50 Jahre BVerwG, 2003, S. 507 [518]), § 113 Abs. 1 S. 1 VwGO (subjektive Rechtsverletzung als Begründetheitsvoraussetzung), aber – mittelbar-faktisch – auch mit Blick auf das Konzept der bislang grundsätzlich umfassenden (Art. 19 Abs. 4 S. 1 GG) verwaltungsgerichtlichen Kontrolle (erhellend *Neidhardt,* Nationale Rechtsinstitute als Bausteine europäischen Verwaltungsrechts, 2008, S. 86 ff.; *Wahl* in: Kluth/Rennert [Hrsg.], Entwicklungen im Verwaltungsprozeßrecht, 2008, S. 53 ff.). Für ein weiteres Beispiel mit systemverändernden Folgewirkungen, nämlich das Öffentlichkeitsverständnis in der EU, s. *Schmidt-Aßmann,* DVBl. 1993, S. 924 (933).

48 *Ruffert* (FN 3), § 17 Rn. 30 ff.; *Schmidt-Aßmann,* Ordnungsidee (FN 1), S. 384 ff.

49 *Pernice,* Die Verwaltung, Beiheft 7, 2007, S. 225 (237 f.). Gerade mit Blick auf das europäische Recht passt damit eine Formulierung von *Bumke* (FN 46), S. 34 f. (35), der für den Systembegriff die Methapher des „Geflechts" geprägt hat.

50 *von Danwitz,* Europäisches Verwaltungsrecht (FN 1), S. V.

51 *R. Schmidt,* VerwArch 91 (2000), S. 149 (150).

52 Grundlegend hierzu *Wahl,* Herausforderungen und Antworten: Das Öffentliche Recht der letzten fünf Jahrzehnte, 2006, S. 97 ff. Übergreifend *Höpfner,* Die systemkonforme Auslegung, 2008, S. 141 ff. Vgl. zum Ganzen auch unten bei FN 101 ff. Die Parallelen betreffen dabei nicht nur die positiven, sondern auch die negativen Aspekte beider Institute: Sowohl die europarechtskonforme als auch die verfassungskonforme Auslegung zeigen in der Praxis der Gerichte nicht selten die Tendenz, selbst eine offensichtlich entgegenstehende Entstehungsgeschichte bzw. einen klar in die gegenteilige Richtung weisenden Wortlaut der Norm zu überspielen und damit dem Gesetzgeber die Interpretationshoheit streitig zu machen.

2. Kritik und Antikritik

Die Systembildung wurde jedoch jüngst erneut der Kritik unterzogen, die im Grundsätzlichen ansetzt, nämlich die Erreichbarkeit eines Systems im positiven Recht als solches in Frage stellt und im Systemdenken eine Bedrohung für den Gesetzgeber erkennt[53]. Systembildung beruhe auf der Vorstellung, einer inneren materiellen Einheit des geltenden Rechts. Diese sei aber mit der Pluralität der Akteure gerade im Öffentlichen Recht, insbesondere der föderalen Diversifizierung der Staatsgewalt, den eigenen Entscheidungsspielräumen der Akteure auf unterschiedlichen Rechtsetzungsebenen und damit letztendlich mit dem Stufenbau der Rechtsordnung unvereinbar[54]. System könne daher „nur auf die Methode der Rechtswissenschaft, nicht aber auf das Recht als ihrem Gegenstand bezogen werden"[55]. Das rechtswissenschaftliche Denken möge Reservate im Zivilrecht behalten, da der Rechtsanwender hier typischerweise nur mit einer Rechtsetzungsebene, nämlich dem formellen Gesetz des Bundes, konfrontiert werde und ein System zudem in der überkommenen Form der Kodifikation mit politisch neutralem, überzeitlichen Anspruch auftrete, während Anpassungsdruck in der Zeit vor allem durch dispositives Vertragsrecht ausgewichen werden könne[56]. Vergleichbare Rahmenbedingungen ließen sich im Öffentlichen Recht ersichtlich nicht herstellen. Bezogen auf die – heute vor allem fragmentarische und zeitlich kontingente – Gesetzgebung, zumal im Verwaltungsrecht[57], folge hieraus auch eine Absage an die Kodifikationsidee[58], die vor diesem Hintergrund als anachronistisches Überbleibsel einer überkommenen Rechtsetzungskultur erscheinen müsse[59] sowie an „Allgemeine

---

53 Vgl. *Lepsius*, in: Jestaedt / ders. (Hrsg.), Rechtswissenschaftstheorie, 2008, S. 1 (36 ff.); *Jestaedt*, in: Hoffmann-Riem / Schmidt-Aßmann / Voßkuhle (Hrsg.), GVerwR, Bd. I, 2006, § 14 Rn. 12 ff.; *ders.* (FN 30), S. 81 ff. Den Anspruch der Verwaltungsrechtswissenschaft auf Systematik relativierend und wegen der „hierarchischen Wissensarchitektur" des Systembegriffs für eine Suche nach Alternativen zu Letzterem *C. Möllers*, in: Hoffmann-Riem / Schmidt-Aßmann / Voßkuhle (Hrsg.), GVerwR, Bd. I, 2006, § 3 Rn. 36 f.

54 *Lepsius* (FN 53), S. 36; vgl. auch *ders.*, in diesem Band.

55 *Lepsius* (FN 53), S. 37.

56 *Lepsius* (FN 53), S. 38 f.

57 Zur besonderen Vergesetzlichung gerade des (deutschen) Verwaltungsrechts *Möllers* (FN 53), § 3 Rn. 11.

58 *Lepsius* (FN 53), S. 43; mit ähnlicher Tendenz, aber zurückhaltender *Möllers* (FN 53), § 3 Rn. 12, für den „dogmatische Systembildung und Vergesetzlichung ohne Kodifikationspotential [...] sich antagonistisch zueinander [verhalten]".

59 Auch von anderer Seite wurde die Kodifikationsidee – vor allem infolge der hochgradigen Technisierung und Ausdifferenzierung des modernen Lebens – in regelmäßigen Abständen für nicht mehr zeitgemäß erklärt. Dem stehen jedoch mindestens ebenso viele Stimmen gegenüber, die die diametral entgegen gesetzte Ansicht vertreten; vgl. die Nachweise bei *F. Reimer*, in: Hoffmann-Riem / Schmidt-Aßmann / Voßkuhle (Hrsg.), GVerwR, Bd. I, 2006, § 9 Rn. 22 Fn. 180 einerseits und Fn. 181 andererseits. Die Frage nach der Zukunftsfähigkeit (nationaler) Kodifikationen wird vor allem im deutschen und europäischen Privatrecht seit einiger Zeit ausführlich dis-

Teile", die dem Öffentlichen Recht aufgrund von dessen „Geltungshierarchien" „nicht angemessen"[60] seien.

Diese Kritik überzeugt nicht. Sie dürfte im Kern bereits auf einem grundlegenden Missverständnis beruhen, was rechtswissenschaftliche Systembildung eigentlich erreichen will. Sie operiert zudem mit einer künstlich gebildeten, vorgeblichen Dichotomie der Methoden des Privatrechts einerseits und des Öffentlichen Rechts anderseits, die in der Praxis von Rechtsauslegung und Rechtsanwendung keine Anhaltspunkte findet und daher Fiktion, zumindest aber radikale Überzeichnung bleibt.

Konzediert sei, dass die Pluralität der Akteure, die funktionale, organisatorische und föderale Diversifikation einer gestuften, arbeitsteiligen Rechtsordnung und nicht zuletzt die politische Revisibilität von Gesetzgebung in der Zeit[61] einer *materialen* Systemidee entgegenstehen. Gewiss gründete die Idee der Systembildung *historisch* auf dem Bild material verknüpfter Einheit[62], konkret auf der Grundannahme, dass „alle Rechtsinstitute zu einem System verbunden bestehen, und daß sie nur in einem großen Zusammenhang dieses Systems, in welchem wieder dieselbe organische Natur erscheint, vollständig begriffen werden können"[63]. Auch die ältere verfassungsgerichtliche Rechtsprechung mag diesem Verständnis verhaftet geblieben sein[64].

Doch ist ein rechtswissenschaftliches System, jedenfalls soweit man ein modernes Begriffsverständnis zugrunde legt, wirklich auf ein solches materiales Einheitsbild fixiert? Wohl kaum, wenn man die durchaus eigenständigen, keineswegs dem Zivil- oder Strafrecht verhafteten Ziele von Systembildung im Öffentlichen Recht näher betrachtet[65]. Dabei gilt es eines vorab zu betonen: Systembildung ist zuvörderst, wenngleich nicht ausschließlich[66],

---

kutiert; vgl. stellv. *Basedow,* AcP 200 (2000), S. 445 ff.; *Meder,* JZ 2006, S. 477 (483 f.); *Müller-Graff,* GPR 2009, S. 106 ff.; berichtend *G. Kirchhof,* Die Allgemeinheit des Gesetzes, 2009, S. 47 ff., 147 ff.; *Wahl,* in: Trute u. a. (Hrsg.) (FN 11), S. 869 (874, 882 ff.).

60 *Lepsius* (FN 53), S. 29.

61 Zur Rechtsdogmatik als einem Prozess der Ungleichzeitigkeit grundlegend *Schulze-Fielitz,* Die Verwaltung 27 (1994), S. 277 ff. Zum Fehlen eines „Gesamtplans" des Gesetzgebers auch *Larenz / Canaris,* Methodenlehre der Rechtswissenschaft, 3. Aufl. 1995, S. 197 f.

62 *von Savigny* (FN 34), S. 214.

63 *von Savigny* (FN 34), S. 10.

64 Vgl. BVerfGE 30, 173 (193): „nach Maßgabe der grundgesetzlichen Wertordnung und unter Berücksichtigung der Einheit dieses grundlegenden Wertsystems"; ähnlich BVerfGE 32, 98 (108); 33, 23 (27, 29); 39, 1 (36); analysierend *Müller / Christensen,* Juristische Methodik, Bd. 1, 10. Aufl. 2009, Rn. 65 ff. (Wertsystem), 383 ff. (Einheit der Verfassung) sowie bereits *Müller,* Die Einheit der Verfassung, 1979.

65 Grundlegend zu den verschiedenen modellhaften Ausprägungen des Systemgedankens *Bumke* (FN 46), S. 23 ff.

66 Zum Verwaltungsrecht als „Gemeinschaftsleistung" von Justiz, Gesetzgebung, Verwaltung und Wissenschaft zutreffend *Schmidt-Aßmann,* Die Verwaltung, Beiheft 2,

ein rechts*wissenschaftliches* Projekt, basiert also auf Eigenleistungen der Wissenschaft, die als solche fraglos ausgewiesen werden müssen[67]. Dies offenbart letztlich bereits die Semantik: Systembildung *bildet* ein System; sie setzt es mithin nicht als gesetzesimmanentes Bezugssystem notwendig voraus. Noch bescheidener ansetzend, liegt Systembildung der Rechtsordnung nicht einmal, jedenfalls nicht primär als Ziel, sondern „nur“ als Wahrnehmungsmodus zugrunde, der an dem „ordnenden Charakter der angesprochenen Gesichtspunkte bei der Analyse und Beschreibung der Rechtsordnung“[68] erkennbar wird. Eine so definierte Systembildung ist ein fortdauernder Prozess; sie ist „nicht nur vorgegeben, sondern auch aufgegeben“[69]. Systembildung verleugnet auch nicht die Fragmentierung und den arbeitsteiligen Erzeugungsprozess[70] geltenden Rechts[71]; sie ist vielmehr gerade eine *Antwort* darauf und der Versuch, diese Fragmentierung mit Blick auf die Rechtsanwendung und Rechtsgestaltung konstruktiv zu verarbeiten. Systembildung dient der „Bewältigung von Rechtszersplitterung, Punktualität von Rechtserzeugung und -betrachtung sowie sektoraler Konturenarmut durch wissenschaftliche Herausbildung übergreifender Ordnungsmuster.“[72] Insoweit bedarf sie keiner einheitsstiftenden Idee, sondern kann auf Postulate wie Einheit[73], Lückenlosigkeit und Widerspruchsfreiheit der Rechtsordnung[74] weitgehend verzichten[75] und stattdessen beschei-

---

1999, S. 177 (181). Speziell zur *gerichtlichen* Systembildung s. *von Danwitz,* Verwaltungsrechtliches System (FN 1), S. 48 ff.; *Schmidt-Aßmann* (FN 38), S. 381 ff.; *Schoch* (FN 29), S. 194, 203 ff. sowie bereits *Forsthoff* (FN 29), S. 57. Die Motorfunktion der Verwaltungsgerichtsbarkeit sogar eher überbetonend *Breuer,* Die Verwaltung 36 (2003), S. 271 (273); *Schulze-Fielitz,* in: FG 50 Jahre BVerwG, 2003, S. 1061 (1071). Gerade die Rechtsprechung des BVerwG zeigt – im Gegenteil – eher eine strukturkonservative Tendenz, welche supra- und internationale Vorgaben defensiv kleinarbeitet, vgl. *Kokott,* in: FG 50 Jahre BVerwG, 2003, S. 411 ff.; *Schulze-Fielitz* (FN 46), S. 441 f.

67 Wie hier *Schmidt-Aßmann,* Ordnungsidee (FN 1), S. 2; zustimmend *Burgi,* NJW 2006, S. 2439 (2441); *Kersten / Lenski* (FN 42), S. 503; vgl. auch *Klement,* AöR 134 (2009), S. 35 (59). In der Sache ähnlich *von Bogdandy,* in: ders. / Bast (Hrsg.) (FN 14), S. 13 (18): „rechtsdogmatischer Konstruktivismus“.

68 *Bumke* (FN 46), S. 32.

69 *Canaris* (FN 29), S. 106.

70 Hierzu *R. Schmidt,* in: FS Canaris, 2007, S. 1353 (1362 f.).

71 Explizit die Schwierigkeiten für das dynamische und fragmentierte Verwaltungsrecht thematisierend etwa *von Danwitz,* Verwaltungsrechtliches System (FN 1), S. 27.

72 *Gärditz* (FN 29), S. 3.

73 Hierzu umfassend *Felix,* Die Einheit der Rechtsordnung, 1998; ferner *Bumke* (FN 46), S. 37 ff.; *Haverkate,* in: Isensee / Kirchhof (Hrsg.), HStR, Bd. IX, 1. Aufl. 1997, § 209 Rn. 26 ff.

74 Für einen solchen, aus dem Rechtsstaatsprinzip abgeleiteten normativen Grundsatz BVerfGE 98, 83 (97 f.); 106 (118 f.).

75 Nüchtern-kritische Einschätzung hierzu bei *Schmidt* (FN 70), S. 1355, 1365 f., vgl. auch ebd. (S. 1356 ff., 1358) dessen Abgrenzung zu verwandten Figuren wie Systemgerechtigkeit und Einheit der Rechtsordnung. *Schmidt* ist zuzustimmen, wenn er

dener bzw. kleinteiliger ansetzen[76]. Gerade die erwähnte rechtspolitische Funktion der Systembildung bestätigt, dass das geltende Recht keineswegs als materiales System oder als Einheit vergegenständlicht werden soll, sondern sich die Wissenschaft (auch die sog. „Neue Verwaltungsrechtswissenschaft“[77]) vielmehr stets der Grenzen ihres dogmatischen Auftrags und der Unterscheidung von rechtsimmanentem und rechtsexogenem Argument bewusst sein muss[78].

Gerade in einem vielfach verschränkten Mehrebenensystem[79] kann die Systembildung divergierende Systementscheidungen sichtbar machen und deren gemeinsame Grundgedanken offenlegen[80], damit die verschiedenen Akteure im Rahmen ihrer differenzierten und unterschiedlich stark ausgebildeten Bindungen ihr Handeln hiernach ausrichten können. Prominentes Beispiel ist das stark prozedurale Verwaltungsrechtsmodell des Unionsrechts[81], das mit dem vorrangig an materiellen Bindungen ausgerichteten deutschen Verwaltungsrecht kontrastiert[82]. Hier treffen idealtypisch gegenläufige rechtsimmanente Systementscheidungen aufeinander, die ohne sys-

---

feststellt, Systemwidersprüche würden verfassungs*rechtlich* erst relevant, wenn sie unter Beachtung des weiten Einschätzungs- und Typisierungsspielraums des Gesetzgebers zu einer Gleichheitsverletzung insbesondere i. S. d. Art. 3 Abs. 1 GG führten. Im Übrigen verrieten fehlende Systemkonformität und Systemgerechtigkeit nur mangelnde Beherrschung der Gesetzgebungskunst, begründeten aber keinen Verfassungsverstoß (*Schmidt,* ebd., S. 1366 unter Hinweis auf *Canaris* [FN 29], S. 126 f. und *P. Kirchhof,* in: Isensee / ders. [Hrsg.], HStR, Bd. V, 1. Aufl. 1992, § 124 Rn. 231 f.). Vgl. auch *M. Baldus,* Die Einheit der Rechtsordnung, 1995, S. 197: „Die Einheit der Rechtsordnung im Sinne ihrer Widerspruchsfreiheit und Lückenlosigkeit [kann] nur eine Chimäre sein.“ Ungeachtet dessen bleibt es Teil der Kodifikationsidee, den gesetzgebungs*politischen Anspruch* auf größtmögliche, wenngleich de facto stets nur approximativ zu erreichende Vollständigkeit und Widerspruchsfreiheit nicht aufzugeben.

76 *Poscher,* in: Jestaedt / Lepsius (Hrsg.), Rechtswissenschaftstheorie, 2008, S. 105 (111); *Saurer,* in: Dieth u. a. (Hrsg.), Recht und Markt, 2009, S. 183 (202 f.); *Wahl* (FN 59), S. 883. Vgl. insoweit auch den Systembegriff bei *Peine,* Das Recht als System, 1983, S. 58; allgemein zur Vielfalt der Systembegriffe im Überblick *Alexy,* Theorie der juristischen Argumentation, 1978, S. 20 ff., 310 f.; *Canaris* (FN 29), S. 19 ff.; *Höpfner* (FN 52), S. 3 ff.; *Mastronardi,* Juristisches Denken, 2. Aufl. 2003, S. 241 ff.

77 Vgl. – zumal mit Blick auf eine „Ökonomisierung“ des Rechts – *Kahl* (FN 1), S. 493 f.; *Schulze-Fielitz* (FN 29), S. 23; ferner *Rixen* (FN 38), S. 316. Für eine Klarstellung der Erkenntnisziele auch *Schmidt-Aßmann,* in: ders. / Hoffmann-Riem (Hrsg.), Methoden der Verwaltungsrechtswissenschaft, 2004, S. 387 (403).

78 In der Tendenz wie hier *Müller-Franken,* Maßvolles Verwalten, 2004, S. 149; *Rottmann,* in: Freundesgabe F. Müller, 2008, S. 207 (214).

79 *Pache,* VVDStRL 66 (2007), S. 106 (108 ff.); *Groß,* ebd., S. 152 (153 ff.); *Röhl,* DVBl. 2006, S. 1070 ff.

80 *Schmidt-Aßmann,* Ordnungsidee (FN 1), S. 6.

81 Vgl. hierzu *Erbguth,* DVBl. 1999, S. 1082 (1088 ff.); *Gärditz,* Die Verwaltung 40 (2007), S. 203 (232 f.); *Schoch* (FN 1), S. 147; grundsätzlich *Calliess,* DVBl. 1998, S. 559 (566 ff.).

82 Eingehend *Schmidt-Aßmann / Ladenburger,* in: Rengeling (Hrsg.), Handbuch zum europäischen und deutschen Umweltrecht, Bd. I, 2. Aufl. 2003, § 18 Rn. 1 ff.; *Wahl,* DVBl. 2003, S. 1285 (1287).

tematische Aufbereitung durch die Wissenschaft in ihrer Tragweite und Entscheidungsrelevanz nicht angemessen handhabbar wären. Gerade eine sich nach ihrem Selbstverständnis heute mit Recht ganz überwiegend als europäisch begreifende Verwaltungsrechtswissenschaft wird deshalb darum bemüht sein, systemprägende Elemente der jeweiligen Rechtsordnung zu identifizieren[83] oder die hinter dem Dickicht des hochgradig verästelten positiven Rechts liegenden Kernbestandteile in Form von prägenden Begriffen, Instituten und Prinzipien[84] herauszuschälen[85]. Eine Schlüsselrolle kommt dabei einer in Funktion und Tragweite methodologisch noch weiter zu reflektierenden Rechtsvergleichung zu[86].

Als *Alternative* zur Systembildung bliebe nur die resignative Kapitulation der Rechtswissenschaft vor der Differenziertheit und Komplexität pluralistischer Rechtserzeugung. Der Rechtswissenschaftler würde zum bloßen Sammler von richterlichem Fallrecht und Nacherzähler eines von (konstitutionellen) Bindungen weitgehend entfesselten Gesetzgebers. Die Jurisprudenz zöge sich aus der Beantwortung dogmatischer Fragestellungen zurück und verlegte sich stattdessen in selbstgenügsamer Nabelschau auf rein theoretische Fragestellungen, ohne die Rechtsanwendungsebene in ihrer Arbeit am Recht zu begleiten, ohne alternative Lösungswege aufzuzeigen und ohne Fehlentwicklungen Kritik entgegenzustellen. Die Folgen wären die Unüberschaubarkeit eines nicht mehr an Grundlinien orientierten und anhand von Instituten strukturierten, sondern rein kasuistisch administrierten Rechtsstoffes, der Verlust einer übergreifenden Gesamtperspektive auf das geltende Recht[87], die Preisgabe der Dogmatik an eine auf

---

83 So für das Unionsrecht im Kontrast zum nationalen Recht grundlegend *von Danwitz,* Verwaltungsrechtliches System (FN 1), S. 48 ff., 161 ff.

84 Für einen prinzipiengestützten Zugriff auf das Europarecht vgl. *von Bogdandy* (FN 67), S. 15 ff., 25 ff.

85 In diesem Sinne bereits *Neumeyer,* Internationales Verwaltungsrecht, Bd. IV, 1936, S. 473 ff.

86 Frühzeitig hierzu *Bernhardt,* ZaöRV 24 (1964), S. 431 ff. Später anregend, aber jedenfalls für das nationale Recht zu weit gehend („fünfte Auslegungsmethode") *Häberle,* JZ 1989, S. 913 ff.; *ders.,* Rechtsvergleichung im Kraftfeld des Verfassungsstaates, 1992. Vgl. ferner *Glaser,* Nachhaltige Entwicklung und Demokratie, 2006, S. 31 ff.; *F. C. Mayer,* in: Calliess (Hrsg.), Verfassungswandel im europäischen Staaten- und Verfassungsverbund, 2007, S. 167 ff.; *Martinez,* in: Calliess, ebd., S. 153 ff.; *Ruffert,* in: Schmidt-Aßmann / Hoffmann-Riem (Hrsg.) (FN 77), S. 165 (168 ff.); *Sommermann,* DÖV 1999, S. 1017 (1020 ff., 1028); *Schoch* (FN 1), S. 152; *Schwarze,* Europäisches Verwaltungsrecht, 2. Aufl. 2005, S. 74 ff.; *J.-P. Schneider,* in: ders. (FN 25), Bd. 1, S. 25 (27 ff.); *Starck,* JZ 1997, S. 1021 ff.; *Wahl,* in: ders., Verfassungsstaat, Europäisierung, Internationalisierung, 2003, S. 96 ff.; speziell für das Europarecht *Dann,* in: Becker u. a. (Hrsg.), Die Europäische Verfassung – Verfassungen in Europa, 2005, S. 161 (161 ff., 170 ff., insbes. 175 f.) einerseits und *Pernice* (FN 49), S. 238, 242 ff. andererseits.

87 Zu recht vor einer übertriebenen Ausdifferenzierung der Staatsrechtswissenschaft warnend *Schulze-Fielitz* (FN 29), S. 35 ff.; vgl. auch *Forsthoff* (FN 29), S. 54 f.; *Möllers* (FN 53), § 3 Rn. 54. Neigungen der Gesetzgebung zu „Überdifferenzierung und Gruppenrecht" kritisierend *P. Kirchhof,* Das Maß der Gerechtigkeit, 2009, S. 337.

ihr jeweiliges Fachrecht fixierte Schicht von Rechtsberatungs-, Verwaltungs- bzw. Justizpraktikern und damit letztendlich die Verwilderung des Verwaltungsrechts durch wissenschaftlich unreflektierte Nur-Spezialisten-Meinungen und isolierte, selbstreferentielle Fachbruderschaften. Für eine Wissenschaft vom Öffentlichen Recht, die ihren Selbststand behaupten will, kann dies kein ernsthaft in Betracht kommender Umgang mit ihrem Gegenstand sein, will sie nicht zur bloßen Rechtskunde herabsinken, will sie aber auch nicht als l'art pour l'art betreibende Glasperlenwissenschaft enden, die sich auf den Weg in die Dialogunfähigkeit und in die praktische Irrelevanz begeben hat[88].

III. Europäisierung und Kodifikationsidee

1. Systembildung durch Kodifikation

Ideeller Zielpunkt der europäischen Verwaltungsrechtsentwicklung ist die Etablierung einer von der Verwaltungsrechtswissenschaft und den Gerichten durch ihre Arbeit am Allgemeinen Verwaltungsrecht[89] vorbereiteten und vom Gesetzgeber sodann umgesetzten verwaltungsverfahrensrechtlichen[90] Kodifikation (*Systembildung durch Kodifikation*[91])[92]. Unter

---

88 Ähnlich *Schmidt-Aßmann* (FN 66), S. 181.

89 Zur Unterscheidung eines Allgemeinen Verwaltungsrechts (Allgemeiner Teil, allgemeine Lehren) und eines Besonderen Verwaltungsrechts (Besonderer Teil, Referenzgebiete) als wichtigster Ausprägung einer systematisch konzipierten Rechtsordnung *Burgi,* in: Hoffmann-Riem / Schmidt-Aßmann / Voßkuhle (Hrsg.) (FN 3), § 18 Rn. 96 ff.; *Gärditz* (FN 29), S. 7 ff.; *Schmidt-Preuß* (FN 39), S. 778; *Stober* (FN 36), § 21 Rn. 5 ff. Nicht vertieft werden soll vorliegend die Frage, ob es daneben einer dritten (mittleren) Ebene der rechtlichen Verallgemeinerung bedarf, wie sie insbesondere *Wahl,* in: Hoffmann-Riem / Schmidt-Aßmann / Schuppert (Hrsg.), Die Reform des Allgemeinen Verwaltungsrechts, 1993, S. 177 ff., vorgeschlagen hat; vgl. auch mit ähnlicher Stoßrichtung *Groß* (FN 29), S. 78 ff. Instruktiv zum Problem und im Ergebnis eine solche dritte Ebene für den Allgemeinen Teil als *wissenschaftliches* Projekt mit guten Gründen ablehnend *Kersten / Lenski* (FN 42), S. 524 ff., 526 f. Ob auch alle Bereichskodifikationen ohne Allgemeinen Teil auskommen können und – falls nicht – ob man diesen als mittlere Ebene einordnen mag, steht auf einem anderen Blatt, vgl. *Burgi,* ebd., Rn. 113.

90 Zum Verwaltungsverfahrensrecht als dem bevorzugten Feld, auf dem deutsches, europäisches und internationales Verwaltungsrecht zusammenwachsen, *Schmidt-Aßmann,* FG BVerwG (FN 1), S. 487 ff.; *ders.,* NVwZ 2007, S. 40 (42); *Schuppert,* Verwaltungswissenschaft, 2000, S. 823 ff.

91 Dazu *Kahl,* in: Hoffmann-Riem / Schmidt-Aßmann (Hrsg.), Verwaltungsverfahren und Verwaltungsverfahrensgesetz, 2002, S. 67 (89 ff., 98 ff.). Vgl. auch *Basedow* (FN 59), S. 490 sowie diesem folgend *Reimer* (FN 59), § 9 Rn. 111. Am Beispiel des UGB *Sellner,* in: Trute u. a. (Hrsg.) (FN 11), S. 191 (199 ff.); *Debus,* VerwArch 100 (2009), S. 21 (27). Dass es dabei stets nur um eine Systembildung *auch* durch Kodifikation und nicht um eine *vollständige* Kodifikation des Allgemeinen Verwaltungsrechts gehen kann, betont mit Recht *Schmidt-Aßmann,* Ordnungsidee (FN 1), S. 5.

92 Die Gemeinsamkeiten, aber auch die Unterschiede zwischen dem Allgemeinen Teil als einem wissenschaftlichen Projekt (hier: Systembildung) und dem Allgemei-

einer Kodifikation versteht man ein auf Dauer angelegtes Gesetzbuch, das einen bestimmten Lebensbereich systematisch und mit dem Anspruch auf gewisse Vollständigkeit erfasst[93].

Der Zusammenhang von Systembildung und Kodifikation ist dabei ein doppelter und lässt sich am besten als *Kreislaufmodell* beschreiben: Die Kodifikation *basiert* einerseits auf vorausgehender Systembildung und *wirkt* andererseits zugleich auf die Systembildung *zurück*. Dies gilt im Übrigen auch dann, wenn die Kodifikation nicht zustande kommt, wie zuletzt (erneut) im Fall des Umweltgesetzbuchs (UGB)[94], weshalb in diesem Fall nur vordergründig von einem „Scheitern" gesprochen werden kann. Von bleibendem Wert ist stets die Kodifikation als *Prozess*, die regelmäßig zahlreiche wissenschaftliche Erkenntnisse (Aufsätze, Dissertationen, Tagungsbände etc.) und praktische Erträge (Gesetzentwürfe, Protokolle über Sachverständigenanhörungen, Parlamentsdebatten etc.) generiert, welche als Informationsbasis und Orientierungspunkte für den zukünftigen Gesetzgeber und die weitere wissenschaftliche Arbeit von bleibendem Wert sind[95]. Findet der Prozess der Kodifizierung einen erfolgreichen Abschluss, so erfüllt das Produkt dieses Prozesses vielfältige systembildende Funktionen. Zusammengefasst[96] dient eine Kodifikation dazu:

(1) zu *vereinheitlichen* und dadurch unnötige Auslegungsdivergenzen paralleler Bestimmungen zu verringern[97];

---

nen Teil als einer kodifikatorischen Rechtsetzung betonen mit Recht *Kersten / Lenski* (FN 42), S. 503.

93 Grundlegend *Wieacker*, in: FS Boehmer, 1954, S. 34 (43 ff.); *ders.*, Privatrechtsgeschichte der Neuzeit, 2. Aufl. 1967, S. 458 ff.; vgl. zum Kodifikationsbegriff ferner ähnlich wie hier *Breuer*, in: FS Isensee, 2007, S. 345; *G. Kirchhof* (FN 59), S. 177; *H. Schneider*, Gesetzgebung, 3. Aufl. 2002, Rn. 432.

94 Zu dem (bislang) letzten Entwurf für ein Umweltgesetzbuch, der in den Jahren 2007–2008 ausgearbeitet, im Februar 2009 aber für gescheitert erklärt wurde, vgl. Bundesministerium für Umwelt, Naturschutz und Reaktorsicherheit, Entwurf für ein Umweltgesetzbuch v. 4. 12. 2008, zit. nach http://www.bmu.de/gesetze_verordnungen/bmu-downloads/doc/40448.php (abgerufen: 19. 3. 2010). Zu den Hintergründen des Scheiterns instruktiv *Welke*, Die integrierte Vorhabengenehmigung, Diss. jur. Heidelberg, 2010, im Erscheinen; vgl. auch *Knopp / Piroch*, ZUR 2009, S. 410 (411); *Schmidt / Kahl*, Umweltrecht, 8. Aufl. 2010, § 1 Rn. 4 ff. sowie in rechtsvergleichender Perspektive *E. Rehbinder*, in: FS Sellner, 2010, S. 89 (90 ff.).

95 Grundlegend *Voßkuhle*, in: Schlosser (Hrsg.), Bürgerliches Gesetzbuch 1896–1996, 1997, S. 77 (85 ff.); zustimmend *Kahl* (FN 91), S. 97 f.; *Schmidt-Aßmann*, in: Müller-Graff (Hrsg.), Perspektiven des Rechts in der Europäischen Union, 1998, S. 131 (162).

96 Eingehend zu den Funktionen von Kodifikationen *Kahl* (FN 91), S. 89 ff.; dem folgend *Burgi* (FN 67), S. 2442; *Debus* (FN 91), S. 28 ff. Die dort vorgeschlagene Funktionstypologie wird hier einerseits in gebündelter Form aufgegriffen, andererseits fortentwickelt und für den vorliegenden Untersuchungsgegenstand angepasst.

97 *Schulze-Fielitz*, in: Trute u. a. (Hrsg.) (FN 11), S. 135 (142 f.); vgl. auch mit Blick auf das VwVfG *ders.* (FN 46), S. 438: „einheitsstiftender Bezugspunkt für die Allgemeinheit des Verwaltungsrechts und seine Erörterung durch die Wissenschaft".

(2) die Normenflut zu *bereinigen,* indem überflüssige, obsolete oder im Vollzug offensichtlich nicht bewährte Regelungen aufgehoben werden (Deregulierung);

(3) das bestehende Regelungsset gleichsam „bei Gelegenheit" im Interesse von dessen optimaler Effektivität zu *reformieren* und zu *komplettieren,* insbesondere Schwachstellen durch Gesetzesänderung „nachzubessern" und Regelungslücken zu schließen;

(4) die Rechtsanwendung zu *kanalisieren,* zu *rationalisieren* sowie durch Speicherung und Vermittlung von Wissen zu *entlasten*[98];

(5) durch eine Erhöhung der Übersichtlichkeit und Zugänglichkeit der Normen *Transparenz, Orientierung* und *Stabilität zu stiften*[99];

(6) *Innovationsimpulse* einerseits *aufzunehmen* und andererseits *auszusenden*[100] und auf diese Weise zu dem für das Systemdenken prägenden wechselseitigen Lernprozess zwischen Allgemeinem und Besonderem Teil beizutragen und *insbesondere*

(7) durch Vorrangregeln, Homogenitäts- und Struktursicherungsklauseln sowie Kohärenz- und Integrationsgebote *fundamentale und identitätsprägende Verfassungsprinzipien* umzusetzen.

Hauptverfassungsprinzip in diesem Sinne ist die Freiheit und Selbstbestimmung des Einzelnen bzw. des Volkes (vgl. Art. 1 Abs. 1, 2 Abs. 1, 20 Abs. 1 und 2 S. 1 GG). Insofern lässt sich von einem *Konzept „systematischer Freiheit"* sprechen. Der Begriff ist bewusst doppeldeutig gewählt; es geht ihm um zweierlei: zum einen um die im einfachen Recht konkretisierte konstitutionelle Systementscheidung für die Freiheit[101], zu der Institute

---

98 Zur Kodifikation als geronnenem Ausdruck von Ökonomik und Rationalität vgl. *Kroppenberg,* JZ 2008, S. 905 (911). Zur Wissensvermittlungsfunktion der Kodifikation *Reimer* (FN 59), § 9 Rn. 111 unter Bezugnahme auf den Mandelkern-Bericht (BMI [Hrsg.], Der Mandelkern-Bericht, 2002, S. 74).

99 Wenn man sich die Gesamtheit des Rechtsstoffes bildlich als Buch vorstellt, so ist die Kodifikation, mit *Röhl/Röhl,* Allgemeine Rechtslehre, 3. Aufl. 2008, S. 438 gesprochen, nicht das Stichwortregister, sondern die Gliederung des Buches, die, so *Schneider* (FN 93), Rn. 432, „jeder systematisch denkende Jurist einem fallbezogenen Suchen (in Schlagwort-Registern) vorzieht".

100 *Luhmann,* Das Recht der Gesellschaft, 1993, S. 277, spricht hier von „Rechtsevolution" und bezieht diese auf das „Recht als System". „Rechtsevolution" i. S. v. *Luhmann* ist ein Prozess, der einerseits Innovation motiviert, andererseits aber auch abwehrt und dadurch Stabilität gewährleistet. Zur Innovationsfunktion von Kodifikationen vgl. auch *Bohne,* in: Jann u. a. (Hrsg.), Politik und Verwaltung auf dem Weg in die transindustrielle Gesellschaft, 1998, S. 375 ff.

101 Insoweit im Grundansatz weiterhin richtig die Formel *Fritz Werners* vom Verwaltungsrecht als „konkretisiertem Verfassungsrecht" (DVBl. 1959, S. 527 ff.; dazu *Wahl,* Der Staat 38 [1999], S. 495 [496 f.]). Vom Verwaltungsrecht als „konkretisiertem Unionsrecht" spricht *Stober* (FN 36), § 21 Rn. 10. Beide Formeln bedürfen freilich zugleich der Relativierung dahingehend, dass der Konkretisierungsvorgang weder nachvollziehend-mechanisch noch einseitig erfolgt. Es handelt sich – im Gegenteil – um vielfältig (insbesondere gesetzlich) vermittelte Einwirkungen der Verfassung und

wie der Vorrang der Verfassung, die verfassungs- und europarechtskonforme bzw. -orientierte Auslegung sowie eine mit weitreichenden Kompetenzen ausgestattete Verfassungsgerichtsbarkeit (Art. 93 GG) beitragen[102], zum anderen aber auch um ein der systematischen und teleologischen Auslegung des einfachen Rechts Richtung gebendes Konzept[103].

2. Die richtige Kodifikationsebene

a) Eigenverwaltungsrecht. Die Kodifikation der allgemeinen Grundsätze des Eigenverwaltungsrechts[104] der EU in der Form eines unionsrechtlichen Sekundärrechtsaktes (Verordnung) ist *rechtspolitisch* wünschenswert und kompetenziell zulässig. Rechtspolitisch ist sie vor allem deshalb wünschenswert, weil sie zum einen die Rechtsklarheit und Rechtssicherheit erhöhen würde, indem sie die bislang auf zahlreiche Einzelrechtsakte verstreuten verfahrensrechtlichen Vorschriften bündelte, systematisierte und aufeinander abstimmte und hierdurch einen akzeptanzfördernden Beitrag zu „Besserer Rechtsetzung" in der EU leistete[105]. *Kompetenzrechtlich* bestanden schon in der Vergangenheit keine Zweifel an der Zulässigkeit eines solchen Vorhabens[106]; der Vertrag von Lissabon hat mit Art. 298 Abs. 2 AEUV hierfür sogar eine ausdrückliche Rechtsgrundlage in das Primärrecht eingefügt[107].

---

um wechselseitige Beeinflussungen, die im Einzelfall auch das Phänomen von Verfassungsrecht als „konkretisiertem Verwaltungsrecht" einschließen (vgl. etwa Art. 14 Abs. 1 GG); wie hier *Schmidt-Aßmann,* Ordnungsidee (FN 1), S. 10 ff.; *ders.* (FN 12), § 5 Rn. 1 ff., 49 ff. Allgemein zur Konstitutionalisierung als Grundzug der deutschen Rechtsordnung *Kahl,* El Chronista, Februar 2010, S. 68 (70 ff.); *Knauff,* ZaöRV 68 (2008), S. 453 ff.; *Schuppert / Bumke,* Die Konstitutionalisierung der Rechtsordnung, 2000, S. 9 ff. Zum Prinzip Freiheit nach dem Grundgesetz *Merten,* in: ders. / Papier (Hrsg.), Handbuch der Grundrechte, Bd. II, 2006, § 27 Rn. 5 ff., 38 ff., 40 ff., 48 ff.

102 Zum Vorrang der Verfassung (insbesondere der Grundrechte) *Horn,* Die grundrechtsunmittelbare Verwaltung, 1999, S. 125 ff.; *Wahl,* Der Staat 20 (1981), S. 485 ff.; zur verfassungskonformen Auslegung *Voßkuhle,* AöR 125 (2000), S. 177 ff.; zur prägenden Kraft der Systementscheidung des Art. 93 GG für die (verwaltungs)rechtliche Systembildung *Gärditz* (FN 29), S. 318 f.; *Wahl,* in: Merten / Papier (Hrsg.), Handbuch der Grundrechte, Bd. I, 2004, § 19 Rn. 18 ff.

103 Der zweite Aspekt weist ersichtlich Parallelen zu der älteren Formel „in dubio pro libertate" auf; zu deren Herkunft sowie Leistungsfähigkeit und -grenzen *Kahl,* Die Schutzergänzungsfunktion von Art. 2 Abs. 1 GG, 2000, S. 54 f., m. z. w. Nachw.

104 Die Unterscheidung zwischen Eigenverwaltungsrecht und Gemeinschaftsverwaltungsrecht geht zurück auf *Schmidt-Aßmann* (FN 47), S. 925 f.

105 Insgesamt positiv daher *Harlow,* ELJ 2 (1996), S. 3 (30); *Kahl* (FN 91), S. 124; *Schoch* (FN 1), S. 154; *Schwarze* (FN 26), S. 889; zurückhaltend dagegen *Vedder,* EuR, Beiheft 1, 1995, S. 75 (89): „nicht vordringlich"; vgl. hierzu und zum Folgenden auch überzeugend *Mir Puigpelat* (FN 13), S. 198 ff. Zum Zusammenhang mit dem Konzept „Gute Gesetzgebung" vgl. Interinstitutionelle Vereinbarung „Bessere Rechtsetzung" (ABl. EU 2003 Nr. C 321, S. 4 f.); *G. Kirchhof* (FN 59), S. 389 f.

106 *Kahl,* NVwZ 1996, S. 865 (869); *Schmidt-Aßmann* (FN 95), S. 161; *Vedder* (FN 105), S. 91.

b) Unionsverwaltungsrecht. Die positive *rechtspolitische* Gesamtbilanz, die eine Kodifikation allgemeiner Verwaltungsprinzipien des Eigenverwaltungsrechts auf Unionsebene erstrebenswert erscheinen lässt, kann analog auch auf den indirekten Vollzug[108] übertragen werden[109]. Durch eine Kodifizierung der grundlegenden verfahrensrechtlichen Regeln und Prinzipien für den indirekten Vollzug könnte insbesondere die einheitliche und effektive Anwendung des Unionsrechts durch die nationalen Behörden und Gerichte in der gesamten Union befördert werden[110] – eine positive Wirkung, deren Bedeutung in Anbetracht der beträchtlichen Vollzugsdefizite in der Verwaltungsrealität der EU[111] und vor dem Hintergrund der neuen Art. 6 S. 2 lit. g, 197 Abs. 1 AEUV (Verwaltungszusammenarbeit) weder politisch noch rechtlich gering geschätzt werden sollte.

Anders als im Bereich des Eigenverwaltungsrechts fehlt es der EU aber nach zutreffender Ansicht an einer *Kompetenz* zur Kodifikation der allgemeinen Vorgaben für den indirekten Vollzug des Unionsrechts[112]. Die gegenteilige Ansicht, die die Vertragsabrundungskompetenz des Art. 352 AEUV (als implied power im weiten Sinne[113]) heranziehen möchte[114], kann

---

107 *Gärditz* (FN 14), S. 60; *Mir Puigpelat* (FN 13), S. 208; ebenso für den VerfEU *Craig,* EU Administrative Law, 2006, S. 280. Eingehend *Ladenburger,* in: Trute u. a. (Hrsg.) (FN 11), S. 107 (118 ff.), der in Art. 298 Abs. 2 AEUV sogar einen „Gesetzgebungsauftrag" für eine Gesamtkodifikation sieht (ebd., S. 119).

108 Zur Unterscheidung der Typen des gemeinschaftsunmittelbaren (direkten) und des (unmittelbaren bzw. mittelbaren) mitgliedstaatlichen (indirekten) Vollzugs s. *Streinz,* Europarecht, 8. Aufl. 2008, Rn. 532 ff. Hierbei handelt es sich indes nur um eine Grobunterscheidung. Neben diese beiden Typen treten – in jüngerer Zeit immer stärker – verschiedene Formen des gemischten Vollzugs; vgl. *Bieber / Epiney / Haag,* Die Europäische Union, 8. Aufl. 2009, § 8 Rn. 28 sowie eingehend *Sydow,* Verwaltungskooperation in der Europäischen Union, 2004, S. 118 ff.

109 Die Zweckmäßigkeit einer Kodifikation im Bereich der den indirekten Vollzug bestimmenden allgemeinen verwaltungsverfahrensrechtlichen Grundsätze und Regeln des EU-Rechts wird dementsprechend im Schrifttum mehrheitlich befürwortet, vgl. mit Unterschieden im Detail *Garrido / Delgado,* European Administrative Law in the Constitutional Treaty, 2007, S. 115 ff., 137 f.; *Kahl* (FN 91), S. 123 ff.; *Nehl,* Principles of Administrative Procedure in EC Law, 1999, S. 169 f.; *Schmidt-Aßmann* (FN 95), S. 161 f.; *Schoch* (FN 1), S. 154; *Schwarze* (FN 26), S. 886 ff.; *ders.,* in: ders. (FN 1), S. 789 (834 ff.); *Vedder* (FN 105), S. 89 f., 97. A. A. *C.-D. Classen,* in: Kreuzer / Scheuing / Sieber (Hrsg.), Die Europäisierung der mitgliedstaatlichen Rechtsordnungen in der Europäischen Union, 1997, S. 107 (129); *Hatje,* EuR, Beiheft 1, 1998, S. 7 (25); *Priebe,* EuR, Beiheft 1, 1995, S. 99 (104 ff.); *Sommermann,* DVBl. 1996, S. 889 (896 ff.).

110 *Kahl* (FN 91), S. 124; *Schmidt-Aßmann* (FN 32), S. 443; *Schwarze* (FN 26), S. 887 f.; *Vedder* (FN 105), S. 97.

111 s. dazu *Kahl,* in: Calliess / Ruffert (Hrsg.), EUV / AEUV, 4. Aufl. 2010, im Erscheinen, Art. 4 Abs. 3 EUV Rn. 8 ff. sowie exemplarisch für den Bereich des Umweltrechts *ders.,* in: Streinz (Hrsg.), EUV / AEUV, 2. Aufl. 2010, im Erscheinen, Art. 192 AEUV Rn. 77 ff.

112 Vgl. *Gundel* (FN 10), § 3 Rn. 111; *Huber,* Recht der Europäischen Integration, 2. Aufl. 2002, § 20 Rn. 9; *Kahl* (FN 106), S. 869; *Schwarze* (FN 26), S. 886 f.; *Vedder* (FN 105), S. 90 ff.

113 Zur Lehre der implied powers im EU-Recht grundlegend *Nicolaysen,* EuR 1966, S. 129 ff.; vgl. auch *D. Winkler,* in: Grabitz / Hilf (Hrsg.), Das Recht der EU, Loseblattwerk (Stand: Oktober 2009), Art. 308 EGV Rn. 44 ff.

nicht überzeugen[115]. Einem solchen Vorgehen stehen bereits der Grundsatz der begrenzten Einzelermächtigung, jedenfalls aber die Prinzipien der Subsidiarität (Art. 5 Abs. 1 S. 2, Abs. 3 EUV) und der Erforderlichkeit (Art. 5 Abs. 1 S. 2, Abs. 4 EUV, vgl. auch Art. 352 Abs. 1 S. 1 AEUV) entgegen. Dies wurde im Schrifttum bereits bislang mehrheitlich so gesehen und gilt erst recht seit Inkrafttreten des Vertrags von Lissabon, der das Prinzip der begrenzten Einzelermächtigung noch gestärkt hat (vgl. z. B. Art. 4 Abs. 1, Art. 5 Abs. 1 S. 1, Abs. 2 EUV, Art. 7 AEUV)[116]. Auch die in der Bestätigung und teilweisen inhaltlichen Präzisierung der Grundsätze der Subsidiarität und Verhältnismäßigkeit zum Ausdruck kommende Wertungsentscheidung des europäischen Verfassunggebers spricht eher für eine tendenzielle Reakzentuierung der *nationalen* Zuständigkeiten[117]. Was Art. 352 AEUV angeht, so wurden dessen Voraussetzungen durch den Vertrag von Lissabon gleichfalls restriktiver gefasst, um einen Rückgriff hierauf zu erschweren[118]. Zwar ist die Vertragsabrundungskompetenz nun nicht mehr auf die Zielverwirklichung im Rahmen des Gemeinsamen Marktes beschränkt, sondern nimmt auf die „in den Verträgen festgelegten Politikbereiche" (Art. 352 Abs. 1 AEUV) mit Ausnahme der Gemeinsamen Außen- und Sicherheitspolitik (Art. 352 Abs. 4 AEUV) Bezug. Zu den „in den Verträgen festgelegten Politikbereichen" gehört aber die Kodifizierung des nationalen Verwaltungsverfahrensrechts gerade nicht. Mit den Art. 2 ff. AEUV wurden die Kompetenzen der EU kategorisiert und klassifiziert[119], *ohne* dass in diesem Zusammenhang eine Zuständigkeit der EU für den Bereich des Unionsverwaltungsrechts aufgenommen worden wäre. Im Gegenteil: Auf den Einspruch einzelner Mitgliedstaaten (insbesondere Frankreich) hin wurde von einer Erstreckung des Art. 41 GRCh auf mitgliedstaatliches Handeln in Ausführung von Unionsrecht ausdrücklich abgesehen[120] und damit mittel-

---

114 *Mir Puigpelat* (FN 13), S. 206 ff. (207 f.).

115 Auch Art. 197 Abs. 2 (S. 1) AEUV vermittelt keine Kompetenz für eine Kodifikation des Allgemeinen Unionsverwaltungsrechts (vgl. Art. 197 Abs. 2 S. 4 AEUV); ebenso *Ladenburger* (FN 107), S. 119; *Gärditz* (FN 11), S. 463.

116 Zur Aufwertung des Prinzips beschränkter Einzelermächtigung durch den Vertrag von Lissabon vgl. BVerfGE 123, 267 (382); kritisch zur Redundanz der Regelungen *Pache,* NVwZ 2008, S. 473 (479).

117 Zur „Eindämmung der Kompetenzausweitung" der EU als Grundtendenz des Vertrags von Lissabon *F. Mayer,* JuS 2010, S. 189 (192).

118 Vgl. *Mayer* (FN 117), S. 193.

119 s. *Rengeling,* in: FS Badura, 2004, S. 1135 (1146 ff.).

120 Daher sind nach h. M. allein Unionsinstanzen an Art. 41 GRCh gebunden; vgl. *Schmidt-Aßmann,* in: Merten / Papier (Hrsg.), Handbuch der Grundrechte, Bd. II, 2006, § 45 Rn. 93; *Grzeszick,* EuR 2006, S. 161 (167 f.); *Jarass,* EU-Grundrechte, 2005, § 36 Rn. 6; *Ruffert,* in: Calliess / ders. (Hrsg.), EUV / EGV, 3. Aufl. 2007, Art. 41 GRCh Rn. 8 f.; *Streinz,* in: ders. (Hrsg.), EUV / EGV, 2003, Art. 41 GRCh Rn. 14; a. A. *Gärditz* (FN 11), S. 464; *Rengeling / Szczekalla,* Grundrechte in der Europäischen Union, 2004, Rn. 1094 f. Kritisch zu dem begrenzten Anwendungsbereich des Art. 41 GRCh aus rechtspolitischer Sicht *Ruffert,* ebd., Rn. 9; *ders.* (FN 14), S. 768.

bar zugleich der ablehnenden Haltung der überwiegenden Zahl der Mitgliedstaaten gegenüber einer bereichsübergreifenden Kodifikation des Unionsverwaltungsrechts Ausdruck verliehen[121]. Schließlich dürften auch die Art. 197 und 298 AEUV e contrario eine Unionskompetenz im Bereich des indirekten Vollzugs ausschließen[122]. Im Ergebnis bleibt es damit bei der Vermutung des Art. 4 Abs. 1 EUV zugunsten einer Kompetenz der Mitgliedstaaten, die nicht durch einen Rückgriff auf den, ohnedies einen „Fremdkörper"[123] im System des AEUV darstellenden und daher eng auszulegenden, Art. 352 Abs. 1 AEUV umgangen werden darf. Folglich verfügt die Union im Bereich der verwaltungsverfahrensrechtlichen Regeln und Prinzipien, welche die Tätigkeit der nationalen Verwaltungen determinieren, nur über eine implied power im engeren Sinne (Annexkompetenz) aus der jeweiligen bereichsspezifischen Sachkompetenz (z. B. Art. 114, 192 AEUV), nicht aber über die Kompetenz für eine Generalkodifikation[124].

c) Gestufte Kodifikation. Aufs Ganze gesehen bietet sich eine gestufte Vorgehensweise an: In einem ersten Schritt sollten die Grundsätze des allgemeinen Eigenverwaltungsrechts der EU auf europäischer Ebene kodifiziert werden. Sodann sollte in einem zweiten Schritt – in inhaltlicher Abstimmung und Verzahnung[125] mit der Kodifikation im Eigenverwaltungsrecht – die Kodifikation der allgemeinen Institute, Grundsätze und Regeln des Unionsverwaltungsrechts auf national-rechtlicher Ebene, in Deutschland in den Verwaltungsverfahrensgesetzen von Bund und Ländern, folgen. Diese zweite Stufe könnte – nach einer entsprechenden Vertragsänderung, welche die kompetenzielle Grundlage hierfür schafft – ggf. funktional er-

---

121 s. *Ladenburger* (FN 107), S. 122.

122 Argument von *Ladenburger* (FN 107), S. 124.

123 *Streinz / Ohler / Herrmann* (FN 5), S. 111; für eine enge Auslegung aus unterschiedlichen Gründen auch *Ludwigs,* ZEuS 2004, S. 211 (218); *Haratsch / Koenig / Pechstein,* Europarecht, 6. Aufl. 2009, Rn. 53; anders *Everling,* EuR, Beiheft 2, 1976, S. 2 (5); *Nettesheim,* in: von Bogdandy / Bast (Hrsg.) (FN 14), S. 389 (400); *Winkler* (FN 113), Rn. 49.

124 Ungeachtet dessen ist eine Generalkodifikation der EU „auf Vorrat" rechtlich zulässig, die im direkten Vollzug uneingeschränkt bindend wäre, im indirekten Vollzug aber nur dann, wenn bereichsspezifische Vorschriften der EU dies durch ausdrückliche Verweisung anordneten; vgl. zu dieser Möglichkeit einer Vorratsrechtsetzung *Vedder* (FN 105), S. 95 f.

125 Eine solche inhaltliche Verklammerung und Abstimmung beider (Teil-)Kodifikationsprojekte ist umso wichtiger, als es sich um einen „dualen" Kodifikationsansatz mit unterschiedlichen Gesetzgebern auf zwei Ebenen (EU, Mitgliedstaaten) in einem nicht-hierarchischen System handelt. Diese Ausgangssituation weicht von der für Kodifikationen „typischen" Lage einer hierarchisch strukturierten nationalen Rechtsordnung ab und macht das Vorhaben in der Tendenz eher schwerer (diesen Aspekt verdanke ich meinem Kollegen *Winfried Brugger*). Allgemein zum Erfordernis einer „Verzahnung" von EU-Recht und nationalem Recht *Streinz* (FN 108), Rn. 197 ff.; ähnlich *von Bogdandy* (FN 67), S. 51; *Dann,* in: von Bogdandy / Bast (Hrsg.) (FN 14), S. 335 (343 ff.): „Verflechtung"; *Ruffert* (FN 3), § 17 Rn. 26 ff.: „Vernetzung" sowie *Czybulka,* in: FS Knöpfle, 1996, S. 79 (87): „gegenseitige Durchdringung".

gänzt und arrondiert werden durch eine hinsichtlich der Regelungsdichte stark zurückgenommene und auf einige Eckgrundsätze beschränkte Rahmenkodifikation[126] auf europäischer Ebene[127].

Realistischerweise wird dabei weder auf EU-Ebene noch auf nationaler Ebene eine umfassende Kodifikation (Totalkodifikation) möglich sein. Vielmehr werden schon im Interesse der Vermeidung einer Überforderung des Kodifikationsprojekts die zahlreichen schon jetzt vorhandenen Bereichs- und Teilkodifikationen des EU-Eigenverwaltungsrechts[128] neben einer EU-Verwaltungsrechtskodifikation im Wesentlichen fortbestehen oder gar weitere hinzukommen. Umgekehrt werden nur einzelne Regelungen der Bereichskodifikationen abstrahiert und „vor die Klammer gezogen" werden können. Auch das nationale Recht wird auf die Einwirkungen des Unionsrechts[129] neben der Kodifikation weiter fachgesetzlich antworten. Ungeachtet der Tatsache, dass Vollständigkeit somit auch hier nicht erreichbar sein wird, entfalteten beide kodifikatorischen Vorhaben einen maßgeblichen prozeduralen und materialen systembildenden Effekt. Sie unterstützten kraftvoll die eingangs erwähnte Entwicklungstendenz zur Herausbildung einer systematischen, auf gemeinsamen Fundamenten basierenden europäischen Verwaltungsrechtswissenschaft[130].

Wichtige inhaltliche Impulse für die Gestaltung der Kodifikationen des Europäischen Verwaltungsrechts würden von den bereits jetzt bestehenden Teilkodifikationen[131] sowie den richterrechtlich entwickelten allgemeinen

126 Voraussetzung hierfür wäre freilich, wie erwähnt, erst die Schaffung einer speziellen Kompetenzgrundlage im AEUV de constitutione ferenda.

127 Für ein zeitlich gestuftes Vorgehen bereits *Kahl* (FN 91), S. 124 sowie im Grundansatz auch *Schmidt-Aßmann* (FN 95), S. 161 f.; zustimmend *Mir Puigpelat* (FN 13), S. 210; zuletzt erneut *Schmidt-Aßmann* (FN 32), S. 441; ähnlich *Ladenburger* (FN 107), S. 124 ff.

128 Namentlich der Zollkodex, die Verordnung 1/2003 zur Durchführung der Art. 101 f. AEUV, die Verordnung über die Kontrolle von Unternehmenszusammenschlüssen, die Beihilfeverfahrensverordnung, die Haushaltsordnung, die Verordnung über die Europäischen Strukturfonds und den Kohäsionsfonds. Vgl. die Auflistung mit Nachweis der Fundstellen bei *Mir Puigpelat* (FN 13), S. 190, der (ebd., S. 191) daneben auch auf „(sehr) partielle Generalkodifikationen" verweist, namentlich die Verordnung über Fristen, die Verordnung zur Regelung der Sprachenfrage für die EU, die Verordnung über den Zugang der Öffentlichkeit zu Dokumenten der Organe der EU, die Verordnung zum Schutz personenbezogener Daten bei der Verarbeitung durch die Organe und Einrichtungen der EU, die Richtlinie über die Koordinierung der Verfahren zur Vergabe öffentlicher Bauaufträge, Lieferaufträge und Dienstleistungsaufträge, den Komitologiebeschluss, die Verordnung über Gemeinschaftsinspektionen und die Verordnung zur Festlegung des Status der Exekutivagenturen.

129 Zur Innovations- und Anstoßfunktion der Europäisierung für die deutsche Verwaltungsrechtsdogmatik ausführlich *Ruffert* (FN 3), § 17 Rn. 171 ff.; gleichsinnig *Huber*, Allgemeines Verwaltungsrecht, 2. Aufl. 1997, S. 89; *Maurer*, Allgemeines Verwaltungsrecht, 17. Aufl. 2009, § 2 Rn. 35; *Schmidt-Aßmann*, FG BVerwG (FN 1), S. 488.

130 *Mir Puigpelat* (FN 13), S. 203.

131 s. oben FN 128.

Verfahrensgrundsätzen[132] ausgehen. Gerade das Zoll- und das Agrarrecht fungieren vielfach als Vorreiter für verallgemeinerungsfähige Entwicklungen und damit als besonders ertragreiche, wenngleich wissenschaftlich chronisch vernachlässigte Referenzgebiete[133]. Richtungweisend wirkte aber vor allem das *Grundrecht auf eine gute Verwaltung* (Art. 41 GRCh) als „erste verbindliche (Mikro)Kodifikation des Verwaltungsverfahrensrechts auf der Ebene der EU"[134] in seiner weiteren, noch erhebliches Entwicklungspotenzial bergenden richterrechtlichen und wissenschaftlichen Konkretisierung. Auch die das Grundrecht auf gute Verwaltung konkretisierenden Kodizes für gute Verwaltungspraxis, die verschiedene Organe und Einrichtungen der EU angenommen haben[135], könnten als Richtschnur dienen. Eine Leitentscheidung, die ungeachtet ihrer Abstraktheit mittelbar auch für die Konzeption eines europäisierten nationalen Verwaltungsverfahrensrechts nicht bedeutungslos sein dürfte, ist Art. 298 Abs. 1 AEUV, der die Postulate einer „offenen, effizienten und unabhängigen europäischen Verwaltung" statuiert[136]. Für beide Kodifikationsprozesse, den auf Unionsebene wie den auf nationaler Ebene, erscheint es schließlich ratsam, sich nicht auf das Verfahrensrecht zu beschränken, sondern zumindest mittelfristig auch bestimmte damit verknüpfte Fragen des materiellen Verwaltungsrechts, etwa betreffend Verwaltungsakte, Informationszugangsansprüche[137], Da-

---

132 Grundlegend *Rengeling,* Rechtsgrundsätze beim Verwaltungsvollzug des Europäischen Gemeinschaftsrechts, 1977; *Schwarze* (FN 86), S. 1135 ff.

133 Vgl. Art. 5 ff., 16 ff. der Verordnung (EG) Nr. 450/2008 des Europäischen Parlaments und des Rates v. 23. 4. 2008 zur Festlegung des Zollkodex der Gemeinschaft (Modernisierter Zollkodex), ABl. EU Nr. L 145, S. 1; VO (EWG) Nr. 3508/92 des Rates v. 27. 11. 1992 zur Einführung eines integrierten Verwaltungs- und Kontrollsystems für bestimmte gemeinschaftliche Beihilferegelungen, ABl. EG Nr. L 255, S. 1, ergänzt durch Durchführungs-Verordnung (EWG) Nr. 3887/92 der Kommission v. 23. 12. 1992, ABl. EG Nr. L 391, S. 36 (später ersetzt durch Durchführungs-Verordnung [EG] Nr. 2419/2001 der Kommission v. 11. 12. 2001, ABl. EG Nr. L 327, S. 11); dazu *Mögele,* EWS 1993, S. 305 ff.; vgl. auch *ders.*, Die Behandlung fehlerhafter Ausgaben im Finanzierungssystem der gemeinsamen Agrarpolitik, 1997, S. 201 ff. Allgemein zur Vorreiterfunktion des Zoll- und Agrarrechts für das Europäische Verwaltungsrecht *Gundel* (FN 10), § 3 Rn. 111, 207.

134 *Mir Puigpelat* (FN 13), S. 182. Ausführlich zum Schutzbereich des Grundrechts *K.-D. Classen,* Gute Verwaltung im Recht der Europäischen Union, 2008, S. 235 ff.; *Efstratiou,* in: Trute u. a. (Hrsg.) (FN 11), S. 281 ff.; *Galetta / Grzeszick,* in: Tettinger / Stern (Hrsg.), Kölner Gemeinschaftskommentar zur Europäischen Grundrechte-Charta, 2006, Art. 41 Rn. 11 ff.; *Goerlich,* DÖV 2006, S. 313 ff.; *Jarass* (FN 120), § 36 Rn. 1 ff.; *Lais,* ZEuS 2002, S. 447 ff.; *Pfeffer,* Das Recht auf eine gute Verwaltung, 2006, S. 87 ff.

135 Vgl. insbesondere den vom Europäischen Parlament am 6. 9. 2001 angenommenen Europäischen Kodex für gute Verwaltungspraxis v. 5. 1. 2005, abrufbar unter: http://ombudsman.europa.eu/code/de/default.htm (abgerufen am 9. 4. 2010); dazu *Martínez Soria,* EuR 2001, S. 682 ff.; *Rengeling / Szczekalla* (FN 120), S. 892 ff. Zu weiteren Kodizes auf EU-Ebene sowie allgemein zur mittelbaren rechtlichen Bindungswirkung der Kodizes *Mir Puigpelat* (FN 13), S. 193 f. m. Fn. 94–97.

136 Dazu *Gärditz* (FN 11), S. 460 f.

137 Grundlegend *Schoch / Kloepfer / Garstka,* Informationsfreiheitsgesetz (IFG-ProfE), 2002, S. 25 ff.; vgl. auch *Kloepfer* (Hrsg.), Die transparente Verwaltung, 2003;

tenschutz[138] oder Staatshaftungsrecht, mit einzubeziehen („Allgemeines Verwaltungsgesetzbuch“)[139].

3. Umkehrung der Dekodifikationstendenz

Die Kodifikation des Europäischen Verwaltungsrechts innerhalb des Verwaltungsverfahrensgesetzes böte zugleich eine Chance für eine grundsätzliche gesetzgebungspolitische Umkehr in Richtung einer erneuten Stärkung dieses Gesetzes in seiner Funktion als Kodifikation. Eine solche Umkehr erweist sich als dringlich, ist doch das deutsche Verwaltungs(verfahrens)recht seit den neunziger Jahren des letzten Jahrhunderts durch einen Prozess der (horizontalen) *Dekodifikation*[140] geprägt, der das Verwaltungsverfahrensrecht immer mehr zu „fragmentiertem Sonderrecht“[141] werden lässt und damit den kodifikatorischen Anspruch des Verwaltungsverfahrensgesetzes schleichend, aber substanziell aushöhlt[142]. Die Stichworte in diesem Zusammenhang sind bekannt. Sie lauten unter anderem „Beschleunigungsgesetzgebung“[143] sowie Abwanderung von Kernmaterien wie Umweltverträglichkeitsprüfung[144], Datenschutz[145], Zugang zu Behördeninformationen[146]oder öffentliche Auftragsvergabe[147] in Fachgesetze.

Gusy, in: Hoffmann-Riem / Schmidt-Aßmann / Voßkuhle (Hrsg.) (FN 14), § 23 Rn. 81 ff.; *Schoch,* Die Verwaltung 35 (2002), S. 149 ff.

138 Dazu *Albers,* in: Hoffmann-Riem / Schmidt-Aßmann / Voßkuhle (Hrsg.) (FN 14), § 22 Rn. 39 ff. (46 ff.).

139 Ebenso *Mir Puigpelat* (FN 13), S. 210. Zur Berücksichtigung von auch überwiegend materiell-rechtlichen Regelungen (sog. annexe Materien) durch das VwVfG bereits de lege lata *Schwarz* (FN 39), Einleitung VwVfG Rn. 34 f.

140 Begriff von *Irti,* L'età della decodificazione, 1979; berichtend *Basedow* (FN 59), S. 466.

141 *Brenner,* in: FS Scholz, 2007, S. 467 (475 ff., Zitat: 475).

142 Vgl. *Breuer* (FN 93), S. 354 ff.; *Hufen,* in: GS Kopp, 2007, S. 38 (45 f.); eingehend *Leisner,* Die Krise des Gesetzes, 2001, S. 123 ff., 175 ff., 217 ff.; *Wahl,* in: Blümel / Pitschas (Hrsg.), Reform des Verwaltungsverfahrensrechts, 1994, S. 83 (86 f., 93 ff., 101 ff.). Aus historisch-genetischer Perspektive vgl. zum Regelungsanspruch des VwVfG *Mußgnug,* in: FS Juristische Fakultät Heidelberg, 1986, S. 203 ff.

143 Vgl. *H. A. Wolff,* in: FS Scholz, 2007, S. 977 (986).

144 Zutreffend *Henneke / Ruffert* (FN 39), Vor § 1 Rn. 46.

145 Hierzu *Henneke / Ruffert* (FN 39), Vor § 1 Rn. 47.

146 Mit Recht kritisch zu der verfehlten Auslagerung der Informationsfreiheitsgesetze *Breuer* (FN 93), S. 355 f. Erschwerend kommt hinzu, dass der Gesetzgeber nicht nur ein Informationsfreiheitsgesetz (ggf. mit einzelnen modifizierenden Vorschriften für bereichsspezifische Probleme) verabschiedet hat, sondern daneben noch eigenständige Vollregelungen für bestimmte Spezialbereiche (Umweltinformationsgesetz [UIG]; Verbraucherinformationsgesetz [VIG]); vgl. im Überblick *Schmidt / Kahl* (FN 94), § 1 Rn. 81 ff.; ausführlich *Schlacke / Schrader / Bunge,* Informationsrechte, Öffentlichkeitsbeteiligung und Rechtsschutz im Umweltrecht, 2010, Rn. 60 ff. Das Informationsfreiheitsrecht ist damit nicht nur insgesamt regelungsörtlich deplatziert (Ausschluss aus dem VwVfG), sondern auch noch in sich zersplittert, mithin ein geradezu lehrbuchartiges Beispiel für *unsystematische* Gesetzgebung; vgl. zur

Diese Entwicklungen stehen dabei lediglich stellvertretend für eine breitflächige Zerfaserung des Allgemeinen Verwaltungsrechts[148]. Aus zentralen Regelungsbereichen, etwa dem Recht der Eröffnungskontrollen, hat sich das Verwaltungsverfahrensgesetz ungeachtet der – sehr blass gebliebenen – §§ 63 ff. VwVfG[149] und der – durch spezielles Fachplanungsrecht weitgehend verdrängten – §§ 72 ff. VwVfG praktisch fast vollständig verabschiedet[150]. Neue oder wichtiger gewordene Phänomene wie privatrechtliche Verfahren[151], Public-Private-Partnerships (PPP)[152], Akkreditierungen oder Zertifizierungen[153] und wettbewerbliche Steuerungsinstrumente[154] (insbesondere Verteilungsentscheidungen im Vergabe- oder Subventionsrecht[155]) werden von ihm ignoriert und bestenfalls „schlicht additiv"[156], aber ohne übergreifende Ordnungsidee vom Besonderen Verwaltungsrecht rezipiert[157]. Das Verwaltungsverfahrensgesetz enthält sich somit immer häufiger einer Regelung grundlegender und – ungeachtet aller Unterschiede im Einzelnen – jedenfalls grundsätzlich kodifikationsfähiger und kodifikationsbedürftiger[158] Fragen und überlässt diese stattdessen dem Fachgesetzgeber oder gar dem Richterrecht. Die Folge hiervon ist, dass „die nun bereits seit mehreren Wissenschaftler-Generationen formulierte Liste mit (vermeintlichen?) Lücken und Desideraten [...] immer länger"[159] wird. Insgesamt stellt sich

---

Zerrissenheit des Informationszugangs in Deutschland auch *Schlacke / Schrader / Bunge,* ebd., Rn. 340 ff.

147 *Kopp / Ramsauer,* VwVfG, 10. Aufl. 2008, Einführung Rn. 51b ff.

148 Kritische Schilderung dieses Prozesses bei *Kahl* (FN 91), S. 71 ff.

149 Weiterführende Überlegungen, die §§ 63 ff. VwVfG zu einer prägenden Stamm- und Modellregelung für das förmliche Genehmigungsverfahren auszubauen, finden sich bei *Wahl,* NVwZ 2002, S. 1192 ff. Zu den jüngsten Plänen des Gesetzgebers, diesen Vorschlag in der 17. Legislaturperiode des Deutschen Bundestags nunmehr möglicherweise zu realisieren, vgl. *Schmitz / Prell,* NVwZ 2009, S. 1121 (1127 f.).

150 Vgl. dazu auch *Schmitz,* NVwZ 2000, S. 1238 (1239 f.); *Burgi,* JZ 2010, S. 105 (110).

151 Ausführlich zum Problem *Kahl,* in: FS von Zezschwitz, 2005, S. 151 ff.; ferner *Bonk / Schmitz* (FN 39), § 1 Rn. 83 ff.

152 Hierzu *Bauer,* DÖV 1998, S. 89 ff.; *Burgi,* Gutachten D zum 67. DJT, 2008, S. D 92 ff. (109 ff.); *Ziekow* (Hrsg.), Public Private Partnership-Projekte, 2003.

153 Forderung nach Normierung in einem „Allgemeinen Akkreditierungsgesetz" bei *Burgi* (FN 152), S. D 68 f.

154 Weiterführend *Kersten,* VVDStRL 69 (2010), S. 288 ff.

155 Hierzu *Röhl* (FN 14), § 30 Rn. 10 ff. (17, 22).

156 *Kersten / Lenski* (FN 42), S. 524.

157 Zu – bislang weitgehend vernachlässigten – „Aufmerksamkeitsfeldern" für die verfahrensrechtliche Dogmatik und Kodifikation vgl. auch *Hoffmann-Riem,* in: ders. / Schmidt-Aßmann (Hrsg.) (FN 91), S. 9 (48 ff.). Der hohen Kodifikationszurückhaltung dagegen zustimmend *Sachs,* in: Stelkens / Bonk / ders. (Hrsg.) (FN 39), Einleitung Rn. 46.

158 Zu diesen beiden Schlüsselkriterien *Kahl* (FN 91), S. 101 f. sowie im Anschluss daran *Burgi* (FN 67), S. 2442; *ders.* (FN 152), S. D 112.

159 *Burgi* (FN 150), S. 107. Der Klammerzusatz bezieht sich nach *Burgi* (ebd.) auf den – von *Burgi* abgelehnten – Vorschlag zur Aufnahme eines Vertragstyps „öffentlich-rechtliche Kooperationsverträge" in das VwVfG.

damit der Eindruck ein, das „oberste Gestaltungsziel“ des Verwaltungsverfahrensgesetzes sei „offenbar die Nicht-Gestaltung“[160].

Konsequenz dieser Regelungsabstinenz und „Flucht in das Spezialgesetz“ ist die weitere Entwertung des kodifikatorischen Anspruchs des Verwaltungsverfahrensgesetzes als eines Gesetzes, das einmal angetreten war, eine Art „Grundgesetz der Verwaltung“[161] zu sein. Diesen Anspruch konnte das Gesetz freilich von Anfang an nur sehr bedingt einlösen. Die Gründe[162] hierfür liegen in der Ausklammerung wichtiger Regelungsbereiche (§ 2 VwVfG), zumal der in der Abgabenordnung (AO) geregelten Abgabenverwaltung (§ 2 II Nr. 1 VwVfG) und der im Sozialgesetzbuch X (SGB X) normierten Sozialverwaltung (§ 2 II Nr. 4 VwVfG), dem Subsidiaritätsgrundsatz (§ 1 Abs. 1 und Abs. 2 S. 1 VwVfG)[163] sowie in der doppelten Beschränkung auf öffentlich-rechtliche Verwaltungstätigkeit (§ 1 Abs. 1 VwVfG) und – mit Ausnahme von Schleswig-Holstein – auf die Handlungsformen des Verwaltungsakts und des Verwaltungsvertrags (§ 9 VwVfG)[164]. Indem das Verwaltungsverfahrensgesetz aber nun auch noch zu wesentlichen neueren Fragen des Rechts wie Informationszugang, Genehmigungsverfahren oder Unionsverwaltungsrecht keine oder keine hinreichend verlässlichen Antworten bereithält, droht ihm immer mehr das Schicksal selbstverschuldeter praktischer Marginalisierung, es sei denn es gelingt eine Trendumkehr in Richtung einer – überfälligen – *Rekodifikation*[165].

Die Rechtspolitik ist daher in ihrem Plan, das Verwaltungsverfahrensgesetz als Generalkodifikation des deutschen Verwaltungsrechts wiederzuentdecken und aufzuwerten, für den es in jüngster Zeit einzelne vorsichtig optimistisch stimmende Anzeichen gibt[166], ausdrücklich zu unter-

---

160 *Burgi* (FN 150), S. 107. Ähnlich mit Blick auf die Umsetzung europarechtlicher Vorgaben und insoweit eine „gewisse innere ‚Widersetzlichkeit'“ beim nationalen Gesetzgeber beobachtend *Schmidt-Aßmann*, in: Hoffmann-Riem / ders. / Voßkuhle (Hrsg.) (FN 14), § 27 Rn. 83; zustimmend *Henneke / Ruffert* (FN 39), Vor § 1 Rn. 86: „rechtspolitische Tendenz, europa- und völkerrechtliche Vorgaben durch Minimallösungen zu verarbeiten, anstatt Verfahrensinnovationen anzustoßen“.

161 *Häberle*, in: FS Boorberg-Verlag, 1977, S. 47 (49).

162 Zusammenfassend *Kopp / Ramsauer* (FN 147), Einführung Rn. 1 ff.; *Bonk / Schmitz* (FN 39), § 1 Rn. 14 ff.

163 Vgl. *Ule / Laubinger*, Verwaltungsverfahrensrecht, 4. Aufl. 1995, § 8 Rn. 4, 5 ff.

164 Kritisch zu dem halbherzigen Ansatz des VwVfG frühzeitig *Schmidt-Aßmann*, in: Lerche / Schmitt Glaeser / ders., Verfahren als staats- und verwaltungsrechtliche Kategorie, 1984, S. 1 (20 ff., 22 ff.); *Schmitt Glaeser*, in: FS Boorberg Verlag, 1977, S. 1 ff.; aus neuerer Zeit vgl. *Breuer* (FN 93), S. 354 („kodifikatorisches Ärgernis“); *Ehlers*, in: Erichsen / ders. (Hrsg.) (FN 1), § 3 Rn. 94; *Kahl* (FN 1), S. 488 f.; *Spieker gen. Döhmann*, DVBl. 2008, S. 1074 (1076); *Wolff* (FN 143), S. 985 ff.

165 Hierfür bereits programmatisch *Kahl* (FN 91), S. 127 ff.; vgl. auch *Brenner* (FN 141), S. 476.

166 Für die 17. Legislaturperiode konkret geplante Maßnahmen zur Stärkung des VwVfG sind laut *Schmitz / Prell* (FN 149), S. 1127: Überführung der Maßgaben aus dem Gesetz zur Beschleunigung von Planungsverfahren für Infrastrukturvorhaben

stützen. Dieses Vorhaben sollte aber das *Europäische Verwaltungsrecht* im Sinne einer „Kodifikation innerhalb der Kodifikation“ mit der Ambition der Schaffung einer umfassenden Regelung aus einem Guss miteinbeziehen. Es ist dem Ansehen und der Steuerungsfähigkeit eines Gesetzbuches abträglich, wenn dieses zur Europäisierung als der zweiten großen Entwicklungsstufe des Öffentlichen Rechts in Deutschland nach 1949 (*Rainer Wahl*)[167] weitgehend schweigt.

4. Die Kodifizierbarkeit des Europäischen Verwaltungsrechts

Ein solches Postulat kann freilich sinnvollerweise nur dann formuliert werden, wenn sich der Vorgang der Europäisierung des Verwaltungsrechts nicht – wie mitunter behauptet wird[168] – bereits als solcher von vornherein einer auf Stabilität ausgerichteten Kodifikation entzieht. Das grundsätzliche Plädoyer für eine Kodifizierung des Europäischen Verwaltungsrechts bedeutet allerdings keineswegs eine Verkennung oder Bagatellisierung der strukturellen Probleme[169], die unter den Bedingungen moderner Gesetzgebung mit der Regulierungsform der Kodifikation verbunden sind[170]. Zugegebenermaßen hat gerade die Europäisierung einen hohen Grad an Dynamik und Ausdifferenzierung in das verwaltungsrechtliche System hineingetragen und hält dieses fortwährend im Fluss[171]. Kodifikationen könnten vor diesem Hintergrund zunächst in der Tat gleichsam wie willkürlich in der Zeit gesetzte Zäsuren mit dem Charakter bloßer Momentaufnahmen anmuten. Internationalisierung und Europäisierung sind außerdem Entwicklungen, auf die die einzelnen Staaten zwar Einfluss nehmen können, die aber ihrer Steuerung durch autoritative Rechtsetzung entzogen sind. Pfade und Tendenzen der Internationalisierung und Europäisierung sind nämlich heteronom definiert. Dies führt zu dem Problem, dass kaum eines der aktuell diskutierten nationalen Kodifikationsvorhaben heute mehr mit dem Anspruch auftreten kann, ein Rechtsgebiet allein nach Maßgabe legislativer *Eigen*rationalität zu ordnen. Nationale Ordnungsvorstellungen werden

---

in das VwVfG; Novellierung des Vertragsrechts; Neuregelung des Genehmigungsverfahrens. Vgl. auch die Vorschläge de lege ferenda bei *Burgi* (FN 150), S. 108 f.

167 Richtungweisend *Wahl* (FN 52), S. 14 f., 94 ff.; vgl. zuvor bereits *ders.*, in: HGR I (FN 102), S. 495 ff.; *ders.* (FN 86), S. 411 ff.

168 So etwa mit Blick auf das Umweltrecht und das Projekt „Umweltgesetzbuch“ *Wegener*, ZUR 2009, S. 459; eher skeptisch auch *Klement* (FN 67), S. 56 f.

169 Zusammenfassend *Kahl* (FN 91), S. 99 ff.

170 s. dazu bereits *Esser*, in: ders. / H.-J. Vogel, 100 Jahre oberste deutsche Justizbehörde, 1977, S. 13 ff.; ähnlich *Kübler*, JZ 1969, S. 645 ff.; anders dagegen *K. Schmidt*, Die Zukunft der Kodifikationsidee, 1985.

171 *Bumke* (FN 29), S. 112. Zum europäischen Recht als – aus nationaler Sicht – „Kodifikationsbrecher“ *Kahl* (FN 91), S. 112 ff. Zur notwendigen Offenheit von Systemen *Canaris* (FN 29), S. 61 ff.

zwangsläufig immer wieder durch überstaatliche Regelungsimpulse durcheinander gewirbelt, ohne dass es der nationale Gesetzgeber in der Hand hätte, diesen Prozess aufzuhalten bzw. ihn einseitig in eine bestimmte Richtung zu lenken. Freilich muss auch dieser Aspekt sogleich wieder relativiert werden: Das Phänomen der „Fremdsteuerung" des Kodifikationsgesetzgebers ist als solches keineswegs neu, sondern eher ein ubiquitäres bei Kodifikationen. Selbst der „klassische" deutsche Kodifikationsgesetzgeber der zweiten Hälfte des 19. Jahrhunderts war, etwa im Falle des BGB, nicht wirklich „autonom", sondern vielfältigen heteronomen Einflüssen und Vorgaben (wissenschaftliche Vorarbeiten, Historie, Tradition, „Volksglaube" etc.) ausgesetzt.

Beide Befunde – hohe Veränderungsdynamik und Heteronomie der Rechtsetzung – verlangen daher nicht, von gesetzlicher Systembildung generell Abschied zu nehmen. Es verschieben sich nur die Rahmenbedingungen und die erreichbaren Regelungsziele. Ziel einer Kodifikation ist nicht mehr das auf und in sich selbst ruhende System, das aus dem Logos seiner inneren Ordnung heraus bereits hinreichende Rechtfertigung und Überzeugungskraft gewinnt. Ein solcher Anspruch ist in einem Verwaltungsverbund mit nach sehr unterschiedlichen Rationalitäten handelnden Akteuren der Rechtsetzung unerfüllbar, aber auch schon in einem demokratischen Staat überzogen, weil demokratisches Recht seine Existenz stets einer formalen Legitimation verdankt, nicht guten Gründen[172] und fortwährend revidierbar bleibt. Die Ziele einer modernen Kodifikation müssen daher einerseits bescheidener formuliert werden, andererseits aber auch und vor allem auf Ebene der *Regelungstechnik* höheren Ansprüchen an die Integrationsfähigkeit in ein pluralisiertes und internationales Rechtssystem genügen. Sie müssen die Möglichkeit der späteren Abänderbarkeit antizipativ einkalkulieren und hierfür – unter Auswertung der einschlägigen Lösungsansätze ausländischer Kodifikationen und Erfahrungen hiermit – regelungstechnische Vorkehrungen treffen, etwa indem sie durch Öffnungs-, Delegations- oder Evaluationsbestimmungen, durch „Leer-" oder „Anbaustellen" im Gesetz oder durch eine gestufte Vorgehensweise („Büchersystem") normative Flexibilitäts- und Erweiterungsreserven vorsehen[173]. Dies kann gelingen, wie der Abschnitt „Grenzüberschreitender Umweltschutz" im Entwurf der Unabhängigen Sachverständigenkommission für ein Umweltgesetzbuch (vgl. §§ 228 ff. UGB-KomE)[174] zeigt, stellt die Rechtswissenschaft, zumal die

---

[172] *C. Möllers*, Demokratie – Zumutungen und Versprechen, 2008, S. 43 f.

[173] Vorüberlegungen hierzu bei *Kahl* (FN 91), S. 103 (sukzessive Gesetzgebung), 104 f. (Revisions- und Innovationsoffenheit); zustimmend *Röhl* (FN 14), § 30 Rn. 9, der von einer Kodifikation eine hinreichende „Beweglichkeit" fordert, an der Erreichbarkeit dieses Ziels aber insbesondere wegen der Schwerfälligkeit der Kodifikation (gerade im Bundesstaat) eher zweifelt.

[174] Bundesministerium für Umwelt, Naturschutz und Reaktorsicherheit (Hrsg.), Umweltgesetzbuch (UGB-KomE) – Entwurf der Unabhängigen Sachverständigen-

Gesetzgebungslehre, aber vor neue, bislang noch nicht hinreichend erkannte, geschweige denn bewältigte Aufgaben. Zu Verzagtheit besteht jedoch kein Grund. Im Gegenteil: Je dynamischer die Rechtsentwicklung, desto größer ist kehrseitig auch der Bedarf nach *stabilisierenden* Gegengewichten, die einer Verflüchtigung rechtlichen Erfahrungswissens entgegenwirken und den erreichten Stand verwaltungsrechtlicher Systembildung einerseits fixieren, andererseits in die Zukunft hinein entwicklungsoffen und anpassungsfähig halten[175]. Gerade der hohe vertikale Veränderungs- und Umsetzungsdruck, der auf das nationale Recht einwirkt, fordert daher im Sinne eines Erst-Recht-Schlusses zur intensivierten Suche nach Lösungen heraus, „wie eine nationale Rechtsordnung [...] kodifikations- und konzeptfähig bleiben kann“[176].

Hinzu kommt ein Weiteres: Nur ein systematisches und in sich stimmiges Verwaltungsverfahrensrecht, das mit einem klaren und geschlossenen Konzept nach außen auftritt, wird sich als zukunftsfähig erweisen und vermag sich im „Wettbewerb der Rechtsordnungen“[177] als Exportmodell zu behaupten[178], insbesondere im Wege einer „Vorwärtsstrategie“[179] frühzeitig und gestaltend auf die Rechtspolitik der Europäischen Union im Sinne einer als „Ko-Evolution“[180] verstandenen Europäisierung Einfluss zu nehmen[181]. Das europäische Verwaltungsrecht ist kein starrer Block eindeutiger Regelungen, sondern ein entwicklungsoffenes und dynamisches Gebilde[182]. Es ist daher auch durch nationale Gesetzgebung beeinflussbar, sofern deren Konzepte und Regelungsmodelle überzeugen und im politischen Normentstehungsprozess durch eine kluge und vorausschauende Sach- wie Personalpolitik erfolgreich exportiert werden. Nationale Rechtsetzung kann

---

kommission zum Umweltgesetzbuch beim Bundesministerium für Umwelt, Naturschutz und Reaktorsicherheit, 1998. Zum dortigen Modell eines internationalen Umweltverwaltungsrechts *Durner*, in: Möllers / Voßkuhle / Walter (Hrsg.), Internationales Verwaltungsrecht, 2007, S. 121 (149 ff.).

175 Vgl. auch *Breuer* (FN 93), S. 353 f.: „Wenn es nicht mehr gelingt, internationale oder supranationale Übereinkommen in eine einheitliche und transparente Kodifikation der nationalen Rechtsordnungen umzusetzen, wird der rechtsstaatliche Preis der Globalisierung und Europäisierung zu einer kontraproduktiven Belastung.“

176 So zutreffend *Wahl* (FN 59), S. 884.

177 *Neidhardt* (FN 47), S. 195 ff. Zum Systemwettbewerb im Mehrebenensystem als Lernchance und Wissensgenerierungsmechanismus *Kaiser*, in: Schuppert / Voßkuhle (Hrsg.) (FN 28), S. 217 (223 ff.).

178 *Kahl* (FN 91), S. 94 ff.; ähnlich *von Danwitz*, Europäisches Verwaltungsrecht (FN 1), S. 127; *Mir Puigpelat* (FN 13), S. 203.

179 *Wahl*, in: Gesellschaft für Umweltrecht (Hrsg.), Umweltrecht im Wandel, 2001, S. 238 (252 ff. [Zitat: 253]).

180 Anschauliche Formulierung von *Wahl* (FN 59), S. 878 f.

181 *Kahl* (FN 1), S. 499. Allgemein zum Phänomen der *wechselseitigen* Beeinflussung von Unionsrecht und nationalem Recht *Kahl* (FN 1), S. 470 f.; vgl. auch *Schmidt-Aßmann*, Ordnungsidee (FN 1), S. 40.

182 Eingehend *Neidhardt* (FN 47), S. 22 ff.

auf diese Weise mittelbar Einfluss auf die Systembildung im Unionsrecht nehmen, indem sie auch unionsrechtlich anschlussfähige Normierungsangebote unterbreitet. Eine Kodifikation kann überdies ausländischen interessierten Kreisen den Zugang zum deutschen Recht erleichtern, dessen Wahrnehmung verbessern und nicht zuletzt aktive Gestaltungsansprüche des deutschen Gesetzgebers markieren. Rationalität und Struktur einer (gelungenen) Kodifikation bleiben ein Faszinosum, das seinen Mythos in sich selbst trägt[183] und andere – auch andere Rechtskulturen – in seinen Bann ziehen kann. Bietet das nationale Recht dagegen kein eigenes kohärentes und nachvollziehbares Regelungsmodell an, so wird es immer häufiger abseits stehen und zusehen müssen, wie sich Begriffe, Institute und Konzepte ausländischer Provenienz in der europäischen Gesetzgebung durchsetzen.

Ein letzter Aspekt sei noch angefügt: Pragmatisch betrachtet, aber durchaus nicht unwichtig, führt die Reintegration der Fragen der Europäisierung in das Verwaltungsverfahrensgesetz dazu, dass diese Themen nicht mehr nur oder bevorzugt von den jeweiligen fachlichen Spezialisten wahrgenommen und wissenschaftlich bearbeitet, sondern verstärkt von den eher an Fragen des Allgemeinen interessierten Ressorts des Inneren auf Bundes- und Länderebene beachtet werden und zugleich vermehrt Eingang in die Lehrbücher und Kommentare des Allgemeinen Verwaltungsrechts finden[184]. Beides kann wiederum positive Rückwirkungseffekte auf die Systembildung im Recht insgesamt zeitigen.

5. Das Binnenverhältnis von Generalkodifikation, Bereichskodifikation und Fachgesetz

Kodifizierbare allgemeine Grundsätze und Institute im Europäischen Verwaltungsverbund müssen den Spagat bewältigen, dass einerseits ein zu hoher Grad der Abstraktion die praktischen Möglichkeiten einer Operationalisierung vermindert („Leerformel"), andererseits mit der Regelungsdichte auch die sektoralen Probleme und Besonderheiten zunehmen. Daher geht es darum, einen angemessenen Grad *mittlerer Abstraktionshöhe* zu finden, der sowohl einen hinreichenden kodifikatorischen Überhang aufweist als auch Möglichkeiten zur fachspezifischen Feindifferenzierung belässt[185].

---

183 *Kroppenberg* (FN 98), S. 911.

184 Ein Beispiel für ein solches Hinüberwachsen eines wichtigen Themas vom Besonderen in das Allgemeine ist die Aufnahme des Planfeststellungsrechts in die Verwaltungsverfahrensgesetze (§§ 72 ff. VwVfG), wenngleich später – vor allem in Folge der sog. Beschleunigungsgesetzgebung – der Grad der Ausdifferenzierung des Fachplanungsrechts leider wieder so zugenommen hat, dass die positiven Wirkungen der Verallgemeinerung weitgehend zunichte gemacht wurden.

185 So mit Recht *Ladenburger* (FN 107), S. 128.

Sektorale Fragen sind weiterhin vorzugsweise im einschlägigen *Fachrecht* des Besonderen Verwaltungsrechts innerhalb des normprägenden Regelungskontexts zu lösen. Zu diesem Fachrecht gehören im Einzelfall, sofern sich dies bei einer restriktiven Prüfung als sinnvoll und notwendig erweist, auch *Bereichskodifikationen*[186] wie ein Umweltgesetzbuch[187], ein Informationsgesetzbuch[188] oder ein Gewerbegesetzbuch[189], nach Meinung Einzelner sogar ein Netzregulierungsgesetz[190]. Derartige Bereichskodifikationen[191] sind ein ambivalentes Unternehmen. Völlig richtig wurde insoweit am Beispiel des Umweltgesetzbuchs angemerkt, es bestehe „offensichtlich ein potenzieller Konflikt zwischen systematisch unterschiedlichen Kodifikationsideen. Eine allgemeingültige Lösung für diesen Konflikt gibt es nicht. Die Kodifikation des Umweltrechts muss daher nicht notwendig ‚imperialistisch' sein. Selbst unter dem Gesichtspunkt der Effektivität des Umweltrechts kann es gute Gründe dafür geben, die Integrität anderer bestehender oder geplanter Kodifikationen zu respektieren."[192] Dies gelte etwa für das Umweltstrafrecht (vgl. §§ 324 ff. StGB) oder allgemeine Haftungstatbestände des Delikts- und Nachbarrechts (vgl. §§ 823 ff., 903 ff., 1004 BGB) und – so wird man ergänzen dürfen – auch für die Grundstrukturen des Verwaltungsverfahrens (VwVfG). Bereichskodifikationen behalten aber überall dort ihre Existenzberechtigung neben den Regelungen auf der „höheren" Ebene des Verwaltungsverfahrensgesetzes, wo Fragen aufgrund ihrer Technizität und Spezialität oder aufgrund der großen Zahl erforderlicher Normen[193] nicht auf die Ebene der – zudem stets besonders

---

186 Zur – freilich nicht trennscharfen – Unterscheidung von Bereichs-, Teil- und Generalkodifikationen *Kahl* (FN 91), S. 83 ff.

187 Vgl. *Kloepfer / Rehbinder / Schmidt-Aßmann / Kunig*, Umweltgesetzbuch – Allgemeiner Teil, 1991, S. 2 ff.; Bundesministerium für Umwelt, Naturschutz und Reaktorsicherheit, UGB-KomE (FN 174); Bundesministerium für Umwelt, Naturschutz und Reaktorsicherheit, Entwurf für ein Umweltgesetzbuch v. 4. 12. 2008 (FN 94). Ein UGB dagegen aus unterschiedlichen Gründen, maßgeblich wegen der Schaffung einer „vierten Säule" des Verwaltungsverfahrensrechts, ablehnend *Breuer*, Gutachten B zum 59. DJT, 1992, S. B 36 ff., B 86 ff.; *ders.*, in: Schmidt-Aßmann / Schoch (Hrsg.), Besonderes Verwaltungsrecht, 14. Aufl. 2008, Kap. 5 Rn. 51 ff. (53 f.); *Burgi* (FN 150), S. 109 f.

188 An einem Professorenentwurf für ein Informationsgesetzbuch arbeiten insbesondere *Schoch* und *Kloepfer*. Für einen ersten „Baustein" dieses Projekts vgl. *Schoch / Kloepfer / Garstka*, Archivgesetz (ArchG-ProfE), 2007. Zum Ganzen auch *Sydow*, NVwZ 2008, S. 481 ff.

189 Vgl. den Entwurf von *Stober*, NVwZ 2003, S. 1349 ff. Mit Recht befürwortend und kritisch zur Untätigkeit des Gesetzgebers *R. Schmidt*, in: Willoweit (Hrsg.) (FN 10), S. 1003 (1016 f.).

190 Hierfür *Masing*, Gutachten D zum 66. DJT, 2006, S. D 38 ff.; *ders.*, NJW 2006, S. 18 (19 f.); dagegen *Burgi* (FN 67), S. 2441 ff.; *Kahl* (FN 1), S. 484 f.; *Kersten*, Die Verwaltung 43 (2010), S. 138 (141); *Storr*, DVBl. 2006, S. 1017 (1022 ff.).

191 Überblick über neuere Kodifikationsbestrebungen bei *G. Kirchhof* (FN 59), S. 148 m. Fn. 314; *Reimer* (FN 59), § 9 Rn. 22 m. Fn. 182–187.

192 *Rehbinder* (FN 94), S. 104 f. (105).

193 Die Umweltverträglichkeitsprüfung etwa ist gegenwärtig in 49 Paragrafen und 4 Anlagen geregelt, die zum Teil recht umfangreich und komplex sind. Das Ver-

schwerfälligen – Generalkodifikation gehören. In diesen Fällen haben Bereichskodifikationen – ungeachtet einer grundsätzlichen In-dubio-Regel zugunsten der Generalkodifikation[194] – aus Gründen der Gesetzgebungsökonomie sowie der Komplexitätsbewältigung und Einzelfallgerechtigkeit ausnahmsweise weiterhin einen Sinn *neben* der Gesamtkodifikation[195]. Entscheidend ist jedoch, dass die sektoralen kodifikatorischen Regelungen nicht isoliert im Raum stehen, sondern eine Rückkoppelung und Verzahnung mit der „höheren" Normierungsebene erfahren[196]. Den maßstabsetzenden und vorstrukturierenden Rahmen liefert dabei die Generalkodifikation. Im Sinne einer *Angebotsgesetzgebung* bildet sie den „Steinbruch" für den Erlass von Teilkodifikationen und Fachgesetzen[197]. Die Bausteine des allgemeinen verwaltungsrechtlichen Gesetzbuches können dabei auf den Ebenen der Teilkodifikation und der Sondergesetze aufgenommen und dort problemadäquat modelliert werden. Ein solcher Ansatz führt zu erhöhter Vertrautheit des Rechtssetzers und -anwenders mit bestimmten Instituten und Begriffen und damit zu Einheitlichkeit und Stimmigkeit der Dogmatik. Er befördert zudem den wechselseitigen Prozess des Lernens zwischen den Bereichsdogmatiken einerseits und der allgemeinen Dogmatik andererseits.

Eine Kodifikation allgemeiner Grundsätze wird zwar, wie erwähnt, immer an die Grenzen sektoraler Prägung des Fachrechts stoßen, das unverzichtbar bleibt, um auf spezifische oder atypische Probleme mit maßgeschneiderten, steuerungspräzisen Instrumenten zu reagieren. Eine daneben bestehende Kodifikation entfaltet aber einen besonderen Drall, der zur Rechtfertigung der Abweichung zwingt. Systembildung durch Kodifikation hilft hier, Abweichungen des Besonderen gegenüber der Matrix des Allgemeinen auf ihre Legitimationsfähigkeit hin zu prüfen und hierdurch Sonderinteressen zu disziplinieren[198]. Gerade im gegebenenfalls kontrastreichen *Nebeneinander* von allgemeinen Systembausteinen und spezifischer Abweichung entfaltet ein modern verstandener Systemgedanke seine ein-

---

fahren der integrierten Vorhabengenehmigung ist im UGB-Entwurf v. 4. 12. 2008 mit 42 Paragrafen und 3 Anlagen (einschließlich der UVP sogar in 48 Paragrafen und 4 Anlagen) geregelt. Die Vorstellung, derartige – im Grundsatz unausweichliche – Normmassen ließen sich in ein VwVfG aufnehmen, ist nicht nur lebensfremd, sondern auch in der Sache strikt abzulehnen, zumal dann bei den sonstigen im VwVfG geregelten Instituten eine entsprechende Regelungstiefe und -dichte gewählt werden müsste, um die Homogenität des Gesetzes zu wahren. Dadurch würde das VwVfG zu einem bis zur völligen Unübersichtlichkeit aufgeblähten „Monster-Gesetz", welches die positiven Wirkungen einer Kodifikation, insbesondere Vollzugsfreundlichkeit für die Praxis, einbüßte.

194 Insoweit ähnlich *Burgi* (FN 150), S. 110.

195 Tendenziell a. A. *Breuer* (FN 93), S. 356; *ders.*, Gutachten B zum 59. DJT (FN 187), S. B 82 ff.

196 Grundlegend *Wahl*, in: Blümel (Hrsg.), Die Vereinheitlichung des Verwaltungsverfahrensrechts, 1984, S. 19 (27 ff., 33 ff., 39 ff.); *ders.* (FN 142), S. 85 ff.

197 *Wahl* (FN 149), S. 1194.

198 *Schmidt-Aßmann*, Ordnungsidee (FN 1), S. 7, 10.

heitsbildende Kraft. Einer Kodifikation allgemeiner Grundsätze auch des europäischen Verwaltungsrechts verbliebe daher in jedem Fall der Charme, hinsichtlich sowohl des Erlasses neuer als auch der Nichtaufhebung bestehender Spezialgesetze zur kritischen Reflexion über Grund und Grenzen der jeweiligen Sonderregelung auf der Basis einer vorformulierten normativen Diskussionsgrundlage aufzufordern und dabei die Argumentationslasten zwischen Kodifikations- und Spezialgesetzgeber grundsätzlich zulasten des Letzteren zu verteilen.

IV. Der Stand der Europäisierung des deutschen Verwaltungsverfahrensrechts

1. Der grundsätzliche Befund: Schweigen der Kodifikation und Abdrängung in Sondermaterien

a) Allgemeines. Mit Blick auf die Europäisierung des Verwaltungsverfahrensrechts bestätigt sich die für das VwVfG festgestellte allgemeine Tendenz, die in Richtung auf eine Dekodifikation weist. Die Verarbeitung von Prozessen der Europäisierung im Rahmen der nationalen Rechtsetzung beschränkte sich bislang vor allem auf punktuelle Anpassungen, die im besten Fall zu umsetzungsspezifischen Fachgesetzen (z. B. UVPG, UIG, UAG) geführt haben. Der Corpus der Rechtstexte des Allgemeinen Verwaltungsrechts blieb demgegenüber lange Zeit unangetastet, obschon auch er von vielfältigen europäischen Einflüssen durchdrungen ist[199]. Nicht einmal solche Anpassungsbedürfnisse, die sich auf ganz konkrete Vorschriften des Verwaltungsverfahrensgesetzes (oder der Verwaltungsgerichtsordnung) beziehen, wurden vom Gesetzgeber aufgegriffen.

b) Aufhebung von Verwaltungsakten. Besonders deutlich zeigt sich die Berechtigung dieser allgemeinen Einschätzung am Beispiel der Aufhebungsdogmatik: Bei den Instituten Rücknahme, Widerruf und Wiederaufgreifen des Verfahrens können die den nationalen Normtext bis zur Unkenntlichkeit überformenden Vorgaben der EuGH-Entscheidungen, wie sie etwa den Rechtssachen „Alcan“[200], „Papenburg“[201] sowie „Kühne & Heitz“[202] bzw. „Arcor“[203] zu entnehmen sind, am Normtext der §§ 48, 49, 49a und 51

199 Ebenso *Schmidt-Aßmann,* Ordnungsidee (FN 1), S. 357: „Das Gesetz ist *inlandszentriert* [...].“ (Hervorhebung im Original)

200 EuGH, Rs. C-25/95 (Alcan II), Slg. 1997, I-1591 Rn. 33 ff., 50 f.; *Kahl/Diederichsen,* in: Schmidt/Vollmöller (Hrsg.), Kompendium öffentliches Wirtschaftsrecht, 3. Aufl. 2007, § 7 Rn. 88 ff.

201 EuGH, Rs. C-226/08 (Stadt Papenburg/Deutschland), DVBl. 2010, S. 242; die grundsätzliche Bedeutung dieses Urteils für das nationale Allgemeine Verwaltungsrecht betonend *Gärditz,* DVBl. 2010, S. 247 (249); *Glaser,* EuZW 2010, S. 225 (227).

202 EuGH, Rs. C-435/00 (Kühne & Heitz), Slg. 2004, I-837 Rn. 20 ff.; *Ruffert,* JZ 2004, S. 620 ff.

VwVfG mit den herkömmlichen Auslegungsmethoden längst nicht mehr festgemacht werden[204]. Die lex scripta weist hier in die Leere. Sie verarbeitet das Unionsrecht nicht einmal im Ansatz, sondern präsentiert sich als weitgehend entkernte „Normruine“, im Grunde genommen sogar als „Normlüge“, die den nicht juristisch speziell vorgebildeten Leser durch Vorspiegelung falscher Tatsachen in die Irre führt. Die eigentlichen Regelungsbefehle stehen nicht mehr im Verwaltungsverfahrensgesetz, sondern bilden ein ungeschriebenes „Nebenrecht“, das dem Normanwender in Gestalt eines ausdifferenzierten richterrechtlichen Sonderregimes gegenüber tritt, sich ihm aber erst durch mühevolles Zusammensuchen und Selbststudium komplexer Gerichtsurteile sowie erläuternder Kommentare oder Handbücher erschließt – wenn es sich ihm überhaupt noch erschließt. Mit Rechtstransparenz und Rechtssicherheit hat dies wenig zu tun.

c) Verfahrensrecht. Ein nicht ganz so gravierendes, aber doch gleichfalls deutliches Bild zeigt sich im Bereich der Verfahrensrechte: Der Rechtsschutz durch Verfahren sowie gegen Verfahrensverstöße genügt im (auf eine Ergebniskontrolle fixierten) deutschen Verwaltungsrecht (vgl. §§ 45, 46, 75 Abs. 1a VwVfG; § 214 Abs. 3 S. 2 BauGB bzw. spezielles Fachplanungsrecht; §§ 44a, 114 S. 2 VwGO) teilweise den unionsrechtlichen Grundanforderungen nicht. Die nationalrechtlichen Bestimmungen müssen daher, soweit sie mit Unionsrecht kollidieren, restriktiv europarechtskonform ausgelegt werden oder im Wege unionsrechtlich induzierter teleologischer Reduktion sektoral (z. B. UVP) unangewendet bleiben[205]. Ob dies zu geschehen hat und in welchem Umfang, ist bereits zwischen Lehre und Rechtsprechung umstritten und wird von Gericht zu Gericht in Deutschland noch einmal unterschiedlich beurteilt. Der Gesetzgeber, der ein klärendes Wort sprechen könnte, hält sich „vornehm zurück“.

---

203 EuGH, verb. Rs. C-392/04 und C-422/04 (i-21 Germany/Arcor), Slg. 2006, I-2755 Rn. 56 ff.; *Gärditz*, NWVBl. 2006, S. 441 ff.; *Ludwigs*, NVwZ 2007, S. 549 ff.; *Ruffert*, JZ 2007, S. 407 ff.

204 Von „ernsthaften Anpassungsschwierigkeiten“ spricht insoweit *Bumke* (FN 29), S. 114 und nennt hierfür als Beispiel neben der Rücknahme unionsrechtswidriger Beihilfen die – tendenziell mit Art. 20 Abs. 3 GG und dem Grundsatz der Rechtssicherheit kollidierende – Pflicht der Verwaltung zur Nichtanwendung unionsrechtswidriger Gesetze (dazu auch *Schmidt-Aßmann* [FN 47], S. 932 f.). Eine ähnliche Problematik stellt sich bei der Rückforderung von im Rahmen eines Verwaltungsvertrags gewährten unionsrechtswidrigen Beihilfen und deren Rückerstattung. Konkret geht es darum, ob ausnahmsweise – entgegen der Rechtslage bei rein nationalrechtlichen Fällen (vgl. BVerwGE 25, 72 [76]) – eine Verwaltungsakt-Befugnis entbehrlich ist (so unter Hinweis auf Art. 14 BVVO OVG Berlin-Brandenburg, EuZW 2006, S. 91 [93 f.]; *Heidenhain*, EuZW 2005, S. 660 [661]; kritisch *Gurlit*, in: Erichsen/Ehlers [Hrsg.] [FN 1], § 34 Rn. 31; *Kahl/ Diederichsen* [FN 200], § 7 Rn. 113; vgl. auch VG Berlin, EuZW 2005, S. 659 [659 f.]; zum Ganzen *Rieckhoff*, Der Vorbehalt des Gesetzes im Europarecht, 2007, S. 210 ff.).

205 Eingehend *Kahl*, VerwArch 95 (2004), S. 1 ff.; *Schoch*, in: Schmidt-Aßmann/ Hoffmann-Riem (FN 1), S. 279 (291 ff.); kritisch zu §§ 45, 46 VwVfG gerade in europarechtlicher Perspektive *Hatje*, DÖV 1997, S. 477 (480 ff.); *Hufen*, Fehler im Verwaltungsverfahren, 4. Aufl. 2002, Rn. 492 ff.; *ders.*, JuS 1999, S. 313 ff.

d) Verwaltungsorganisationsrecht. Das unionsrechtlich zu einer wesentlichen Steuerungsressource aufgewertete Verwaltungsorganisationsrecht[206] hat, sieht man von der örtlichen Zuständigkeit (§ 3 VwVfG) ab, im Verwaltungsverfahrensgesetz bislang gleichfalls keinen Niederschlag gefunden. Zu welchen Problemen dies führt, zeigt sich etwa, wenn ein gegen Unionsrecht (Art. 107 f. AEUV) verstoßender Subventionsvertrag (§ 54 VwVfG) rückabgewickelt werden soll und sich bei dem öffentlich-rechtlichen Erstattungsanspruch der deutschen Subventionsbehörde gegen den Subventionsempfänger die Frage der Nichtigkeit des Vertrags wegen Verstoßes gegen Art. 108 Abs. 3 S. 3 AEUV im Rahmen des – für den Sachverhalt an sich einschlägigen[207] – § 58 Abs. 2 VwVfG stellt. Hier ist bis heute ungeklärt, ob die EU-Kommission eine „Behörde" im Sinne dieser Vorschrift (§ 1 Abs. 4 VwVfG, ggf. analog) ist. Überwiegend wird dies unter Hinweis auf § 1 Abs. 1 VwVfG, der den Anwendungsbereich des Gesetzes auf deutsche Behörden beschränkt, abgelehnt[208], was die Nichtigkeitsproblematik in der Folge in den unspezifischeren und seinerseits nicht problemfreien (Stichworte: gesetzliches Verbot, Abwägungstheorie) § 59 Abs. 1 VwVfG i. V. m. § 134 BGB verschiebt[209].

e) Spielräume der Verwaltung. Die deutsche Phobie gegenüber (Tatbestands-)Ermessen und Beurteilungsspielräumen der Verwaltung[210] konnte bislang auch unter dem Einfluss des gegenüber diskretionären Entscheidungen offeneren Unionsrechts nur teilweise gemindert werden. Insoweit hat sich mittlerweile eine in sich nicht mehr stimmige *duale Ordnung* herausgebildet: In stark unionsrechtlich geprägten Bereichen wie dem Umweltrecht (vgl. z. B. IVU-Richtlinie, FFH-Richtlinie[211], Wasserrahmenricht-

---

206 s. *Kahl* (FN 14), S. 341 ff.

207 Vgl. *Schlette,* Die Verwaltung als Vertragspartner, 2000, S. 556; *Spannowsky,* Grenzen des Verwaltungshandelns durch Verträge und Absprachen, 1994, S. 310.

208 *Gellermann,* DVBl. 2003, S. 481 (484); *Hatje* (FN 1), S. 269; *Maurer* (FN 129), § 14 Rn. 43a; a.A. *Gurlit* (FN 204), § 31 Rn. 2; *J.-P. Schneider,* NJW 1992, S. 1197 (1199).

209 Hierfür *Kahl / Diederichsen* (FN 200), Fall 2 Rn. 35 f.; *Remmert,* EuR 2000, S. 469 (476 ff.).

210 Kritisch hierzu *Wahl* (FN 179), S. 258 m. Fn. 64; vgl. auch *Brenner* (FN 1), S. 391 ff., 412 ff., 430 f. Jüngstes Beispiel ist die zwar wissenschaftlich zum Teil befürwortete (vgl. *Kahl / Diederichsen,* NVwZ 2006, S. 1107 ff.), aber von der ganz überwiegenden Meinung (insbesondere der Praxis) nachdrücklich abgelehnte Aufnahme eines wasserrechtlichen Bewirtschaftungsermessens auf Tatbestandsseite im Rahmen der Regelung über eine integrierte Vorhabengenehmigung.

211 Insoweit zeichnet sich in der Rechtsprechung des BVerwG eine immer deutlichere Tendenz ab, der sachverständig beratenen Verwaltung eine naturschutzfachliche Einschätzungsprärogative auch bei artenschutzrechtlichen Prüfungen einzuräumen, vgl. BVerwGE 131, 274 (296); in diesem Sinne zuvor bereits für die Auswahl von FFH-Gebieten BVerwGE 118, 15 (20), für die naturschutzrechtliche Eingriffsregelung BVerwGE 121, 72 (84) und für das Störungs- und Verschlechterungsverbot nach der Vogelschutz-Richtlinie BVerwGE 126, 166 (179). Krit. insoweit *Gellermann,* NuR 2009, S. 85 (89 f.); *Kahl,* JZ 2010, S. 662 ff.; zustimmend dagegen *Steeck / Lau,* NVwZ 2009, S. 616 (618).

linie) und neuerdings vor allem dem Regulierungsrecht sieht sich das deutsche Verwaltungsrecht dem, vom französischen und angelsächsischen Modell geprägten, neuen Leitbild einer unabhängigen europäischen (Agentur-)Verwaltung (vgl. Art. 298 Abs. 1 AEUV) gegenüber, die über ein gerichtlich weitgehend unkontrolliertes Regulierungsermessen verfügt. Ein so extensives Ermessen stößt vor dem Hintergrund der in Deutschland auch verfassungsrechtlich indizierten (Art. 19 Abs. 4 S. 1 GG) rechtsstaatlichen Tradition wegen hiermit verbundenen Restriktionen bei der gerichtlichen Kontrolldichte, der Rechtssicherheit und dem Gesetzesvorbehalt auf Bedenken[212]. In anderen, „autonomen" Bereichen, die keinen oder keinen vergleichbaren Einflüssen der EU ausgesetzt sind, bleibt es dagegen auch weiterhin bei der historisch bedingten, in ihrer Rigidität heute aber mit Recht in der Wissenschaft überwiegend als überdehnt und unberechtigt geltenden „deutschen" Skepsis gegenüber Spielräumen der Verwaltung. Hier fehlt es somit insgesamt noch an einer vernünftigen, *vermittelnden* Linie, die das rechte Maß zu finden hätte zwischen den genannten „Extrempositionen" einer Ermessensphobie und einer Ermessenseuphorie.

f) Subjektive öffentliche Rechte. Auch das traditionell restriktive Verständnis des subjektiven öffentlichen Rechts und des durch die Voraussetzung der Klagebefugnis „gefilterten" deutschen Individualrechtsschutzes sieht sich sowohl mit Blick auf die unionsrechtlich determinierten Weiterungen bei den Rechten Einzelner (§ 42 Abs. 2 1. Hs. VwGO)[213] als auch mit Blick auf die Anerkennung überindividuellen Rechtsschutzes (§ 42 Abs. 2 2. Hs. VwGO)[214] erheblichen unionsrechtlichen Anpassungszwängen ausgesetzt, die bis heute ganz überwiegend von der Rechtsprechung allein bewältigt werden mussten. Auch hier hat es, wie in anderen Bereichen, den Anschein, dass die Institute der unionsrechtskonformen Auslegung und

---

212 Berechtigte Skepsis insoweit mit Blick auf zu weitgehende Tendenzen in Richtung auf eine expertokratische, parlamentsfreie und gerichtlich unkontrollierte Verbundverwaltung im Regulierungsverwaltungsrecht bei *Gärditz,* DVBl. 2009, S. 69 (71 f., 77); *ders.,* NVwZ 2009, S. 1005 (1009 f.); *ders.,* JZ 2010, S. 198 (200 f.); *Schorkopf,* JZ 2008, S. 20 (24); vgl. auch allgemein *Jestaedt,* in: Erichsen/Ehlers (Hrsg.) (FN 1), § 10 Rn. 25 ff.; *Klement* (FN 32), S. 291 ff.; *Maurer* (FN 129), § 7 Rn. 55 ff.

213 Vgl. *Ehlers,* Die Europäisierung des Verwaltungsprozeßrechts, 1999, S. 47 ff. (61 ff.); *Epiney,* VVDStRL 61 (2002), S. 362 (393 ff.); *Kahl,* Umweltprinzip und Gemeinschaftsrecht, 1993, S. 144 ff.; *Masing,* Die Mobilisierung des Bürgers für die Durchsetzung des Rechts, 1997, S. 42 ff., 50 ff., 175 ff.; *ders.,* in: Hoffmann-Riem/Schmidt-Aßmann/Voßkuhle (Hrsg.) (FN 3), § 7 Rn. 88 ff.; *Ruffert,* Subjektive Rechte im Umweltrecht der Europäischen Gemeinschaften, 1996, S. 133 ff.; *ders.,* DVBl. 1998, S. 69 ff.; *Streinz,* VVDStRL 61 (2002), S. 300 (344 ff.); *Wegener,* Rechte des Einzelnen, 1998, S. 80 ff., 125 ff., 281 ff.; *Schoch,* FG BVerwG (FN 47), S. 516 ff.; *ders.,* NVwZ 1999, S. 457 ff.; *ders.,* Die Europäisierung des verwaltungsgerichtlichen Rechtsschutzes, 2000, S. 27 f., 33 ff.; zusammenfassend *Dörr/Lenz,* Europäischer Verwaltungsrechtsschutz, 2006, Rn. 429 ff.; *Neidhardt* (FN 47), S. 45 ff.; vgl. auch am Beispiel des Vorsorgeprinzips als „funktional subjektives Recht" *Krüper,* Gemeinwohl als Prozess, 2009, S. 100 f., 197 ff., 290 ff.

214 *Schlacke,* Überindividueller Rechtsschutz, 2008, S. 102 ff.

der unmittelbaren Anwendbarkeit des Unionsrechts den deutschen Gesetzgeber in eine allenfalls durch Vertragsverletzungsverfahren und drohende Zwangsgelder aufzurüttelnde selbstgenügsame Zurückhaltung verfallen lassen, man könne notwendige Anpassungen ohnehin guten Gewissens den europarechtlich sensibilisierten Fachgerichten überlassen. Die Verwaltungsverfahrensgesetze verharren daher auch insoweit „in einer unguten Klassizität und damit in einer nationalen Binnenorientiertheit"[215].

2. Die positive Ausnahme: Umsetzung der EU-Dienstleistungsrichtlinie im VwVfG

a) Hintergrund. Es mussten 30 Jahre seit dem Inkrafttreten des Verwaltungsverfahrensgesetzes vergehen, bis es infolge der Umsetzung der Dienstleistungsrichtlinie 2006/123/EG (DLRL)[216] zu einer ersten grundsätzlichen und strukturellen Änderung[217] des Gesetzes kam. Die zur Umsetzung der Dienstleistungsrichtlinie erlassenen Vorschriften können dabei sowohl hinsichtlich der Wahl des Regelungsstandortes als auch im Prinzip hinsichtlich der inhaltlichen Gestaltung der Einzelbestimmungen als Beispiel für eine gelungene Transformation und als Nukleus für weitergehende Bestrebungen zu einer systematischen Europäisierung der Verwaltungsverfahrensgesetze gelten[218]. Zugleich sind sie ein schlagender Beweis für die grundsätzliche Machbarkeit einer Kodifikation des Europäischen Verwaltungsrechts, der der – in Deutschland besonders großen – Zahl der Zweifler und Skeptiker an der Zeitgemäßheit und „Realitätsnähe" der Kodifikationsidee zu denken geben muss.

Es ist zu begrüßen, dass – entgegen dem ursprünglichen Entwurf der Bundesregierung – keine rein fachgesetzliche Lösung, sondern die Lösung

---

215 *Wahl* (FN 149), S. 1193.

216 Richtlinie 2006/123/EG des Europäischen Parlaments und des Rates v. 12. 12. 2006 über Dienstleistungen im Binnenmarkt, ABl. EU Nr. L 376, S. 36; dazu *Schlachter/Ohler* (Hrsg.), Europäische Dienstleistungsrichtlinie, Handkommentar, 2008; *Schliesky,* Die Umsetzung der EU-Dienstleistungsrichtlinie in der deutschen Verwaltung, Bd. 1, 2008; Bd. 2, 2009. Die Richtlinie wurde für den Bereich des Bundes umgesetzt durch das 4. VwVfG-ÄnderungsG v. 11. 12. 2008, BGBl. I, S. 2418 (dazu *Schmitz/Prell,* NVwZ 2009, S. 1 ff.), das am 18. 12. 2008 in Kraft trat (§§ 71a–71e VwVfG) sowie mit Art. 4a des Gesetzes zur Umsetzung der Dienstleistungsrichtlinie im Gewerberecht und in weiteren Rechtsvorschriften v. 17. 7. 2009, BGBl. I, S. 2091; (dazu *Schmitz/Prell* [FN 149], S. 1121 ff.), das am 28. 12. 2009 in Kraft trat (§§ 8a–8e VwVfG). Die Länder, die nicht ohnehin auf das Bundes-VwVfG dynamisch verweisen, werden, soweit nicht bereits geschehen, in nächster Zeit durch Einfügung entsprechender Regelungen in ihr LVwVfG nachziehen. Zur allerdings unterbliebenen Anpassung von SGB X und AO mit Recht kritisch *Schliesky,* in: Knack/Henneke (Hrsg.), VwVfG, 9. Aufl. 2010, § 8a Rn. 8: „Verstoß gegen europäisches Recht".

217 Zur Änderungsgeschichte des VwVfG im Überblick *Henneke/Ruffert* (FN 39), Vor § 1 Rn. 18 ff.

218 Ebenso *Burgi* (FN 150), S. 107: „das europarechtlich Erforderliche klug und richtig gemacht".

über eine Änderung (auch) der Verwaltungsverfahrensgesetze gewählt wurde[219]. Vor allem aber liefern die zur Umsetzung beschlossenen nationalen Vorschriften positives Anschauungsmaterial für einen zwar von Professoren gerne zitierten, aber empirisch – sieht man vom Bereich des Informationszugangs ab (vgl. IFG) – nur selten nachweisbaren „Spill-over-Effekt"[220] und für einen nicht minimalistisch, sondern konzeptionell und systematisch agierenden Gesetzgeber[221]. Die deutschen Legislativorgane haben den unionsrechtlichen Impuls nämlich zum Anlass genommen, den Anwendungsbereich der §§ 71a ff. VwVfG über das in der Richtlinie allein erfasste Dienstleistungsgewerbe hinaus auf sämtliche Verfahrensarten zu erstrecken und zudem räumlich auf nicht-grenzüberschreitende, also rein innerstaatliche Sachverhalte zu erweitern[222]. Auch die §§ 8a ff. VwVfG sind nicht auf die Kooperationsfälle der Dienstleistungsrichtlinie beschränkt, sondern „stellen eine Rechtsgrundlage auch für andere (bestehende und zukünftige) Amtshilfeverpflichtungen aufgrund europäischer Rechtsakte zur Verfügung"[223].

b) Verfahren über eine einheitliche Stelle (§§ 71a–71e VwVfG). Die Regelungen über das Verfahren über eine einheitliche Stelle (§§ 71a–71e VwVfG), welche die Bestimmungen über die Beschleunigung von Genehmigungsverfahren weitgehend[224] ersetzt haben[225], dienen der Umsetzung der Art. 5–8, 13 DLRL, die auf eine Verwaltungsvereinfachung im europäischen Binnenmarkt zielen. Mittel hierfür sind insbesondere die Einrichtung sog. einheitlicher Ansprechpartner (One Stop Government) und Vorgaben zur elektronischen Verfahrensabwicklung (E-Government), durch die eine Verbes-

219 Die VwVfG-Lösung setzte sich erst während der parlamentarischen Beratungen des Gesetzes durch. Vgl. BT-Drs. 16/13399, S. 5, 11 f.; zuvor bereits in diesem Sinne *Windoffer,* DÖV 2008, S. 797 (801); anders noch BT-Drs. 16/12784.

220 Zum Phänomen *Ladeur,* EuR 1995, S. 227 (228); *Schmidt* (FN 51), S. 162; *Schmidt-Aßmann,* in: Hoffmann-Riem/ders. (Hrsg.) (FN 91), S. 429 (445).

221 So mit Recht *Schmitz/Prell* (FN 149), S. 1127; für eine systembildende Implementation der Dienstleistungsrichtlinie bereits im Vorfeld *Ziekow,* GewArch 2007, S. 217 (224 f.) sowie allgemein für Richtlinienumsetzungen *ders.,* in: FS Bartlsperger, 2006, S. 247 (257 f.).

222 *Huck,* in: Bader/Ronellenfitsch (Hrsg.), VwVfG, 2010, § 71a Rn. 15, 24; *Schmitz/Prell* (FN 216), S. 2 f.

223 *Schliesky,* in: Knack/Henneke (FN 216), § 8a Rn. 4; vgl. auch *ders.,* ebd. Rn. 9 ff.; *Riedel,* in: Bader/Ronellenfitsch (Hrsg.) (FN 222), § 8a Rn. 2; allgemein zum „außerordentlich weiten Anwendungsbereich" der Dienstleistungsrichtlinie *Prell,* in: Burgi/Schönenbroicher (Hrsg.), Die Zukunft des Verwaltungsverfahrensrechts, 2010, S. 48 (50 f.).

224 Die in § 71c VwVfG a. F. nur für Vorhaben einer wirtschaftlichen Unternehmung vorgesehenen Beratungs- und Auskunftspflichten werden nunmehr in verallgemeinerter Form als neuer § 25 Abs. 2 VwVfG fortgeführt.

225 Zur Motivation des Gesetzgebers (Entbehrlichkeit der §§ 71a ff. a. F. wegen §§ 10 S. 2, 25 Abs. 2 VwVfG) *Schmitz/Prell* (FN 216), S. 9; kritisch *Huck* (FN 222), § 71a Rn. 18.1.

serung der Bedingungen für eine grenzüberschreitende Erbringung von Dienstleistungen herbeigeführt[226] und doppelte Kontrollen vermieden werden sollen[227]. Dienstleistende Unternehmen können sämtliche unternehmensrelevanten Verfahren und Formalitäten nunmehr über *eine* zentrale Kontaktstelle erledigen, sofern und soweit dies durch gesondert zu erlassende Rechtsvorschrift ermöglicht wird. Diese sog. einheitliche Stelle[228] fungiert als Verfahrensmittler zwischen antragstellendem Publikum und zuständiger Behörde sowie als aktiver Unterstützer zugunsten des antragstellenden Publikums. Sie führt die Verwaltungsverfahren aber nicht selbst durch, sondern muss hierüber lediglich Auskunft geben können; die bestehende Zuständigkeitsordnung wird also nicht angetastet[229]. Die Aufgaben der einheitlichen Stelle sind in § 71b Abs. 1 VwVfG normiert. Aus der umfassenden Formulierung ergibt sich, dass „alle erdenklichen Behördenkontakte erfasst sein sollen, abgesehen von Informationsbegehren, die § 71c regelt"[230]. In der Verfahrensnorm des § 71b VwVfG wurde im Übrigen auch eine die allgemeine Regel des § 41 VwVfG ergänzende Sonderbestimmung über die Zugangsfiktion bei der Bekanntgabe von Verwaltungsakten in das Ausland aufgenommen (§ 71b Abs. 6 VwVfG). § 71c VwVfG beruht auf dem Konzept einer dualen Informationsverantwortung: Allgemeine Informationen hat die einheitliche Stelle zu erteilen, Informationen über die gewöhnliche Auslegung und Anwendung von Anforderungen dagegen die zuständige Behörde (übermittelt durch die einheitliche Stelle)[231]. Gemäß § 71d VwVfG sind einheitliche Stelle und zuständige Behörden zur gegenseitigen Unterstützung verpflichtet.

c) Europäische Verwaltungszusammenarbeit (§§ 8a–8e VwVfG). Die §§ 8a ff. VwVfG betreffen die europäische Verwaltungszusammenarbeit und setzen Art. 21, 28–35 DLRL in nationales Recht um. Die Regelungen erwiesen sich im Interesse der Herstellung des europäischen Binnenmarktes als erforderlich, da der indirekte Vollzug des EU-Rechts in Anbetracht des Grundsatzes der territorialen Souveränität der Staaten einerseits und der nur begrenzten Kontroll-, insbesondere Vollstreckungsbefugnisse der Unionsorgane andererseits[232] ansonsten in seiner praktischen Wirksamkeit beeinträchtigt wäre.

226 Vgl. *W. Cremer,* EuZW 2008, S. 655 ff.; *Eisenmenger,* in: Fehling / Kastner (Hrsg.), Hk-VerwR, 2. Aufl. 2010, § 71a VwVfG Rn. 5 f.

227 *Kastner,* in: Fehling / ders. (Hrsg.) (FN 226), § 8a VwVfG Rn. 1.

228 Kritisch zur Begriffswahl *Eisenmenger* (FN 226), § 71a VwVfG Rn. 14. Zur organisatorischen Verortung der einheitlichen Stelle, über die die Bundesländer entscheiden, *Schliesky,* in: Knack / Henneke (FN 216), § 71a Rn. 13 f.

229 *Huck* (FN 222), § 71 Rn. 31.

230 *Schliesky,* in: Knack / Henneke (FN 216), § 71b Rn. 2 ff. (2).

231 Näher zum Ganzen *Schliesky,* in: Knack / Henneke (FN 216), § 71c Rn. 1 ff. (1).

232 Dazu *Riedel* (FN 223), § 8a Rn. 3.1.

§ 8a VwVfG hat die „Hilfeleistung"[233] zwischen Behörden innerhalb der EU im Auge. Der Begriff „Hilfeleistung" ist dabei weit auszulegen und geht über die Amtshilfe im Sinne des § 4 Abs. 1 VwVfG deutlich hinaus[234], wenngleich diese den Kern der „Hilfeleistung" bildet und mit dieser eng verwandt[235] ist (vgl. auch § 8a Abs. 3 VwVfG)[236]. Vom Begriff der „Hilfeleistung" erfasst werden alle Maßnahmen, die „einer effektiven und gegenseitigen Unterstützung dienen"[237]. Hierunter fallen insbesondere die Übermittlung von Informationen über die Zuverlässigkeit von Dienstleistungserbringern (Art. 33 DLRL) und der Registerzugang für ersuchende ausländische Behörden (Art. 28 Abs. 7 DLRL), aber auch die Erteilung von Auskünften, die Übermittlung von Bescheinigungen, die Bekanntgabe von Verwaltungsakten oder die Überwachung wirtschaftlicher Tätigkeiten[238]. Die Grundsätze der Hilfeleistung durch *deutsche* Behörden (Hilfsverpflichtete; Hilfsberechtigte; Ersuchen[239]; Hilfeleistung; Hilfspflicht, soweit nach Maßgabe von primärem oder sekundärem EU-Recht geboten[240]) sind in § 8a

---

233 So der Wortlaut von § 8a Abs. 1 VwVfG; vgl. auch BT-Drs. 16/13399, S. 12.

234 Vgl. *Prell* (FN 223), S. 51 f., 53; *Riedel* (FN 223), § 8a Rn. 9, der darauf hinweist, dass etwa die Öffnung der bei deutschen Behörden geführten Register für Behörden der Mitgliedstaaten (Art. 28 Abs. 7 DLRL) wegen § 4 Abs. 2 Nr. 2 VwVfG und die Mitteilungen von Amts wegen (§ 8d Abs. 1 VwVfG) mangels vorangehenden Ersuchens nicht unter den Begriff der Amtshilfe im Sinne des § 4 VwVfG fallen (ebd., Rn. 10.1; § 8d Rn. 3); vgl. auch *Schliesky*, in: Knack/Henneke (FN 216), § 8a Rn. 6 sowie eingehend zum Problem *Schliesky*, in: ders., Umsetzung, Bd. 1 (FN 216), S. 203 ff.

235 Zum europäischen Amtshilfeverständnis vgl. insbesondere Art. 28 Abs. 1 DLRL, der in Deutschland mit § 8a Abs. 1 und 2 VwVfG umgesetzt wurde. Traditionell findet die Amtshilfe ihre Grundlage in zahlreichen, im Lichte von Art. 4 Abs. 3 EUV, der selbst unmittelbar keine Amtshilfepflicht begründet (str.; s. zum Meinungsstand *Hatje*, in: Schwarze [Hrsg.], EU-Kommentar, 2. Aufl. 2009, Art. 10 EGV Rn. 59; *Kahl* [FN 111], Art. 4 Abs. 3 EUV Rn. 37, 83, 89; vgl. auch *Meier*, EuR 1989, S. 237 [245 f.]), auszulegenden Normen des Primär- und vor allem des Sekundärrechts, vgl. etwa Richtlinie (EWG) Nr. 77/799/EWG des Rates v. 19. 12. 1977 über die gegenseitige Amtshilfe zwischen den zuständigen Behörden der Mitgliedstaaten im Bereich der direkten Steuern und der Mehrwertsteuer, ABl. Nr. L 336, S. 15 und hierzu das EG-Amtshilfe-Gesetz v. 19. 12. 1985, BGBl. I, S. 2436; Aufzählung weiterer sektorspezifischer Regelungen bei *Wettner*, Die Amtshilfe im Europäischen Verwaltungsrecht, 2005, S. 45 ff. (Sekundärrecht), 234 ff. (Primärrecht); *Gundel* (FN 10), § 3 Rn. 147 ff.; *Schliesky*, in: Knack/Henneke (FN 216), § 8a Rn. 19. Die Amtshilfestrukturen gem. Art. 28 ff. DLRL entsprechen im Wesentlichen dem Stand, der bislang in anderen Regelungswerken des Unionsrechts ausdifferenziert wurde; vgl. dazu *von Bogdandy*, in: Hoffmann-Riem/Schmidt-Aßmann (Hrsg.), Verwaltungsrecht in der Informationsgesellschaft, 2000, S. 133 (182 ff.); *Ohler*, in: Leible (Hrsg.), Die Umsetzung der Dienstleistungsrichtlinie – Chancen und Risiken für Deutschland, 2008, S. 157 ff.; *Schliesky*, Die Europäisierung der Amtshilfe, 2008, S. 13 ff.; *ders.*, in: ders., Umsetzung, Bd. 1 (FN 216), S. 208 ff.; *Wettner*, ebd., S. 181 ff.

236 *Kastner* (FN 227), § 8a VwVfG Rn. 2, 5.

237 BT-Drs. 13399, S. 12; vgl. auch *Prell* (FN 223), S. 55.

238 *Riedel* (FN 223), § 8a Rn. 20 f.

239 Zu Form und Behandlung der Ersuchen s. § 8b VwVfG; dazu *Schmitz/Prell* (FN 149), S. 1125 f.

240 Zu diesen Tatbestandsmerkmalen s. im Einzelnen *Riedel* (FN 223), § 8a Rn. 12 f., 14 ff., 17 ff., 20 ff., 22 ff.

Abs. 1 VwVfG geregelt. § 8a Abs. 2 VwVfG betrifft die Hilfeleistung durch Behörden *anderer Mitgliedstaaten;* Abs. 3 erklärt Teilbereiche der innerstaatlichen Amtshilferegelungen (§§ 5, 7, 8 Abs. 2 VwVfG) für grundsätzlich entsprechend anwendbar. Denkbar ist – bei entsprechender sekundärrechtlicher Grundlage – auch die Leistung von Vollstreckungshilfe, nicht aber – da Gerichte und Justizbehörden keine „Behörden" im Sinne von §§ 8a, 1 Abs. 4 VwVfG sind – von Rechtshilfe[241].

§ 8d Abs. 1 VwVfG setzt den sog. Vorwarnmechanismus (Art. 29 Abs. 3, 32 Abs. 1 DLRL) in nationales Recht um und statuiert hierfür in Satz 1 zunächst Mitteilungspflichten von Amts wegen zwischen den Mitgliedstaaten (horizontale Informationsübermittlung) und zwischen den Mitgliedstaaten und der Kommission (vertikale Informationsübermittlung), soweit solche Pflichten im EU-Recht vorgesehen sind und die dort normierten Grenzen eingehalten werden. Dabei sollen nach Satz 2 die hierzu eingerichteten Informationsnetze, zumal das Binnenmarktinformationssystem (Internal Market Information System – IMI)[242], genutzt werden (vgl. auch § 8b Abs. 4 S. 1 VwVfG). § 8a Abs. 1 VwVfG ermächtigt allerdings nur zur Informationsweitergabe, nicht zur Datenerhebung, die weiterhin fachrechtlich geregelt bleibt. Auch für eine Teilnahme an Informationsnetzwerken Europäischer Agenturen bildet die Vorschrift keine Grundlage.

Gemäß der dem Datenschutz dienenden Norm des § 8d Abs. 2 VwVfG unterrichtet eine Behörde, die nach Abs. 1 Angaben an die Behörde eines anderen Mitgliedstaats übermittelt, den Betroffenen über die Tatsache der Übermittlung, soweit das Unionsrecht dies verlangt. Dabei ist auf die Art der Angaben sowie auf die Zweckbestimmung und die Rechtsgrundlage der Übermittlung hinzuweisen (vgl. auch Art. 33 Abs. 1 S. 1 DLRL). Nicht erfasst ist der Fall der Datenübermittlung an die Kommission (vgl. § 8d Abs. 1 S. 1 2. Alt. VwVfG), allerdings wird § 8d Abs. 2 VwVfG hierauf von Teilen des Schrifttums analog angewandt[243]. Durch § 8d VwVfG ungeregelt blieben auch weitergehende datenschutzrechtliche Fragen des interadministrativen Informationsaustauschs wie Auskunfts- oder Löschungspflichten. Hierfür sind somit auch zukünftig die jeweiligen Spezialvorschriften des nationalen (vgl. insbesondere §§ 4b, 4c BDSG) und des europäischen Datenschutzrechts[244] einschlägig.

---

241 Vgl. BVerfGE 63, 343 (353 ff.); *Ohler,* in: Schlachter/ders. (FN 216), Art. 28 DLRL Rn. 9; *Riedel* (FN 223), § 8a Rn. 13, 21.

242 Dazu *Schliesky,* in: Knack/Henneke (FN 216), § 8a Rn. 13.

243 *Riedel* (FN 223), § 8d Rn. 11 f.

244 Richtlinie Nr. 95/46/EG des Europäischen Parlaments und des Rates v. 24. 10. 1995 zum Schutz natürlicher Personen bei der Verarbeitung personenbezogener Daten und zum freien Datenverkehr, ABl. EG Nr. L 281, S. 31; Verordnung (EG) Nr. 45/2001 des Europäischen Parlaments und des Rates v. 18. 12. 2000 zum Schutz natürlicher Personen bei der Verarbeitung personenbezogener Daten durch die Organe und Einrichtungen der Gemeinschaft und zum freien Datenverkehr, ABl. EG

V. Kodifikation des Europäischen Verwaltungsrechts im VwVfG

Abschließend sollen einige perspektivische Überlegungen zum „Wie“ der Aufnahme des Europäischen Verwaltungsrechts in die deutschen Verwaltungsverfahrensgesetze vorgestellt werden, die notgedrungen skizzenhaft bleiben müssen.

1. Grundkonzept

Vorgeschlagen wird *erstens* die Aufnahme eines *neuen Teils VIII* (§§ 94 ff. VwVfG n. F.[245]) in die Verwaltungsverfahrensgesetze von Bund und Ländern mit der Überschrift „Internationales und Europäisches Verwaltungsrecht“. Dieser Teil setzte sich aus drei Abschnitten zusammen: einem Abschnitt 1 „Gemeinsame Vorschriften“, einem Abschnitt 2 „Internationales Verwaltungsrecht“ und einem Abschnitt 3 „Europäisches Verwaltungsrecht“. Kernanliegen speziell der Kodifikation des Europäischen Verwaltungsrechts (Abschnitt 3) muss es dabei sein, übergreifende, grundsätzlich relevante Regelungsstrukturen zu erfassen, die zum einen verallgemeinerungsfähig sind, sich zum anderen aber auch von den Regelungen des internationalen Verwaltungsrechts abheben, welche aber im Übrigen, also soweit die Europäisierung keine Besonderheiten aufweist, aus Gründen der Regelungseffizienz in Abschnitt 3 in Bezug genommen werden können.

Vorgeschlagen wird *zweitens* eine Reihe sonstiger, über das Verwaltungsverfahrensgesetz verstreuter *punktueller Änderungen,* die lediglich abschnittsspezifischen oder gar nur auf Einzelnormen bezogenen Anpassungsbedarf an Vorgaben des EU-Rechts ohne allgemeine Bedeutung zum Gegenstand haben.

2. Gemeinsame Vorschriften

a) Verwaltungskooperationsrecht. Interaktion im Europäischen Verwaltungsverbund ist maßgeblich Verwaltungskooperation[246]. Insofern wäre zunächst eine allgemeine *Pflicht zur loyalen Kooperation* zu statuieren, die mit Blick auf das Unionsrecht als spiegelbildliche Norm zum Grundsatz der loyalen Zusammenarbeit in Art. 4 Abs. 3 EUV fungierte, der das wichtigste Brücken- und Scharnierprinzip für den gesamten Bereich des indirekten Vollzugs und der europäischen Vollzugsmischformen bildet und der daher einer „Echonorm“ im nationalen Recht bedarf.

Nr. L 8, S. 1; vgl. dazu instruktiv *Heußner,* Informationssysteme im Europäischen Verwaltungsverbund, 2007, S. 334 ff., 339 ff.

245 Der bisherige Teil VIII (Schlussvorschriften) würde dann zu Teil IX, die bisherigen §§ 94 – 102 VwVfG wären in der Durchzählung entsprechend anzupassen.

246 *Schmidt-Aßmann,* EuR 1996, S. 270 ff.; *ders.,* in: FS Steinberger, 2002, S. 1375 ff.; *Sydow* (FN 108), S. 21 ff., 59 ff.; *Ladenburger* (FN 107), S. 124 ff.

Sub specie verwaltungsorganisationsrechtlicher Fragen wäre des Weiteren noch an eine stärkere gesetzliche Rezeption transnationaler Aufsichtskoordination zu denken, die im Europäischen Verwaltungsrecht im Zuge der grenzüberschreitenden Ausdehnung von Verwaltungsvorgängen zunimmt[247]. In den Blick rückt damit das Europäische Netzwerk nationaler Kartellbehörden[248] als – neben dem Regulierungsrecht[249] – wichtigstes Referenzgebiet für netzartig verflochtene Verwaltungskooperationsstrukturen[250]. Herzstück des *Netzwerks*[251] sind die in Art. 11 ff. VO 1/2003 geregelten Grundsätze der (vertikalen und horizontalen) Zusammenarbeit, der Koordination, der gegenseitigen Information und der Konsultation mit der Europäischen Kommission als zentraler Koordinierungsstelle[252]. Insoweit ist jedoch – auch vor dem Hintergrund neuerer Governance-Forschung[253] – Skepsis angebracht und überwiegen die Bedenken gegenüber einer generellen Kodifikationsfähigkeit und -bedürftigkeit dieser Strukturen. Zum einen handelt es sich – ungeachtet der mit Netzwerkgebilden verbundenen (problematischen) Fern- und „Neben"wirkungen auf allgemeine rechtsstaatliche Fragen – im Grundsatz um *bereichsspezifische* Phänomene. Zum anderen brechen sich diese Phänomene ob ihrer anti-liberalen Stoßrichtung inhaltlich an dem hier mit in das Zentrum der Überlegungen gerückten Anspruch einer „systematischen Freiheit". Ob dieser kontraproduktiven Effekte in puncto Freiheitsschutz des Einzelnen und effektive Kontrolle drängen sie sich daher gerade *nicht* dafür auf, durch kodifikatorische Vertypung auch noch generalisiert zu werden[254].

---

247 *Schmidt-Aßmann,* Ordnungsidee (FN 1), S. 386 f., 405 f. Allgemein zur Einordnung des transnationalen Verwaltungshandelns im EU-Rahmen *Ruffert* (FN 3), § 17 Rn. 141 f.; *ders.,* Die Verwaltung 34 (2001), S. 453 ff.

248 Verordnung (EG) Nr. 1/2003 des Rates v. 16. 12. 2002 zur Durchführung der in den Artikeln 81 und 82 des Vertrags niedergelegten Wettbewerbsregeln, ABl. EG 2003 Nr. L 1, S. 1; vgl. auch §§ 50a, 50b GWB.

249 Vgl. z. B. Verordnung (EG) Nr. 1211/2009 des Europäischen Parlaments und des Rates v. 25. 11. 2009 zur Einrichtung des Gremiums Europäischer Regulierungsstellen für elektronische Kommunikation (GEREK) und des Büros, ABl. EU Nr. L 337, S. 1; systematisch *C. Möllers,* ZaöRV 65 (2005), S. 351 (364 f.).

250 *Schmidt-Aßmann* (FN 3), § 5 Rn. 45. Vgl. auch *Kahl* (FN 1), S. 467 f.

251 Zum Netzwerkbegriff im europäischen Verwaltungsrecht *Mager* (FN 11), S. 373 f., 394 ff.; *C. Möllers,* in: Oebbecke (Hrsg.), Nicht-normative Steuerung in dezentralen Systemen, 2005, S. 285 ff.; *Schöndorf-Haubold,* in: Boysen u. a. (Hrsg.), Netzwerke, 2007, S. 149 ff.

252 Zu den Einzelheiten des Funktionierens des Europäischen Wettbewerbsnetzes (European Competition Network – ECN) aus nationalen Kartellbehörden und Kommission s. *Böge,* EWS 2003, S. 441 ff.; *Burnside/Crossley,* ELRev. 30 (2005), S. 234 ff.; *Perrin,* ELRev. 31 (2006), S. 540 ff.; *Schwarze/Weitbrecht,* Grundzüge des europäischen Kartellverfahrensrechts, 2004, § 9 Rn. 3 ff.

253 Vgl. dazu statt vieler *Kersten* (FN 38), S. 45 ff.; *Schuppert* (Hrsg.), Governance-Forschung, 2. Aufl. 2006; *ders.,* Die Verwaltung 40 (2007), S. 463 (491 ff.); *ders.,* AöR 133 (2008), S. 79 (100 ff.); zu den Bedenken gegen Governance-Modelle aus rechtsdogmatischer Perspektive *Kahl* (FN 1), S. 495 ff.; *Seckelmann,* VerwArch 98 (2007), S. 30 (33 ff.); *Voßkuhle* (FN 29), § 1 Rn. 68 ff.

b) Informations- und Amtshilfepflichten. Das Informationsverwaltungsrecht bildet in seiner Schnittstellenfunktion den Schlüssel zur Behördenkooperation im Internationalen und Europäischen Verwaltungsverbund[255]. Der Informationsaustausch wird hierbei zunehmend institutionalisiert und von förmlichen Ersuchen losgelöst, wie beispielsweise die intensive grenzüberschreitende Zusammenarbeit der Finanz-, Sozial-, Polizei-[256] und Zollbehörden zeigt[257]. Mustergültig bestimmt etwa Art. 3 Abs. 5 der TK-Rahmenrichtlinie[258]: „Die nationalen Regulierungs- und Wettbewerbsbehörden tauschen untereinander Informationen aus, die für die Anwendung der Bestimmungen dieser Richtlinie und der Einzelrichtlinien notwendig sind."

Insoweit erscheint es ratsam, zunächst Bestimmungen über *Informations- und Konsultationspflichten* sowie *Warn- und Hinweispflichten* nach den Grundsätzen der Gegenseitigkeit und Gleichwertigkeit im Nachbarschaftsverhältnis[259] und über die Benennung *zentraler Behörden* aufzunehmen. Hinzu sollte ein ausdifferenziertes *Amtshilferecht* treten.

Nach dem Bedeutungsverlust der Binnengrenzen im Raum der Freiheit, der Sicherheit und des Rechts geht es nunmehr darum, den *Informationsaustausch mit ausländischen Behörden* politisch noch weiter zu intensivieren und rechtlich zu strukturieren. Hierfür sind rechtliche Rahmenbedingungen zu schaffen, welche Umfang, Gegenstand und Befugnisse einer *Datenweitergabe an ausländische Stellen* regeln, gleichzeitig aber die verfassungsrechtlich verbürgten Haftungsansprüche und die grundrechtlich fundierten *Geheimhaltungsinteressen Einzelner* (Art. 16 AEUV, Art. 8 GRCh) hinsichtlich personenbezogener Daten, aber auch den *Schutz überwiegender auswärtiger Belange* (insbesondere außen- und sicherheitspoliti-

---

[254] Wie hier in der Tendenz eher zurückhaltend *Kersten / Lenski* (FN 42), S. 530. Das Konfligieren des Europäischen Netzwerks nationaler Kartellbehörden mit den Zielen von Wettbewerbsfreiheit und richterlicher Unabhängigkeit wird zutreffend herausgearbeitet bei *Kersten* (FN 154), S. 307 f.; zur rechtsstaatlichen Unterbilanz einer europäischen Netzwerkverwaltung s. o. FN 212.

[255] Umfassend *von Bogdandy* (FN 235), S. 133 ff.; *ders.*, in: Hoffmann-Riem / Schmidt-Aßmann / Voßkuhle (Hrsg.), GVerwR, Bd. I, 2006, § 25 Rn. 34 ff., 62 ff.; s. ferner *Schmidt-Aßmann* (FN 19), S. 333; *ders.*, Ordnungsidee (FN 1), S. 405. Für die EU grundlegend *Sommer*, Verwaltungskooperation am Beispiel administrativer Informationsverfahren im Europäischen Umweltrecht, 2003; zusammenfassend *Schmidt-Aßmann / Schöndorf-Haubold*, in: dies. (Hrsg.), Der Europäische Verwaltungsverbund, 2005, S. 57 ff.

[256] Vgl. Rahmenbeschluss 2006 / 960 / JI des Rates v. 18. 12. 2006 über die Vereinfachung des Austausches von Informationen und Erkenntnissen zwischen den Strafverfolgungsbehörden der Mitgliedstaaten der EU, ABl. EU Nr. L 386, S. 89.

[257] *Harings*, in: Schmidt-Aßmann / Schöndorf-Haubold (Hrsg.), Der Europäische Verwaltungsverbund, 2005, S. 127 (142 f.).

[258] Richtlinie 2002 / 21 / EG des Europäischen Parlaments und des Rates v. 7. 3. 2002 über einen gemeinsamen Rechtsrahmen für elektronische Kommunikationsnetze und -dienste, ABl. EG Nr. L 108, S. 33.

[259] Vorbildhaft etwa die grenzüberschreitende Unterrichtungspflicht gem. § 4a Abs. 5 S. 1 BauGB.

scher Art) gewährleisten. Dabei ist in erster Linie der – schon bislang zum Teil defizitäre und infolge der Ausdehnung der Informationsansprüche auch auf Private als Anspruchsverpflichtete[260] noch erhöhten Gefährdungen ausgesetzte – Schutz der Betriebs- und Geschäftsgeheimnisse[261] sicherzustellen[262]. Derartige datenrechtliche Bestimmungen gehören zu den Kernmaterien einer verwaltungsrechtlichen Kodifikation des Allgemeinen Verwaltungsrechts. Es war ein Fehler, diese Materien in Sondergesetze auszulagern. Die Internationalisierung und Europäisierung des Verwaltungshandelns sollten daher zum Anlass genommen werden, diesen Fehler zu korrigieren und das Recht der Datenerhebung, des Datenaustausches und des Datenschutzes als Teilaspekte eines weit darüber hinaus greifenden Rechts der Informationsordnung[263] in einem Verwaltungsgesetzbuch zusammenzuführen und zu vereinheitlichen. Die §§ 4b BDSG, 50b GWB, 77 SGB X zeigen musterhaft, wie eine Regelung über die Befugnisse zur Datenweitergabe an ausländische Behörden aussehen könnte, wie aber zugleich auch regulative Vorkehrungen im Interesse einer zweckbezogenen Datenverwendung sowie der Gewährleistung eines angemessenen Datenschutzniveaus durch die ausländische oder über- bzw. zwischenstaatliche Stelle gestaltet werden können. Auch das *europäische Polizeirecht* ist in wesentlichen Teilen Informationskooperation[264]. Das wichtigste Beispiel hierfür liefert die polizeiliche Zusammenarbeit im Rahmen der Art. 87 f. AEUV, die in ihrem Kern vor allem ein umfangreiches Datenverarbeitungssystem zur Informationsvorsorge[265] ist[266]. Datenverwendung und Datenschutz sind hier letztlich zwei Seiten einer Medaille, was zum Teil bereits jetzt in besonderen Vorbehaltsklauseln zum Ausdruck kommt[267].

c) Partizipations- und Kommunikationsrecht. Erforderlich sind, zumal im stark prozedural ausgerichteten[268] Europäischen Verwaltungsverbund,

---

260 Vgl. § 1 Abs. 1 S. 3 IFG, § 2 Abs. 1 Nr. 2 UIG, § 1 Abs. 2 Nr. 2 VIG.

261 s. dazu BVerfGE 115, 205 (229 ff.); *Berg*, GewArch 1996, S. 177 ff.; *von Danwitz*, DVBl. 2005, S. 597 ff.; *Sydow*, Die Verwaltung 38 (2005), S. 35 ff.; *H. A. Wolff*, NJW 1997, S. 98 ff.

262 Hierzu auch EuGH, Rs. C-438 / 04 (Mobisar), Slg. 2006, I-6675 Rn. 40; Rs. C-450 / 06 (Varec), EuZW 2008, S. 209 Rn. 47 ff.

263 Zu dessen Konturen *Schuppert* (FN 37), S. 291 ff.; *Voßkuhle*, in: Hoffmann-Riem / Schmidt-Aßmann (Hrsg.) (FN 234), S. 349 ff.

264 Weiterführend *Möstl*, Die Verwaltung 41 (2008), S. 309 (321, 337).

265 Zum Nexus von polizeilicher Vorsorge und Informationsrecht treffend *Möstl*, DVBl. 2007, S. 181 (184 f.).

266 Vgl. *Gärditz*, in: Wolter u. a. (Hrsg.), Alternativentwurf Europol und europäischer Datenschutz, 2008, S. 192 (209 ff., 212); *Martinez Soria*, VerwArch 89 (1998), S. 400 (422).

267 Vgl. Art. 40 Abs. 5 S. 2 BayPAG: „Die Datenübermittlung unterbleibt, soweit Grund zu der Annahme besteht, dass sie gegen den Zweck eines Bundes- oder Landesgesetzes verstoßen würde oder schutzwürdige Interessen des Betroffenen beeinträchtigt würden." Zum Ganzen auch *Kloepfer*, DÖV 2003, S. 221 ff.

268 s. o. FN 81.

der der Öffentlichkeitsbeteiligung auch und gerade in ihrer Kontrollfunktion[269] einen besonderen Stellenwert einräumt[270], ferner Regelungen der *Partizipation*[271] und der multipolaren *Kommunikation*[272] im grenzüberschreitenden Verwaltungsverfahren, die für gemeinwohl- und demokratierelevante Beiträge Einzelner und von Nichtregierungsorganisationen (Verbände, Bürgerinitiativen mit organisatorischer Verfestigung)[273] hinreichend offen sind, aber auch normative Zurechnungs- und Verantwortlichkeitszusammenhänge transparent halten[274] sowie eine hinreichende demokratische Binnenstruktur der Akteure einfordern.

Regelungsfähig wäre zum Beispiel, dass bei grenzüberschreitenden Genehmigungsverfahren auch die *betroffene ausländische Öffentlichkeit* nach den gleichen Grundsätzen wie Inländer zu *beteiligen* ist und dass die zuständige deutsche Behörde in diesem Fall darauf hinzuwirken hat, dass das Vorhaben, der Plan oder das Programm in den betroffenen Staaten auf geeignete Weise *bekanntgemacht* wird. Empfehlenswert ist zudem eine Bestimmung, die vorsieht, dass, sofern sich ausländische Einwender an Verfahren beteiligen, die Behörde anordnen kann, dass der Vorhabenträger oder die für die Planung oder das Programm zuständige Behörde eine ausreichende Übersetzung zu gewährleisten hat[275]. Maßstabbildend wirken hier § 4a Abs. 5 S. 2 und S. 3 BauGB, §§ 9, 9a, 14j UVPG, § 231 UGB-KomE.

Auch die grenzüberschreitende Bürgerbeteiligung sollte im Idealfall vice versa erfolgen. Die Entscheidung hierüber verbleibt freilich in der auto-

---

269 *Kahl,* in: Hoffmann-Riem / Schmidt-Aßmann / Voßkuhle (Hrsg.), GVerwR, Bd. III, 2009, § 47 Rn. 135 ff., 205 ff.; *Schmidt-Aßmann,* in: FS Lerche, 1993, S. 513 (525); umfassend *Scherzberg,* in: Hoffmann-Riem / Schmidt-Aßmann / Voßkuhle, ebd., § 48 Rn. 67 ff.

270 Zum europäischen Konzept einer informierten Öffentlichkeit s. Art. 15, 298 Abs. 1 AEUV, Art. 42 GRCh; *Pünder,* NuR 2005, S. 71 (72 ff.); *Schmidt-Preuß,* NVwZ 2005, S. 489 (492 ff.); *Ziekow,* NVwZ 2005, S. 263 (265 ff.); *Scherzberg,* Die Öffentlichkeit der Verwaltung, 2000, S. 228 ff., 255 ff.; *Schmidt-Aßmann / Ladenburger* (FN 82), § 18 Rn. 4 ff.; umfassend *Wegener,* Der geheime Staat, 2006, insbes. S. 396 ff.

271 Dazu, dass der Partizipationsgedanke positive Entfaltungspotentiale vor allem auf der administrativen Ebene und nur abstützend-arrondierend auf der Ebene demokratischer Legitimation hat, vgl. *Gärditz* (FN 11), S. 456 ff.; ähnlich mit Blick auf Art. 10 Abs. 3, 11 Abs. 2 EUV BVerfGE 123, 267 (369, 377 ff.); weitergehend *Groß,* VVDStRL 66 (2007), S. 152 (172 f.); *Trute,* in: Hoffmann-Riem / Schmidt-Aßmann / Voßkuhle (Hrsg.) (FN 3), § 6 Rn. 47 f.

272 Vgl. *Sommer,* Verwaltungskooperation (FN 255), S. 28 ff.; *Sydow* (FN 108), S. 100 ff.

273 Zu deren wachsender Bedeutung, zumal im Umweltvölkerrecht, s. *Beyerlin,* ZaöRV 61 (2001), S. 357 ff.; *Epiney,* SZIER / RSDIE 2005, S. 429 (432 ff.); *Müller-Terpitz,* AVR 43 (2005), S. 466 ff.

274 Mit Recht die demokratischen Erfordernisse der Zurechenbarkeit von Verantwortung und der Verantwortungsklarheit betonend *Waldhoff,* VVDStRL 66 (2007), S. 216 (238 ff.).

275 Zur Frage des Grundrechtsschutzes auf Sprachenfreiheit auch im Verwaltungsverfahren s. *Kahl,* VVDStRL 65 (2006), S. 386 (415 ff.).

nomen Regelungsgewalt des jeweiligen ausländischen Staates. Das deutsche Recht kann aber für die zuständigen nationalen Behörden vorsehen, dass *ausländische Vorhaben im Inland* in den voraussichtlich betroffenen Gebieten in geeigneter Weise *bekannt zu machen* sind, soweit im Rahmen eines in einem anderen Staat durchgeführten Genehmigungsverfahrens eine Beteiligung auch der ausländischen Öffentlichkeit vorgesehen ist und von diesem anderen Staat Unterlagen über die Auswirkungen des von ihm geplanten Vorhabens im Bundesgebiet übermittelt wurden (vgl. § 232 UGB-KomE).

Jedenfalls in einem Umweltgesetzbuch, noch besser wohl in einem erweiterten VwVfG („Allgemeines Verwaltungsgesetzbuch"), wäre der durch die Aarhus-Konvention[276] ausgelöste und explizit auch auf ausländische Vereinigungen erstreckte Reformimpuls (vgl. §§ 2, 3 UmwRG)[277] positiv aufzunehmen und für nach jeweiligem nationalen Recht anerkannte[278] ausländische *Vereinigungen*, die grundlegende Interessen des Gemeinwohls wahrnehmen, und für deren *Mitwirkungsrechte* im Verwaltungsverfahren effektiv umzusetzen[279] (vgl. auch § 63 Abs. 1 und 2 BNatSchG i. V. m. § 3 UmwRG). Im Zusammenhang mit den *Informationszugangsrechten* könnte die – auf der Basis von § 1 Abs. 1 Satz 1 IFG bislang umstrittene – Antragsberechtigung von ausländischen Nichtregierungsorganisationen klargestellt[280] werden[281].

---

276 ILM 38 (1999), S. 517; zur gestuften Umsetzung in der EU und in Deutschland s. *Schmidt / Kahl* (FN 94), § 1 Rn. 108.

277 Vgl. dazu nur *Schlacke / Schrader / Bunge* (FN 146), Rn. 99 ff. Für die EU-Ebene vgl. Art. 9–12 Verordnung (EG) Nr. 1367 / 2006 des Europäischen Parlaments und des Rates v. 6. 9. 2006 über die Anwendung der Bestimmungen des Übereinkommens von Aarhus über den Zugang zu Informationen, die Öffentlichkeitsbeteiligung an Entscheidungsverfahren und den Zugang zu Gerichten in Umweltangelegenheiten auf Organe und Einrichtungen der Gemeinschaft, ABl. EU Nr. L 264, S. 13; dazu *Schlacke* (FN 214), S. 395 ff.

278 Hier zeigt sich zugleich ein beispielhafter – aus Gründen der Verwaltungseffizienz und des Prinzips gegenseitigen Vertrauens sinnvoller – Ansatzpunkt für eine *Anerkennung gleichwertiger ausländischer Hoheitsakte* (dazu eingehend *Möstl*, CMLRev. 47 [2010], S. 405 ff. sowie am Beispiel des Steuerrechts *E. Reimer*, FR 2007, S. 217 [221 ff.]), konkret der Anerkennung eines Umweltschutzvereins in dem ausländischen Staat, in dem er seinen Sitz hat, als Anerkennung zugleich im Sinne des deutschen Rechts.

279 Ähnlich *Wahl* (FN 59), S. 885 sowie mit Blick auf die Klagerechte und die VwGO *Ziekow*, in: Durner / Walter (Hrsg.), Rechtspolitische Spielräume bei der Umsetzung der Aarhus-Konvention, 2005, S. 39 ff.

280 Konstitutiv wäre eine solche Regelung indes nicht, da der weite Wortlaut des § 1 Abs. 1 IFG („jeder") auch eine Erstreckung auf ausländische juristische Personen (im untechnischen Sinne) zulässt und die Entstehungsgeschichte eine solche Auslegung zusätzlich unterstützt, vgl. *Rossi*, IFG, Kommentar, 2006, § 1 Rn. 8 ff. m. w. Nachw.

281 Dagegen ist im Rahmen von § 4 Abs. 1 S. 1 UIG bereits jetzt allgemein anerkannt, dass auch ausländische Verbände und Bürgerinitiativen (mit einer gewissen organisatorischen Verfestigung) antragsberechtigt sind, vgl. *Schlacke / Schrader / Bunge* (FN 146), Rn. 73. Vgl. auch Art. 2 Abs. 1 der Verordnung (EG) Nr. 1049 / 2001 des Europäischen Parlaments und des Rates v. 30. 5. 2001 über den Zugang der

3. Der Abschnitt „Europäisches Verwaltungsrecht"

Der Abschnitt, der sich speziell dem Europäischen Verwaltungsrecht widmet, hätte vorab den sachlichen *Anwendungsbereich* dieses Abschnitts festzulegen, sprich zu regeln, dass die nachfolgenden Bestimmungen nur gelten, soweit Behörden im Anwendungsbereich dieses Gesetzes unmittelbar geltende Bestimmungen des Unionsrechts oder nationale Bestimmungen, die der Umsetzung von Unionsrecht dienen, anwenden.

Des Weiteren wäre hier der systematisch richtige Ort, um den *Äquivalenz-* und den *Effektivitätsgrundsatz* zu verankern[282]. Der EuGH geht zwar in ständiger Rechtsprechung davon aus, dass Organisation und Verfahren des mitgliedstaatlichen Vollzugs des Unionsrechts in die verfahrensrechtliche Autonomie der Mitgliedstaaten fallen (vgl. auch Art. 291 Abs. 1 AEUV)[283]. Die Anwendung und Auslegung des nationalen Verfahrensrechts darf aber nicht diskriminierend sein (Äquivalenzgrundsatz). Dies wäre dann der Fall, wenn die nationalen Regelungen in ihrer Anwendung praktisch hinter den für den Vollzug nationalen Rechts geltenden Regelungen zurückbleiben[284].

Öffentlichkeit zu Dokumenten des Europäischen Parlaments, des Rates und der Kommission, ABl. EG Nr. L 145, S. 43, wonach anspruchsberechtigt „jeder Unionsbürger sowie jede natürliche oder juristische Person mit Wohnsitz oder Sitz in einem Mitgliedstaat" ist; nach Art. 2 Abs. 2 der VO 1049/2001/EG kann die Anspruchsberechtigung auf der Grundlage der Gegenseitigkeit „allen natürlichen oder juristischen Personen, die keinen Wohnsitz oder Sitz in einem Mitgliedstaat haben", eingeräumt werden.

282 Zu diesen Prinzipien *Hatje* (FN 235), Art. 10 EGV Rn. 17; *Kahl* (FN 111), Art. 4 Abs. 3 EUV Rn. 39.

283 Zum primärrechtlichen Rechtsgrundsatz der mitgliedstaatlichen Verfahrensautonomie (Grundsatz der institutionellen und verfahrensmäßigen Autonomie) s. EuGH, Rs. C-201/02 (Wells), Slg. 2004, I-723 Rn. 65, 67; Rs. C-1/06 (Bonn Fleisch), Slg. 2007, I-5609 Rn. 41; *von Danwitz,* Europäisches Verwaltungsrecht (FN 1), S. 302 ff.; *Germelmann,* Die Rechtskraft von Gerichtsentscheidungen in der Europäischen Union, 2009, S. 259 f.; *Kahl* (FN 14), S. 346; *Mehdi,* in: Auby/Dutheil de la Rochère (Hrsg.), Droit administratif européen, 2007, S. 685 ff.; *Pünder* (FN 24), § 12 Rn. 18; *Schwarze,* EuR, Beiheft 1, 2009, S. 9 (21). Den Grundsatz als solchen bzw. dessen Qualität als Rechtsgrundsatz ablehnend oder bezweifelnd dagegen *von Bogdandy,* in: Grabitz/Hilf (Hrsg.), Das Recht der EU, Loseblattwerk (Stand: Okt. 2009), Art. 10 EGV Rn. 43; *Gundel* (FN 10), § 3 Rn. 109; *C. Möllers,* in: Schmidt-Aßmann/Schöndorf-Haubold (Hrsg.), Der Europäische Verwaltungsverbund, 2005, S. 293 (304 ff.); *Schöndorf-Haubold* (FN 14), S. 476 ff. Richtig ist, dass die Verwendung des Autonomiebegriffs in die Irre führen kann, weil sie eine Immunisierung der nationalen Rechtsordnung gegenüber unionsrechtlicher Determinierung suggeriert, die es auch in den Bereichen Verwaltungsverfahren und -organisation längst nicht mehr gibt. An der Existenz eines entsprechenden Rechtsgrundsatzes ändert dies aber nichts, hieran dürften in Anbetracht der neueren gefestigten EuGH-Rechtsprechung und des Art. 291 Abs. 1 AEUV keine Zweifel mehr bestehen, vgl. *Kahl* (FN 111), Art. 4 Abs. 3 EUV Rn. 39; zu weitgehend daher in jedem Fall *Mir Puigpelat* (FN 13), S. 184, 208: „bedeutungslos".

284 Für einen interessanten Anwendungsfall aus dem Bereich des europäischen Verwaltungsprozessrechts (mit Bejahung eines Verstoßes gegen das Diskriminierungsverbot) vgl. jüngst EuGH, Rs. C-115/08 (Land Österreich/ČEZ as), EuZW 2010, S. 26 Ls. 1, Rn. 87 ff., 92 ff., 108 ff.

Die praktische Verwirklichung des Unionsrechts darf darüber hinaus nicht durch die nationalen Vollzugsmodalitäten praktisch vereitelt oder erheblich erschwert werden (Effektivitätsgrundsatz)[285]. Gerade die Aufnahme des Effektivitätsgrundsatzes in die Verwaltungsverfahrensgesetze hätte gegenüber der Rechtslage de lege lata mehrere Vorzüge: Zunächst läge bereits in der Klarstellung ein Gewinn. Denn obschon das Effektivitätsprinzip dem deutschen Verwaltungsrecht teils einschneidende Konzessionen abverlangt, lassen sich seine Strukturen bislang allein aus einer Zusammenschau verschiedener Entscheidungen des EuGH ableiten. Eine Festschreibung würde den staatlichen Gerichten und Behörden die Möglichkeit geben, sich stärker vom europäischen Fallrecht zu lösen und eigene Akzente zu setzen, zu denen sie ein parlamentarisches Gesetz ermächtigen würde. Die Festschreibung des Effektivitätsprinzips könnte zudem bestehende Probleme im Spannungsverhältnis zwischen dem Vorbehalt des Gesetzes und dem unionsrechtlichen effet utile abmildern[286].

Schließlich wäre hier der Ort für spezifisch europäische *Sonderregelungen,* etwa zu vertikalen Informationspflichten gegenüber Organen und Einrichtungen der EU oder zu datenschutzrechtlichen Kautelen. In diese auf die Verhältnisse der EU zugeschnittenen Spezialvorschriften sollten auch die *§§ 8a–8e VwVfG* unter gleichzeitiger inhaltlicher Fortentwicklung[287] integriert werden, soweit sie sich nicht, was im Einzelfall zu prüfen wäre, übergreifend, also mit Gültigkeit auch für die „normale“ völkerrechtliche grenzüberschreitende Behördenkooperation, in Abschnitt 1 generalisieren lassen.

4. Punktuelle Änderungen

In einigen Fällen hat die Rechtsprechung des EuGH sehr konkrete Anforderungen formuliert, die sich auf spezifische Vorschriften des Verwaltungsverfahrensgesetzes auswirken und die folglich auch in Ergänzung zu dem neuen Teil VIII *bereichsspezifisch* an den jeweiligen *konkreten Einwirkungsstellen* des EU-Rechts im VwVfG zu regeln wären.

Hier wäre zunächst bereits beim *Behördenbegriff* des § 1 Abs. 4 VwVfG anzusetzen, der für Fälle verbundförmiger Interaktion unter Einschaltung

285 EuGH, Rs. 309/85 (Barra), Slg. 1988, 355 Rn. 18; Rs. C-188/95 (Fantask), Slg. 1997, I-6783 Rn. 39; Rs. C-343/96 (Dilexport), Slg. 1999, I-579 Rn. 26 f.; Rs. C-201/02 (Wells), Slg. 2004, I-723 Rn. 67; verb. Rs. C-392/04 und C-422/04 (i-21 Germany/Arcor), Slg. 2006, I-2755 Rn. 57; Rs. C-1/06 (Bonn Fleisch), Slg. 2007, I-5609 Rn. 41.

286 Verwiesen sei erneut auf die bereits oben (FN 204) referierte und kritisch bewertete Entscheidung des OVG Berlin-Brandenburg, EuZW 2006, S. 91.

287 Zusätzlich zu verankern wären etwa eine Pflicht zur Unterrichtung Betroffener auch für den Fall, dass eine deutsche Behörde Informationen an ein Organ oder eine sonstige Einrichtung der EU übermittelt, sowie Regelungen betreffend die Modalitäten des interadministrativen Informationsaustauschs (z. B. Auskunfts- oder Löschungspflichten).

europäischer Organe, wie insbesondere der Kommission, einer offeneren Formulierung bedarf, wie die Fälle der Nichtnotifizierung unionsrechtswidriger vertragsgestützter Beihilfen und die dabei strittige Frage der Einschlägigkeit von § 58 Abs. 2 VwVfG[288] exemplarisch vor Augen geführt haben.

Der wohl bedeutendste Fall einer punktuellen unionsrechtlichen Überformung betrifft die *§§ 48, 49a VwVfG*. Es irritiert, dass diese seit nunmehr über einem Jahrzehnt gefestigten Grundsätze der Alcan-Rechtsprechung zwar fortwährend angewandt werden, aber eine Anpassung der nationalen Normen unterblieben ist, obschon deren Wortlaut den unionsrechtlichen Vorgaben offensichtlich entgegensteht. Ferner ist die Verwaltung zur Prüfung der Rücknahme verpflichtet, soweit eine unionsrechtswidrige belastende Behördenentscheidung aufgrund einer rechtswidrigen Nichtvorlage nach Art. 267 AEUV[289] bestandskräftig wurde. Insofern bietet es sich an, entweder § 48 VwVfG anzupassen oder eine neue Fallgruppe in § 51 Abs. 1 VwVfG aufzunehmen, dessen bisherige Wiederaufgreifensgründe jedenfalls für die Kühne & Heitz-Konstellation nicht passen[290].

Zuletzt stellte der EuGH in der Entscheidung „Papenburg"[291] fest, dass aufgrund des Effektivitätsprinzips selbst rechtmäßige bestandskräftige Genehmigungen die Verwirklichung nachträglich erlassenen Unionsrechts (im konkreten Fall: Art. 6 Abs. 2–4 FFH-Richtlinie) nicht beeinträchtigen dürfen. Im Schrifttum wurde hierzu treffend angemerkt, dass dies nun auch die Europäisierung des – bislang vom Europarecht noch weitgehend „verschont" gebliebenen[292] – Widerrufs nach *§ 49 VwVfG* bedeute, eine Einpassung der unionsrechtlichen Determinanten in die bisherige deutsche Dogmatik des Widerrufs de lege lata aber Schwierigkeiten bereitet[293]. Praktisch bleibt bislang in den meisten Fällen nur der Weg, den Begriff der schweren Nachteile für das Gemeinwohl (§ 49 Abs. 2 S. 1 Nr. 5 VwVfG) europarechtskonform weit auszulegen[294]. Soweit spezielles Fachrecht einen Widerruf ausschließt, verschärfen sich die Probleme noch. Insoweit würde daher die Aufnahme eines neuen eigenständigen Widerrufsgrundes, der die Papenburg-Konstellation abstrahierend aufgreift, für Rechtsklarheit und Rechtssicherheit sorgen.

---

288 s. o. FN 207 ff.

289 EuGH, Rs. C-435 / 00 (Kühne & Heitz), Slg. 2004, I-837.

290 s. *Britz / Richter,* JuS 2005, S. 198 (201 f.); *Kahl* (FN 111), Art. 4 Abs. 3 EUV Rn. 50, m. w. Nachw., auch zur Gegenansicht.

291 EuGH, Rs. C-226 / 08 (Stadt Papenburg / Deutschland), DVBl. 2010, S. 242.

292 Vgl. *von Danwitz,* Europäisches Verwaltungsrecht (FN 1), S. 566 f.

293 Vgl. *Gärditz* (FN 201), S. 249.

294 Der Widerruf gem. § 49 Abs. 2 S. 1 Nr. 4 VwVfG wegen veränderter Rechtslage (hier: nachträgliche Aufnahme in die Liste geschützter Gebiete durch Entscheidung der Kommission gem. Art. 4 Abs. 2 UAbs. 3 FFH-Richtlinie) scheitert regelmäßig daran, dass der Betroffene von der Begünstigung bereits Gebrauch gemacht hat; vgl. *Gärditz* (FN 201), S. 249.

Schließlich besteht Änderungsbedarf im Verfahrensrecht, insbesondere hinsichtlich von *§ 46 VwVfG*, zwar nicht generell und auch nicht in „blinder" Übertragung der insoweit vom EuGH bzw. EuG für das Eigenverwaltungsrecht entwickelten Prinzipien[295], sehr wohl aber für Fälle, in denen Verwaltungsverfahren, wie beispielsweise bei der Umweltverträglichkeitsprüfung, ein spezifischer, europarechtlich determinierter Eigenwert, insbesondere mit Blick auf eine der Wissensgenerierung dienende Öffentlichkeitsbeteiligung, zukommt[296].

VI. Schluss

Auch unter den Bedingungen des offenen Verfassungsstaates und der Europäisierung des Verwaltungsrechts besteht kein Grund, das dogmatisch-systematische Konzept[297] oder gar die Steuerungsfähigkeit des staatlichen Rechts insgesamt in Zweifel zu ziehen[298]. Freilich können die nicht zu leugnenden „Metamorphosen des Staates"[299] auch nicht ohne Auswirkungen auf Recht und Rechtswissenschaft bleiben: Aus dogmatischer Perspektive ist es vor allem geboten, die Regime des nationalen, internationalen und europäischen Rechts verfassungs- und verwaltungsrechtlich noch stärker aufeinander zu beziehen und von vornherein als Verbund zu denken[300]. Die beiden juristisch tragenden Säulen bilden dabei die Handlungsformen des

---

295 Hierauf mit Recht hinweisend *Schmidt-Aßmann* (FN 160), § 27 Rn. 110; *ders.*, FG BVerwG (FN 1), S. 501 f.; *Wahl* (FN 82), S. 1287 ff.; *Gundel* (FN 10), § 3 Rn. 178.

296 Grundlegend *Bülow,* Die Relativierung von Verfahrensfehlern im Europäischen Verwaltungsverfahren und nach §§ 45, 46 VwVfG, 2007, S. 394 ff.; *Bredemeier,* Kommunikative Verfahrenshandlungen im deutschen und europäischen Verwaltungsrecht, 2007, S. 504 ff., 581 ff., 600 ff. (mit konkreten Vorschlägen für Gesetzesänderungen, ebd., S. 625 ff.); vgl. auch *C.-D. Classen,* Die Verwaltung 31 (1998), S. 307 (329 f.); *Kahl* (FN 205), S. 21 ff., 26 ff.; *Kokott,* Die Verwaltung 31 (1998), S. 335 (367 f.); *Schoch* (FN 205), S. 299 f.; *Sydow,* JuS 2005, S. 97 (100 f.); zu insoweit bestehenden Kollisionen des nationalen Rechts mit dem EU-Recht vgl. auch *Gärditz,* JuS 2009, S. 385 (390); *Kadelbach* (FN 1), S. 420 ff.; *Kment,* EuR 2006, S. 201 ff.; *Ziekow* (FN 270), S. 263 ff.; eher zurückhaltend dagegen *Bonk / Schmitz* (FN 39), § 1 Rn. 4. Zum wissenstheoretischen Hintergrund *Curbach,* in: Schuppert / Voßkuhle (Hrsg.) (FN 28), S. 129 ff.

297 Tendenziell a. A. *Möllers* (FN 53), § 3 Rn. 55, unter Hinweis auf den „inkrementalen" europäischen Rechtserzeugungsprozess und die Dominanz angelsächsischer Konzepte im europäischen Verwaltungsrecht; *Ladeur* (FN 43), S. 805 ff. (808), 815 ff., der das Europäische Allgemeine Verwaltungsrecht als Kollisionsrecht versteht. Skeptisch gegenüber der Europarechtstauglichkeit des dogmatisch-systematischen Konzepts auch *Appel* (FN 29), S. 274 ff. (276 m. Fn. 179). Dagegen wie hier *Burgi* (FN 89), § 18 Rn. 104; *Reimer* (FN 59), § 9 Rn. 111 sowie die oben (FN 29) zitierten Autoren; differenziert *Bumke* (FN 29), S. 114; *ders.* (FN 46), S. 33; *Wahl* (FN 59), S. 894 f.

298 Vgl. *Kahl* (FN 1), S. 475 f., 497 ff.; *ders.* (FN 15), S. 104 ff.; *Ohler,* DVBl. 2007, S. 1083 (1084 m. Fn. 3); *Schmidt-Aßmann,* Ordnungsidee (FN 1), S. 38, 40.

299 Dazu aus deskriptiver Sicht *Schuppert,* Staat als Prozess, 2010, S. 137 ff.

300 Gleichsinnig *Schmidt-Aßmann,* Ordnungsidee (FN 1), S. 38, 40.

völkerrechtlichen Vertrags (für die EU zur Verfassung im funktionellen Sinne fortgebildet[301]) und das nationale Gesetz[302]. Damit ist keineswegs nur das Zustimmungsgesetz zu Verträgen und Vertragsänderungen gemeint[303], sondern auch das Fachgesetz und die Kodifikation[304]. Gerade die Regelungsform der Kodifikation eignet sich in besonderer Weise zur Systembildung und Rezeptionsleitung.

Deshalb ist es umso weniger nachvollziehbar, dass die deutschen Verwaltungsverfahrensgesetze noch bis vor kurzem in Europarechtsblindheit verharrten und erst seit der richtungweisenden Umsetzung der Dienstleistungsrichtlinie durch das 4. VwVfG-Änderungsgesetz erste Teilaspekte der Europäisierung des Allgemeinen Verwaltungsrechts wahrnehmen. Diesen positiven Ansatz gilt es gleichsam als Nukleus aufzunehmen und unter systembildender Begleitung durch Rechtswissenschaft und Gerichte konsequent auszubauen. Der Ausbau sollte in zwei Stufen erfolgen: zum einen durch Kodifizierung der grundlegenden Verfahrensprinzipien und -regeln des Eigenverwaltungsrechts auf der EU-Ebene, zum anderen durch stärkere Rückbindung des Unionsverwaltungsrechts an die nationalen Rechts- und Verwaltungsstrukturen mittels einer dort zu integrierenden „codification en miniature" der den Europäischen Verwaltungsverbund, insbesondere den indirekten Vollzug, betreffenden Vorschriften.

Die Aufnahme eines neuen Teils „Internationales und Europäisches Verwaltungsrecht" im Verwaltungsverfahrensgesetz wäre ein wesentlicher Schritt in Richtung auf eine notwendige *Rekodifikation* des deutschen Verwaltungsverfahrensrechts sowie eine Sicherung der „Konzept- und Systemfähigkeit"[305] der deutschen Rechtsordnung. Letztere stellt nicht nur ein vitales nationales Interesse dar, sondern liegt zugleich im wohlverstandenen Eigeninteresse der EU, die zwar immer mehr nach staatsanaloger Kompetenz- und Normierungsvollständigkeit strebt[306], deren Recht aber noch immer weitgehend fragmentiert, punktualistisch und zersplittert ist[307]. Für die Konsolidierung des Europäischen Verwaltungsrechts kommt daher strukturbildenden *Allgemeinen Teilen* eine zukünftig noch wichtigere Schlüsselfunktion zu. Sie sind es, die durch ihre Verknüpfungs- und Ordnungsleistung die – unausweichliche – Ausdifferenzierung, Technizität

---

301 BVerfGE 123, 267 (349); *Schroeder* (FN 46), S. 328 ff.

302 Zur besonderen Bedeutung dieser beiden Handlungsformen *Schmidt-Aßmann* (FN 19), S. 326.

303 Hierzu BVerfGE 123, 267 (402).

304 *Kahl* (FN 15), S. 85 ff.

305 *Wahl* (FN 59), S. 883 f.

306 So für das Gemeinschaftsprivatrecht *Baldus / Vogel,* in: FS Krause, 2006, S. 237 (249), die deshalb dem Systembegriff eine wachsende Bedeutung auch für das EU-Recht attestieren.

307 *Wahl* (FN 59), S. 883 f.

und Unvollkommenheit des Fachrechts für eine Rechtsordnung überhaupt erst aushaltbar machen. Daher gebührt gerade den Allgemeinen Teilen die besondere Aufmerksamkeit einer sich als dogmatisch und systematisch verstehenden europäischen und deutschen Rechtswissenschaft.

Die Europäisierung des Rechts und die Demokratisierung Europas

Zu den genuin demokratischen Grenzen der Integration nach dem BVerfG-Urteil über den Vertrag von Lissabon

Von Bernd Grzeszick, Heidelberg

I. Einleitung

1. Notwendigkeit und Struktur der demokratischen Legitimation der EU

Vor 60 Jahren, am 9. Mai 1950, wurde der Schuman-Plan[1] verkündet. Der Plan proklamierte die Gründung der Europäischen Gemeinschaft für Kohle und Stahl und markierte damit den Startpunkt der rechtlichen Integration Europas, die zur Europäischen Union geführt hat. Deren rechtliche Besonderheit besteht in der Übertragung von nationalen Hoheitsrechten auf europäische Organe zur eigenständigen Ausübung. Die Union kann in den übertragenen Bereichen eigenes Recht setzen, das die Bürger in den Mitgliedstaaten unmittelbar berechtigt und verpflichtet, und das dem nationalen Recht vorgeht[2].

Die Union tritt damit partiell an die Stelle der demokratisch legitimierten Mitgliedstaaten. Ihre Tätigkeiten müssen daher gleichfalls demokratisch legitimiert sein. Dies geschieht über zwei Legitimationsstränge: einen nationalen und einen europäischen. Zum einen legitimieren die Bürger als nationale Staatsvölker über ihre Parlamente und Regierungen den Rat, der aus Ministern der nationalen Regierungen besteht. Zum anderen wählen die Bürger als Unionsbürger das Europäische Parlament. Rat und Parlament setzen dann gemeinsam die Kommission ein.

---

1 Deutsche Übersetzung: Forschungsinstitut der deutschen Gesellschaft für auswärtige Politik e.V. (Hrsg.), Dokumente und Berichte Band 17, Teilband 2, Europa, 1962, S. 680 ff. (übersetzt nach Agence France Presse-Informations et Documentations Nr. 291 v. 13. Mai 1950).

2 EuGH, Rs. 26/62, Slg. 1963,1 (24 f.) (Van Gend&Loos); Rs. 6/64, Slg. 1964, 1251 (1269 f.) (Costa/ENEL); Rs. 106/77, Slg. 1978, 629 (643 ff.) (Simmenthal).

2. Spannungsverhältnis zwischen nationaler und europäischer Demokratie

Die Unionsorgane können allerdings in vielen Bereichen mit Mehrheit entscheiden. Die Einräumung von Hoheitsbefugnissen an die Union hat deshalb zur Folge, dass deren Wahrnehmung nicht mehr stets vom Willen eines Mitgliedstaates allein abhängt[3]. Die Mitgliedstaaten sind an der Willensbildung der Union nach deren Organisations- und Verfahrensrecht beteiligt und an die Ergebnisse dieser Willensbildung gebunden, unabhängig davon, ob sich diese Ergebnisse gerade auf ihre Beteiligung zurückführen lassen oder nicht[4]. Falls dabei die Vertreter eines Mitgliedstaates überstimmt werden, sind die Bürger dieses Mitgliedstaates einer Ausübung von Hoheitsrechten ausgesetzt, die von einer europäischen demokratischen Mehrheit getragen wird, und nicht von der nationalen demokratischen Mehrheit.

Dieses Spannungsverhältnis zwischen nationaler und europäischer Demokratie ist Ausgangspunkt einer grundlegenden Debatte über Demokratie und europäische Integration[5]. Dabei stehen sich – idealtypisch zugespitzt –

---

3 BVerfGE 89, 155 (183).

4 BVerfGE 89, 155 (183).

5 Dazu nur *P. Kirchhof,* in: J. Isensee / derselbe (Hrsg.), HStR VII, 1992, § 183; *ders.*, in: A. von Bogdandy (Hrsg.), Europäisches Verfassungsrecht, 2003, S. 893 ff.; *P. M. Huber,* Maastricht – ein Staatsstreich?, 1993, S. 21 ff., 32 f., 48 et passim; *ders.*, VVDStRL 60 (2001), S. 194 (206 ff., 223 f., 236 ff.); *ders.*, in: H. Bauer / P. M. Huber / K.-P. Sommermann (Hrsg.), Demokratie in Europa, 2005, S. 491 ff.; *ders.*, in: A. von Bogdandy / P. Cruz Villalón / P. M. Huber (Hrsg.), Handbuch Ius Publicum Europaeum, Band 2, 2008, § 26 Rn. 42 ff.; *I. Pernice,* Die Verwaltung 26 (1993), S. 449 ff.; *ders.*, VVDStRL 60 (2001), S. 148 (160 ff.); *ders.*, in: H. Dreier (Hrsg.), GG, Band II, 2. Aufl., 2006, Art. 23 Rn. 16 ff., insbes. Rn. 52 ff.; *C. Classen,* AöR 119 (1994), S. 238 ff.; *ders.*, Demokratische Legitimation im offenen Rechtsstaat, 2009, S. 22 f., 34 ff., 79 ff., 87 ff.; *W. Kluth,* Die demokratische Legitimation der Europäischen Gemeinschaften, 1995, insbes. S. 30 ff., 44 ff.; *H.-J. Cremer,* EuR 1995, S. 21 ff.; *M. Kaufmann,* Europäische Integration und Demokratieprinzip, 1997, insbes. S. 80 ff., 224 ff., 404 ff.; *E.-W. Böckenförde,* Staat – Nation – Europa, 1999, S. 103 ff.; *S. Oeter,* ZaöRV 55 (1999), S. 659 ff.; *A. Peters,* Elemente einer Theorie der Verfassung Europas, 2001, insbes. S. 239 ff., 580 ff.; *G. Lübbe-Wolff,* VVDStRL 60 (2001), S. 246 ff.; *A. von Bogdandy,* KritV 2000, S. 284 ff.; *ders.*, Der Staat 39 (2000), S. 163 ff.; *ders.*, VVDStRL 62 (2003), S. 156 ff. *ders.*, in: ders. (Hrsg.), Europäisches Verfassungsrecht, 2003, S. 149 ff., insbes. S. 171 ff.; *ders.*, in: G. F. Schuppert / I. Pernice / U. Haltern (Hrsg.), Europawissenschaft, 2005, S. 331 ff.; *U. Volkmann,* in: K. Friauf / W. Höfling (Hrsg.), Berliner Kommentar, Art. 20 (Februar 2001) Rn. 61 ff.; *S. Korioth,* VVDStRL 62 (2003), S. 117 (119, 147 ff.); *U. Di Fabio,* in: FS Badura, 2004, S. 77 ff., insbes. S. 93 ff.; *C. Hillgruber,* in: HStR II, 3. Aufl., 2004, § 32 Rn. 75 ff., *M. Ruffert,* Die Globalisierung als Herausforderung an das Öffentliche Recht, 2004, insbes. S. 63 f.; *ders.*, EuR 2004, S. 165 ff. (insbes. 180 f.); *U. Schliesky,* Souveränität und Legitimität von Herrschaftsgewalt, 2004, S. 588 ff., 656 ff.; *J. Kokott,* VVDStRL 63 (2004), S. 7 (28 ff.); *C. Calliess,* in: FS Ress, 2005, S. 399 ff.; *ders.*, in: H. Bauer / P. M. Huber / K.-P. Sommermann (Hrsg.), Demokratie in Europa, 2005, S. 281 ff.; *ders.*, in: ders. / M. Ruffert (Hrsg.), EUV / EGV, 3. Aufl., 2007, Art. 6 Abs. 1 EUV Rn. 13 ff.; *M. Nettesheim,* in: FS Häberle, 2004, S. 193 ff.; *ders.*, in: H. Bauer / P. M. Huber / K.-P. Sommermann (Hrsg.), Demokratie in Europa, 2005, S. 143 ff.; *C. Seiler,* Der souveräne Verfassungsstaat zwischen demokratischer Rückanbindung und überstaatlicher Einbindung, 2005, S. 271 ff., 315 ff., 329 ff., 352 ff.; *K.-P. Sommermann,* in: H. von Mangoldt / F. Klein / C. Starck (Hrsg.),

zwei Sichtweisen gegenüber: Die Anhänger einer integrationsfreundlichen Ausrichtung sehen die europäische Integration vor allem als nötige Anpassung an die Realitäten der Globalisierung und folgern daraus, dass die nationalen Verfassungen sich für die Integration öffnen müssen. Dagegen sehen die Vertreter einer integrationskritischen Sicht die Integration vor allem als Schwächung der nationalen Demokratien und folgern daraus, dass die nationalen Verfassungen die Integration begrenzen müssen. Dieser Diskussion entsprechend lautet für Deutschland die maßgebliche verfassungsrechtliche Frage, ob und welche Grenzen das Grundgesetz der deutschen Beteiligung an der europäischen Integration setzt.

3. BVerfG zum Vertrag von Lissabon und zu den Integrationsgrenzen

Eben diese Frage hatte das BVerfG im Urteil über den Vertag von Lissabon[6] zu beantworten. Das Ergebnis ist bekannt: Das Gericht hat das Zustimmungsgesetz zum Vertrag von Lissabon passieren lassen[7]. Das begleitende Gesetz über die Beteiligung von Bundestag und Bundesrat in Unionsangelegenheiten hat das Gericht zwar verworfen[8]. Die nötigen Änderungen wurden aber rasch nachgeholt[9]. Der Vertrag von Lissabon ist mit der deutschen Zustimmung am 1. Dezember 2009 in Kraft getreten.

Dennoch hat das Urteil die Debatte über Demokratie und europäische Integration nicht beruhigt. Vielmehr ist es selber zum Gegenstand dieser Debatte geworden. Denn die Urteilsbegründung enthält eine Reihe von Aussagen, die über den Fall weit hinausgehen[10] und grundsätzliche Vorgaben für den deutschen Spielraum beim künftigen Fortgang der europäischen Integration enthalten. Das BVerfG zeichnet grundsätzlich die rechtlichen Bahnen vor, in denen sich die deutsche Europapolitik künftig bewegen muss, und die politische Gestaltungsmacht der deutschen Staatsorgane wird dabei erheblich verengt[11].

GG, Bd. 2, 5. Aufl., 2005, Art. 20 Rn. 95 ff.; *ders.*, in: A. von Bogdandy / P. Cruz Villalón / P. M. Huber (Hrsg.), Handbuch Ius Publicum Europaeum, Band 2, 2008, § 14 Rn. 23 ff.; *C. Classen*, in: H. von Mangoldt / F. Klein / C. Starck (Hrsg.), GG, Bd. 2, 5. Aufl., 2005, Art. 23 Rn. 20 ff.; *H. Dreier*, in: ders. (Hrsg.), GG, Band II, 2. Aufl., 2006, Art. 20 (Demokratie) Rn. 33 ff.; *S. Kadelbach*, EuGRZ 2006, S. 384 ff.; *S. Haack*, Verlust der Staatlichkeit, 2007, insbes. S. 327 ff.; *R. Scholz*, in: Maunz / Dürig, GG, Art. 23 (Oktober 2009) Rn. 3 f., 17 ff., 42 ff., 73 ff.

6 BVerfGE 123, 267 ff.; NJW 2009, S. 2267 ff.

7 BVerfG, NJW 2009, S. 2267 (2277 ff. Rn. 273 ff., 298 ff.).

8 BVerfG, NJW 2009, S. 2267 (2294 Rn. 409, 413 ff.).

9 BGBl. I 2009, 3022 ff. Dazu BVerfG, NJW 2009, S. 3378 f.; *S. Hölscheidt / S. Menzenbach / B. Schröder*, ZParl 2009, S. 758 ff.; *U. Hahn*, EuZW 2009, S. 758 ff.; *M. Nettesheim*, NJW 2010, S. 177 ff.; *B. Daiber*, DÖV 2010, S. 293 ff.; *U. Schröder*, DÖV 2010, S. 303 ff.

10 Dazu nur *P.-C. Müller-Graff*, integration 4 / 09, S. 331 (338 f., 341 f.).

11 *J. Isensee*, ZRP 2010, S. 33 f.

4. Staatlichkeit, Selbstbestimmung und Wahlrechtsgleichheit als Integrationsgrenzen

Zum einen stellt das Gericht ein Verbot der Preisgabe der souveränen Staatlichkeit Deutschlands auf. Das Grundgesetz ermächtige die für Deutschland handelnden Organe nicht dazu, durch einen Eintritt in einen – europäischen – Bundesstaat das Selbstbestimmungsrecht des Deutschen Volkes in Gestalt der völkerrechtlichen Souveränität Deutschlands aufzugeben[12]. Mit der Garantie des Art. 79 Abs. 3 GG werde die Verfügung über die Identität der Verfassung selbst dem verfassungsändernden Gesetzgeber aus der Hand genommen. Die souveräne Staatlichkeit Deutschlands werde daher vom Grundgesetz nicht nur vorausgesetzt, sondern auch garantiert[13]. Art. 23 Abs. 1 S. 3 GG verdeutliche, dass dieser Mindeststand im Sinne des Art. 79 Abs. 3 GG auch durch die Einbindung Deutschlands in überstaatliche Strukturen nicht unterschritten werden dürfe[14].

Weiter wird aus der Notwendigkeit der demokratischen Legitimation der Europäischen Hoheitsbefugnisse durch die in den nationalen Parlamenten repräsentierten Völker der Mitgliedstaaten eine umfassende Integrationsverantwortung staatlicher Organe bei der Weiterentwicklung des Integrationswerks gefolgert. In diesem Rahmen sei insbesondere eine angemessene parlamentarische Beteiligung nötig. Sofern die Mitgliedstaaten das Vertragsrecht so ausgestalten, dass unter grundsätzlicher Fortgeltung des Prinzips der begrenzten Einzelermächtigung eine Veränderung des Vertragsrechts ohne Ratifikationsverfahren allein oder maßgeblich durch die Organe der Union herbeigeführt werden kann, obliege den gesetzgebenden Körperschaften eine besondere Verantwortung im Rahmen der Mitwirkung[15]. Das Zustimmungsgesetz und die innerstaatliche Begleitgesetzgebung müssten so beschaffen sein, dass die europäische Integration weiter nach dem Prinzip der begrenzten Einzelermächtigung erfolgt. Für Grenzfälle des verfassungsrechtlich noch Zulässigen müsse der deutsche Gesetzgeber mit seinen die Zustimmung begleitenden Gesetzen wirksame Vorkehrungen dafür treffen, dass die Integrationsverantwortung der Gesetzgebungsorgane sich hinreichend entfalten kann[16].

Schließlich wird für die Ausgestaltung des Unionsrechts verlangt, dass die Europäische Union nicht nur den Anforderungen an ihre elementaren Strukturen, sondern darüber hinausgehend in ihrer Ausgestaltung im Hinblick auf übertragene Hoheitsrechte, Organe und Entscheidungsverfahren demokrati-

---

12 BVerfG, NJW 2009, S. 2267, (2270 f. Rn. 228, auch 2286 Rn. 347).

13 BVerfG, NJW 2009, S. 2267 (2269 Rn. 216).

14 BVerfG, NJW 2009, S. 2267 (2271 Rn. 230).

15 BVerfG, NJW 2009, S. 2267 (2271 f. Rn. 236).

16 BVerfG, NJW 2009, S. 2267 (2272 Rn. 239).

schen Grundsätzen entsprechen muss[17]. Die konkreten Anforderungen an die von der Europäischen Union einzuhaltenden demokratischen Grundsätze hängen dabei vom Umfang der übertragenen Hoheitsrechte und vom Grad der Verselbständigung europäischer Entscheidungsverfahren ab[18]. Solange die Integration in einem Verbund souveräner Staaten mit ausgeprägten Zügen exekutiver und gouvernementaler Zusammenarbeit das Prinzip der begrenzten Einzelermächtigung wahrt, reicht dazu grundsätzlich die über die nationalen Parlamente und Regierungen vermittelte Legitimation der Mitgliedstaaten aus, die ergänzt und abgestützt wird durch das unmittelbar gewählte Europäische Parlament[19]. Dagegen liegt ein nicht hinnehmbares strukturelles Demokratiedefizit vor, wenn der Kompetenzumfang, die politische Gestaltungsmacht und der Grad an selbständiger Willensbildung der Unionsorgane ein der Bundesebene im föderalen Staat entsprechendes (staatsanaloges) Niveau erreichte, weil etwa die für die demokratische Selbstbestimmung wesentlichen Gesetzgebungszuständigkeiten überwiegend auf der Unionsebene ausgeübt würden[20]. Der wesentliche Unterschied in der Qualität der demokratischen Legitimation wird dabei vom BVerfG in der Wahlrechtsgleichheit gesehen: Die EU sei im Vergleich zu Deutschland vor allem deshalb demokratisch defizitär, weil bei der Wahl des Europäischen Parlaments die wahlrechtlich Erfolgschancengleichheit der Bürger („one man, one vote") durch jeweils national zugewiesene Abgeordnetenkontingente, die nicht strikt an der Bevölkerungszahl der Mitgliedstaaten orientiert sind, durchbrochen wird[21].

Diese Begründung ist auf erhebliche Kritik gestoßen. Das als Maßstab demokratischer Legitimation vom BVerfG skizzierte staatstheoretische Ideal eines strikt gleichen Bürgerwahlrechts sei so weder in Deutschland noch in vielen anderen Staaten innerhalb und außerhalb der EU erfüllt, weshalb Abweichungen von diesem Ideal nicht ohne weiteres ein verfassungsrechtliches Defizit demokratischer Legitimation begründeten. So werde die Wahlrechtsgleichheit insbesondere in Deutschland durch die 5 %-Klausel, die Grundmandate sowie die Überhangmandate erheblich relativiert[22]. Hinzu komme die Beteiligung des Bundesrates an der Bundesgesetzgebung, die zu einer föderalen Überlagerung der Wahlrechtsgleichheit der Bürger auf der Bundesebene führe, was allerdings keine demokratisch bedenkliche Ausnahme, sondern häufiger anzutreffen sei, unter anderem in der Schweiz, den USA, dem UK – und eben in Deutschland mit dem Bundesrat[23].

---

17 BVerfG, NJW 2009, S. 2267 (2275 Rn. 261).

18 BVerfG, NJW 2009, S. 2267 (2275 Rn. 261 f.).

19 BVerfG, NJW 2009, S. 2267 (2275 Rn. 262).

20 BVerfG, NJW 2009, S. 2267 (2275 Rn. 264).

21 BVerfG, NJW 2009, S. 2267 (2277 Rn. 278 ff.).

22 *C. Classen,* JZ 2009, S. 881 (882).

23 *C. Schönberger,* GLJ 10 (2009), S. 1201 (1211 ff.); *ders.*, Der Staat 48 (2009), S. 535 (544 ff.); *D. Halberstam / C. Möllers,* GLJ 10 (2009), S. 1241 (1248); *C. Tomu-*

Schließlich werde im Urteil verkannt, dass die Repräsentation nach Kontingenten im EU-Parlament nicht an die nationale Staatsangehörigkeit anknüpfe, sondern an den Wohnsitz[24]. Werde der Prüfungsmaßstab für die demokratische Legitimation der EU zutreffend bestimmt, läge deshalb aus dieser Sicht – gegebenenfalls mit Rücksicht auf die durch Art. 23 Abs. 1 S. 1 GG gegebene Integrationsoffenheit – zumindest kein relevantes Defizit vor[25].

Auch das Verbot der Preisgabe der souveränen Staatlichkeit wird bereits seit längerem streitig diskutiert. Die Annahme einer verfassungsrechtlichen Pflicht zum Erhalt der Eigenstaatlichkeit auch gegenüber der europäischen Integration hat in der Literatur nicht nur Zustimmung[26], sondern auch Kritik erfahren[27]. Die in der wissenschaftlichen Debatte bereits formulierten Einwände werden daher nun auch gegen die entsprechenden Passagen des Lissabon-Urteils gerichtet[28]. Zudem ist der operative Gehalt des Verbots der Preisgabe der souveränen Staatlichkeit derzeit eher gering, da die EU auch nach dem Vertrag von Lissabon nicht in der Nähe eines Bundesstaates angelangt ist, weshalb entsprechende Ausführungen einschließlich der Verweise auf Art. 79 Abs. 3 GG und Art. 146 GG in dieser Tiefe zur Entscheidung über die Verfassungsmäßigkeit der dem BVerfG vorgelegten Regelungen nicht geboten seien[29]; so auch die im Urteil zu findenden Passagen über ein Demokratiedefizit auf der Ebene der EU und die demokratischen Grenzen der Stellung und Befugnisse der Kommission[30].

5. Genuin demokratische Integrationsgrenzen

Im Fokus der weiteren Überlegungen steht deshalb der Begründungsstrang des Urteils, der genuin demokratische Integrationsgrenzen markiert

schat, GLJ 10 (2009), S. 1259 (1260 f.); *A. Grosser,* GLJ 10 (2009), S. 1263 (1264); *C. Classen* (FN 22), S. 883; *M. Selmayr,* ZEuS 12 (2009), S. 637 (652); *U. Everling,* EuR 2010, S. 91 (97 f.).

24 *D. Halberstam / C. Möllers* (FN 23), S. 1249; *C. Classen* (FN 22), S. 883.

25 In diese Richtung auch *P. Hector,* ZEuS 12 (2009), S. 599 (603 ff., insbes. 605); *M. Selmayr* (FN 23), S. 652 ff.

26 *P. Kirchhof,* HStR VII (FN 5), Rn. 58 ff.; *M. Herdegen,* EuGRZ 1992, S. 589 (590); *R. Scholz* (FN 5), Art. 23 Rn. 204; *O. Rojahn,* in: I. von Münch / P. Kunig, Band 2, 5. Aufl. 2001 Art. 23 Rn. 15; *R. Streinz,* in: M. Sachs (Hrsg.), GG, 5. Aufl. 2009, Art. 23 Rn. 84; *A. Randelzhofer,* in: Maunz / Dürig, GG, Art. 24 (Dezember 1992) Rn. 204; *T. Schilling,* AöR 116 (1991), S. 32 (54 f.).

27 *S. Hobe,* in: K. Friauf / W. Höfling (Hrsg.), Berliner Kommentar, Art. 23 (August 2008) Rn. 53; *B.-O. Bryde,* in: I. von Münch / P. Kunig, GG, Art. 79, Band 3, 5. Aufl. 2003, Rn. 49a; *I. Pernice* (FN 5), Art. 23 Rn. 36; *C. Classen* (FN 5), Art. 24 Rn. 29.

28 *M. Jestaedt,* Der Staat 48 (2009), S. 467 (505 ff.); *E. Röper,* DÖV 2010, S. 285 ff.; kritisch wohl auch *D. Grimm,* Der Staat 48 (2009), S. 475 (489 f.).

29 *M. Ruffert,* DVBl. 2009, S. 1197 (1198); *C. Classen* (FN 22), S. 881; *C. Schönberger* (FN 23), S. 1208.

30 *C. Schönberger* (FN 23), S. 1213 ff.; *C. Classen* (FN 22), S. 882.

und damit über die Grundlinien des Maastricht-Urteils hinausgeht. Denn nach Ansicht des Gerichts erfordert das Demokratieprinzip über den Erhalt der Staatlichkeit hinaus[31], dass Deutschland auch als Mitglied der Union ein ausreichender Raum zur nationalen Gestaltung der Lebensverhältnisse bleiben muss[32]; dieser Gestaltungsraum wird als demokratischer Primärraum bezeichnet[33].

In diesem Raum werden dann in einem weiteren Schritt integrationsfeste Bereiche ausgemacht[34]. Integrationsfest seien zum einen Entscheidungen, die für die private Freiheit und Sicherheit der Bürger wesentlich sind[35]. Zum anderen seien integrationsfest solche Bereiche, die in besonderer Weise auf kulturelle, historische und sprachliche Vorverständnisse angewiesen sind, und die sich im Raum einer politischen Öffentlichkeit diskursiv entfalten[36]. Beispiele für integrationsfeste Bereiche seien das Strafrecht, das zivile und militärische Gewaltmonopol, die fiskalischen Grundentscheidungen über Einnahmen und Ausgaben des Staates, die sozialstaatliche Gestaltung von Lebensverhältnissen sowie kulturell besonders bedeutsame Entscheidungen im Familienrecht, Schul- und Bildungssystem sowie über den Umgang mit religiösen Gemeinschaften. Nach Ansicht des Gerichts ist in diesen Bereichen die Übertragung von Hoheitsrechten auf die Europäische Union zwar nicht ausgeschlossen[37]. Die Integration ist aber sachlich zu beschränken auf das zur Koordinierung grenzüberschreitender Sachverhalte nötige Maß[38].

6. Frage nach Grundlage und Verlauf demokratischer Integrationsgrenzen

In diesen Urteilspassagen sehen sich die Kritiker der Europäischen Integration bestätigt[39]. Dagegen werfen die Befürworter der Integration dem BVerfG eine national-introvertierte Ignoranz gegenüber der Europäischen Integration vor. Zudem werde ein unnötiger Konflikt mit dem EuGH pro-

---

31 BVerfG, NJW 2009, S. 2267 (2273 Rn. 247).

32 BVerfG, NJW 2009, S. 2267 (2273 Rn. 249).

33 BVerfG, NJW 2009, S. 2267 (2288 Rn. 360).

34 BVerfG, NJW 2009, S. 2267 (2274 Rn. 250 ff.).

35 BVerfG, NJW 2009, S. 2267 (2273 f. Rn. 249).

36 BVerfG, NJW 2009, S. 2267 (2273 f. Rn. 249).

37 BVerfG, NJW 2009, S. 2267 (2274 Rn. 251).

38 BVerfG, NJW 2009, S. 2267 (2274 Rn. 251; explizit für einzelne Bereiche: 2274 Rn. 255, 2275 Rn. 259).

39 *F. Schorkopf,* GLJ 10 (2009), S. 1219 ff. Dem Urteil grundsätzlich zustimmend, aber in Teilen eine integrationsfreundlichere Haltung verlangend *R. Scholz* (FN 5), Art. 23 Rn. 34 f., 37, 75; *D. Grimm* (FN 28), S. 487 ff. Grundsätzlich zustimmend, aber in einzelnen Fragen eine integrationskritischere Haltung verlangend *K. Gärditz / C. Hillgruber,* JZ 2009, S. 872 ff. (insbes. 873 f., 877 f.). Noch integrationskritischer – vor dem Urteil, aber im laufenden Verfahren – *D. Murswiek,* NVwZ 2009, S. 481 ff.

voziert, der dem Unionsrecht stets Vorrang auch vor dem nationalen Verfassungsrecht einräumt. Nachdem die ersten Erregungswellen abgeklungen sind, zeichnet sich eine mögliche Lösung des Konflikts ab. Der entsprechende Vorschlag lautet, dass das BVerfG und der EuGH ihre rechtlichen Kontrollstandards mit Rücksicht auf die Standards des jeweils anderen Gerichts, also in einem Kooperationsverhältnis handhaben sollen[40].

Dafür entscheidend wird die weitere Handhabung der entsprechenden Urteilspassagen durch das BVerfG sein. Vor allem ist noch – relativ – offen, wie das BVerfG in den einzelnen rechtsdogmatischen Detailfragen seine gerichtliche Kontrolle im Verhältnis zum EuGH ausüben wird[41]. Das Lissabon-Urteil kann insoweit als Kommunikationsurteil in Richtung des EuGH verstanden werden mit der Aussage, bei der künftigen Auslegung und Anwendung insbesondere der Kompetenzvorschriften des Vertrages keinen übermäßig großzügigen Maßstab anzulegen. Dass dieses Kommunikationsangebot im Lissabon-Urteil in einem strengeren Ton vorgetragen wird als im Maastricht-Urteil, mag darin begründet sein, dass der EuGH in einigen jüngeren Entscheidungen zur Unionsbürgerschaft, zu Diskriminierungsverboten und zu Kompetenzfragen an die Grenzen einer vertretbaren Vertragsauslegung gegangen ist[42]. Insbesondere die vom BVerfG benannten einzelnen Vorbehaltsbereiche zugunsten nationaler Demokratie können als Reaktion auf diese EuGH-Entscheidungen verstanden werden[43].

Aus dieser Perspektive wird deutlich, dass die dogmatisch angreifbaren integrationskritischen Einzelheiten des Lissabon-Urteils in der weiteren Handhabung durch das BVerfG im Kooperationsverhältnis mit dem EuGH[44] angemessen auf- und eingefangen werden können und sollten[45]. Allerdings

---

40 So jetzt auch insbesondere *A. Voßkuhle,* NVwZ 2010, S. 1 (5 ff., 6 f.).

41 *M. Ruffert* (FN 29), S. 1205 ff.; *C. Calliess,* ZEuS 12 (2009), S. 559 (567 ff.); *F. Schorkopf* (FN 39), S. 1239 f.

42 EuGH, Rs. C-184/99, Slg. 2001, I-6193, Rn. 31 ff. (Grzelzyk); Rs. C-224/98, Slg. 2002, I-6191, Rn. 29 ff., 35 (D'Hoop); Rs. C-148/02, Slg. 2003, I-11613, Rn. 25 (Gracia Avello); Rs. C-456/02, Slg. 2004, I-7573, Rn. 31, 41 ff. (Trojani); Rs. C-200/02, Slg. 2004, I-9925, Rn. 25 (Zhu); Rs. C-209/03, Slg. 2005, I-2119 ff. (Bidar); Rs. C-105/03, Slg. 2005, I-5285, Rn. 18, 33 ff. (Pupino); Rs. C-176/03, Slg. 2005, I-7879, Rn. 44 ff., insbes. Rn. 48 (Umweltstrafrecht); Rs. C-144/04, Slg. 2005, I-9981, Rn. 55 ff., insbes. 64 f. (Mangold); Rs. C-520/04, Slg. 2006, I-10685, Rn. 20 ff. (Turpeinen); Rs. C-440/05, Slg. 2007, I-9097, Rn. 55 ff., insbes. 66 ff. (Meeresumweltstrafrecht); Rs. C-438/05, Slg. 2007, I-10779 (Viking Line); Rs. C-342/05, Slg. 2007, I-11767 (Laval); Rs. C-353/06, Slg. 2008, I-7639 (Grunkin); Rs. C-301/06, NJW 2009, S. 1801 ff., Rn. 56 ff. (Vorratsdatenspeicherung).

43 In diese Richtung *K. Gärditz/C. Hillgruber,* (FN 39) S. 877, 879; *F. Schorkopf* (FN 39), S. 1227, 1232; *A. Voßkuhle* (FN 40), S. 6 f.; *R. Wahl,* Der Staat 48 (2009), S. 587 (610 f.).

44 So bereits BVerfGE 89, 155 (175); *F. Kirchhof,* in: FS R. Herzog, 2009, S. 155 ff.

45 *T. Oppermann,* EuZW 2009, S. 473; *J. Bergmann/U. Karpenstein,* ZEuS 12 (2009), S. 529 ff., (insbes. 539 ff.); *M. Hahn,* ZEus 12 (2009), S. 583 (594); *P. Hector* (FN 25) S. 611 f.; *D. Thym,* Der Staat 48 (2009), S. 559 (571 ff.); *A. Voßkuhle* (FN 40), S. 5 ff., insbes. 6 f.

erfordert eine stabile Kooperation Klarheit über deren rechtliche Grundlagen und Grenzen. Der Verweis auf ein Kooperationsverhältnis zwischen BVerfG und EuGH entbindet daher nicht von der Antwort auf die Frage, ob und welche Grenzen das Demokratieprinzip der deutschen Beteiligung an der Europäischen Integration setzt.

II. Rechtliche Regelungen

1. Art. 23 GG als Maßstabsnorm

Maßstabsnorm zur Beantwortung dieser Frage ist Art. 23 GG[46]. Dieser Artikel ist eigens für die Verfassungsfragen der Europäischen Integration in das Grundgesetz eingefügt worden. Das Grundgesetz wird für die Integration geöffnet, indem die Übertragung von Hoheitsrechten auf die Union explizit gestattet wird. Das verfassungsrechtliche Demokratieprinzip steht demnach der europäischen Integration nicht grundsätzlich entgegen[47]. Die inhaltlichen Prinzipien des Grundgesetzes werden dabei durch zwei Klauseln abgesichert: Eine Struktursicherungsklausel (Art. 23 Abs. 1 S. 1 GG) und eine Bestandssicherungsklausel (Art. 23 Abs. 1 S. 3 GG).

2. Die Struktursicherungsklausel des Art. 23 Abs. 1 S. 1 GG

Die Struktursicherungsklausel des Art. 23 Abs. 1 S. 1 GG verlangt, dass die rechtlichen Strukturen der Union demokratischen Grundsätzen entsprechen. Diese Grundsätze werden aber nicht national verstanden. Denn die Struktursicherungsklausel soll nach dem erklärten Willen des Gesetzgebers berücksichtigen, dass demokratische Legitimation im europäischen Kontext den Besonderheiten supranationaler Kooperationen angepasst werden muss, um den Staaten ein Handeln auch in diesem Bereich zu ermöglichen[48]. Die Regelung verlangt deshalb von der Union nur die Beachtung eines reduzierten und gemeineuropäisch ausgerichteten Maßstabs an demokratischen Grundsätzen[49] und setzt damit der Beteiligung Deutschlands an der europäischen Integration nur äußerste Grenzen.

---

46 *M. Jestaedt* (FN 28), S. 507.

47 BVerfGE 89, 155 (184); BVerfG, NJW 2009, S. 2267 (2270 ff. Rn. 219 ff.).

48 Dazu BT-Drs. 12/3338 (Begründung der Regierung), S. 6, wonach die Verpflichtung auf demokratische Grundsätze nicht zu identischen Anforderungen an parlamentarische Repräsentation und Umfang parlamentarischer Rechtssetzungsgewalt führen könne, wie es für die staatlichen Parlamente der Mitgliedstaaten geboten sei.

49 BVerfG, NJW 2009, S. 2267 (2270 Rn. 227).

3. Die Bestandssicherungsklausel des Art. 23 Abs. 1 S. 3 GG

Operativ maßgeblich für den integrationspolitischen Spielraum der deutschen Staatsorgane sind daher die Vorgaben der Bestandssicherungsklausel des Art. 23 Abs. 1 S. 3 GG. Sie verweist auf Art. 79 Abs. 3 GG und bewirkt damit, dass der verfassungsänderungsfeste Kern des Grundgesetzes, zu dem das Demokratieprinzip gehört, auch im Wege der Integration nicht berührt werden darf.

III. Formales oder – auch – materiales Verständnis von Demokratie

1. Zwei Deutungsmuster eines Prinzips

Der Inhalt dieser Regelung hängt nun ganz wesentlich davon ab, wie Demokratie im Sinne des Grundgesetzes zu verstehen ist. Dazu stehen in der Staatstheorie und der politischen Philosophie – jenseits der Einzelheiten – zwei unterschiedliche Deutungsmuster bereit: Ein formales und ein materiales Verständnis von Demokratie[50]. Während das formale Verständnis sich im Grundsatz damit begnügt, dass Menschen eine über sie ausgeübte Herrschaft durch Wahlen und Abstimmungen sowie diese verfassende und umsetzende Institutionen legitimieren, geht ein material ausgerichtete Verständnis davon aus, dass zudem weitere Bedingungen gegeben sein müssen, damit durch Wahlen und Abstimmungen demokratische Legitimation vermittelt werden kann.

2. BVerfG: Materiales Verständnis

Das BVerfG hat sich in der Lissabon-Entscheidung deutlich für ein materiales Demokratieverständnis ausgesprochen: Demokratie erschöpfe sich nicht in der Wahrung formaler Organisationsprinzipien. Demokratie lebe von und in einer öffentlichen Meinungsbildung, die sich auf zentrale politische Richtungsbestimmungen und die periodisch erfolgende Vergabe politischer Spitzenämter im Wettbewerb von Regierung und Opposition konzentriere. Diese öffentliche Meinung mache für Wahlen und Abstimmungen erst die Alternativen sichtbar und rufe diese fortlaufend in Erinnerung, damit die politische Willensbildung des Volkes über die Parteien und im öffentlichen Informationsraum präsent und wirksam bliebe. Die für eine

---

[50] Dazu nur *U. Volkmann,* AöR 127 (2002), S. 575 ff. (insbes. 586 ff., 589 ff.); in der Sache weitestgehend deckungsgleich, aber etwas andere Begriffs- und Akzentsetzung bei *A. von Bogdandy,* ZaöRV 63 (2003), S. 853 (858 f.): Holistisch – menschenrechtlich, sowie *M. Kottmann / C. Wohlfahrt,* ZaöRV 69 (2009), S. 443 (444 ff.): Etatistisch – individualistisch.

entsprechende Wahrnehmung von Sachthemen und politischem Führungspersonal erforderlichen Resonanzräume seien in erheblichem Umfang an nationalstaatliche, sprachliche, historische und kulturelle Identifikationsmuster angeschlossen. Sie beruhten auf gewachsenen Überzeugungen und Wertvorstellungen, die in spezifischen historischen Traditionen und Erfahrungen verwurzelt seien.

3. Zu den Voraussetzungen funktionierender Demokratie

Diese Ausführungen verdienen im Ausgangspunkt Zustimmung. Demokratie ist als Legitimationsmodus der organisierten Selbstherrschaft der Bürger zentral darauf angewiesen, dass die Herrschaft der Mehrheit grundsätzlich auch von der Minderheit akzeptiert wird. Voraussetzung dieser realen Akzeptanz ist ein die Mehrheit und Minderheit einfassender gemeinsamer Rahmen, der aus den Erfahrungen und Werten der Bürger gebildet wird, damit die Herrschaft der Mehrheit nicht als Herrschaft der Fremden[51] angesehen wird.

Diese Erfahrungen und Werte müssen zwar nicht stets von allen geteilt werden. Auch divergente Ansichten stehen einer Akzeptanz der Mehrheit nicht prinzipiell entgegen, wenn und soweit die unterschiedlichen Ansichten zumindest einen gemeinsamen Bezugspunkt haben. Einer der entscheidenden Vorteile von Demokratie ist deren Offenheit für divergierende und widerstreitende Positionen. Voraussetzung ist aber stets, dass über den Rahmen und den Bezugspunkt des Streites ein hinreichendes Maß an Einigkeit besteht. Erst dieses Mindestmaß an prinzipieller Einigkeit sichert die Bereitschaft der Bürger zur Reflexion und Transzendierung des eigenen Interessenhorizontes, auf die eine demokratische öffentliche Diskussion aufbaut, und die der daraus hervorgehenden Mehrheitsentscheidung die Akzeptanz sichert[52].

4. Bedingungen und Grenzen der Diskursleistungen

Auf dieses materiale Grundverständnis von Demokratie aufbauend, werden die Bedingungen und Funktionen der öffentlichen Meinungsbildung in der Demokratietheorie unterschiedlich bestimmt. Zum Teil wird als Bedingung des Diskurses eine kulturell hinreichend homogene Volksgemeinschaft

---

[51] Dazu – im völkerrechtlichen Kontext – *H. Krieger*, AöR 133 (2008), S. 315 ff., (316) mit Bezug auf eine entsprechende Frage von *Antonin Scalia*, nach: N. Dorsen (Hrsg.), A Conversation between U.S. Supreme Court Justices, I-CON Vol. 3, No. 4, 2005, S. 519 (522).

[52] In diese Richtung u. a. *U. Volkmann* (FN 50), S. 602 ff. sowie *C. Möllers*, Demokratie – Zumutungen und Versprechen, 2. Aufl., 2009, S. 48 ff.; gegenläufig u. a. *G. Britz*, Sonderheft EuR 2010, S. 163 ff., 167 f.

gefordert mit der Folge, dass der Diskurs vor allem auf solche Fragen bezogen ist, die jenseits einer durch die Homogenität gestützten grundsätzlichen Einigkeit liegen. Stärker diskurstheoretisch ausgerichtete Ansätze schreiben dagegen der Meinungsbildung auch die Wirkung zu, die prinzipielle Einigkeit hervorbringen zu können.

Hier ist freilich ein gewisses Maß an Skepsis angebracht[53]. Aus der juristisch geerdeten Perspektive zeigt sich, dass die Bereitschaft zur Akzeptanz von Mehrheitsentscheidungen in realen Diskursen häufig nur zum Teil in Diskursen erzeugt werden kann. Die Bereitschaft zur Akzeptanz einer in der öffentlichen Diskussion vorstrukturierten Mehrheitsentscheidung bedarf im Regelfall einer Rückbindung an lebensweltliche und alltägliche Erfahrungen, Traditionen und Einstellungen der Bürger. Andernfalls läuft der Diskurs Gefahr, zu einer Idee zu geraten, die versucht, sich am Zopf der eigenen Gedanken aus dem Sumpf des unverbindlichen Geredes zu ziehen[54].

Eine funktionierende Demokratie verlangt deshalb neben rechtlich geregelten Verfahren und Institutionen gewisse tatsächliche Funktionsbedingungen, ohne die eine effektive demokratische Legitimation nicht dauerhaft etabliert werden kann. Auch das Konzept der deliberativen Demokratie setzt ein Mindestmaß an Homogenität der Bürger voraus, da sonst der über die Gemeinwohlziele zu führenden politischen Debatte der nötige gemeinsame Erfahrungshorizont als intersubjektiv geteilter Kontext möglicher Verständigung[55] fehlt und die grundsätzlich freiwillige Akzeptanz von verbindlichen Mehrheitsentscheidungen gefährdet ist. Da zudem eine Diskussion, die Entscheidungen hervorbringen soll, eines Verfahrens bedarf und auf Institutionen bezogen sein muss, die zugleich die Umsetzung der Entscheidung sichern, besteht auch ein spezifischer Zusammenhang zwischen Demokratie und Staatlichkeit[56].

5. Anforderungen einer juristisch-pragmatischen Demokratietheorie

Als Ergebnis einer juristisch-pragmatisch heruntergespannten Demokratietheorie lässt sich deshalb festhalten, dass Demokratie nicht nur eine öffentliche Meinungsbildung voraussetzt, sondern auch ein Mindestmaß an Einigkeit der Bürger. Demokratische Gemeinsamkeit kann zwar in der öffentlichen Diskussion erzeugt werden. Auch dazu bedarf es aber eines

---

53 *U. Volkmann* (FN 50), S. 602 ff.

54 Zu diesem Bild *U. Volkmann* (FN 50), S. 604.

55 Zu dieser Voraussetzung näher *J. Habermas,* Die Einbeziehung des Anderen, 1996, S. 185 ff., 189 ff.

56 Dazu näher *U. Volkmann* (FN 50), S. 575 (insbes. 589 ff., 596 ff., 601 ff.) sowie *S. Müller-Franken,* AöR 134 (2009), S. 542 ff. (insbes. S. 560 ff.).

Mindestmaßes an Gemeinsamkeit im Sinne einer Rückbindung an lebensweltliche und alltägliche Erfahrungen, Traditionen und Einstellungen der Bürger. Die demokratische öffentliche Meinungsbildung muss deshalb an ein Mindestmaß gemeinsamer Erfahrungen, Traditionen und Einstellungen der Bürger rückgekoppelt sein.

IV. Auf der Suche nach integrationsfesten Bereichen

Kann aus diesen Anforderungen abgeleitet werden, dass Sachbereiche in der Kompetenz der Nationalstaaten verbleiben müssen und nicht auf die EU übertragen werden dürfen? Grundsätzlich ist dies möglich. Denn die Frage, ob und wieweit die tatsächlichen Voraussetzungen für eine demokratische Legitimation von Hoheitsgewalt auf der Ebene der EU (noch) nicht gegeben sind, kann auch Folgen haben für die Grenzen, die aus dem Grundsatz der demokratischen Legitimation der Staatsgewalt für die Europäische Integration nach Art. 23 Abs. 1 S. 3 GG in Verbindung mit Art. 79 Abs. 3 GG folgen: Aus dem Fehlen der Voraussetzungen kann gegebenenfalls der Schluss gezogen werden, dass die entsprechenden Hoheitsbefugnisse mangels hinreichender tatsächlicher Voraussetzungen auf Ebene der EU dort prinzipiell (noch) nicht sinnvoll wahrgenommen werden können und daher auch (noch) nicht auf die EU übertragen werden dürfen.

1. Voraussetzungen von Demokratie jenseits des Staates

Und auf den ersten Blick scheint dies der Fall zu sein. Denn Bezugspunkt, Gehäuse und Garant des demokratisch nötigen Mindestmaßes an Gemeinsamkeit war bislang stets und ausschließlich der Staat. Als Einheit von Volk, Territorium und Herrschaftsgewalt stellt er sicher, dass diejenigen, die der Herrschaft unterworfen sind, sie auch ausüben, oder die Herrschaft ihnen zumindest als eigene zugerechnet werden kann. Die entsprechende staatliche Herrschaftsordnung beruht im Regelfall auf einem Mindestmaß an gemeinsamer Rückbindung der Bürger an lebensweltlichen und alltäglichen Erfahrungen, historisch bedingten Traditionen und konvergierenden Einstellungen. Sie stellt dies zugleich sicher. Unsere tradierten Erfahrungen mit Demokratie sind auf Staaten bezogen, und Staaten verfügen häufig über starke demokratische Identitäten[57].

Dieser Konnex zwischen Staat und Demokratie ist allerdings kein zwingender und ausschließlicher Zusammenhang[58]. Bereits der Blick auf Bundesstaaten zeigt, dass auf demselben Gebiet und für denselben Bürger auch

57 *C. Möllers* (FN 52), S. 82.

58 In diese Richtung auch *S. Kadelbach* (FN 5), S. 387.

zwei staatliche Einheiten existieren können, die demokratisch legitimiert sind: Bund und Land. In der Konsequenz ist deshalb aus demokratischer Perspektive nicht von vorneherein ausgeschlossen, dass die EU eine demokratisch legitimierte föderale Ebene bildet.

Dies bedeutet nicht, dass staatliche Demokratien in einer internationalisierten Welt keine Rolle spielen. Vieles spricht dafür, dass sie wichtige, vielleicht die wichtigsten Träger der Demokratie bleiben[59]. Allerdings folgt daraus nicht, dass es Demokratie nicht auch in anderen politischen Organisationen geben kann. Demokratie ist auch jenseits des Staates denkbar – wenn die dazu notwendigen Voraussetzungen gegeben sind.

Dass aus demokratischen Gründen Sachbereiche in der Kompetenz der Nationalstaaten verbleiben müssen und nicht auf die EU übertragen werden dürfen, ist demnach zwar möglich. Ein genuin demokratischer Ausschluss einzelner Sachbereiche von der Integration lässt sich aber nur damit begründen, dass für diese Sachbereiche das für eine demokratische Öffentlichkeit nötige Mindestmaß an gemeinsamer Rückbindung an lebensweltliche und alltägliche Erfahrungen, Traditionen und Einstellungen der Bürger auf der Ebene der Union nicht gegeben ist.

2. Konkretisierungen des BVerfG: Wesentlichkeit und kulturelle Vorverständnisse

Hat das BVerfG im Lissabon-Urteil die integrationsfesten Bereiche entsprechend bestimmt? Die konkretisierende Ableitung aus den demokratietheoretischen Überlegungen stützt das BVerfG auf zwei Argumentationsgänge: Die Wesentlichkeit der im Sachbereich zu fällenden Entscheidungen; sowie eine besondere Angewiesenheit der Bereiche auf kulturelle, historische und sprachliche Vorverständnisse.

3. Verbandskompetenzielle Wesentlichkeit

Integrationsfest sind nach Ansicht des Gerichts zum einen solche Bereiche, die für die private Freiheit und Sicherheit der Bürger wesentlich sind, und hier vor allem die für die Grundrechtsverwirklichung maßgeblichen Eingriffstatbestände bei intensiven Grundrechtseingriffen[60]. Das Gericht entwickelt hier eine verbandskompetenzielle Wesentlichkeitsthese[61]: Die wesentlichen, vor allem die grundrechtswesentlichen Entscheidungen müssen auf der Ebene der Nationalstaaten verbleiben.

---

59 *C. Möllers* (FN 52), S. 82.

60 BVerfG, NJW 2009, S. 2267 (2273 f. Rn. 249).

61 Begriff nach *G. Britz* (FN 52), S. 153.

Dieser Gedanke liegt auf den ersten Blick nicht fern, denn der zur Abgrenzung der Zuständigkeiten von Legislative und Exekutive entwickelte Grundsatz der Zuordnung wesentlicher Entscheidungen zum Parlament beruht auf Überlegungen zur demokratischen Legitimation: Die wesentlichen Fragen soll im deutschen Staatsrecht deswegen das Parlament entscheiden, weil es als einziges unmittelbar demokratisch legitimiertes Organ gegenüber der Exekutive einen Legitimationsvorsprung hat. Die Kriterien der Grundrechtsintensität und der politischen Bedeutsamkeit von Entscheidungen scheinen daher zur Bestimmung von integrationsfesten Bereichen adäquat zu sein, da sie sich an der Wesentlichkeit einer Frage im Sinne des Parlamentsvorbehalts orientieren und in diesem Zusammenhang zur Markierung eines nötigen hohen Niveaus bzw. der nötigen Effektivität demokratischer Legitimation von Entscheidungen dienen.

Das mögliche Gegenargument, dass sich im vorliegenden Kontext nicht die Frage der Zuordnung einer Entscheidung entweder zum Parlament oder zur Exekutive in einem demokratischen Staat oder innerhalb der EU[62] stellt, sondern die Frage der Zuordnung von materialen Kompetenzbereichen entweder zu den Mitgliedstaaten oder zur EU, trägt insoweit nur begrenzt. Die „Wesentlichkeit" einer Entscheidung ist zwar auf die Frage der Zuordnung von Entscheidungen zu den Gewalten und Organen in einem Verfassungsraum bezogen und unterscheidet sich insoweit von der Frage der Zuordnung zur EU oder zu den Mitgliedstaaten. Der Grund für die Zuordnung einer Entscheidung zum Parlament ist aber das damit verbundene hohe demokratische Legitimationsniveau, und die Frage der nötigen bzw. effektiven oder hohen Legitimation ist nach Ansicht des BVerfG die entscheidende Frage für die möglichen Zuordnungen im Verhältnis zwischen den Mitgliedstaaten und der EU. Die zum Parlamentsvorbehalt entwickelten Kriterien können daher auf die Frage der möglichen Zuordnung von Kompetenzbereichen im Verhältnis zwischen den Mitgliedstaaten und der EU zwar nicht unmittelbar rechtsdogmatisch angewendet werden, sind aber in der Sache grundsätzlich übertragbar, soweit auf das nötige Niveau effektiver demokratischer Legitimation abgestellt wird.

Aus diesem Grund kann auch der verbandskompetenziellen Wesentlichkeitsthese nicht erfolgreich entgegengehalten werden, dass die Wesentlichkeit im Staatsorganisationsrecht darauf ausgerichtet sei, die Frage der Organ- bzw. Gewaltenkompetenz (Parlament oder Exekutive) innerhalb einer föderalen Verbandsebene zu beantworten, also auf Bundesebene bzw. auf Landesebene, wogegen sie auf die Frage der Verteilung der Verbandskompetenzen keine Antwort gebe, also offen sei[63]. Denn der Grund für diese

---

62 Zu entsprechenden Ansätzen im Europarecht *H. Rieckhoff,* Der Vorbehalt des Gesetzes im Europarecht, 2007, insbes. S. 141 ff., 197 ff.; *C. Herrmann / T. Kruis,* EuR 2007, S. 141 (146 ff.).

63 In diese Richtung aber *G. Britz* (FN 52), S. 153.

Offenheit liegt darin, dass die Länder und der Bund jeweils demokratisch durch Parlamentswahlen legitimiert sind und sich insoweit keine relevanten Legitimationsunterschiede zwischen diesen föderalen Ebenen ausmachen lassen. Dagegen vermag die Wesentlichkeit eine Zuordnung anzubieten, sobald zwischen föderalen Ebenen relevante Legitimationsunterschiede bestehen.

Dennoch greift die Kritik durch[64]. Denn die Anwendungsvoraussetzungen der Wesentlichkeit lassen deren entscheidende Schwäche im hier relevanten Kontext erkennen: Der Rückgriff auf die Kriterien der Wesentlichkeit ist nur sinnvoll und setzt deshalb stets voraus, dass zwischen den Zuordnungseinheiten relevante Legitimationsunterschiede bestehen. Für das Verhältnis zwischen Mitgliedstaat und Union kann nur dann eine Zuordnung nach Wesentlichkeit vorgenommen werden, wenn die durch die Mitgliedstaaten vermittelte demokratische Legitimation effektiver ist bzw. sich auf einem höheren Niveau befindet als die demokratische Legitimation der EU. Denn der staatsrechtliche Grundsatz der Wesentlichkeit mit der Zuordnung wesentlicher Entscheidungen zum Parlament beruht auf dem Legitimationsvorsprung, den das Parlament gegenüber der Exekutive hat. Dieser Vorsprung ist der Grund dafür, die wichtigeren Entscheidungen dem demokratisch besser legitimierten Parlament vorzubehalten, und nicht der schlechter legitimierten Exekutive zu überlassen.

Das Kriterium der Wesentlichkeit kann daher nur dann auf die hier maßgebliche Frage der Verbandskompetenz übertragen werden, wenn in einem föderalen System ein Verband bereits einen demokratischen Legitimationsvorsprung hat. Die vom BVerfG vorgenommene Zuordnung von Sachbereichen zu einer bestimmten Ebene in einem föderalen System nach dem Kriterium der Wesentlichkeit setzt voraus, dass diese Ebene demokratisch bereits besser legitimiert ist als die anderen Ebenen. Die Zuordnung nach dem Kriterium der Wesentlichkeit kann deshalb nur die Folge des demokratischen Legitimationsvorsprungs dieser Ebene sein, nicht dagegen ihr Grund.

Dies ist aber die hier relevante Fragestellung. Denn das BVerfG behauptet, aus den Voraussetzungen des material verstandenen Demokratieprinzips abzuleiten zu können, dass in bestimmten Bereichen Demokratie auf der europäischen Ebene nicht funktionieren kann und deshalb die nationale Ebene einen Legitimationsvorsprung hat. Der Rückgriff auf das Kriterium der Wesentlichkeit setzt aber gedanklich einen bereits bestehenden Legitimationsvorsprung der nationalen Ebene schlicht voraus und knüpft daran an, ohne ihn zu begründen: Die das deutsche Staatsrecht prägende Zuordnung wesentlicher Fragen zum Parlament setzt voraus, dass das Parlament als einziges unmittelbar demokratisch legitimiertes Staatsorgan gegenüber

64 So im Ergebnis auch *G. Britz* (FN 52), S. 157 f.

der Exekutive einen prinzipiellen Legitimationsvorsprung hat. Die Zuordnung nach Wesentlichkeit ist nur die Folge, nicht der Grund eines prinzipiellen Legitimationsvorsprungs. Bei der Bestimmung integrationsfester Bereiche sucht das BVerfG aber eben dies erst aufzustellen: Eine Begründung für einen prinzipiellen Legitimationsvorsprung der Nationalstaaten in diesen Bereichen. Der Ansatz einer verbandskompetentiellen Zuordnung nach Wesentlichkeit gerät damit zu einem Zirkelschluss.

Der nähere Blick zeigt somit, dass mit dem Kriterium der Wesentlichkeit eine eigenständige demokratische Kompetenzabgrenzung zwischen Mitgliedstaaten und EU nicht zu leisten ist. Die Kriterien der Grundrechtsintensität und der politischen Bedeutsamkeit von Entscheidungen können keine Antwort auf die Frage geben, warum in diesen Bereichen eine demokratische Legitimation durch die EU nicht hinreichend gegeben ist; sie knüpfen an diesen – anderweitig zu begründenden – Befund nur an. Die Frage, ob und wieweit die tatsächlichen Voraussetzungen für eine demokratische Legitimation von Hoheitsgewalt auf der Ebene der EU gegeben sind, kann mit diesen Kriterien nicht beantwortet werden, denn für die Fragen nach der demokratischen Legitimation der EU und deren möglichen Defiziten lässt sich aus ihnen keine Erkenntnis gewinnen.

4. Besondere Angewiesenheit auf Vorverständnisse

Für eine eigene, genuin demokratische Begründung integrationsfester Bereiche ist deshalb der zweite im Urteil angelegte Begründungsstrang zentral. Danach sind solche Bereiche integrationsfest, die in besonderer Weise auf kulturelle, historische und sprachliche Vorverständnisse angewiesen sind, und die sich im organisierten Raum einer politischen Öffentlichkeit diskursiv entfalten müssen.

Die vom Gericht genannten Kriterien reflektieren grundsätzlich die materialen Anforderungen an eine demokratische öffentliche Meinungsbildung. Der Verweis auf die Angewiesenheit von Demokratie auf Vorverständnisse, die sich in der politisch organisierten Öffentlichkeit diskursiv entfalten müssen, entspricht im Wesentlichen den oben skizzierten materialen Bedingungen einer funktionierenden Demokratie.

Bedenken kommen allerdings beim Blick auf die Bereiche, die nach Ansicht des Gerichts aus den vorangehenden Überlegungen integrationsfest sein sollen. Das Gericht nennt als Beispiele die Staatsbürgerschaft, das Strafrecht, das zivile und militärische Gewaltmonopol, die fiskalischen Grundentscheidungen über Einnahmen und Ausgaben des Staates, die sozialstaatliche Gestaltung von Lebensverhältnissen sowie kulturell besonders bedeutsame Entscheidungen im Familienrecht, Schul- und Bildungssystem sowie über den Umgang mit religiösen Gemeinschaften.

Hier tauchen Zweifel auf. Denn die genannten Bereiche sind so vage und so weit gefasst, dass die Gefahr der Überdehnung besteht[65]. Deutlich wird dies, wenn nach der Reichweite der einzelnen Bereiche gefragt wird. Was gehört z. B. zum integrationsfesten Bereich des Familienrechts: Nur das Recht des Verhältnisses zwischen Eltern und Kindern? Auch die Regelungen über Eingehen, Führen und Auflösen einer Ehe? Auch die Regelungen über die Gleichstellung gleichgeschlechtlicher Partnerschaften mit der Ehe? Oder sogar noch die Regelungen zur arbeitsrechtlichen Gleichstellung von Frauen und Männern, die mittelbar Folgen für das Verständnis von Familie haben können?

Die Gefahr der Überdehnung zeigt sich auch, wenn die Bereiche auf ihre demokratisch nötige Anbindung befragt werden: Sind sämtliche der in den genannten Bereichen liegenden Fragen wirklich derart intensiv auf kulturelle, historische und sprachliche Vorverständnisse angewiesen, dass die demokratisch nötige Öffentlichkeit sich allein im nationalen Raum entfalten kann und nicht auch auf europäischer Ebene? Oder wird z. B. über die strafrechtliche Verfolgung organisierter Kriminalität, über militärische Auslandseinsätze, über die Grundlagen der staatlichen Fiskalsysteme, über die Bologna-Reformen der Hochschulen, über den Umgang mit religiösen Minderheiten sowie über die Gleichstellung von Frau und Mann am Arbeitsplatz nicht auch europaweit öffentlich diskutiert? Hier zeigt sich, dass die Benennung integrationsfester Sachbereiche die Gefahr birgt, integrationsfeste Fragen über das demokratisch begründbare Maß hinaus anzunehmen.

5. Sachbereiche grundsätzlich nur relativ integrationsfest

Diese Gefahr hat allerdings auch das BVerfG gesehen und versucht, ihr zu begegnen[66]. Denn nach Ansicht des Gerichts ist in den integrationsfesten Bereichen die Übertragung von Hoheitsrechten auf die Europäische Union nicht strikt ausgeschlossen, sondern zulässig, aber auf das zur Koordinierung grenzüberschreitender Sachverhalte notwendige Maß zu beschränken. Die Qualifizierung eines Sachbereiches als demokratisch integrationsfester Bereich hat deshalb nicht die Wirkung einer strikten Zuordnung des Bereichs zu den Mitgliedstaaten, sondern die Wirkung einer Rechtfertigungslast: In diesen Bereichen dürfen der EU soweit Kompetenzen übertragen werden, als dies zur Koordinierung grenzüberschreitender Sachverhalte notwendig ist.

Auf dieser Grundlage untersucht das Gericht die zuvor genannten Sachbereiche und differenziert innerhalb der Bereiche zwischen integrations-

---

65 *G. Britz* (FN 52), S. 158 f.

66 Entsprechende Deutung auch bei *G. Britz* (FN 52), S. 161, 162.

festen Entscheidungen, die den deutschen Staatsorganen vorbehalten sind, sowie integrationsoffenen Entscheidungen. Das Gericht begnügt sich dabei weitestgehend damit, dass in den Sachbereichen ausreichende mitgliedstaatliche Handlungsfreiräume bestehen, die zudem europäische Einflüsse nicht ausschließen. Als nicht nur im Grundsatz, sondern auch im Ergebnis integrationsfest werden allein der konstitutive Parlamentsvorbehalt für Auslandseinsätze der Bundeswehr[67] sowie das strafrechtliche Schuldprinzip[68] gekennzeichnet.

6. Offene Fragen und Spielraum einer nötigen Dogmatik

Im Ergebnis hat das BVerfG sich damit bei der Festlegung genuin demokratischer integrationsfester Entscheidungen zurückgehalten[69]. Allerdings sind noch viele Fragen offen.

Zum einen ist zu klären, ob die innerhalb der als relativ integrationsfest markierten Aufmerksamkeitsfelder zur Rechtfertigung der Integration nötigen Gründe einer rechtsnormativen Verankerung bedürfen, und falls ja, ob sie jedweder einschlägigen Rechtsregelung entnommen werden können – nationales, europäisches und internationales Recht, Verfassungs- bzw. Primärrecht und einfaches bzw. Sekundärrecht –, oder ob sie auf bestimmte oder eine bestimmte Norm beschränkt sind, z. B. Art. 79 Abs. 3 GG.

Zum anderen ist über den Bezugspunkt der sachlichen Notwendigkeit der Integration zu diskutieren. Zum Teil wird vertreten, dass die entsprechende Urteilspassage als Anmahnung einer verschärften, demokratisch aufgeladenen Subsidiaritätskontrolle zu verstehen ist[70]. Allerdings wirkt Subsidiarität als Beschränkung bei der Ausübung von bereits auf die EU übertragenen Kompetenzen, wogegen es hier um die vorgelagerte Frage der Übertragung von Kompetenzen auf die EU geht. Zudem knüpft der Grundsatz der Subsidiarität stets an die inhaltliche Eignung zur Erledigung einer Sachaufgabe an: Die obere Ebene soll nur dann tätig werden, wenn die untere Ebene die Sachaufgabe nicht ausreichend erfüllen kann, ihr also die nötige Leistungsfähigkeit für eine Sachaufgabe fehlt[71], was häufig auf dem Umfang oder den Wirkungen der erforderlichen Maßnahmen beruht. Die grundsätzliche Ableitung der Integrationsfestigkeit aus dem Demokratie-

---

67 BVerfG, NJW 2009, S. 2267 (2274 Rn. 255).

68 BVerfG, NJW 2009, S. 2267 (2289 Rn. 364).

69 In diesem Sinne, aber weitergehend und generalisierend *A. Grosser* (FN 23), S. 1263.

70 *G. Britz* (FN 52), S. 162 f.

71 Dazu nur *J. Isensee*, Subsidiarität und Verfassungsrecht, 1968, S. 71 ff.; *C. Calliess*, Subsidiaritäts- und Solidaritätsprinzip in der Europäischen Union, 2. Aufl., 1999, S. 25 ff.

prinzip legt dagegen nahe, auf die demokratische Legitimation zur Erfüllung der Aufgabe abzustellen und nicht auf die inhaltliche Leistungsfähigkeit zur Erfüllung einer Sachaufgabe.

Schließlich ist unklar, welche Struktur der Maßstab des sachlich notwendigen Maßes der Integration aufweist. Hat er die Struktur eines – näher zu bestimmenden und eventuell zwischen den Sachbereichen differierenden – Mindestniveaus an Gründen, bei dessen Erfüllung eine Übertragung von Kompetenzen auf die EU zulässig ist, oder handelt es sich um eine offenere Abwägungsentscheidung, die in der Art einer Verhältnismäßigkeitsprüfung zu konstruieren ist, und in deren Rahmen auch weitere gegen eine Übertragung von Kompetenzen auf die EU sprechende Gründe berücksichtigt werden können?

Insgesamt ist daher derzeit noch nicht hinreichend geklärt, wie innerhalb der zunächst weit zu fassenden Sachbereiche dann die eigentlich integrationsfesten Entscheidungen zu bestimmen sind. Es fehlt noch die Dogmatik, mit der die vom Gericht bezeichnete Integrationsgrenze des „sachlich notwendigen Maßes" strukturiert, inhaltlich rationalisiert und vorhersehbar beschrieben werden kann. Die Antwort auf diese Frage wird mitentscheiden über den Spielraum, den das Grundgesetz der Integrationspolitik der deutschen Staatsorgane und damit auch der Kooperation des BVerfG mit dem EuGH einräumt.

V. Vier Gründe für eine integrationsoffene Grenzziehung

Dabei sprechen vier zentrale Gründe dafür, dass das BVerfG die integrationsfesten Bereiche auch künftig zurückhaltend bestimmen sollte: Der verfassungsrechtliche Maßstab; die Begründung der Integrationsgrenzen aus den materialen Bedingungen von Demokratie; das Verhältnis zwischen BVerfG und Gesetzgeber; sowie die Demokratie auf der Ebene der Europäischen Union.

1. Verfassungsrechtlicher Maßstab des Art. 79 Abs. 3 GG

Die maßgebliche Grenze markiert Art. 79 Abs. 3 GG. Nach dieser Regelung darf das Demokratieprinzip keinesfalls berührt werden. Diese sprachlich eindrucksvolle Formel wird in der Rechtsprechung des BVerfG allerdings zurückhaltend verwendet. Das Gericht sieht die Regelung als eine Ausnahmevorschrift an, die den Grundsatz der Änderbarkeit des Grundgesetzes und damit die Volkssouveränität einschränkt und daher eng auszulegen ist[72]. Sie soll vor allem verhindern, dass die geltende Verfassungs-

[72] BVerfGE 109, 279 (310); vgl. auch: BVerfGE 84, 90 (121); 94, 49 (103).

ordnung in ihren Grundlagen beseitigt werden kann[73]. Dazu genügt nach Ansicht des BVerfG, dass den geschützten Grundsätzen im allgemeinen Rechnung getragen wird[74]. Dieser zurückgenommene Maßstab legt es nahe, den unabdingbaren Mindestschutz des demokratischen Prinzips auch in Bezug auf die europäische Integration zurückhaltend zu bestimmen. Das Verfassungsrecht deckt hier nur eine deutlich zurückgenommene Kontrolle auf (Nicht-)Verletzung der entsprechenden Grenzen[75]. Dagegen können Rückschlüsse in Form bestimmter materialer Bereiche, die integrationsfest(er) sind, allein auf den Schutz der Grundsätze von Art. 79 Abs. 3 GG kaum gestützt werden[76].

2. Begründung aus den materialen Bedingungen von Demokratie

Die demokratisch zwingende Zuordnung von Sachfragen zu den Mitgliedstaaten beruht auf der Annahme, dass nur dort die nötigen Funktionsvoraussetzungen von Demokratie gegeben sind. Diese exklusive Angewiesenheit wird vor allem für Sachbereiche angenommen, die dem Demokratieprinzip funktional so zugeordnet sind, dass sie zur Realisierung des verfassungsrechtlich durch Art. 79 Abs. 3 GG geschützten Kerngehalts unabdingbar sind[77]. Die tatsächlichen Voraussetzungen von Demokratie haben deshalb nur dann an der verfassungsrechtlichen Garantie von Demokratie teil, wenn sie so beschaffen sind, dass ohne sie Demokratie grundsätzlich nicht funktionieren kann. Für die Annahme einer integrationsfesten Entscheidung muss die Sachfrage so intensiv auf kulturelle, historische und sprachliche Vorverständnisse angewiesen sein, dass die demokratisch nötige Öffentlichkeit sich allein im nationalen Raum diskursiv entfalten kann.

Diese exklusive Angewiesenheit fehlt aber bereits, falls für die Sachfrage die demokratisch nötige Öffentlichkeit zumindest auch auf europäischer Ebene entstehen kann. Für eine demokratisch zwingende Zuordnung einer Frage zum Mitgliedstaat genügt daher insbesondere nicht, dass die Entscheidung der Frage auf der Ebene der Mitgliedstaaten auch oder vielleicht sogar besser demokratisch legitimiert werden kann als auf der Ebene der EU[78]. Die normative Verbindung zwischen den aus Art. 23 Abs. 1 S. 3 GG in

---

[73] BVerfGE 30, 1 (24).

[74] BVerfGE 30, 1 (24).

[75] *C. Schönberger* (FN 23), S. 1208 ff.; *C. Classen* (FN 22), S. 887; *P. Hector* (FN 25) S. 606 ff.

[76] *C. Classen* (FN 22), S. 887; *G. Britz* (FN 52), S. 161.

[77] *M. Kaufmann,* Europäische Integration (FN 52), S. 422 ff.

[78] So aber *G. Britz* (FN 52), S. 163, die das Demokratieprinzip insoweit als Optimierungsgebot versteht mit der Folge, dass Entscheidungen wenn möglich auf der Ebene zu treffen sind, auf der Öffentlichkeit ihre demokratische Funktion am besten

Verbindung mit Art. 79 Abs. 3 GG zu folgernden Mindestanforderungen und der Notwendigkeit deren Erfüllung durch den Bundestag ist erst dann hergestellt, wenn hinreichend klar ist, dass die verfassungsrechtlichen Mindestanforderungen durch eine supranationale Organisation, der die Kompetenzen übertragen werden, nicht erfüllt werden können[79].

3. Verhältnis zwischen BVerfG und Gesetzgeber

Die entsprechenden Feststellungen über die nötigen tatsächlichen Voraussetzungen von Demokratie beruhen in erheblichem Maße auf politischen Wertungen. Und in Fragen der politischen Wertung, insbesondere der wertenden Einschätzung von komplexeren Realitäten, hält das BVerfG sich üblicherweise zurück. Es ordnet dem Gesetzgeber einen Einschätzungsspielraum oder eine Einschätzungsprärogative zu[80]. Diese bekannte und bewährte Praxis beruht auf verfassungsrechtlichen Gründen. In der gewaltenteilenden Ordnung des Grundgesetzes besteht die Aufgabe der Gerichte vor allem in der Klärung von fallrelevanten Rechtsfragen und nicht in der Vornahme allgemeiner politischer Wertungen[81]. Soweit politische Wertungen Rechtsakte prägen, sind diese Wertungen zwar auf die Einhaltung der rechtlichen Grenzen zu kontrollieren. Allerdings sind Gerichte dabei nach ihrer durch die Gewaltenteilung und die entsprechende Funktion der Gerichte geprägten institutionellen Ausstattung nur begrenzt dafür gerüstet, eigene Tatsachenermittlungen als Grundlage von Wertungen vornehmen zu können. Dagegen ist das Parlament dazu prädestiniert, im Rahmen des Gesetzgebungsverfahrens in den Ausschüssen Realitäten umfassend und differenziert einzufangen und im Ausschuss oder im Plenum eine öffentliche Diskussion zu führen. Diese Unterschiede reflektieren auch die unterschiedliche demokratische Legitimation von BVerfG und Gesetzgeber: Beide sind demokratisch legitimiert, aber nur das Parlament beruht unmittelbar auf dem Wählerwillen.

---

erfüllen kann; allerdings wieder relativierend S. 168 mit der Feststellung, dass sich daraus keine integrationsfesten Sachbereiche begründen lassen. – Generell gegen ein Verständnis des Demokratieprinzips als Optimierungsgebot *H. H. Bowitz,* Das Demokratieprinzip als eigenständige Grundlage richterlicher Entscheidungsbegründungen, 1984, S. 51; *P. Lerche,* FS Stern, 1997, S. 197 ff.; *F. Reimer,* Verfassungsprinzipien, 2001, S. 329 ff.; *C. Hillgruber,* AöR 127 (2002), S. 460 (469); *C. Waldhoff,* JZ 2009, S. 144 (146 f.); *B. Grzeszick,* in: Maunz/Dürig, GG, Art. 20 Demokratie (April 2010) Rn. 160.

79 *M. Niedobitek,* GLJ 10 (2009), S. 1267 (1271).

80 Vgl. zuletzt BVerfG, NJW 2010, S. 505 (508 Rn. 138); auch BVerfG, NJW 1998, S. 2961 (2962); E 95, 173 (185).

81 So auch in explizitem Bezug auf das BVerfG-Urteil *P.-C. Müller-Graff* (FN 10), S. 342; *J. Schwarze,* EuR 2010, S. 108 (108).

4. Demokratie auf der Ebene der Europäischen Union

Eine demokratische Öffentlichkeit existiert tatsächlich auch auf der Ebene der Union[82], und dies mit klar zunehmender Tendenz. Auch das BVerfG erkennt ausdrücklich an, dass durch die großen Erfolge der europäischen Integration eine gemeinsame und miteinander im thematischen Zusammenwirken stehende europäische Öffentlichkeit ersichtlich wächst[83].

Zwar mag es weiterhin Unterschiede geben zwischen einer nationalen und der europäischen Öffentlichkeit. Die Anzahl und die Intensität europäischer Debatten bleibt regelmäßig hinter der Anzahl und der Intensität der nationalen Debatten zurück. Der Blick auf die politischen Debatten, die Teil der demokratisch notwendigen öffentlichen Meinungsbildung sind, zeigt, dass diese auf der Ebene der EU zum Teil nicht so intensiv verlaufen wie auf der Ebene der Mitgliedstaaten und auch weniger häufig meinungs- und entscheidungsbildend sind[84]. Insbesondere werden die europäischen Parteien in Sachthemen, im Spitzenpersonal und in den Wahlkreisabgeordneten weniger wahrgenommen als die nationalen Themen und Personen.

Allerdings sind auch die nationalen öffentlichen Diskurse von den Idealen häufig weiter entfernt, als dies der Demokratietheorie lieb sein kann. Auch die demokratischen Diskurse in den Mitgliedstaaten können erheblich hinter dem demokratischen Ideal der Staatslehre bzw. Verfassungstheorie zurückbleiben[85], ohne damit unmittelbar in den Bereich der Verfassungswidrigkeit zu geraten. Ein Blick auf den letzten Bundestagswahlkampf und die Beteiligungen der Bürger bei den letzten Wahlen sollte zur Zurückhaltung mahnen und statt eines konstruierten und überhöhten Ideals eher den Normalfall demokratischer Öffentlichkeit als Vergleichsgröße in den Blick nehmen lassen. Aus dieser Perspektive sind die Unterschiede zwischen den Öffentlichkeiten der Nationalstaaten und der Europäischen Öffentlichkeit eher gradueller als prinzipieller und qualitativer Natur[86].

Das zentrale Problem der europäischen Demokratie liegt wohl in der unübersichtlichen Verantwortungszurechnung[87]. Das Verhältnis zwischen Wahlen auf nationaler Ebene, die zum Ministerrat führen; Wahlen auf europäischer Ebene, die zum Europäischen Parlament führen; die Bildung der Kommission zwischen Parlament und Rat; die europäische Politik im Verhältnis zwischen Parlament, Rat und Kommission; sowie dem Vollzug dieser Politik, der wiederum häufig durch die nationalen Verwaltungen geschieht,

---

82 *S. Kadelbach* (FN 5), S. 387.

83 BVerfGE 89, 155 (185); BVerfG, NJW 2009, S. 2267 (2274 Rn. 251).

84 Dazu nur *J. Sack*, ZEuS 10 (2007), S. 457 ff.; *ders.*, ZEuS 12 (2009), S. 623 (629).

85 Dazu nur *G. Lübbe-Wolff*, VVDStRL 60 (2001), S. 246 (247 f., 265 ff.).

86 *G. Britz* (FN 52), S. 161 f.

87 So auch *S. Kadelbach* (FN 5) S. 387.

ist differenziert und kompliziert, und erschwert die öffentliche europäische Meinungsbildung.

Allerdings ist nicht jede Abweichung vom demokratischen Ideal klarer und einfacher Verantwortungszurechnung die spezifische Folge der europäischen Integration. Wer versucht, auch zumindest halbwegs interessierten Bürgern die Einzelheiten des föderalen deutschen Finanzverfassungsgeflechts zu erläutern, oder die nach der Föderalismusreform entstandenen Gesetzgebungsformen der Abweichungs- und Freigabegesetze je für sich, in ihrem Zusammenspiel sowie in ihrem Verhältnis zu den detaillierten Regelungen über die Fortgeltung alten Rechts in den Art. 125–125c GG zu erörtern, gerät gleichfalls rasch an die Aufnahmegrenzen öffentlicher Meinungsbildung.

Schließlich hat der Vertrag von Lissabon für die demokratische Legitimation der Union Fortschritte gebracht. Zum einen wurde im Bereich der Gesetzgebung das Verfahren der Mitentscheidung, in dem das Parlament mit dem Rat gleichberechtigt tätig wird, vereinfacht und zum Regelfall erklärt. Zum anderen darf nun der Ministerrat den Abschluss völkerrechtlicher Verträge in Bereichen, für die das Parlament als Gesetzgeber zuständig ist, erst beschließen, wenn zuvor das Parlament zugestimmt hat. Schließlich bedarf der Kommissionspräsident nicht mehr nur einer Bestätigung durch das Parlament: Dem Parlament wird nun bereits bei der Kandidatensuche förmlicher Einfluss eingeräumt.

Und dass das Parlament Willens und in der Lage ist, seine Befugnisse wirkungsvoll einzusetzen, hat es – unabhängig von der Bewertung der jeweiligen sachlichen Positionen – in den wenigen Monaten seit dem Inkrafttreten des Vertrags von Lissabon bewiesen. Als die Kandidatin für den Posten der Kommissarin für internationale und humanitäre Hilfe, die in den Medien bereits im Vorfeld als Wackelkandidatin tituliert worden war, bei der dreistündigen Anhörung im Parlament nach Ansicht der Parlamentarier tatsächlich eine wenig überzeugende Leistung erbrachte, wurde sie umgehend durch eine neue Kandidatin ersetzt[88]. Die Zustimmung des Parlaments zur Kommission insgesamt erfolgte erst, nachdem der Kommissionspräsident zuvor einer institutionellen Vereinbarung mit dem Parlament zugestimmt hatte, die den durch den Vertrag von Lissabon eröffneten Spielraum nutzt und Parlamentsbeschlüsse, die die Kommission zu einer Gesetzesinitiative auffordern, zu einem Initiativrecht der Parlaments ausgestaltet[89]. Und bereits zwei Tage nach der Einsetzung der neuen Kommission

---

[88] Vgl. dazu die Mitteilung des Europäischen Parlaments v. 19. Januar 2010, Referenz 20100119STO67617.

[89] Europäisches Parlament, Entschließung vom 9. Februar 2010 zu einer revidierten Rahmenvereinbarung zwischen Europäischen Parlament und der Kommission für die nächste Wahlperiode, P7_TA(2010)0009.

hat das Parlament in spektakulärer Weise die Zustimmung zu einem von Kommission und Ministerrat bereits ausgehandelten Vertrag zwischen der Union und den USA über die Weitergabe europäischer Bankdaten an US-Sicherheitsbehörden verweigert und von Kommission und Ministerrat erhebliche Änderungen verlangt[90]. Schließlich – und im vorliegenden Kontext von zentraler Bedeutung: Sämtliche der genannten Vorgänge wurden in den nationalen und europäischen Medien intensiv und ausführlich begleitet.

VI. Die Einstellung Jean Monnets

Der Startpunkt für all dies, der Schuman-Plan, wurde von *Jean Monnet* entworfen, einem der wichtigsten Architekten der europäischen Integration. Sein Biograph und langjähriger Freund *François Duchêne* führt die rasche und in der Intensität einmalige Integration Europas auch darauf zurück, dass die europäische Integration Ergebnis einer wachsenden europäischen Demokratie sei[91]. Freilich sieht er auch die Probleme: „Je demokratischer ein politisches System ist und je mehr es nationale Interessen repräsentiert, desto mehr betont es seine Herkunft statt seine Zukunft“[92].

Was hätte *Jean Monnet* geantwortet? Auch er wusste, dass die europäische Integration ein schwieriges Unterfangen ist, das Zeit benötigt. „Europa“, so hatte Monnet im von ihm entworfenen Schuman-Plan ausgeführt, „läßt sich nicht mit einem Schlage herstellen und auch nicht durch eine einfache Zusammenfassung: Es wird durch konkrete Tatsachen entstehen, die zunächst eine Solidarität der Tat schaffen“[93]. Den dabei auftretenden Problemen begegnete er mit der Einstellung eines europäischen Optimisten mit Augenmaß: „Man muß auf Rückschlägen aufbauen, aber nicht so sehr als Hindernis, sondern mehr als Erfahrungswert“[94]. Diese Einstellung sollte, so denke ich, auch den Umgang mit den nationalen Erfahrungen und Vorgaben zur Demokratie prägen: Nicht so sehr als Hindernis, sondern mehr als Erfahrungswert für eine demokratische Europäische Union.

---

90 Europäisches Parlament, Legislative Entschließung vom 11. Februar 2010 zu dem Vorschlag für einen Beschluss des Rates über den Abschluss des Abkommens zwischen der Europäischen Union und den Vereinigten Staaten von Amerika über die Verarbeitung von Zahlungsverkehrsdaten und deren Übermittlung aus der Europäischen Union an die Vereinigten Staaten für die Zwecke des Programms zum Aufspüren der Finanzierung des Terrorismus, P7_TA(2010)0029.

91 *F. Duchêne,* Jean Monnet: The First Statesman of Interdependence, 1994, S. 19.

92 *F. Duchêne,* Jean Monnet (FN 91), 1994, S. 19.

93 Schuman-Plan (FN 1).

94 Zitiert nach *George W. Ball,* in: *F. Duchêne,* Jean Monnet (FN 91), 1994, S. 11.

Zweiter Abschnitt

Referenzgebiete

Europäisierung des Sozialversicherungsrechts

Von Peter Axer, Heidelberg

„Der Hunger sitzt in deinen hohlen Backen, Not und Bedrängnis darbt in deinem Blick, Auf deinem Rücken hängt zerlumptes Elend, Die Welt ist nicht dein Freund, noch ihr Gesetz; Die Welt hat kein Gesetz dich reich zu machen; Drum sei nicht arm, brich das Gesetz und nimm." Mit diesem Zitat aus Shakespeares „Romeo und Julia"[1] beginnt Generalanwalt *Maduro* seine Schlussanträge vom 30. September 2009 in der Rechtssache *Blanco Pérez / Chao Gómez*[2], zwei spanischen Apothekern, denen die Erlaubnis zum Betrieb einer Apotheke in Asturien versagt wird. Nach dortigem Recht ist die Eröffnung einer Apotheke abhängig von der Bevölkerungszahl – regelmäßig 2800 Einwohner pro Apotheke – und einer Mindestentfernung von zweihundertfünfzig Metern. Bei der Erteilung der Erlaubnis werden zudem Apotheker bevorzugt, die zuvor in schwächer besiedelten, unterversorgten Gebieten Asturiens tätig waren. Gerechtfertigt wird dies zum einen damit, dass durch die spätere Bevorzugung in gewinnträchtigeren städtischen Gebieten die Eröffnung von Apotheken in ländlichen Gebieten gefördert werde, zum anderen damit, dass durch die vor Konkurrenz schützenden Beschränkungen und den Verteilungsmodus insgesamt eine qualitativ höherwertige Versorgung in Asturien erreicht werde. In Shakespeares Drama bewog Armut den „armen Schelm" von Apotheker, Romeo das Gift zu geben: „Nur meine Armut, nicht mein Wille weicht". Nach Ansicht des Generalanwalts soll es, abgesehen von dieser Stelle bei Shakespeare, keine dokumentierte Grundlage für die Annahme geben, dass ein intensiverer Wettbewerb Apotheker veranlasse, die Qualität ihrer Leistungen zu verringern. Die Regelungen Asturiens werden von ihm als Verletzung der Niederlassungsfreiheit qualifiziert, weil sie im Hinblick auf die Bevorzugung diskriminierend und hinsichtlich der Beschränkungen in hohem Maße nicht kohärent und einheitlich ausgestaltet seien. Schon der Fall und seine Beurteilung durch den Generalanwalt illustrieren, in welchem Umfang sich die Europäische Union allgemein und der Gerichtshof im Besonderen mit der Erbringung von Gesundheitsleistungen befasst und auf diese einwirkt.

---

1 Fünfter Aufzug, Erste Szene.

2 Rs. C-570/07, 571/07. Zwischenzeitlich ist auch die Entscheidung des EuGH ergangen (Urt. v. 1. 6. 2010).

I. Die Sozialversicherung als ausdrücklicher Regelungsgegenstand des Unionsrechts

1. Die Koordinierung sozialer Rechte

In ständiger Rechtsprechung betont der Gerichtshof, dass den Mitgliedstaaten die Zuständigkeit für die Ausgestaltung ihrer Systeme der sozialen Sicherheit und insbesondere für den Erlass von Vorschriften zur Organisation und Erbringung von Dienstleistungen im Gesundheitswesen und der medizinischen Versorgung obliegt[3]. Als Europäische Wirtschaftsgemeinschaft gegründet, zielte die Europäische Union anfangs primär auf die Errichtung und Gewährleistung einer offenen Marktwirtschaft mit freiem Wettbewerb zwischen den Mitgliedstaaten. Kompetenzen im Bereich des Sozialen waren nur in geringem Umfang vorhanden und hatten zumeist nur akzessorischen Charakter[4] im Hinblick auf die Verwirklichung des Binnenmarktes[5]. Es handelte sich regelmäßig um sekundäre Sozialpolitik, d. h. um Sozialpolitik, die in Dienst genommen wurde, um Nicht-Sozialpolitik zu realisieren[6]. Selbst die unmittelbar nach der Gründung erlassenen Verordnungen über die soziale Sicherheit von Wanderarbeitnehmern[7] dienten vornehmlich der Absicherung und Verwirklichung der Arbeitnehmerfreizügigkeit, indem sie den räumlichen und persönlichen Geltungsbereich unterschiedlicher Sozialrechtssysteme koordinierten. Der Wechsel des Arbeitsplatzes über Staatsgrenzen hinweg sollte nicht auf sozialrechtliche Hindernisse stoßen und zu Diskriminierungen führen, indem erworbene Sozialversicherungsansprüche verloren gehen oder Leistungen nicht erhalten werden können.

In der Folgezeit entwickelten sich die Koordinierungsregelungen zu, allerdings höchst komplizierten und sehr technischen, „Mustersammlungen für Grundformen eines europäischen Verwaltungskooperationsrechts“[8]. Über

---

3 Vgl. statt Vieler jüngst nur EuGH, Urt. v. 19. 5. 2009, Rs. C-171/07, 172/07, EuZW 2009, S. 298 ff., Rn. 18 – Apothekerkammer des Saarlandes.

4 *Kingreen,* Die Europäisierung sozialer Rechte, in: Fischer-Lescano / Rödl / Schmid (Hrsg.), Europäische Gesellschaftsverfassung, 2009, S. 129 f.

5 Darstellung der Entwicklung der europäischen Sozialpolitik und der Kompetenzen im Bereich des Sozialen seit den Römischen Verträgen etwa bei: *Eichenhofer,* Sozialrecht der Europäischen Union, 3. Aufl. 2006, Rn. 9 ff.; *ders.,* Geschichte des Sozialstaats in Europa, 2007, S. 73 ff.; *Haverkate / Huster,* Europäisches Sozialrecht, 1999, Rn. 22 ff.; *Schulte,* ZFSH / SGB 2007, S. 259 ff., 323 ff.; *Kingreen,* Das Sozialstaatsprinzip im europäischen Verfassungsverbund, 2003, S. 285 ff.; *Schlegel,* Sozialversicherung unter europäischem Einfluss, in: FS 50 Jahre saarländische Sozialgerichtsbarkeit, 2009, S. 3 ff.; *Streinz,* Sozialpolitische Zuständigkeit der EU im Rahmen der offenen Methode der Koordinierung, in: Schriftenreihe des Deutschen Sozialrechtsverbandes (= SDSRV) (53), 2005, S. 29 (33 ff.).

6 *Zacher,* EuR 2002, S. 147 (152 ff.).

7 Zur Geschichte des koordinierenden Sozialrechts *Fuchs,* in: ders. (Hrsg.), Europäisches Sozialrecht, 4. Aufl. 2005, Einf. Rn. 19 ff.

8 *Schmidt-Aßmann,* Verfassungsprinzipien für den Europäischen Verwaltungsverbund, in: Hoffmann-Riem / Schmidt-Aßmann / Voßkuhle (Hrsg.), Grundlagen des Verwaltungsrechts, Bd. I, 2006, § 5 Rn. 107.

450 Gerichtsentscheidungen des EuGH[9] belegen insoweit auch die praktische Bedeutung der Koordinierung zur Vermeidung von Sicherungslücken und Doppelsicherungen. An diese Ziele anknüpfend, bezweckt auch die zum 1. Mai 2010 in Kraft getretene Kodifikation des europäischen Kollisionsrechts durch die Verordnung 883 / 04 keine Harmonisierung der nationalen sozialen Sicherungssysteme und Einebnung ihrer Unterschiede[10]. Nach wie vor handelt es sich der Sache nach im Wesentlichen um Europäisches Internationales Sozialrecht[11]. Doch ist nicht zu übersehen, dass auch Koordination auf den Umfang und den Inhalt der Sozialleistungsgewährung harmonisierend wirkt. Nach dem Vertrag von Lissabon, der im Unterschied zum bisherigen Recht eine Änderung der Koordinationsregelungen im ordentlichen Gesetzgebungsverfahren auch durch Mehrheitsbeschluss zulässt, besitzt jeder Mitgliedstaat das Recht, für vier Monate das Verfahren auszusetzen, wenn die Koordinierung „wichtige Aspekte seines Systems der sozialen Sicherheit, insbesondere dessen Geltungsbereich, Kosten oder Finanzstruktur verletzen oder dessen finanzielles Gleichgewicht" beeinträchtigen würde[12]. Damit bestätigt schon der Vertrag selbst die Relevanz der Koordinierung für die nationalen Sozialversicherungssysteme.

2. Primärrechtliche Kompetenzen

Die geschriebenen primärrechtlichen Kompetenzen der Union zur Gestaltung eines harmonisierten einheitlichen europäischen Sozialrechts sind auch nach dem Vertrag von Lissabon verglichen mit den Befugnissen der Union auf anderen Feldern, etwa der Umwelt- oder Verkehrspolitik, immer noch eher gering. Doch führt der Vertrag von Lissabon die spätestens im Maastrichter Vertrag deutlich zum Ausdruck kommende Entwicklung hin zu einer immer stärker auch soziale Belange einbeziehenden und diese als eigenständige Werte berücksichtigenden Union fort, ohne allerdings für die soziale Absicherung eine Europäische Sozialunion vergleichbar der Wirtschafts- und Währungsunion zu begründen oder ein nationalstaatliche Sozialsysteme ersetzendes gemeinsames und einheitliches europäisches Sozialmodell festzuschreiben.

Gerade in den Ziel- und Wertebestimmungen der Union, die zwar keine eigenständigen Handlungsbefugnisse begründen, jedoch auf die Auslegung

---

9 Zahl nach *Schulte,* Ein Résumé, in: Eichenhofer (Red.), 50 Jahre nach ihrem Beginn – Neue Regeln für die Koordinierung sozialer Sicherheit, 2009, S. 305 (312).

10 Zur Neuregelung: *Devetzi,* Das Europäische koordinierende Sozialrecht auf der Basis der VO (EG) 883/2004, in: Sozialrecht in Europa, SDSRV 59, 2010, S. 117 ff.; *Eichenhofer,* SGb 2010, S. 185 ff.; *Fuchs,* SGb 2008, S. 201 ff.; s. auch die Beiträge im Sammelband von *Eichenhofer,* 50 Jahre nach ihrem Beginn (FN 9).

11 Vgl. allgemein *Isensee,* VSSR 1996, S. 169 (175 f.).

12 Art. 48 UAbs. 2 AEUV.

des primären und sekundären Rechts einwirken[13], nimmt der Lissabonner Vertrag verstärkt sozialpolitische Gesichtspunkte auf[14] und betont die „soziale Zielrichtung“[15] der Union: Die Union wirkt auf eine in hohem Maße wettbewerbsfähige soziale Marktwirtschaft hin, die auf Vollbeschäftigung und sozialen Fortschritt abzielt[16], sie bekämpft soziale Ausgrenzung und Diskriminierung und fördert soziale Gerechtigkeit und sozialen Schutz, die Gleichstellung von Frauen und Männern, die Solidarität zwischen den Generationen und den Schutz der Rechte der Kinder[17]. Im Wertekatalog des Art. 2 EUV werden zudem neben den Begrenzungen der unionalen und mitgliedstaatlichen Hoheitsgewalt durch die Menschenrechte und die Grundsätze von Freiheit, Demokratie und Rechtsstaatlichkeit ausdrücklich zu den „gesellschaftlichen“ Werten in S. 2 Pluralismus, Nichtdiskriminierung, Toleranz, Gerechtigkeit, Solidarität und die Gleichheit von Frauen und Männern genannt. Zu Recht wird darauf hingewiesen, dass das Dilemma der neuen Werteklausel des Art. 2 S. 2 EUV weniger in ihrer materiellen Wertaussage und ihrer Bedeutung als Richtschnur für sekundärrechtliches Handeln liegt, sondern in der Gefahr eines unionalen gesellschaftspolitischen Aktivismus[18]. Selbst wenn in der Werteklausel und in den Zielbestimmungen Themen und Inhalte von erheblicher sozialstaatlicher Substanz genannt werden, folgt aus Art. 2, 3 EUV keine originäre Zuständigkeit der Union zur Aus- und Umgestaltung der nationalen Systeme der sozialen Sicherheit, um die Werte und Ziele zu verwirklichen.

Umfang und Inhalt der Zuständigkeiten im Verhältnis zu den Mitgliedstaaten ergeben sich aus den Art. 2 ff. AEUV sowie den für die jeweiligen Sachbereiche getroffenen Einzelvorschriften des Vertrages[19]. Für den Bereich der Sozialversicherung sieht Art. 3 AEUV keine ausschließliche Zuständigkeit der Union vor, jedoch können im Rahmen der ausschließlichen Zuständigkeit erlassene Regelungen, etwa für das Funktionieren des Binnenmarktes erforderliche Wettbewerbsregeln, durchaus Relevanz für die nationale Sozialversicherung besitzen[20]. Eine zwischen Union und Mitgliedstaaten geteilte Zuständigkeit besteht für die Sozialpolitik hinsichtlich

---

13 Vgl. *Streinz / Ohler / Herrmann,* Der Vertrag von Lissabon zur Reform der EU, 3. Aufl. 2010, S. 80 f.

14 Dazu *Pitschas,* Sozial- und Gesundheitsrechtsverbund „Europa“, in: Sozialrecht in Europa (FN 10), S. 7 (8 ff.).

15 Der EuGH weist etwa in den Urteilen v. 11. 2. 2007, Rs. C-438/05, Slg. 2007, I-10779, Rn. 78 f. – Viking und v. 18. 12. 2007, Rs. C. 341/05, Slg. 2007, I-11767, Rn. 104 f. – Laval ausdrücklich auf die soziale Zielrichtung der Gemeinschaft hin.

16 Art. 3 Abs. 3 UAbs. 1 EUV.

17 Art. 3 Abs. 3 UAbs. 2 EUV.

18 *Streinz / Ohler / Hermann* (FN 13), S. 80.

19 Vgl. dazu *Streinz / Ohler / Hermann* (FN 13), S. 106 ff.

20 Zur Bedeutung des Wettbewerbsrechts für die nationalen Sozialversicherungssysteme unten III. 2.

der im Vertrag über die Arbeitsweise der Europäischen Union genannten Aspekte[21]; entsprechendes gilt für die gemeinsamen Sicherheitsanliegen im Bereich der öffentlichen Gesundheit[22]. Zudem erstreckt sich die geteilte Zuständigkeit auf den wirtschaftlichen, sozialen und territorialen Zusammenhalt[23]. Nach Art. 2 Abs. 5 AEUV ist die Union überdies für Maßnahmen zur Unterstützung, Koordinierung oder Ergänzung mitgliedstaatlicher Maßnahmen zuständig, ohne dass dadurch die Zuständigkeit der Union für diese Bereiche an die Stelle der Zuständigkeit der Mitgliedstaaten tritt; entsprechende Regelungen dürfen keine Harmonisierung der Rechtsvorschriften der Mitgliedstaaten beinhalten. Art. 5 Abs. 3 AEUV erlaubt ausdrücklich Initiativen der Union zur Koordinierung der Mitgliedstaaten der Union; Art. 6 AEUV lässt Maßnahmen zur Unterstützung, Koordinierung oder Ergänzung mitgliedstaatlicher Maßnahmen unter anderem im Bereich des Schutzes und der Verbesserung der menschlichen Gesundheit zu[24]. Bei der Festlegung und Durchführung ihrer Politik und ihrer Maßnahmen trägt die Union schließlich nach Art. 9 AEUV den Erfordernissen im Zusammenhang mit der Förderung eines hohen Beschäftigungsniveaus, mit der Gewährleistung eines angemessenen sozialen Schutzes, mit der Bekämpfung der sozialen Ausgrenzung sowie mit einem hohen Niveau der allgemeinen und beruflichen Bildung und des Gesundheitsschutzes Rechnung.

Obschon die allgemeinen Bestimmungen über die Ziele und Werte der Union sowie deren Zuständigkeit auf umfangreiche Kompetenzen im Sozialen hinzudeuten scheinen, weisen die konkreten Kompetenzbestimmungen in den einschlägigen Kapiteln über die Beschäftigung (Art. 145 ff. AEUV), die Sozialpolitik (Art. 151 ff. AEUV) und das Gesundheitswesen (Art. 168 AEUV) in eine andere Richtung. Dies wird umso deutlicher, wenn die zahlreichen primär arbeitsrechtlichen Regelungen in den Kapiteln über die Beschäftigung und die Sozialpolitik sowie sonstige, bei einem weiten Verständnis des Sozialen umfasste Regelungsbereiche, von der Nichtdiskriminierung und der Chancengleichheit über die berufliche Bildung und den Jugendschutz bis hin zur Förderung von Familien, für die Beurteilung der Unionskompetenzen hinsichtlich der Sozialversicherung außen vor bleiben. Zwar wurden und werden das Soziale und die Sozialpolitik im europäischen Sprachgebrauch sehr weit verstanden und häufig auch Regelungen einbezogen, die nach deutschem Verständnis nicht zum Sozialrecht bzw. zum Sozialversicherungsrecht gehören, doch erschwert das weite Verständnis eine Bewertung der unionalen Kompetenzen und des Europäisierungsgrades des jeweiligen Rechtsgebiets. Wenn alle für das Soziale relevanten

---

21 Art. 4 Abs. 2 lit. b AEUV.

22 Art. 4 Abs. 2 lit. k AEUV.

23 Art. 4 Abs. 2 lit. c AEUV.

24 Zur Bedeutung der Regelung in Art. 6 AEUV: *Streinz / Ohler / Hermann* (FN 13), S. 109.

Regelungen unter dem Begriff der europäischen Sozialpolitik zusammengefasst und davon ausgehend – wie in der Lissabon-Entscheidung des Bundesverfassungsgerichts[25] – die Kompetenzen der Union umschrieben und beurteilt werden, entsteht ein schiefes Bild. Unterschiedliche Themenbereiche werden miteinander vermengt und ihre abweichenden Strukturen in Organisation, Finanzierung oder grundrechtlicher Fundierung überspielt. Selbst wenn hinsichtlich der Regelungen zur Nichtdiskriminierung etwa von einem europäischen Antidiskriminierungsrecht gesprochen werden kann oder bezüglich der arbeitsrechtlichen Regelungen von einem bereits konturierten europäischen Arbeitsrecht ausgegangen werden kann[26], ergeben sich daraus noch keine Präjudizien für eine entsprechende Qualifizierung des Sozialversicherungsrechts.

Die Kompetenzen im Bereich der Sozialpolitik und des Gesundheitswesens nach dem Lissabonner Vertrag enthalten für den Bereich, der in Deutschland von der Sozialversicherung umfasst ist, kaum inhaltliche Veränderungen gegenüber den bislang geltenden Regelungen[27]. Allerdings heißt es in Art. 168 Abs. 7 AEUV nunmehr nur noch, dass die Verantwortung „gewahrt“ statt „in vollem Umfang gewahrt“[28] wird. Doch wird gegenüber dem früheren Recht die Verantwortung der Mitgliedstaaten präzisiert und stärker betont, wenn sie ausdrücklich auch die „Festlegung ihrer Gesundheitspolitik“ und „die Verwaltung des Gesundheitswesens und der medizinischen Versorgung sowie die Zuweisung der dafür bereitgestellten Mittel“ umfasst. Nach wie vor kann die Europäische Union kein eigenständiges Sozialversicherungssystem betreiben und gewährt auch keine Sozialleistungen vergleichbar dem deutschen Sozialversicherungssystem unmittelbar an einzelne Bürger in den Nationalstaaten, selbst wenn etwa gesundheitliche Prävention gefördert wird oder die Inhalte des Arbeitsschutzes, die den Grenzbereich zwischen gewerblichem Arbeitsschutz und Unfallversicherung berühren[29], auf Vorgaben der Union beruhen. Die Errichtung einer einheitlichen harmonisierten europäischen Sozialversicherung unterliegt nicht der Kompetenz der Union. Soweit sie überhaupt Kompetenzen besitzt, ist sie bei deren Ausübung an die Grundsätze der Subsidiarität und der Verhältnismäßigkeit gebunden.

---

25 BVerfG, NJW 2009, S. 2267 (2292 f.).

26 Zum europäischen Arbeitsrecht vgl. nur *Thüsing,* Europäisches Arbeitsrecht, 2008.

27 Zu den Neuregelungen im Hinblick auf die Methode der offenen Koordinierung s. unten unter 3. – Neu aufgenommen wurde zudem eine originäre Kompetenz in Art. 168 Abs. 4c AEUV zur Schaffung hoher Qualitäts- und Sicherheitsstandards in Bezug auf Arzneimittel und Medizinprodukte; entsprechende Regelungen wurden bislang oftmals auf die Binnenmarktkompetenz nach Art. 95 EG gestützt, vgl. dazu *Natz,* PharmR 2010, S. 40.

28 Art. 152 Abs. 5 EG.

29 Dazu *Rink,* Der Präventionsauftrag der gesetzlichen Unfallversicherung, 2010.

3. Die Methode der offenen Koordinierung

Eine Aufwertung durch den Lissabonner Vertrag erfuhr die Methode der offenen Koordinierung, die nunmehr primärvertraglich sowohl für die Sozialpolitik (Art. 156 AEUV) als auch für das Gesundheitswesen (Art. 168 Abs. 2 AEUV) verankert wurde. Die Methode der offenen Koordinierung ist ein durch den Europäischen Rat von Lissabon im Jahr 2000 eingeführtes, auf freiwilligem Zusammenwirken der Mitgliedstaaten beruhendes flexibles Verfahren zur Koordinierung und Abstimmung auf Politikfeldern, in denen die Union regelmäßig nur geringe Zuständigkeit besitzt, wozu von Anfang an der Bereich der Sozialpolitik zählte[30]. Die bereichsspezifische Umsetzung beruht im Grundsatz auf vier Schritten: der Festlegung von Zielen und Leitlinien für die Union mit einem Zeitplan für die Verwirklichung der Ziele, der Festlegung quantitativer und qualitativer Indikatoren und sog. „Benchmarks" für den Vergleich der bewährtesten Praktiken („best practices") der jeweiligen nationalen Systeme, der Umsetzung der europäischen Leitlinien in die nationalen Systeme und der regelmäßigen Überwachung, Bewertung und gegenseitigen Evaluierung des Fortschritts der nationalen Reformbemühungen („peer review")[31]. Trotz der rechtlichen Unverbindlichkeit kann die Methode der offenen Koordinierung als gesamteuropäisches Bewertungs- und Überprüfungsverfahren erheblichen faktischen Handlungs- und Harmonisierungsdruck auf die nationalstaatliche Ausgestaltung der Leistungsinhalte und der Leistungssysteme durch „freiwilliges Parallelverhalten" bewirken, indem sie den Rahmen vorgibt und Leitbilder prägt, in denen sich nationalstaatliche Regelungen dann zukünftig vollziehen. Selbst wenn die Methode der offenen Koordinierung aufgrund fehlender rechtlicher Umsetzungsverpflichtung ihrer Ergebnisse kein die Mitgliedstaaten bindendes Recht erzeugt und daher etwa auch nicht das Prinzip der begrenzten Einzelermächtigung verletzt[32], ist sie ein bedeutungs- und machtvolles Instrument zur Einwirkung auf das mitgliedstaatliche Sozialversicherungsrecht. Zwar kann sie als milderes, dem Subsidiaritätsgedanken entsprechendes Mittel gegenüber einer Rechtsetzungskompetenz als direktem und verbindlichem unionalem Steuerungsinstrument angesehen werden, doch gibt sie der Union Gestaltungsmöglichkeiten gerade auf Feldern, auf denen diese nur wenige Kompetenzen besitzt. Es besteht die Gefahr schleichender Kompetenzverlagerung.

---

30 Zur Entwicklung und Bedeutung der Methode der offenen Koordinierung: *Becker*, Standards und Prinzipien des europäischen Sozialrechts, in: Sozialrecht in Europa (FN 10), S. 89 (96 ff.); *Bernsdorff*, Die Methode der offenen Koordinierung, in: FS Jürgen Meyer, 2006, S. 325 ff.; *Beschorner*, ZESAR 2009, S. 77 ff.; *Eichenhofer* (FN 5), Rn. 466 ff.; *Karl*, Offene Methode der Koordinierung als Gestaltungsgrundsatz europäischen Rechts, in: Schriftenreihe des Deutschen Sozialrechtsverbandes (53), 2005, S. 7 ff.; *Streinz* (FN 5), S. 29 ff.

31 Vgl. *Bernsdorff* (FN 30), S. 330; *Streinz* (FN 5), S. 44.

32 *Streinz / Ohler / Hermann* (FN 13), S. 110.

Der Vertrag von Lissabon wertet die Methode der offenen Koordinierung auf, ohne sie allerdings als solche begrifflich aufzunehmen und sie allgemein und abstrakt als besondere Kompetenz und Handlungsform der Union zu definieren[33]. Im Bereich des Gesundheitswesens hat etwa die Kommission „in enger Verbindung mit den Mitgliedstaaten" die Möglichkeit zu Initiativen, „die darauf abzielen, Leitlinien und Indikatoren festzulegen, den Austausch bewährter Verfahren durchzuführen und die erforderlichen Elemente für eine regelmäßige Überwachung und Bewertung auszuarbeiten"[34]. Die indirekte Verankerung der Methode der offenen Koordinierung im Lissabonner Vertrag wird ihr rechtlich ein stärkeres Gewicht geben, so dass es Aufgabe der Mitgliedstaaten sein wird, Chancen und Risiken dieser Verfahrensweise gerade in Bezug auf die Wahrnehmung ihrer eigenen Kompetenzen abzuwägen. Schon aufgrund des Initiativrechts der Kommission ist zu erwarten, dass eine rege Gestaltungstätigkeit einsetzen wird[35], wobei primärvertraglich allerdings Verfahren, Reichweite und Grenzen der Methode im Übrigen weitgehend offen bleiben mit Ausnahme des, allerdings rechtlich eher schwachen, Unterrichtungsrechts des Parlaments. Angesichts der erheblichen faktischen Folgen für ihre Kompetenzausübung sollten die Mitgliedstaaten, wenn sie sich auf eine „offene Koordinierung" einlassen, sich zumindest für ein transparentes, die Verantwortlichkeit wahrendes und die Zuständigkeiten der Mitgliedstaaten, auch aus Gründen der demokratischen Legitimation, sicherndes Verfahren einsetzen[36].

4. Soziale Grundrechte

Die durch den Vertrag von Lissabon mit Rechtsverbindlichkeit ausgestattete Charta der Grundrechte der Europäischen Union[37] enthält einen gegenüber dem Grundrechtskatalog des Grundgesetzes umfangreichen Katalog sozialer Rechte. Allerdings sind die entsprechenden sozialen Rechte höchst unterschiedlich ausgestaltet und enthalten etwa Gleichbehandlungsgebote, Diskriminierungsverbote, Verfahrensrechte oder Einrichtungsgarantien[38]. Daher lässt sich die gerade im deutschen Schrifttum häufig vor-

---

33 Kritik insoweit bei *Streinz / Ohler / Hermann* (FN 13), S. 110; zur Diskussion um die Normierung der Methode der offenen Koordinierung im gescheiterten Verfassungsvertrag *Bernsdorff* (FN 30), S. 326 ff.

34 Art. 168 Abs. 2 AEUV.

35 s. beispielhaft nur die Mitteilung der Kommission „Ein erneuertes Engagement für ein soziales Europa: Verstärkung der offenen Koordinierungsmethode für Sozialschutz und soziale Eingliederung" vom 2. Juli 2008, KOM (2008), 418 endg.

36 Zu den Problemen der Methode der offenen Koordinierung *Bernsdorff* (FN 30), S. 333 ff.; positive Beurteilung bei *Eichenhofer* (FN 5), Rn. 472 ff.

37 Art. 6 Abs. 1 EUV. – Vgl. dazu etwa: *Pache / Rösch*, EuR 2009, S. 769 ff.

38 s. dazu etwa: *Holoubeck*, Zur Struktur sozialer Grundrechte, in: FS Öhlinger, 2004, S. 507 (516 ff.); *Kahl*, Freiheitsprinzip und Sozialprinzip in der Europäischen

handene kritische und skeptische Haltung gegenüber letztlich uneinlösbaren sozialen Grundrechten im Sinne von originären Leistungsansprüchen[39] nicht ohne weiteres auf die sozialen Rechte der Charta übertragen. Zudem versteht die Charta den Begriff der Solidarität, den sie in der Präambel neben Freiheit und Gleichheit stellt und ihr damit die Bedeutung als ein Eckpfeiler der Union zuweist[40], sehr weit. In dem mit „Solidarität" überschriebenen IV. Titel der Charta (Art. 27–38 GRCh) finden sich arbeitsrechtliche Vorschriften neben Regelungen zum Umwelt- und Verbraucherschutz oder zur Sozialversicherung.

Nach Art. 34 Abs. 1 GRCh anerkennt und achtet die Union das Recht auf Zugang zu den Leistungen der sozialen Sicherheit und zu den sozialen Diensten, die in Fällen wie Mutterschaft, Krankheit, Arbeitsunfall, Pflegebedürftigkeit oder im Alter sowie bei Verlust des Arbeitsplatzes[41] Schutz gewährleisten, nach Maßgabe des Unionsrechts und der einzelstaatlichen Rechtsvorschriften und Gepflogenheiten. Vergleichbares gilt im Hinblick auf den Anspruch auf Leistungen der sozialen Sicherheit und die sozialen Vergünstigungen für jeden, der in der Union seinen rechtmäßigen Wohnsitz hat und seinen Aufenthalt rechtmäßig wechselt[42], sowie für das Recht auf Zugang zur Gesundheitsvorsorge und auf ärztliche Versorgung[43]. Mit diesen Regelungen – wobei Art. 34 Abs. 1 GRCh schon kein Grundrecht[44], sondern nur einen Grundsatz normiert – gewährt die Charta jedoch keine originären Leistungsansprüche etwa in der Weise, dass der Zugang zu sozialen Sicherungssystemen generell unabhängig von Beitragszahlungen oder Zuzahlungen zu erfolgen hat oder jedem ständig sein individueller Arzt zur Verfügung stehen muss[45]. Aufgrund des Vorbehalts der mitgliedstaatlichen

Union, in: FS Reiner Schmidt, 2006, S. 75 ff.; *Kingreen*, Soziale Grundrechte, in: Ehlers (Hrsg.), Europäische Grundrechte und Grundfreiheiten, 3. Aufl. 2009, § 18 Rn. 9 ff.; *Nußberger*, Soziale Grundrechte in der Europäischen Union, in: Sozialrecht in Europa (FN 10), S. 25 ff.; zu sozialen Grundrechten in Europa allgemein jüngst: *Iliopoulos-Strangas*, Soziale Grundrechte in Europa nach Lissabon, 2010.

39 Vgl. *Isensee*, Der Staat 19 (1980), S. 367 ff.; *Murswiek*, Grundrechte als Teilhaberechte, soziale Grundrechte, in: Isensee/Kirchhof (Hrsg.), HStR Bd. V, 2. Aufl. 2000, § 112 Rn. 40 ff., jeweils mit weiteren Nachweisen.

40 Dazu *Stern/Tettinger*, in: Tettinger/Stern (Hrsg.), Kölner-Gemeinschaftskommentar, Europäische Grundrechte-Charta, 2006, Präambel, Rn. 29.

41 Nach Art. 29 GRCh hat jeder Mensch ein Recht auf Zugang zu einem unentgeltlichen Arbeitsvermittlungsdienst.

42 Art. 34 Abs. 2 GRCh; zu Inhalt und Bedeutung der Vorschrift des Art. 34 GRCh allgemein: *Bierweiler*, Soziale Sicherheit als Grundrecht in der Europäischen Union, 2007, S. 115 ff.

43 Art. 35 GRCh.

44 *Kingreen*, in: Calliess/Ruffert (Hrsg.), EUV/EGV, 3. Aufl. 2007, Art. 34 GRCh Rn. 4; zur Unterscheidung zwischen Grundrechten und Grundsätzen *ders.*, ebd., Art. 52 GRCh Rn. 13 ff.

45 *Holoubeck* (FN 38), S. 520 f. – Zum Inhalt der Bestimmungen im Einzelnen: *Nußberger*, in: Kölner-Gemeinschaftskommentar (FN 40), Art. 34 GRCh Rn. 57 ff.; Art. 35 GRCh Rn. 27 ff.

„Rechtsvorschriften und Gepflogenheiten" und des überdies oftmals ausdrücklichen Verweises auf das Unionsrecht begründet die Charta keine gegenüber den mitgliedstaatlichen Vorschriften eigenständigen weitergehenden Ansprüche und insbesondere keine weiteren Zuständigkeiten der Union, selbst wenn einzelne Vorschriften als Gewährleistungspflichten der Union auf diskriminierungsfreien Zugang oder für eine funktionierende Gesundheitsvorsorge verstanden werden können. Ausdrücklich bestimmen Art. 6 Abs. 1 UAbs. 2 EUV und entsprechend Art. 51 Abs. 2 GRCh, dass durch die Charta die in den Verträgen festgelegten Zuständigkeiten der Union in keiner Weise erweitert werden. Besitzt die Union keine vertraglichen Zuständigkeiten, so vermögen auch die sozialen Rechte der Charta, selbst wenn sie im Einzelfall entgegen ihrer oftmals weiten und allgemeinen Formulierungen konkrete Gewährleistungspflichten auslösen können sollten, keine weitere Zuständigkeit der Union zu begründen.

Die zahlreichen textlichen Vorbehalte gegenüber einer unionalen Zuständigkeitsanmaßung zum Schutz und zur Verwirklichung der Grundrechte können jedoch nicht darüber hinwegtäuschen, dass die Union durchaus die sozialen Rechte der Charta im Zusammenhang mit den Zielbestimmungen des Vertrages oder im Rahmen der Methode der offenen Koordinierung als Begründung und Rechtfertigung für ihr Handeln aktivieren könnte. So enthält die Vorschrift des Art. 35 GRCh zum Gesundheitsschutz zwar keine unionsrechtliche Einrichtungsgarantie für eine flächendeckende Gesundheitsvorsorge und ärztliche Versorgung[46], doch könnten aus ihr weitere oder zumindest verstärkende Impulse zur Förderung, Ergänzung und Koordinierung über die Regelungen in den Verträgen hinaus entnommen werden, indem ihr etwa eine Leitbildfunktion zugeschrieben wird[47]. Die sozialen Rechte der Charta bieten gerade für eine am effet-utile-Gedanken orientierte ausweitende Rechtsprechung des Gerichtshofs ein potentielles Reservoir und Betätigungsfeld[48] und enthalten schon deshalb ein erhebliches Entwicklungspotential. Die vom Gerichtshof forcierte Entwicklung und Konstituierung des sozialen Gehalts der Unionsbürgerschaft aufgrund der vertraglich gewährleisteten Freizügigkeit in Zusammenhang mit dem Diskriminierungsverbot belegt die Gefahr einer entsprechenden Kompetenzansaugung.

II. Von der Unionsbürgerschaft zur Sozialbürgerschaft?

Aus dem an die Unionsbürgerschaft (Art. 20 AEUV) anknüpfenden Freizügigkeitsrecht des Art. 21 AEUV hat der Gerichtshof – zum Teil in Ver-

46 *Kingreen,* in: Calliess / Ruffert (FN 44), Art. 35 GRCh Rn. 5.

47 Zur Leitbildfunktion *Kingreen,* in: Calliess / Ruffert (FN 44), Art. 35 GRCh Rn. 6.

48 *Kahl* (FN 38), S. 103.

bindung mit dem allgemeinen Diskriminierungsverbot (Art. 18 AEUV) – weit reichende Ansprüche des Unionsbürgers bei Aufenthalt in einem anderen Mitgliedstaat auf gleichberechtigte Teilhabe an mitgliedstaatlichen Sozialleistungen entwickelt[49]. Die mit den Urteilen in den Rechtssachen *Sala*[50] und *Grzelczk*[51] beginnende extensive Interpretation des Freizügigkeitsrechts durch den Gerichtshof gewährt Unionsbürgern, die sich rechtmäßig in einem anderen Mitgliedstaat aufhalten, Rechtsansprüche auf Sozialleistungen. Diese knüpfen nicht etwa an den Status als Arbeitnehmer an, sondern erstrecken sich gerade auf Nichterwerbstätige, vom Kleinkind[52] über den Studenten bis hin zum Rentner, so dass auch von einer fünften Grundfreiheit oder Grundfreiheit ohne Markt gesprochen wird. In der Folgezeit baute das Gericht seine Rechtsprechung weiter aus und konturierte die Sozialleistungsansprüche gegenüber dem Aufenthaltsstaat, obwohl der Union keine Kompetenz zum Erlass entsprechender Regelungen zustand. Dabei ist die Rechtsprechung jedoch nicht stehen geblieben. Beginnend mit der Rechtssache *D'Hopp* aus dem Jahre 2002[53] hat der Gerichtshof ebenfalls einem von der Freizügigkeit Gebrauch machenden Unionsbürger Ansprüche auf Sozialleistungen gegenüber dem Herkunftsstaat zugebilligt und damit unter Verweis auf den effet-utile Gedanken ein von der Staatsangehörigkeit losgelöstes und dem Unionsbürgerstatus immanentes Diskriminierungsverbot entwickelt, das inzwischen zu einem Beschränkungsverbot weiter entwickelt wurde[54].

War die Rechtsprechung des Gerichtshofs anfänglich durch ein extensives Verständnis der einschlägigen Bestimmungen, insbesondere des Anwendungsbereichs des Freizügigkeitsrechts nach Art. 21 AEUV, gekennzeichnet, lässt sich in jüngeren Entscheidungen erkennen, dass der Gerichtshof verstärkt Grenzen der Ansprüche anerkennt und verhältnismäßige Beschränkungen zulässt. Ein unbegrenztes Recht auf Sozialleistungen wegen Ausübung der Freizügigkeit lässt sich weder aus der Freizügigkeitsgewährleistung selbst noch aus der inzwischen erlassenen Freizügigkeitsrichtlinie[55]

---

49 s. dazu und zu den rechtlichen Grundlagen im Einzelnen mit weiteren Nachweisen: *Daiber*, VSSR 2009, S. 299 (315 ff.); *Höfler*, Die Unionsbürgerfreiheit, 2009; *Husmann*, NZS 2009, S. 547 ff.; *Wollenschläger*, Grundfreiheit ohne Markt, 2007; *ders.*, ZEuS 2009, S. 1 ff.

50 Urt. v. 12. 5. 1998, Rs. C-85/96, Slg. 1998, I-2691.

51 Urt. v. 20. 9. 2001, Rs. C-184/99, Slg. 2001, I-6193.

52 Urt. v. 19. 10. 2004, Rs. C-200/02, Slg. 2004, I-9925 – Zhu und Chen.

53 Urt. v. 11. 7. 2002, Rs. C-224/98, Slg. 2002, I-6191.

54 Urt. v. 18. 7. 2006, Rs. C-406/04, NVwZ 2006, S. 1037, Rn. 39 – De Cuyper; vgl. auch EuGH, Urt. v. 26. 10. 2006, Rs. 192/05, Slg. 2006, I-10451 – Tas-Hagen und Tas; EuGH, Urt. v. 23. 10. 2007, Rs. C-11/06, C-12/06, ZESAR 2009, S. 249 ff. – Morgan und Bucher, dazu etwa: *Domröse/Kubicki*, EuR 2008, S. 873 ff.

55 Richtlinie 2004/38/EG des Europäischen Parlaments und des Rates vom 29. 4. 2004 über das Recht der Unionsbürger und ihrer Familienangehörigen, sich im Hoheitsgebiet der Mitgliedstaaten frei zu bewegen und aufzuhalten, ABl. EG Nr. L 158/77.

entnehmen. Da in Art. 21 AEUV die Freizügigkeit nur vorbehaltlich der Verträge und den in den Durchführungsvorschriften vorgesehenen Beschränkungen und Bedingungen gewährleistet wird, bestehen bereits normativ Beschränkungsmöglichkeiten. In der Rechtssache *Bidar*[56] sieht es das Gericht etwa als legitim an, wenn die Mitgliedstaaten die Gewährung einer Studentenbeihilfe an einen gewissen Grad der Integration in die Gesellschaft des jeweiligen Staates binden, wobei das Erfordernis eines dreijährigen Wohnsitzes im Aufenthaltsstaat vor Studienbeginn als verhältnismäßig angesehen wird. Allerdings betont das Gericht nach wie vor, dass die Mitgliedstaaten aufgerufen sind, bei der Organisation und Anwendung ihres Sozialhilfesystems eine gewisse finanzielle Solidarität mit den Angehörigen anderer Mitgliedstaaten zu zeigen[57]. Damit hält es sich die Tür offen, Ansprüche im Einzelfall zuzulassen, und belässt der Unionsbürgerschaft die Funktion eines Türöffners zu den Leistungen der Mitgliedstaaten[58]. Doch spricht es sich zugleich gegen eine unbeschränkte Solidarität aus, die zu einer übermäßigen Belastung der nationalen Sozialleistungssysteme führen und eventuell sogar auch Auswirkungen auf das gesamte Niveau der Sozialleistungen haben kann, die der Mitgliedstaat gewähren kann. So sieht der Gerichtshof eine Aufenthaltspflicht im Inland als verhältnismäßige Erwägung des Allgemeininteresses an, wenn die Notwenigkeit besteht, die berufliche und familiäre Situation des Empfängers von Leistungen bei Arbeitslosigkeit zu kontrollieren[59]. In der Rechtssache *Förster*[60] billigt er in Anknüpfung an die Freizügigkeitsrichtlinie, obwohl diese im konkreten Fall nicht einschlägig war, das Erfordernis eines fünfjährigen ununterbrochenen Aufenthalts. Gerade die Freizügigkeitsrichtlinie mit ihren gestuften Voraussetzungen an eine ausreichende finanzielle Absicherung bei einem längeren Aufenthalt, etwa in Form des Nachweises ausreichender Existenzmittel und eines Krankenversicherungsschutzes bei Aufenthalt zwischen drei Monaten und fünf Jahren, dürfte es den Mitgliedstaaten erlauben, einem unbegrenzten Sozialtourismus durch einen Vorbehalt sozialer Absicherung einen Riegel vorzuschieben.

Ob das Gericht mit seiner Rechtsprechung zur Unionsbürgerschaft diese zu einer Sozialbürgerschaft ausgebaut hat[61], hängt letztlich vom jeweiligen Begriffsverständnis ab. Versteht man unter „Sozialbürgerschaft" einen umfassenden unionsweiten Status der Unionsbürger, der durch europaweit einheitliche Ansprüche auf Sozialleistungen gekennzeichnet ist, so wird

---

56 Urt. v. 15. 3. 2005, Rs. C-209/03, Slg. 2005, I-2119.

57 Urt. v. 15. 3. 2005, Rs. C-209/03, Slg. 2005, I-2119, Rn. 56 – Bidar.

58 Vgl. dazu *Sander*, DVBl. 2005, S. 1014 ff.

59 Urt. v. 18. 7. 2006, Rs. C-406/04, NVwZ 2006, S. 1037, Rn. 41 ff. – De Cuyper.

60 Urt. v. 18. 11. 2008, Rs. C-158/07, EuZW 2009, S. 44 ff.; dazu etwa: *v. Papp*, NVwZ 2009, S. 87 ff.; *Schollmeyer*, DVBl. 2009, S. 823 ff.

61 Vgl. dazu: *Kingreen* (FN 4), S. 131 ff.; *Schönberger*, ZAR 2006, S. 226 ff.

dieser durch die Rechtsprechung des Gerichtshofs zur Freizügigkeit der Unionsbürger nicht verwirklicht. Diese gibt insoweit „nur“ einen diskriminierungsfreien und beschränkungsfreien Anspruch auf mitgliedstaatlich unterschiedlich ausgestaltete Sozialleistungen, damit einen Anspruch auf sozialrechtliche Inländerbehandlung, der an das Erfordernis einer hinreichenden Integration gebunden werden kann. Im Ergebnis wurden durch den Gerichtshof bislang eher Ansprüche geschaffen und zugebilligt, die vergleichbar den Regelungen zur Arbeitnehmerfreizügigkeit eher koordinationsrechtlichen Charakter haben und eine Inanspruchnahme der Freizügigkeitsgewährleistung auch für Nichterwerbstätige ohne Diskriminierungen und Beschränkungen ermöglichen[62]. Eine Harmonisierung der sozialen Sicherungssysteme ist damit nicht notwendig verbunden, weil an bestehende (unterschiedliche) mitgliedstaatliche Regelungen angeknüpft wird. Doch kann die Rechtsprechung durchaus das Bedürfnis nach einem umfassenden europäischen koordinierenden Sozialrecht außerhalb des Arbeitsverhältnisses wecken, etwa im Bereich der Ausbildungsförderung, und zu übergreifenden Finanzausgleichssystemen aufgrund unterschiedlicher Belastungen durch Sozialleistungskosten führen[63].

Die gerichtliche Anerkennung von Sozialleistungsansprüchen aufgrund Freizügigkeitsgewährleistung für Unionsbürger kann zu erheblichen finanziellen Belastungen für die Mitgliedstaaten führen und ihre Weiterentwicklung durchaus eine Angleichung im Leistungsumfang bewirken. Mitgliedstaaten mit vergleichsweise hohen Sozialleistungen könnten gezwungen sein, soziale Leistungen auf ein Niveau zu reduzieren, das Aufenthaltswillige aus Mitgliedstaaten mit geringeren Leistungen abschreckt, oder restriktivere Aufnahme- und Aufenthaltsbestimmungen zu erlassen[64]. Unabhängig davon bleibt anzumerken, dass der Gerichtshof seine Kompetenzen im Bereich der sozialen Sicherheit, der nach der unionalen Kompetenzordnung primär Sache der Mitgliedsaaten ist, ohne eine Art. 46 EUV für die Arbeitnehmerfreizügigkeit vergleichbare Ermächtigung, weit ausgedehnt hat[65] und aus einem Benachteiligungsverbot bei Ausübung der Freizügigkeit ein Teilhaberecht an bestehenden Rechten geschaffen hat.

---

62 Zur Ausweitung der ursprünglich auf die Arbeitnehmerfreizügigkeit bezogenen Koordinationsregelungen auf andere Personen als die sog. Wanderarbeitnehmer auch über die Freizügigkeitsgewährung für Unionsbürger *Steinmeyer*, ZESAR 2010, S. 78 (80).

63 Vgl. *Welti*, ZESAR 2008, S. 253 (254 f.).

64 s. dazu *Kingreen* (FN 4), S. 138 ff.

65 Grundsätzliche Kritik an der Rechtsprechung des EuGH etwa bei *Hailbronner*, JZ 2005, S. 1138 ff.

III. Die Sozialversicherung als Thema von Grundfreiheiten und Wettbewerbsrecht

Obschon auch der Vertrag von Lissabon von der primären Zuständigkeit der Mitgliedstaaten zur Ausgestaltung ihrer sozialen Sicherungssysteme ausgeht, müssen die Mitgliedstaaten nach ständiger Rechtsprechung des Gerichtshofs[66] bei der Ausübung ihrer Zuständigkeiten insbesondere die Grundfreiheiten und das Wettbewerbsrecht beachten. In einer Vielzahl von Entscheidungen hatte sich der Gerichtshof gerade im Hinblick auf nationale soziale Sicherungssysteme mit dem Spannungsverhältnis zwischen mitgliedstaatlicher Zuständigkeit und unionsrechtlicher Geltung der Grundfreiheiten und des Wettbewerbsrechts zu befassen.

1. Die Grundfreiheiten

a) Inanspruchnahme grenzüberschreitender Leistungen. Mit den Entscheidungen in den Rechtssachen *Kohll* und *Decker* aus dem Jahre 1998 zeigte der Gerichtshof den Mitgliedstaaten erstmals deutlich die Relevanz der Dienstleistungs- und Warenverkehrsfreiheit für die grenzüberschreitende Gewährung von Krankenversicherungsleistungen auf[67]. Die Entscheidungen riefen damals zum Teil große Überraschung hervor, galten als Paukenschlag und gerade Deutschland tat sich mit der Umsetzung schwer, obwohl der Gerichtshof zuvor schon die passive, den Leistungsempfänger einbeziehende Seite der Dienstleistungsfreiheit anerkannt und in den Anwendungsbereich der Grundfreiheiten auch medizinische Dienstleistungen einbezogen hatte[68]. Die Ablehnung der Kostenerstattung durch eine luxemburgische Krankenkasse für eine Zahnarztbehandlung in Trier und das Erfordernis der vorherigen Zustimmung seitens der Krankenkasse zum Kauf einer in Luxemburg verordneten Brille in Arlon sah der Gerichtshof als unvereinbar mit der Dienstleistungsfreiheit bzw. mit der Warenverkehrsfreiheit an. Weder der Schutz der Gesundheit noch der Erhalt der finanziellen Stabilität der nationalen Sozialversicherungssysteme rechtfertigten eine Beschränkung der Grundfreiheiten. In der Folgezeit konkretisierte der Gerichtshof seine Rechtsprechung[69], indem er etwa bei stationärer Behandlung eine Zustimmung unter engen Voraussetzungen aus Gründen der Gewährleistung der finanziellen Stabilität für gerechtfertigt hielt[70], einen weit

---

66 Statt Vieler vgl. etwa nur: Urt. v. 10. 3. 2009, Rs. C-169/07, EuZW 2009, S. 298 ff., Rn. 29 ff. – Hartlauer für die Niederlassungsfreiheit.

67 Urt. v. 28. 4. 1998, Rs. C-158/96, Slg. 1998, I-1931 – Kohll; Urt. v. 28. 4. 1998, Rs. C-120/95, Slg. 1998, I-1832 – Decker.

68 Urt. v. 31. 1. 1984, Rs. 286/82, 26/83, Slg. 1984, 377 – Luisi und Carbone.

69 Dazu vgl. etwa: *Schlegel,* SGb 2007, S. 700 ff.; *Schulte,* BKK 2010, S. 8 ff.

70 Urt. v. 12. 7. 2001, Rs. C-157/99, Slg. 2001, I-5437 – Smits und Peerboms.

reichenden Ausschluss der Kostenerstattung bei Behandlung in einer ausländischen Privatklinik für unzulässig erklärte[71], ausdrücklich auch Sachleistungssysteme einbezog[72], und bei zu langen Wartezeiten aufgrund von Wartelisten beim britischen nationalen Gesundheitsdienst eine Auslandsbehandlung für zulässig erklärte[73].

Obwohl den Urteilen des Gerichtshofs im Ergebnis durchaus zuzustimmen ist, lässt sich nicht übersehen, dass der Gerichtshof beispielsweise in der Rechtssache *Watts* bei der Beurteilung des Wartelistensystems des britischen nationalen Gesundheitsdienstes weit in den mitgliedstaatlichen Entscheidungs- und Gestaltungsspielraum durch eine strenge Kontrolle der einschlägigen Maßnahmen, etwa durch Beurteilung der Dringlichkeit einer Behandlung, eingreift[74] und die Mitgliedstaaten zu durchaus auch einschneidenden Anpassungen ihres Systems verpflichtet[75]. Daher können Zweifel bestehen, ob das vom Bundessozialgericht als europarechtlich zulässig angesehene Erfordernis der vorherigen Genehmigung einer Versorgung mit Zahnersatz in der Tschechischen Republik nach Prüfung einer dem Heil- und Kostenplan vergleichbaren Unterlage durch die deutsche Krankenkasse[76] vom Gerichtshof ebenso gebilligt werden würde. Zwar hat der Gerichtshof etwa die Pflicht zur Konsultation eines Allgemeinarztes vor einem Facharzt gebilligt[77], doch scheint das Bundessozialgericht selbst europarechtliche Probleme zu erkennen, wenn es durch „europarechtskonforme Auslegung“ die einschlägigen Bestimmungen dahingehend erweitert, dass der Arzt im Ausland den Heil- und Kostenplan nicht zwingend auf den hierfür im Inland zur Verfügung stehenden Formularen erstellen muss.

b) Leistungserbringung. Die weit reichenden Möglichkeiten des Gerichtshofs, Inhalt und Modalitäten nationaler sozialer Sicherungssysteme zu beeinflussen und festzulegen, zeigen sich insbesondere bei der Leistungserbringung. Dies gilt nicht nur für Sachleistungssysteme, sondern ebenso für Kostenerstattungssysteme, die ebenfalls Beschränkungen bei der Leistungserbringung vorsehen können. In der Rechtssache *Hartlauer*[78] sah der Gerichtshof in der Versagung einer bedarfsabhängigen Bewilligung für Zahnambulatorien in Österreich eine Beschränkung der Niederlassungsfreiheit, die nur dann geeignet gewesen wäre, „die Verwirklichung des gel-

---

71 Urt. v. 19. 4. 2007, Rs. C-444/05, Slg. 2007, I-3185 – Stamatelakis.

72 Urt. v. 13. 5. 2003, Rs. C-385/99, Slg. 2003, I-4509 – Müller-Fauré.

73 Urt. v. 16. 5. 2006, Rs. C-372/04, Slg. 2006, I-4325 – Watts.

74 Kritik insoweit etwa bei *Schlegel* (FN 69), S. 705 f.; s. auch *Dettling*, EuZW 2006, S. 519 ff.; *Wunder*, MedR 2007, S. 21 ff.

75 Zur Bedeutung der Rechtsprechung des Gerichtshofs für die Sozialgerichtsbarkeit: *Kretschmer*, SGb 2008, S. 65 ff.

76 BSG v. 30. 6. 2009, B 1 KR 19/08 R.

77 Urt. v. 13. 5. 2003, Rs. C-385/99, Slg. 2000, I-4509, Rn. 137 – Müller-Fauré.

78 Urt. v. 10. 3. 2009, Rs. C-169/07, EuZW 2009, S. 298 ff. – Hartlauer.

tend gemachten Ziels zu gewährleisten, wenn sie tatsächlich dem Anliegen gerecht wird, es in kohärenter und systematischer Weise zu erreichen“[79]. Doch seien in Österreich den Zahnambulatorien vergleichbare Gruppenpraxen keinem Bewilligungssystem unterworfen[80]. Da Gruppenpraxen keinem Bewilligungssystem unterworfen sind, steht nach Ansicht des Gerichtshofs dem Bewilligungserfordernis für Zahnambulatorien die Niederlassungsfreiheit entgegen[81]; überdies sei auch die Ermessensausübung aufgrund unzureichender Kriterien bei der Bedarfsermittlung nicht hinreichend begrenzt[82]. Zwar prüft der Gerichtshof eine Rechtfertigung wegen erheblicher Gefährdung des finanziellen Gleichgewichts des Gesundheitssystems nunmehr ausdrücklich auch unter dem Gesichtspunkt der „Gesundheit“ im Sinne von Art. 52 Abs. 1 AEUV[83] und nicht nur als zwingenden Grund des Allgemeininteresses, doch bleiben seine Ausführungen zur streitentscheidenden Inkohärenz aufgrund fehlender Einbeziehung der Gruppenpraxen sehr knapp. Diese erscheinen inhaltlich mehr als Behauptungen denn als Begründungen, letztlich auch deshalb, weil bereits eine eingehende Wirkungsanalyse fehlt. Im Unterschied zum Schlussantrag des Generalanwalts *Bot*[84], der insoweit noch eine Beurteilung im Hinblick auf die Gruppenpraxen durch das vorlegende Gericht als notwendig ansah, geht der Gerichtshof mit wenigen Sätzen von einer Vergleichbarkeit aus[85] und legt seine Wertungen und Einschätzungen zu Grunde.

Unabhängig davon, ist jedoch schon der zentrale Prüfungsmaßstab der Kohärenz in seiner Handhabung durch den Gerichtshof grundsätzlich problematisch. Das Genehmigungserfordernis für Zahnambulatorien wird, wenn es auf eine kohärente und systematische Zielverfolgung hin untersucht wird, im Ergebnis zwar am unionalen Maßstab der Kohärenz gemessen, doch richtet sich die Prüfung inhaltlich darauf, ob der nationale Gesetzgeber seine eigenen Wertentscheidungen systematisch stimmig im nationalen Recht umgesetzt hat. Für die Kohärenzprüfung zieht der Gerichtshof damit nationale Bestimmungen heran, legt sie aus und beurteilt sie im Vergleich zu anderen nationalen Regelungen im Hinblick auf die nationale Zielfestlegung und Zielverfolgung. Scheint das Erfordernis der Kohärenz, da den Mitgliedstaaten die Bestimmung der mit einer Regelung verfolgten Ziele in einem Sachbereich überlassen bleibt, auf den ersten

---

79 Urt. v. 10. 3. 2009, Rs. C-169/07, EuZW 2009, S. 298 ff., Rn. 55 – Hartlauer.

80 Urt. v. 10. 3. 2009, Rs. C-169/07, EuZW 2009, S. 298 ff., Rn. 56 ff. – Hartlauer.

81 Urt. v. 10. 3. 2009, Rs. C-169/07, EuZW 2009, S. 298 ff., Rn. 72 – Hartlauer.

82 Urt. v. 10. 3. 2009, Rs. C-169/07, EuZW 2009, S. 298 ff., Rn. 64 ff. – Hartlauer.

83 Nach *Röbke*, EuZW 2009, S. 302 (303), soll dies in dieser Entscheidung erstmals der Fall sein.

84 Schlussantrag vom 9. 9. 2008 zu C-169/07, Rn. 111 ff.

85 Entsprechendes gilt für die Annahme einer nicht ausreichenden Begrenzung der Ermessensausübung (Rn. 100 ff.).

Blick die Kompetenz der Mitgliedstaaten zu wahren, so zeigt die strenge Handhabung des Kohärenzgebots durch den Gerichtshof, dass gerade das Gegenteil eintritt: Der Gerichtshof misst und beurteilt aus unionaler Perspektive nationale Vorschriften auf ihre systematische Stimmigkeit mit anderen nationalen Vorschriften und schränkt durch die Überprüfung und Beurteilung der Ausgestaltung der nationalen Rechtsordnung den Gestaltungsspielraum der Mitgliedstaaten erheblich ein. Kohärenz wird so zu einem Steuerungselement nationaler Sozialpolitik.

Die Folgen und Auswirkungen der Kohärenzprüfung zeigen sich deutlich auch in der Entscheidung des Gerichtshofs in der Rechtssache *Domnica Petersen* vom 12. Januar 2010[86]. Dort war über die Vereinbarkeit der deutschen Höchstaltersgrenze von 68 Jahren zur Teilnahme an der vertragszahnärztlichen Versorgung mit der Richtlinie 2000/78/EG zu entscheiden. Der Gerichtshof hält die Höchstaltersgrenze für zulässig, wenn sie die Verteilung der Berufschancen zwischen den Generationen der Vertragszahnärzte zum Ziel hat und sie unter Berücksichtigung der Situation auf dem betreffenden Arbeitsmarkt zur Erreichung dieses Ziels angemessen und erforderlich ist. Unzulässig sei sie dagegen, wenn sie nur das Ziel verfolge, die Gesundheit der Patienten vor dem Nachlassen zahnärztlicher Leistungsfähigkeit zu schützen, weil sie nicht für Zahnärzte außerhalb des Vertragszahnarztsystems bei der Behandlung von privat Versicherten gelte. Eine Höchstaltersgrenze, die eine derartig weite Ausnahme zulasse, könne „nicht als für den Gesundheitsschutz der Bevölkerung wesentlich angesehen werden"[87]. Die Ausnahme scheine somit dem verfolgten Ziel entgegenzuwirken, zudem gelte sie zeitlich unbegrenzt potentiell für alle Zahnärzte und erscheine geeignet, eine nicht zu vernachlässigende Zahl von Patienten zu betreffen[88]. Daher sei davon auszugehen, dass die Regelung der Höchstaltersgrenze insoweit Widersprüche aufweise und nicht erforderlich sei[89]. Unabhängig davon, ob es insoweit nicht doch Rechtfertigungsgründe gibt, die das Bundesverfassungsgericht durchaus auch anzunehmen scheint[90], bleibt die Frage, ob sich der Gerichtshof überhaupt derart ausführlich und intensiv mit der Kohärenz der Höchstaltersgrenze befassen musste und er nicht seine eigenen Prämissen konterkariert, wenn er an anderer Stelle den Mitgliedstaaten gerade aufgrund ihrer Zuständigkeit auf dem Gebiet des

---

86 Urt. v. 12. 1. 2010, Rs. C-341/08, NJW 2010, S. 587 ff.

87 Urt. v. 12. 1. 2010, Rs. C-341/08, NJW 2010, S. 587 ff., Rn. 61 – Domnica Petersen.

88 Urt. v. 12. 1. 2010, Rs. C-341/08, NJW 2010, S. 587 ff., Rn. 61 – Domnica Petersen.

89 Vgl. Urt. v. 12. 1. 2010, Rs. C-341/08, NJW 2010, S. 587 ff., Rn. 61 – Domnica Petersen.

90 s. BVerfG, NJW 1998, S. 1776 ff.; BVerfG, NZS 2008, S. 311 ff.; vgl. dazu kritisch und mit Nachweisen zur Rechtsprechung des BSG: *Wenner*, Vertragsarztrecht nach der Gesundheitsreform, 2008, S. 122 ff.

Gesundheitswesens einen Wertungsspielraum zuerkennt[91]. Der mitgliedstaatliche Wertungsspielraum wird jedoch angesichts der detaillierten und intensiven Prüfung der Kohärenz, selbst soweit sie im Ergebnis zur Zulässigkeit der Höchstaltersgrenze führt, letztlich so stark eingeschränkt, dass er kaum mehr erkennbar ist. Das Bundesverfassungsgericht, das sich mehrmals mit Altersgrenzen im Vertragsarztrecht zu befassen hatte, gesteht dem Gesetzgeber jedenfalls einen weitaus größeren Gestaltungsspielraum zu und hat überdies weniger Bedenken im Hinblick auf die Zulässigkeit[92]. Mit diesen Aspekten setzt sich der Gerichtshof allerdings nicht näher auseinander.

Fehlende Kohärenz attestiert schließlich Generalanwalt *Maduro* in seinen Schlussanträgen den Regelungen zum Betrieb einer Apotheke in Asturien[93], sofern sie seiner Ansicht nach nicht schon eine unzulässige Diskriminierung darstellen[94]. Eine Rechtfertigung aus Gründen des Schutzes der Qualität der pharmazeutischen Versorgung wird auch schon deshalb verneint, weil es seiner Ansicht nach von „Shakespeares Drama einmal abgesehen" keine dokumentierte Grundlage für die Annahme zu geben scheint, dass ein intensiverer Wettbewerb Apotheker veranlasse, die Qualität ihrer Leistungen zu verringern[95]. Nicht kohärent sei eine Regelung zudem, wenn sie diejenigen, die Apotheken in unterversorgten Gebieten eröffnen, nicht eindeutig besser stelle als diejenigen, die einfach nur auf eine Chance warten, und wenn aufgrund der Regelung pharmazeutische Zulassungen zu einem Vermögenswert werden, so dass die Wirksamkeit der Anreizregelung in Frage gestellt wird. Hinsichtlich der Mindestentfernung äußert er überdies Bedenken, sieht es aber als Aufgabe des nationalen Gerichts an, zu entscheiden, ob die konkret festgelegte Entfernung gerechtfertigt ist, wobei das Gericht den Umfang der Beeinträchtigung des Niederlassungsrechts, die Natur des geltend gemachten Allgemeininteresses sowie die Möglichkeit zu berücksichtigen hat, inwieweit angesichts der Anzahl und Verteilung der Apotheken in der Region sowie der Bevölkerungsverteilung und -dichte eine flächendeckende Versorgung auch durch ein weniger einschneidendes Mittel erreicht werden könnte. Auf diese Weise kleinteilig und intensiv geprüft, so dass ein Bewertungsspielraum fast nicht mehr erkennbar ist, wird Kohärenz zum Schlüssel für eine umfassende Kontrolle der Erbringung von Gesundheits- und Sozialleistungen, die ausdifferenzierte und kompromisshafte Lösungen weitgehend ausschließt und die Entscheidung

---

91 Urt. v. 12. 10. 2010, Rs. C-341/08, NJW 2010, S. 587 ff., Rn. 51 f. – Domnica Petersen.

92 Vgl. BVerfG, NJW 1998, S. 1776 ff.; BVerfG, NZS 2008, S. 311 ff.

93 Rs. C-570/07, 571/07.

94 Dies nimmt er hinsichtlich der Kriterien an, aufgrund derer Antragssteller, die als Pharmazeuten im Gebiet von Asturien tätig waren, zusätzliche Priorität genießen; vgl. Rs. C-570/07, 571/07, Rn. 13 ff.

95 Rs. C-570/07, 571/07, Rn. 26.

über die Ausgestaltung von Sozialversicherungssystemen nicht mehr der Kompetenz der Nationalstaaten überlässt, sondern letztendlich dem Gerichtshof überträgt. Europäisierung durch Kohärenz.

Doch zeigen gerade die Entscheidungen des Gerichtshofs zur Arzneimittelversorgung von Krankenhäusern vom 11. September 2008[96] am Maßstab der Warenverkehrsfreiheit und zum Betrieb einer Apotheke durch eine Kapitalgesellschaft vom 19. Mai 2009[97] am Maßstab der Niederlassungsfreiheit bzw. auch der Kapitalverkehrsfreiheit, dass die mitgliedstaatliche Zuständigkeit und Autonomie durchaus vom Gerichtshof berücksichtigt werden kann. In den die Beschränkungen rechtfertigenden Entscheidungen betont der Gerichtshof, dass es Sache der Mitgliedstaaten ist, in den durch den Vertrag gesetzten Grenzen zu bestimmen, auf welchem Niveau sie den Schutz der Gesundheit der Bevölkerung gewährleisten wollen und wie dieses Niveau erreicht werden soll[98]. Dies berücksichtigt der Gerichtshof bei der Verhältnismäßigkeitsprüfung[99]. Da sich das Niveau von einem Mitgliedstaat zum anderen unterscheiden könne, sei dem Mitgliedstaat ein entsprechender Beurteilungsspielraum[100] bzw. Wertungsspielraum[101] zuzuerkennen, so dass der Umstand, dass ein Mitgliedstaat Vorschriften erlässt, die weniger streng sind als die in einem anderen Mitgliedstaat erlassenen, nicht bedeute, dass Letztere unverhältnismäßig wären[102]. Während der Gerichtshof im Urteil zur Arzneimittelversorgung von Krankenhäusern – jedenfalls begrifflich – nicht die Kohärenz prüft, wird diese in der Entscheidung zum Apothekenbetrieb durch Kapitalgesellschaften angesprochen und als Prüfungsmaßstab herangezogen. Eine nationale Regelung sei nur dann geeignet, „die Erreichung des geltend gemachten Ziels zu gewährleisten, wenn sie tatsächlich dem Anliegen gerecht wird, es in kohärenter und systematischer Weise zu erreichen“[103].

Die im Urteil zur deutschen Rechtslage problematisierten Ausnahmeregelungen zugunsten von Erben, Krankenhäusern oder für Filialapotheken

---

96 Urt. v. 11. 9. 2008, Rs. C-141/07, Slg. 2008, I-6935 – Kommission/Deutschland.

97 Urt. v. 19. 5. 2009, Rs. C-171/07, 172/07, EuZW 2009, S. 298 ff. – Apothekerkammer des Saarlandes; Urt. v. 19. 5. 2009, Rs. C-531/06, EuZW 2009, S. 415 ff. – Kommission/Italien.

98 Urt. v. 11. 9. 2008, Rs. C-141/07, Slg. 2008, I-6935, Rn. 46 – Kommission/Deutschland.

99 Urt. v. 11. 9. 2008, Rs. C-141/07, Slg. 2008, I-6935, Rn. 51 – Kommission/Deutschland.

100 Urt. v. 11. 9. 2008, Rs. C-141/07, Slg. 2008, I-6935, Rn. 51 – Kommission/Deutschland.

101 Urt. v. 19. 5. 2009, Rs. C-171/07, 172/07, EuZW 2009, S. 298 ff., Rn. 19 – Apothekerkammer des Saarlandes.

102 Urt. v. 11. 9. 2008, Rs. C-141/07, Slg. 2008, I-6935, Rn. 51 – Kommission/Deutschland.

103 Urt. v. 19. 5. 2009, Rs. C-171/07, 172/07, EuZW 2009, S. 298 ff., Rn. 41 – Apothekerkammer des Saarlandes.

gelten zwar als kohärent[104], jedoch fehlt es an einer Prüfung, inwiefern es etwa kohärent ist, dass Krankenhäuser als Erbringer von Gesundheitsleistungen durchaus in Form von Kapitalgesellschaften organisiert sein können[105]. Dies zeigt wiederum die Problematik der Kohärenzprüfung auf: Wird sie umfassend vorgenommen und intensiv betrieben unter Berücksichtigung zahlreich möglicher und vorstellbarer Gestaltungsalternativen, entscheidet letztlich der Gerichtshof über die Ausgestaltung der nationalen sozialen Sicherungssysteme, obwohl die Zuständigkeit primär bei den Mitgliedstaaten liegt. Doch sind schon Maßstab, Inhalt und Stellung der Kohärenzprüfung unklar, die in den Entscheidungen zu Glücksspielen und Sportwetten, in denen sie ihren Ursprung zu haben scheint, eher zurückhaltend erfolgte[106]. Sie bedarf, wenn sie schon Maßstab der gerichtlichen Beurteilung – auch im Hinblick auf das sekundäre Unionsrecht? – sein soll, der stärkeren Strukturierung. Dies gilt etwa im Hinblick auf ihren grundsätzlichen Standort in der Rechtfertigungsprüfung, auf ihre Bedeutung für die Verhältnismäßigkeitsprüfung[107] und, worauf neuere Entscheidungen hindeuten[108], auf ihre Funktion als Anforderung an die Geeignetheit einer nationalen Regelung. Fraglich ist auch ihr Bezugspunkt: Bezieht sich die Kohärenzprüfung nur auf einzelne konkret vergleichbare Sachverhalte oder auf ganze Sachbereiche, etwa die Arzneimittelversorgung oder sogar das Krankenversicherungssystem als Ganzes, das dann kohärent ausgestaltet sein müsste? Damit zusammenhängend muss die Intensität der Kohärenzprüfung bestimmt werden, eventuell auch im Hinblick auf die jeweilige Verfahrensart[109]. Zu beachten ist bei der Bestimmung der Kontrolldichte etwa eine nach der vertraglichen Kompetenzzuweisung bestehende grundsätzliche Kompetenz der Mitgliedstaaten und ein auch vom Gerichtshof an sich anerkannter Wertungs- bzw. Beurteilungsspielraum. Im Hinblick auf die Ausgestaltung sozialpolitischer Maßnahmen wäre etwa die Prüfung auf eine bloße Willkürkontrolle der Einhaltung äußerster Grenzen zu beschränken und dabei zudem ein mitgliedstaatlicher Prognosespielraum anzuer-

---

104 Urt. v. 19. 5. 2009, Rs. C-171/07, 172/07, EuZW 2009, S. 298 ff., Rn. 45 ff. – Apothekerkammer des Saarlandes.

105 Kritik insoweit etwa bei *Classen*, Jura 2010, S. 56 (59); *Eichenhofer*, MedR 2009, S. 597 f.; *Sander*, APR 2009, S. 143 (146 f.).

106 Vgl. etwa EuGH, Urt. v. 6. 3. 2007, Rs. C-338/04 u. a., Slg. 2007, I-1891, Rn. 53, 58 – Placanica.

107 Zur Verhältnismäßigkeitsprüfung allgemein v. *Danwitz*, EWS 2003, S. 394 ff.; *ders.*, Europäisches Verwaltungsrecht, 2008, S. 348 ff., 569 ff.; s. auch *Emmerich-Fritsche*, Der Grundsatz der Verhältnismäßigkeit als Direktive und Schranke der EG-Rechtsetzung, 2000.

108 Insbesondere die Entscheidung Hartlauer, Urt. v. 10. 3. 2009, Rs. C-169/07, EuZW 2009, S. 298 ff., Rn. 55.

109 s. dazu einerseits EuGH, Urt. v. 19. 5. 2009, Rs. C-171/07, 172/07, EuZW 2009, S. 298 ff. – Apothekerkammer des Saarlandes (Vorabentscheidungsverfahren); Urt. v. 19. 5. 2009, Rs. C-531/06, EuZW 2009, S. 415 ff. – Kommission/Italien (Vertragsverletzungsverfahren).

kennen. Insofern könnten etwa die zurückhaltende Verhältnismäßigkeitsprüfung des Gerichtshofs in der Rechtssache *Kommission / Italien* zum italienischen Verbot von Kleinkrafträdern mit Anhänger[110] oder die insgesamt bislang eher noch zurückhaltende Prüfung des Bundesverfassungsgerichts bei der Beurteilung der Systemwidrigkeit gesetzlicher Vorschriften beispielhaft sein[111]. Zudem ist es gerade in Vorabentscheidungsverfahren zur Wahrung der mitgliedstaatlichen Kompetenzen geboten, dass der Gerichtshof die eigentliche Prüfung der Verhältnismäßigkeit in noch stärkerem Maße als bislang den mitgliedstaatlichen Gerichten überantwortet und damit die Beantwortung der Frage nach der systemgerechten Ausgestaltung des jeweiligen sozialen Sicherungssystems auf die nationale Ebene delegiert[112].

c) Pflichtmitgliedschaft. Unter grundfreiheitlichen Rechtfertigungszwang geraten die nationalen Sozialversicherungssysteme nach der Rechtsprechung des Gerichtshofs nunmehr ebenfalls im Hinblick auf die sie regelmäßig kennzeichnende und konstituierende Pflichtmitgliedschaft. In der Rechtssache *Kattner Stahlbau-GmbH*[113] prüfte der Gerichtshof die Vereinbarkeit der Versicherungspflicht bei einer deutschen Berufsgenossenschaft anhand der Dienstleistungsfreiheit in Bezug auf Versicherungsmöglichkeiten bei einem ausländischen privaten Anbieter. Zwar sieht der Gerichtshof in seinem Urteil vom 5. Mai 2009 die Pflichtmitgliedschaft als rechtfertigungsfähig an, wenn und weil sie nicht über das hinausgehe, was zur Erreichung des Ziels der Gewährleistung des finanziellen Gleichgewichts eines Zweigs der sozialen Sicherheit erforderlich ist, doch stellt der Gerichtshof damit auch Organisation und Finanzierung nationaler Sozialversicherungssysteme unter Rechtfertigungszwang. Selbst wenn das Urteil insoweit nicht überraschend gewesen sein sollte, weil der Gerichtshof bereits im Jahre 2003 in der Freskot-Entscheidung[114] eine griechische Zwangsversicherung für Ernteschäden an der Dienstleistungsfreiheit gemessen hatte[115], kann es im Hinblick auf Sozialversicherungssysteme durchaus als

---

110 Urt. v. 10. 2. 2009, Rs. C-110 / 05, EuZW 2009, S. 173 ff. (Rn. 60 ff.). Zu dieser Entscheidung etwa: *Albin / Valentin,* ebd., S. 178 f.; *Classen,* EuR 2009, S. 555 ff.

111 Vgl. dazu mit weitere Nachweisen *Axer,* Kontinuität durch Konsequenz in der Sozialversicherung, FS Isensee, 2007, S. 965 (977 f.). Allerdings ist nicht zu übersehen, dass auch das Bundesverfassungsgericht gerade im Steuerrecht unter dem Gesichtspunkt der Folgerichtigkeit zum Teil eine intensivere Prüfung vornehmen kann und vornimmt; s. etwa BVerfGE 122, 210 (235 ff.) mit kritischer Anmerkung von *Lepsius,* JZ 2009, S. 260 (262 f.).

112 Vgl. dazu im Hinblick auf die Abwägung zwischen Grundfreiheiten und Grundrechten im Arbeitskampfrecht: *v. Danwitz,* EuZA 2010, S. 6 (17).

113 Urt. v. 5. 3. 2009, Rs. C-350 / 07, EuZW 2009, S. 290 ff.

114 Urt. v. 22. 5. 2003, Rs. C-355 / 00, Slg. 2003, I-5263; zu dieser Entscheidung im Kontext der Frage, ob eine Bürgerversicherung mit Unionsrecht vereinbar wäre: *Gundel,* EuR 2004, S. 575 (586).

115 Vgl. dazu *Gundel,* EuZW 2009, S. 296 (297).

„Neuheit“[116] bezeichnet werden. Dafür fällt allerdings die Begründung für die Eröffnung der Dienstleistungsfreiheit knapp aus. Der Gerichtshof begnügt sich letztlich mit dem allgemeinen und geradezu stereotypen Hinweis, dass die Mitgliedstaaten trotz fehlender gemeinschaftlicher Harmonisierung bei der Ausübung ihrer Befugnisse das Gemeinschaftsrecht zu beachten hätten, und dass dies auch dann gelte, wenn eine nationale Regelung nur die Finanzierung betreffe[117]. Vor dem Hintergrund, dass keine primärvertragliche Kompetenz der Union zur Regelung der Finanzierung und Organisation sozialer Sicherheit besteht, soziale Sicherungssysteme auch im sekundären Unionsrecht eine Sonderstellung im Versicherungswesen genießen[118] und die Prüfung durch den Gerichtshof unmittelbar den Kernbereich der Sozialversicherung, nämlich Organisation und Finanzierung, berührt, ist zumindest die Begründung unzureichend[119].

Selbst wenn im Weiteren der nachfolgenden Rechtfertigungsprüfung im Ergebnis zugestimmt werden kann[120], stellt der Gerichtshof damit Organisation und Finanzierung nationaler Sozialversicherungssysteme unter unionsrechtlichen Rechtfertigungszwang und -druck und überprüft deren Verhältnismäßigkeit, obwohl die Zuständigkeiten bei den Mitgliedstaaten liegen. Damit könnte, insbesondere wenn zudem zukünftig noch eine strenge und intensive Kontrolle am Maßstab der Kohärenz erfolgt, letztlich der Gerichtshof etwa über die „Friedensgrenze“ zwischen gesetzlicher und privater Krankenversicherung oder über das Verhältnis und die Abgrenzung von privater und sozialer Pflegeversicherung in Deutschland entscheiden. Mag dies einigen auch als Hoffnungsschimmer und Rettungsanker erscheinen, nachdem das Bundesverfassungsgericht insoweit die Verfassungsmäßigkeit im Grundsatz bejaht hat[121], sollte bedacht werden, dass die Sozialversicherung dann ebenfalls in Organisation und Finanzierung durch die Hintertüre europäisiert wird und die Union zum Hausherr in der Sozialversicherung wird. Ob aber die Union – oder genauer formuliert: der Gerichts-

116 Begriff bei *Giesen*, ZESAR 2009, S. 311 (319), an anderer Stelle (S. 317) spricht er von „Premiere“.

117 Urt. v. 5. 3. 2009, Urt. v. 5. 3. 2009, Rs. C-350/07, EuZW 2009, S. 290 ff., Rn. 74 f. – Kattner Stahlbau-GmbH.

118 Dazu *Fuchs*, ZESAR 2009, S. 365 (369).

119 Kritik etwa bei *Fuchs* (FN 118), S. 366 ff.; *Wölfle*, ZEuS 2009, S. 301 (333 ff.); dem Ergebnis, eine Rechtsfolgenbeschränkung statt einer Anwendungsbereichsbeschränkung vorzunehmen, zustimmend dagegen etwa *Penner*, ZESAR 2009, S. 411 (419).

120 Vgl. zu den Konsequenzen aus der Verhältnismäßigkeitsprüfung: *Fuchs* (FN 118), S. 370 ff.; *Wölfle* (FN 119), S. 337 ff.; andere Bewertung dagegen bei *Giesen* (FN 116), S. 317 ff.

121 Zur Pflegerversicherung vgl. BVerfGE 103, 197 (215 ff.); zum Verhältnis von gesetzlicher und privater Krankenversicherung anhand des Basistarifs BVerfGE 123, 186 (221 ff.); zu dieser Entscheidung vgl. etwa: *Hufen*, NZS 2009, S. 649 ff.; *Isensee*, Verfassungsgarantie privatversicherungsrechtlicher Strukturen, in: Liber amicorum Jürgen Prölss, 2009, S. 81 ff.

hof – dann allerdings liberale Erwartungen und Hoffnungen erfüllen wird, bleibt abzuwarten und ist offen, wie gerade die Urteile zum Betrieb einer Apotheke durch Kapitalgesellschaften zeigen.

2. Das Wettbewerbsrecht

a) Kartellrecht. Nach dem Aufsehen erregenden Urteil des Gerichtshofs in der Rechtssache *Höfner* und *Elsner* aus dem Jahre 1991[122], in dem es die damalige Bundesanstalt für Arbeit bei der Vermittlung von Führungskräften der Wirtschaft als Unternehmen qualifizierte, setzte eine rege, auch zu mehreren Entscheidungen des Gerichtshofs führende Diskussion ein[123], ob und inwieweit Sozialversicherungsträger sowie in das System eingebundene Leistungserbringer als Unternehmen anzusehen sind. Wären sie als Unternehmen im Sinne der Art. 101 ff. AEUV anzusehen, unterläge ihre Tätigkeit dem EU-Wettbewerbsrecht und eine Rechtfertigung von Wettbewerbsbeschränkungen durch Sozialversicherungsmonopole wäre grundsätzlich nur als Dienstleistung von allgemeinem wirtschaftlichen Interesse nach Art. 106 Abs. 2 AEUV möglich, mit der Folge, dass auch hier dann eine Überprüfung und Beurteilung der Ausgestaltung sozialer Sicherungssysteme durch den Gerichtshof erfolgen würde. Wird dagegen die Unternehmensqualität verneint, scheidet bereits auf der Tatbestandsebene die Anwendung des Kartellrechts aus, so dass eine Rechtfertigung über Art. 106 Abs. 2 AEUV nicht erforderlich und die Prüfungskompetenz des Gerichtshofs somit beschränkt ist.

Vor dem Hintergrund des funktionalen Unternehmensbegriffs, nach dem ein Unternehmen jede eine wirtschaftliche Tätigkeit ausübende Einheit unabhängig von ihrer Rechtsform und der Art ihrer Finanzierung ist[124], sind Sozialversicherungsträger nicht von vornherein vom EU-Wettbewerbsrecht ausgeschlossen. Dementsprechend hat der Gerichtshof unterschiedlich entschieden[125]: Hinsichtlich der Versicherten, insbesondere wenn die Pflicht-

---

122 EuGH, Urt. v. 23. 4. 1991, Rs. C-41/90, Slg. 1991, I-1979.

123 Vgl. statt Vieler aus dem deutschen Schrifttum nur *Giesen,* Sozialversicherungsmonopol und EG-Vertrag, 1995, einerseits und *Heinze,* Europarechtliche Rahmenbedingungen der deutschen Unfallversicherung, in: FS Gitter, 1995, S. 355 ff., andererseits.- Zum Unternehmensbegriff im Hinblick auf gesetzliche Krankenkassen jüngst allgemein mit weiteren Nachweisen: *Kluckert,* Gesetzliche Krankenkassen als Normadressaten des Europäischen Wettbewerbsrechts, 2009; *Rixen,* Die Bedeutung des EU-Wirtschaftsrechts für die Erbringung von Sozialleistungen, in: Sozialrecht in Europa (FN 10), S. 53 (56 ff.).

124 Statt Vieler Urt. v. 5. 3. 2009, Rs. C-350/07, EuZW 2009, S. 290 ff., Rn. 34 – Kattner Stahlbau-GmbH.

125 Unternehmenseigenschaft etwa verneinend: EuGH, Urt. v. 17. 12. 1993, Rs. C-159/ 91, 160/91, Slg. 1993, I-637 – Poucet und Pistre; EuGH, Urt. v. 22. 1. 2002, Rs. C-218/00, Slg. 2002, I-691 – Cisal; bejahend etwa für eine freiwillige Zusatzrentenversicherung, die mangels Pflichtversicherungstatbeständen kein rechtliches

mitgliedschaft betroffen ist, nimmt der Gerichtshof keine unternehmerische Tätigkeit an, sofern die jeweilige Einrichtung einen sozialen Zweck verfolgt, dabei nach den Grundsätzen der Solidarität handelt und die Leistungen gesetzlich vorgegeben sind[126], wobei in der Rechtssache *Kattner Stahlbau-GmbH* maßgeblich auf das Vorliegen einer staatlichen Aufsicht abgestellt wird[127]. Im Rahmen der Bewertung kommt dem Grundsatz der Solidarität besondere Bedeutung zu, allerdings variiert die Prüfung des Gerichtshofs im Einzelnen; in der Rechtssache *Kattner Stahlbau-GmbH* stellt er etwa stark auf einzelne Umverteilungselemente ab, insbesondere auf nicht risikoproportionale Beiträge[128]. Im Detail unterschiedlich geprüft wird zudem die Bindung an staatliche Vorgaben, wobei der Gerichtshof insgesamt eher großzügig verfährt und etwa Entscheidungen von Selbstverwaltungseinrichtungen, die staatlicher Rechtsaufsicht unterliegen, als ausreichend wertet, um die Unternehmensqualität zu verneinen[129].

Die Kriterien werden letztlich auch dann herangezogen, wenn die sozialrechtliche Leistungserbringung betroffen ist, etwa durch die Festsetzung von Festbeträgen für Arzneimittel[130]. Letztlich steht dahinter der Gedanke, dass das Kartellrecht die nachfragende Tätigkeit nur erfasst, wenn die anbietende Tätigkeit, zu deren Zweck die Nachfrage erfolgte, als wirtschaftliche Tätigkeit anzusehen ist[131]. Fehlt es dagegen an einer unmittelbaren Einbindung und Bedeutung der jeweiligen Regelung zur Leistungserbringung für die Sozialleistungsgewährung, wird die Unternehmenseigenschaft eher bejaht, etwa im Hinblick auf den Krankentransport durch Rettungsdienstorganisationen[132].

Die zurückhaltende Rechtsprechung zum Unternehmensbegriff berücksichtigt und beachtet die nationale Kompetenz zur Organisation und Finanzierung sozialer Sicherungssysteme. Allerdings stellt sie, schon aufgrund

---

Monopol, aber faktische Privilegien besaß, EuGH, Urt. v. 16. 11. 1995, Rs. C-244/94, Slg. 1995, I-4013 – FFSA; ebenso bejahend für niederländische Einrichtungen, die Pflichtzusatzrenten verwalten: EuGH, Urt. v. 21. 9. 1999, Rs. C- 67/96, Slg. 1999, I-5751 – Albany; EuGH, Urt. v. 21. 9. 1999, Rs. C-115/97 u. a., Slg. 1999, I-6025 – Brentjens; EuGH, Urt. v. 21. 9. 1999, Rs. C-219/97, Slg. 1999, I-6121- Bokken.

126 Vgl. etwa EuGH, Urt. v. 16. 3. 2004, Rs. C-264/01 u. a., Slg. 2004, I-2493, Rn. 47 ff. – AOK Bundesverband.

127 Urt. v. 5. 3. 2009, Rs. C-350/07, EuZW 2009, S. 290 ff., Rn. 60 ff.

128 Urt. v. 5. 3. 2009, Rs. C-350/07, EuZW 2009, S. 290 ff., Rn. 44 ff. – Kattner Stahlbau-GmbH; Kritik an der Prüfung etwa bei *Giesen* (FN 116), S. 314 ff.; *Penner* (FN 119), S. 411 f.; positive Beurteilung dagegen etwa bei *Wölfle* (FN 119), S. 317 ff.

129 Urt. v. 5. 3. 2009, Rs. C-350/07, EuZW 2009, S. 290 ff., Rn. 74 ff. – Kattner Stahlbau-GmbH; Kritik an der Prüfung etwa bei *Giesen* (FN 116), S. 316; *Penner* (FN 119), S. 411 f.; positive Beurteilung dagegen etwa bei *Wölfle* (FN 119), S. 326 ff.

130 EuGH, Urt. v. 16. 3. 2004, Rs. C-264/01 u. a., Slg. 2004, I-2493 – AOK Bundesverband; zur Prozessgeschichte *Axer*, NZS 2002, S. 57 ff.

131 Vgl. EuG, Urt. v. 4. 3. 2000, T-319/99, Rn. 36 f., unter Billigung von EuGH, Urt. v. 11. 7. 2006, C-205/03 P, Slg. 2006, I-6295 – Fenin.

132 EuGH, Urt. v. 25. 10. 2001, C-475/99, Slg. 2001, I-8089 – Ambulanz Glöckner.

ihrer zum Teil im Einzelnen variierenden Anforderungen und nur schwer erkennbaren verallgemeinerungsfähigen Grenzziehungen, keinen Freibrief für den nationalen Gesetzgeber dar. Selbst wenn sich den Entscheidungen des Gerichtshofs insgesamt eine begrüßenswerte kompetenzwahrende Tendenz entnehmen lässt, soziale Sicherungssysteme nicht am Maßstab des Wettbewerbsrechts zu prüfen, ist nicht zu übersehen, dass sich die Bewertung durch den Gerichtshof ändern kann. Dies gilt vor allem dann, wenn, wie etwa in der deutschen gesetzlichen Krankenversicherung, mit Wahltarifen[133] oder Selektivverträgen immer mehr wettbewerbliche Strukturen eingeführt werden[134]. Derjenige, der Wettbewerb sät, wird auch Wettbewerb ernten in der Weise, dass das Wettbewerbsrecht beachtet werden muss.

In einem gewissen Kontrast zur bislang zurückhaltenden Beurteilung der Unternehmensqualität von Sozialversicherungsträgern steht allerdings die Anwendung der Grundfreiheiten auf Pflichtmitgliedschaften in der Sozialversicherung durch den Gerichtshof. Zwar folgen in der Rechtssache *Kattner Stahlbau-GmbH* aus dem Tatbestandsausschluss im Wettbewerbsrecht und der Tatbestandseröffnung bei der Dienstleistungsfreiheit aufgrund der vom Gerichtshof angenommenen Rechtfertigungsmöglichkeiten nicht notwendigerweise abweichende Ergebnisse, doch ist dies zukünftig nicht ausgeschlossen, insbesondere wenn der Gerichtshof bei den Grundfreiheiten die Verhältnismäßigkeit der Regelungen im Hinblick auf ihre Kohärenz intensiv prüft. Selbst wenn man davon ausgeht, dass sich die Überlegungen zum eingeschränkten Anwendungsbereich des Wettbewerbsrechts nicht zwingend in gleicher Weise auf die Gewährleistung der Grundfreiheiten übertragen lassen[135], sollten Wertungswidersprüche zwischen der wettbewerbsrechtlichen und der grundfreiheitlichen Prüfung vermieden werden[136]. Dies spricht wiederum dafür, dass, wenn schon die Grundfreiheiten als Prüfungsmaßstab bei Sozialversicherungsträgern herangezogen werden, deren Besonderheiten und die primäre Zuständigkeit der Mitgliedstaaten im Rahmen der Rechtfertigung berücksichtigt werden müssen, was sich mit einer intensiven Kohärenzprüfung nicht vereinbaren lässt. Die Anwendung der Grundfreiheiten auf Sozialversicherungsträger birgt neben den Unsicherheiten für die Mitgliedstaaten, ob der Gerichtshof eine Rechtfertigung anerkennt, die Gefahr, dass auch der Unternehmensbegriff auf Sozialversicherungsträger ausgeweitet wird und diese sich auch wettbewerbsrechtlich rechtfertigen müssen. Eine entsprechende Ausweitung würde zu einer

133 Zu europarechtlichen Fragen vgl. etwa *Huber / Storr*, Die Wahltarife im SGB V, 2008, S. 43 ff.

134 Insgesamt dazu etwa *Kingreen*, ZESAR 2007, S. 139 ff.

135 s. dazu EuGH, Urt. v. 11. 12. 2007, Rs. C-438/05, Slg. 2007, I-10779, Rn. 53 – Viking; Kritik etwa bei *Kocher*, AuR 2009, S. 332 (334).

136 s. dazu etwa die Überlegungen von *Kingreen* (FN 5), S. 444 ff.

weiteren Europäisierung des Sozialversicherungsrechts führen, denn der Gerichtshof entscheidet dann letztlich, indem er bestimmte Gestaltungsmöglichkeiten grundfreiheitlich und wettbewerbsrechtlich ausschließt – gewissermaßen negativ – darüber, wieweit die Kompetenzen der Mitgliedstaaten in einem Bereich reichen, in dem diese primär zuständig sind.

b) Das Beihilfe- und Vergaberecht. Bislang noch eher begrenzt ist der Einfluss des europäischen Beihilfenrechts (Art. 107 – 109 AEUV) auf die Ausgestaltung der nationalen Sozialversicherung. Diskutiert wurde beispielsweise, ob der Risikostrukturausgleich[137] oder die freiwillige Versicherung in der gesetzlichen Krankenversicherung[138] eine unzulässige Beihilfe darstellen. Als Beihilfen gelten staatliche Maßnahmen oder Maßnahmen unter Inanspruchnahme staatlicher Mittel, die geeignet sind, den Handel zwischen den Mitgliedstaaten zu beeinträchtigen, dem Begünstigten einen Vorteil gewähren und den Wettbewerb verfälschen oder zu verfälschen drohen[139]. Eine Qualifikation des Risikostrukturausgleichs als Beihilfe scheidet beispielsweise jedoch schon deshalb aus, weil es am Erfordernis einer selektiven Begünstigung fehlt[140]. Da nach dem Grundsatz der Solidarität organisierte Sozialversicherungsträger zudem regelmäßig als Adressaten von Beihilfen nicht in Betracht kommen dürften, konzentriert sich die Diskussion auf die Leistungserbringer, dabei insbesondere auf die öffentlichen Krankenhäuser[141] im Hinblick auf Verlustausgleichszahlungen von Ländern, Kreisen und Kommunen[142]. Selbst wenn insoweit trotz der einschränkenden Kriterien der *Altmark Trans*-Entscheidung[143] eine Beihilfe vorliegen sollte[144] und eine Rechtfertigung als „Dienstleistung von allgemeinem wirtschaftlichen

---

137 Vgl. dazu BSG, NZS 2003, S. 537 (545); *Axer,* SGb 2003, S. 485 ff.; *Röbke,* Die Leistungsbeziehungen der gesetzlichen Krankenversicherung im Lichte des europäischen Wirtschaftsrechts, 2009, S. 292 f.

138 *Giesen,* VSSR 1996, S. 311 (336 f.); s. dazu auch: *Kingreen* (FN 5), S. 495 ff.

139 Zum Beihilfenbegriff vgl. etwa: EuGH, Urt. v. 24. 7. 2003, Rs. C-280 / 00, Slg. 2003, I-7747, Rn. 75 – Altmark Trans; *Bär-Bouyssiére,* in: Schwarze (Hrsg.), EU-Kommentar, 2. Aufl. 2009, Art. 87 EG Rn. 22 ff. m. w. N.

140 Vgl. *Röbke* (FN 137), S. 292 f.

141 Zur Regulierung und Finanzierung des Krankenhaussektors grundlegend: *Hense,* Soziale Infrastruktur im Gesundheitswesen – der stationäre Sektor, in: Fehling / Ruffert (Hrsg.), Regulierungsrecht, 2010, S. 863 ff.

142 *Bauckhage-Hoffer,* GesR 2009, S. 393 ff.; *Cremer,* ZIAS 2008, S. 198 (229 ff.); *ders.*, Europarechtliche Vorgaben für das Krankenhausrecht, in: Huster / Kaltenborn (Hrsg.), Krankenhausrecht, 2010, § 3 Rn. 46 ff.; *Kingreen,* GesR 2006, S. 193 (197 ff.); *Knütel / Schweda / Giersch,* EWS 2008, S. 497 ff.; *Koenig / Paul,* EuZW 2008, S. 359 ff.; *Lehmann,* Krankenhaus und EG-Beihilferecht, 2008; *Röbke,* (FN 137), S. 304 ff.; allgemein zum Problemkreis: *Becker,* NZS 2007, S. 169 ff.; *Rixen,* (FN 123), S. 68 ff.

143 EuGH, Urt. v. 24. 7. 2003, Rs. C-280 / 00, Slg. 2003, I-7747, Rn. 87 ff. – Altmark Trans.

144 Insoweit kann auch überlegt werden, ob und inwieweit aus dem das Urteil des EuG v. 12. 2. 2008, T-289 / 03 – BUPA, nicht eine Modifikation der Altmark Trans-Kriterien hergeleitet werden kann, so dass einzelne Zuwendungen an Krankenhäuser keine Beihilfen wären; s. dazu etwa *Cremer* (FN 142), S. 219 f.

Interesse"[145] über Art. 106 Abs. 2 AEUV und die konkretisierenden Freistellungsregelungen der Kommission nicht möglich wäre[146], betrifft das Beihilfenrecht – trotz möglicher existentieller Folgen für das einzelne Krankenhaus – damit bislang noch nicht die Ausgestaltungsbefugnis der Mitgliedstaaten in den Kernbereichen der Sozialversicherung. Doch ist nicht zu übersehen, dass insbesondere bei einer Bejahung des Unternehmensbegriffs auch über das Instrument der Beihilfenkontrolle sich umfangreiche Einwirkungsbefugnisse der Union auf die nationale Sozialversicherung ergeben können.

Die Anwendbarkeit des weitgehend auf europarechtlichen Vorgaben beruhenden nationalen Vergaberechts auf die sozialversicherungsrechtliche Leistungserbringung wurde gerade anhand des Krankenversicherungsrechts aufgrund der dort seit Jahren verstärkt vorgesehenen Individualverträge zwischen Krankenkassen und einzelnen Leistungserbringern diskutiert[147]. Der Streit, ob das Vergaberecht im Grundsatz überhaupt etwa für Verträge in der integrierten Versorgung (§§ 140a ff. SGB V) oder für Rabattverträge in der Arzneimittelversorgung (§ 130a Abs. 8 SGB V) gilt[148], hat aufgrund der nunmehr ausdrücklich geregelten gesetzlichen Verweisung auf die Vorschriften der §§ 97 ff. GWB an Bedeutung verloren[149]. Nachdem der Gerichtshof zudem in der Rechtssache *Oymanns* durch Urteil vom 11. Juni 2009[150] die gesetzlichen Krankenkassen grundsätzlich als öffentlichen Auftraggeber angesehen hat, werden inzwischen vor allem die jeweiligen vergaberechtlichen Voraussetzungen auf ihre Anwendbarkeit hin diskutiert, ob es sich etwa bei der konkreten Beschaffung um einen Liefer- oder Dienstleistungsauftrag handelt oder ob eine Rahmenvereinbarung oder Dienstleistungskonzession vorliegt[151].

Obschon das Vergaberecht nunmehr grundsätzlich Geltung beansprucht, bleibt die Frage, ob es nicht in seiner Anwendung Modifikationen bedarf, weil die Erbringung von existenziellen Leistungen der sozialen Sicherheit

---

145 Dazu und zum Verhältnis zu den sozialen Dienstleistungen: *Pitschas* (FN 14), S. 16 ff.; *Rixen* (FN 123), S. 63 ff.

146 *Kingreen* (FN 142), S. 197 ff.; *Röbke* (FN 137), S. 304 ff.; differenzierend *Cremer* (FN 142), S. 229 ff.

147 s. dazu etwa: *Ebsen,* BKK 2010, S. 76 ff.; *Engelmann,* SGb 2008, S. 133 ff.; *Kaltenborn,* VSSR 2006, S. 371 ff.; *Rixen,* GesR 2006, S. 49 ff.

148 Speziell zu den Rabattverträgen vgl. etwa *Axer,* in: Becker / Kingreen (Hrsg.), SGB V, 2. Aufl. 2010, § 130 SGB V (im Erscheinen).

149 Änderung des § 69 Abs. 2 SGB V durch das Gesetz zur Weiterentwicklung der Organisationsstrukturen in der gesetzlichen Krankenversicherung (GKV-OrgWG) v. 17. 12. 2008 (BGBl. I, S. 2426).

150 EuGH, Urt. v. 11. 6. 2009, Rs. C-300 / 07, NJW 2009, S. 2427 ff., Rn. 48 ff.

151 s. dazu EuGH, Urt. v. 11. 6. 2009, Rs. C-300/07, NJW 2009, S. 2427 ff. – Oymanns, sowie die nachfolgenden Überlegungen im Hinblick auf einzelne Verträge etwa bei: *Esch,* MPR 2009, S. 149 (152 ff.); *Kingreen,* NJW 2009, S. 2417 (2418 f.); *Schäffer,* ZESAR 2009, S. 374 ff.

betroffen ist. Der deutsche Gesetzgeber ordnet insoweit etwa ausdrücklich an, dass für die krankenversicherungsrechtliche Leistungserbringung die vergaberechtlichen Vorschriften mit der Maßgabe gelten, dass der Versorgungsauftrag der gesetzlichen Krankenkassen besonders zu berücksichtigen ist[152], und eröffnet den Rechtsweg gegen Entscheidungen der Vergabekammern abweichend von den allgemeinen vergaberechtlichen Regelungen zu den Landessozialgerichten[153]. Zwar muss sich der Mitgliedstaat auch insoweit im Rahmen der unionsrechtlichen Vorgaben für die Vergabe öffentlicher Aufträge bewegen und es existiert insbesondere keine generelle Bereichsausnahme für die Beschaffung von Sozialleistungen, doch steht das Unionsrecht mit seinen differenzierten vergaberechtlichen Regelungen[154] einer Berücksichtigung von Besonderheiten bei der Leistungsbeschaffung im Sozialen nicht zwangsläufig entgegen. Es gebietet insbesondere nicht, undifferenziert und ohne Berücksichtigung der Besonderheiten des jeweiligen Regelungsbereichs etwa die ärztliche Behandlung oder die Versorgung mit Heil- und Hilfsmitteln gleich der Beschaffung von Büromaterial zu behandeln oder die Kompetenz der Sozialgerichtsbarkeit zur Entscheidung vergaberechtlicher Streitigkeiten rechtlich in Frage zu stellen. Ob es allerdings zu einem speziellen Rechtsgebiet „Sozialvergaberecht"[155] kommen wird, ist letztlich mehr eine Frage der wissenschaftlichen Systematisierung und Begriffsbildung. Doch sollte insofern begrifflich Vorsicht walten, weil der Eindruck erweckt werden könnte, die Beschaffung sozialer Leistungen entziehe sich als Sonderrechtsgebiet in weitem Umfang dem Vergaberecht.

IV. Die Europäisierung des Sozialversicherungsrechts und die Lissabon-Entscheidung des Bundesverfassungsgerichts

Die Europäisierung der nationalen Sozialversicherung schreitet voran. Jede Änderung nationalen Sozialversicherungsrechts kann europäische Konsequenzen haben. Unionsrechtlich geprägt und determiniert sind nicht nur das Leistungserbringungsrecht, das schon, weil es auch Teil des öffentlichen Wirtschaftsrechts ist[156], einen starken Binnenmarktbezug aufweist, oder die grenzüberschreitende Erbringung von Sozialleistungen aufgrund von Koordinierungsregelungen, grundfreiheitlicher Vorgaben oder unions-

---

152 § 69 Abs. 2 S. 3 SGB V. Selbst wenn diese Regelung zum Teil Kritik erfahren hat und sicherlich in ihre Anwendung im Einzelnen Fragen offen lässt, ist sie der Sache nach geboten, und, da der Auslegung offen stehend, auch mit europarechtlichen Vorgaben vereinbar.

153 §§ 29, 142a SGG.

154 Etwa im Hinblick auf Dienstleistungsaufträge bei Gesundheitsdienstleistungen; vgl. dazu: *Esch* (FN 151), S. 151 ff.; *Kingreen* (FN 151), S. 2418 f.

155 Zum Sozialvergaberecht vgl. etwa *Kingreen,* SGb 2008, S. 437 ff.

156 Dazu grundlegend *Rixen,* Das Sozialrecht als öffentliches Wirtschaftsrecht, 2005.

bürgerrechtlicher Freizügigkeit. Vielmehr beeinflusst das Unionsrecht gerade in seiner Anwendung und Auslegung durch den Gerichtshof inzwischen verstärkt auch Organisation und Finanzierung der Sozialversicherung, wenn etwa die unfallversicherungsrechtliche Pflichtmitgliedschaft an den Grundfreiheiten gemessen wird. Wird dann noch die Ausgestaltung sozialer Sicherungssysteme auf ihre Kohärenz hin detailliert und intensiv vergleichbar den Ausführungen des Generalanwalts *Maduro* zum Apothekenbetrieb in Asturien oder der Vorgehensweise des Gerichtshofs in den Rechtssachen *Hartlauer* und *Petersen* beurteilt, kann dies langfristig zu einer, zwar von den Mitgliedstaaten durchgeführten, aber aufgrund des dann immer enger werdenden nationalen Ausgestaltungsspielraums in hohem Maße unionsrechtlich geprägten und bestimmten Sozialversicherung führen, was die Frage nach den verfassungsrechtlichen Grenzen einer Europäisierung aufwirft.

In der Lissabon-Entscheidung vom 30. Juni 2009 verlangte das Bundesverfassungsgericht für den Bereich des Sozialen, dass die sozialpolitisch wesentlichen Entscheidungen in eigener Verantwortung der deutschen Gesetzgebungsorgane getroffen werden; explizit wird dann allerdings „nur" die Existenzsicherung angesprochen[157]. Die Sozialversicherung selbst findet in der Lissabon-Entscheidung eher nur am Rande Erwähnung[158], was der Bedeutung und Funktion der Sozialversicherung als wesentliches Element grundgesetzlicher Sozialstaatlichkeit nicht gerecht wird. Insoweit illustrieren die spärlichen Ausführungen zur Sozialversicherung das grundsätzliche Problem einer letztlich selektiven, Fragen nach Auswahl und Grenzen aufwerfenden Auflistung und Konkretisierung von Kompetenzreservaten. Zwar lassen die spärlichen Ausführungen zur Sozialversicherung nicht den Schluss zu, diese gehöre in ihrem Kern nicht zu den mitgliedstaatlichen Kompetenzreservaten, doch bleibt ihre Ausgestaltung auch zukünftig europäischen Einflüssen gegenüber in weitem Umfange offen.

Das Bundesverfassungsgericht betont zudem, dass auch von Verfassungs wegen[159] die Europäische Union eine soziale Dimension besitzen muss und besitzt. Dabei listet es ein umfangreiches, sehr buntes Potpourri höchst unterschiedlicher Aspekte auf[160], von den Zielbestimmungen des Vertrages über die Arbeitnehmerfreizügigkeit, die Unionsbürgerschaft und die sozialen Grundrechte der Grundrechtecharta hin zum Schutz von Arbeitnehmer-

---

157 BVerfG, NJW 2009, S. 2267 (2275).

158 Ausdrücklich erwähnt wird etwa der Rechtfertigungsgrund des finanziellen Gleichgewichts des Systems der sozialen Sicherheit (BVerfG, NJW 2009, S. 2267 [2293]).

159 Das Gericht (NJW 2009, S. 2267 [2275]) spricht im Hinblick auf Art. 23 Abs. 1 S. 1 GG von einer Bindung der europäischen Hoheitsgewalt in ihrem übertragenen Aufgabenspektrum an die Sozialverantwortung unter Hinweis auf *Heinig*, Der Sozialstaat im Dienst der Freiheit, 2008, S. 531 ff.

160 BVerfG, NJW 2009, S. 2267 (2292).

rechten und den das Arbeitskampfrecht betreffenden, ihrerseits allerdings umstrittenen Entscheidungen des Gerichtshofs *Viking* und *Laval*. Trotz der zahlreichen Belege für soziale Aktivitäten der Union ist aber für das Gericht „nichts dafür ersichtlich, dass den Mitgliedstaaten das Recht und die praktischen Handlungsmöglichkeiten genommen wären, für soziale Sicherungssysteme und andere Maßnahmen der Sozial- oder Arbeitsmarktpolitik konzeptionelle Entscheidungen in ihren demokratischen Primärräumen zu treffen“[161]. Da dies letztlich nicht näher begründet wird und der Union auch keine klaren Grenzen gezogen werden, wenn etwa bei der Existenzsicherung eine Koordinierung bis hin zu einer allmählichen Angleichung nicht ausgeschlossen sein soll[162], bleibt es somit auch für das Sozialversicherungsrecht bei einer kompetenziellen Gratwanderung zwischen Union und Nationalstaat. Zwar dürfte eine umfassende Europäisierung etwa in Form einer durch die Union organisierten Sozialversicherung verfassungsrechtlich nach der Lissabon-Entscheidung unzulässig sein, doch steht dies zurzeit gerade nicht auf der Tagesordnung. Der „schleichenden“ und fortschreitenden Europäisierung des Sozialversicherungsrechts – die gerade auf der Tagesordnung steht, etwa auch durch eine intensive Kohärenzprüfung – vermag die Lissabon-Entscheidung jedoch keine unüberwindbaren Grenzen zu setzen.

---

161 BVerfG, NJW 2009, S. 2267 (2293).

162 BVerfG, NJW 2009, S. 2267 (2293).

Die Integration des Internationalen Finanzrechts in das Unionsrecht

Von Ekkehart Reimer, Heidelberg

Darf man Waren zollfrei einführen? Müssen deutsche Sparer ihre luxemburgischen Zinseinkünfte daheim versteuern? Dürfen die EU-Staaten den griechischen Staatshaushalt retten? Mit diesen Fragen beschäftigt sich das Europäische Finanzrecht. Trotz mancher Besonderheiten, teilweise auch begünstigt durch besonders gute Laborbedingungen, weisen die Rechtsfragen von Steuern und Abgaben, Geld und Währung vielfach ähnliche Problemstrukturen auf, wie die Rechtsfragen aus anderen Teilgebieten des Europäischen Verwaltungsrechts. Zu ihnen gehört das Phänomen einer fortschreitenden Integration des Völkerrechts in das Unionsrecht.

Am Anfang der Überlegungen zu der Integration des Internationalen Finanzrechts in das Unionsrecht steht folgende Hypothese: Durch die regionale Integration innerhalb der EU werden die Mitgliedstaaten völkerrechtlich entlastet, d. h. der Notwendigkeit enthoben, alle Fragen zwischenstaatlicher Geld- und Währungsflüsse völkerrechtlich zu regeln. Diese Hypothese soll überprüft, partiell erweitert und partiell falsifiziert werden. Die Fragen lauten: Wo werden Rechtsfiguren oder Regelungszusammenhänge aus der internationalen Sphäre verlagert oder auch nach Europa zurückverpflanzt? Wo nicht? Was sind die Auslöser dieser Regelwanderungen? Wie passen sich die traditionell völkerrechtlichen Regeln dem neuen Umfeld im Unionsrecht an, inwiefern verändern sie sich oder auch ihr Umfeld?

I. Grundlagen

1. Zum Vorgehen

In einem ersten Schritt sind dazu – ganz selektiv – einige Charakteristika des Internationalen (2.) und des Europäischen Finanzrechts (3.) je für sich zu skizzieren; zugleich werden damit aber bereits die thematischen Berührungspunkte deutlich. Daraus erwächst eine Bestandsaufnahme des Phänomens eines Imports von Völkerrecht in das Europarecht, der oftmals mit einer Regelverdichtung und Regelverbesserung einhergeht (II.). Gegenläufig ist zu untersuchen, wo sich das Europarecht gegen das Eindringen des Völkerrechts in die Beziehungen zwischen den Mitgliedstaaten abschottet, wo es völkerrechtsscheu ist und ob sich Gründe hierfür benennen lassen (III.). Nicht als Synthese im strengen Sinne, aber doch als notwendiges Korrektiv geht es schließlich um Rückkoppelungen (IV.): Wie prägt das Europarecht das Völkerrecht? Den Abschluss bilden schließlich drei Fragen für die Zukunft.

Dabei werden aus der Weite des Finanzrechts jeweils drei Querschnittsgebiete herausgegriffen, denen im Europäischen wie im Internationalen Finanzrecht gleichermaßen zentrale Bedeutung zukommt und an denen sich eine Reihe von Charakteristika beider Rechtskreise und ihres Verhältnisses zueinander zeigen lassen: das Zollrecht, das Recht der direkten Steuern und das Währungsrecht einschließlich des Rechts der Staatenrettung bei Haushaltsnotlagen.

2. Internationales Finanzrecht

Als Inbegriff der Regeln, die sich mit der internationalen Abgrenzung staatlicher Einnahmen und Ausgaben, Vermögensgegenstände und Schulden befassen, ist das Internationale Finanzrecht ein Querschnittsgebiet, das sich nicht rechtsquellenbezogen[1], sondern gegenstandbezogen definiert[2]. Dieser Gegenstandsbezug teilt sich den drei hier näher zu beleuchtenden Referenzgebieten mit, die den traditionellen Kernbestand des Internationalen Finanzrechts bilden[3]. Diese weitgehend überschneidungsfreien Teilgebiete weisen strukturell so große Unterschiede zueinander auf, dass sie in ihrer Gesamtheit die Breite des Internationalen Finanzrechts nach wie vor

---

1 So partiell noch *Isay,* Internationales Finanzrecht, 1934, S. 22 ff., für den Ausdruck „reines internationales Finanzrecht“; und *Manes,* Staatsbankrotte, 2. Aufl. 1919, S. 199.

2 *Lippert,* Rechtsbuch des Internationalen Finanzrechtes, 1935; *E. Reimer,* in: Möllers / Voßkuhle / Walter (Hrsg.), Internationales Verwaltungsrecht, 2007, S. 182. Begriffsbildung bei *von Bar,* Theorie und Praxis des internationalen Privatrechts, 2. Aufl. 1889, Bd. I S. 317 ff.; s. ausführlich dann *Lippert,* Handbuch des internationalen Finanzrechts, 1. Aufl. 1912, 2. Aufl. 1928; und *Isay* (FN 1).

3 s. bereits *Field,* Draft Outlines of an International Code, 2. Aufl. 1876, der – soweit er finanzrechtliche Themen aufgreift – abgabenrechtliche Fragen i. e. S. (Art. 155, 359 – 367, 415 f.), zollrechtliche Fragen (Art. 156, 423, 426) und die Schaffung eines einheitlichen Weltgeldes (Art. 495 – 508) behandelt. Ähnlich später *Internoscia,* The New Code of International Law, 1910: Zollrecht (Art. 890 und 894), Steuerrecht (Art. 544, 648; zu den stempelpflichtigen Urkunden auch Art. 3695 f.), Recht einer Weltwährung (Art. 916 – 926) und Staatsschuldenrecht (Art. 311, 1104). Später treten weitere Teilgebiete hinzu: der Finanzausgleich in Staatenverbindungen (so etwa *Lippert* [FN 2], Art. 239 ff.), die Internationale Finanzaufsicht in besetzten oder unter internationaler Verwaltung stehenden Gebieten (ebd., Art. 381 ff.), Subventionsverbote und andere Anti-Dumping-Regelungen, das Recht grenzüberschreitender Verwaltungszusammenarbeit i. S. e. internationalen Amts- und Rechtshilfe und einer internationalen Streitbeilegung (ebd., Art. 416 ff.) und das Recht zwischenstaatlicher Haftung (ebd., Art. 406).

gut repräsentieren; gemeinsam ist ihnen allein die Verankerung im Öffentlichen Recht[4].

a) Zollrecht

Betrachtet man zunächst das altehrwürdige, aber stetig weiter wachsende Zollrecht, zeigt sich ein Höchstmaß an Detailgenauigkeit bei hoher Normdichte. Zollrecht ist Eingriffsrecht, und als in Massenverfahren auszuführendes Abgabenrecht ist es zugleich Millimeterrecht[5]: Die Rechtsfolgen sind weitgehend eindimensional (Pflicht zur Zahlung eines der Höhe zu bestimmenden Geldbetrags), müssen aber mit einem Höchstmaß an Bestimmtheit und Rechtsklarheit zu ermitteln sein und sind auf strikte Durchsetzung und Vollstreckung angelegt.

Dadurch unterscheidet sich das Zollrecht von vielen anderen Gebieten des modernen Völkerrechts einschließlich des Völkerrechts der Finanzmarktordnung, das – etwa in den Texten des Basler Bankenausschusses – zu großen Teilen aus bloßem „soft law" besteht. Nach seinen Rechtsquellen besteht das Zollrecht aus sehr technischen, überwiegend multilateralen Verträgen mit einer hohen Zahl an Signatarstaaten, unter denen traditionell zunächst das Güterabkommen GATT eine herausgehobene Stellung einnimmt[6]. Während das GATT prinzipienorientiert formuliert ist und ein vergleichsweise hohes Abstraktionsniveau aufweist, bemüht sich die sog. Internationale Zollorganisation (WCO[7]) um die technische Nachverdichtung dieser Regelungen.

Jüngster Entwicklungsschritt ist dabei die 1973 abgeschlossene und 1999 revidierte Kyoto-Konvention[8]. Diese Konvention zeichnet sich vor allem

---

4 Diese traditionelle Verankerung ist allerdings kein materielles Charakteristikum des Internationalen Finanzrechts. Vielmehr umfasst das Internationale Finanzrecht seit jeher auch Teilgebiete, die traditionell dem Privatrecht zugeordnet oder jedenfalls an der Grenze zwischen privatem und Öffentlichem Recht angesiedelt sind (s. etwa *Lippert* [FN 2], Art. 1 Abs. 2). Dies gilt z. B. für das internationale Kapitalmarktrecht einschließlich des Marktordnungsrechts internationaler Finanzdienstleistungen. Sehr deutlich wird die disziplinäre Zwischenstellung bereits in der Einschätzung *Isays* (FN 1), S. 20, zur Qualität des Schrifttums über das Internationale Finanzrecht: „Verwertbarer als die meisten steuerrechtlichen Werke pflegen die Werke über internationales Privatrecht zu sein."

5 Vgl. *Stürner*, Dienstbarkeit heute, AcP 194 (1994), S. 265.

6 Hierzu *Hauser / Schanz*, Das neue GATT. Die Welthandelsordnung nach Abschluss der Uruguay-Runde, 2. Aufl. 1995; Überblick auch bei *Hilf / Oeter*, WTO-Recht, 2005.

7 Hinter der Bezeichnung „World Customs Organisation" (WCO) verbirgt sich der 1952 gegründete Brüsseler Zollrat (der Rat für die Zusammenarbeit auf dem Gebiet des Zollwesens; vgl. BGBl. II 1952, S. 1 ff.). Er betrachtet sich selber als Komplement zur WTO und bemüht sich um die Entwicklung detaillierter Regeln und Regelungstechniken zur besseren Umsetzung des WTO-Rechts.

8 Internationales Übereinkommen über die Vereinfachung und Harmonisierung der Zollverfahren v. 18. 3. 1974. Zur Ursprungsfassung *Gotschlich*, Internationales

durch ihre besondere Regelungsstruktur aus: Sie besteht aus einer Grundkonvention mit einer allgemeinen Anlage, die für alle Signatarstaaten verbindlich sind. Daneben enthält die Konvention aber zahlreiche spezielle Anlagen, die nicht für alle Signatarstaaten verbindlich sind; hier besteht vielmehr eine Art Wahlpflicht: Jeder Staat muss eine bestimmte Mindestzahl an speziellen Anlagen übernehmen.

Ein erheblicher Teil der völkervertraglichen Regelungen des Zollrechts ist nach Erteilung des erforderlichen innerstaatlichen oder innerunionalen Anwendungsbefehls unmittelbar anwendbar (self-executing); daneben findet sich bloßes Determinationsrecht[9]. Entsprechend dem technischen Charakter der Materie und dem hohen Spezialisierungsgrad der Entscheidungsträger hat im Zollrecht das Sekundärrecht Internationaler Organisationen und hier v. a. der WCO in Form von Empfehlungen, Deklarationen und Resolutionen erhebliche Bedeutung[10]. Damit wird das Zollrecht – wie viele andere Gebiete – nicht erst auf europäischer, sondern bereits auf internationaler Ebene von einer klassisch vertragsrechtlich geprägten Materie zu einem dichten Konglomerat von Völkervertragsrecht und Sekundärrecht einer Internationalen Organisation. Dieses Sekundärrecht hat allerdings nur koordinierende Funktion, namentlich bei der WCO. Der Verwaltungsvollzug bleibt vollständig Sache der Signatarstaaten; im Streitfall wird die Rechtseinheit durch Verständigungsverfahren und i. d. R. nichtbindende Schiedsstellen abgesichert[11].

b) *Steuerrecht*

In Teilen anders ist die Ausgangslage im Recht der direkten Steuern, also v. a. der Einkommen- und Körperschaftsteuer. Hier gibt es – von wenigen Ausnahmen abgesehen[12] – keine multilateralen Übereinkommen; wir haben es zumeist mit bilateralen Verträgen zu tun.

Kyoto-Übereinkommen zur Vereinfachung und Harmonisierung der Zollverfahren, RIW 1984, S. 457; zur Revision *Wolffgang*, Grundregeln globalen Zolls in Kraft, AW-Prax 2006, S. 45.

9 Systematisierung und Einzelheiten bei *Lux*, Zollrecht und Völkerrecht in der EU, ZfZ 2005, S. 254 ff. (256 ff.).

10 Sammlung auf der Homepage der WCO (Internet: www.wcoomd.org).

11 Art. 14 des Kyoto-Übereinkommens (FN 8).

12 Neben dem Europäischen Übereinkommen über die Beseitigung der Doppelbesteuerung im Falle von Gewinnberichtigungen zwischen verbundenen Unternehmen v. 23. 6. 1990 (dazu unten IV.1.) v. a. das gemeinsam von OECD und Europarat aufgelegte Übereinkommen über die gegenseitige Amtshilfe in Steuersachen v. 25. 1. 1988 (www.oecd.org), dem Deutschland bislang nicht beigetreten ist. Dagegen sind Doppelbesteuerungsabkommen mit mehr als zwei Vertragsstaaten sehr selten; sie bieten sich nur dort an, wo mehrere Staaten über sehr ähnliche Steuersysteme verfügen – wie etwa Dänemark, die Faröer, Finnland, Island, Norwegen und Schweden, die 1996 das sog. Nordische Übereinkommen zur Vermeidung der Doppelbesteuerung auf dem Gebiet der Steuern vom Einkommen und vom Vermögen abgeschlossen haben (hierzu statt aller *Helminen*, Scope and Interpretation of the Nordic

Diese bilateralen Verträge sind *self-executing*. Sie decken schablonenartig die nach innerstaatlichem Steuerrecht gewachsenen Steueransprüche selektiv zu, so dass – im Idealfall – ein Sachverhalt immer von exakt einem Staat besteuert wird, während der andere Staat seinen Steueranspruch insoweit zurücknimmt.

Ebenso wie im Zollrecht haben auch im Steuerrecht Internationale Organisationen prägende Bedeutung. Für das Recht der direkten Steuern ist es namentlich die OECD. Sie prägt mit ihren Musterabkommen und, noch mehr, mit dem amtlichen Kommentar zu diesen Musterabkommen, ferner mit weiteren Berichten und Richtlinien weite Teile des Steuervölkerrechts. *Rechtlich* ist dieser Einfluss schwer fassbar; vieles hat nur Empfehlungscharakter, ist soft law. Das Expertenwissen, das bei der OECD gebündelt ist, wirkt allerdings *faktisch* schon durch die bloße *Existenz* von Antworten selbst auf schwierige Fragen. Damit strahlt die Bedeutung der OECD weit über den Kreis ihrer 30 Mitgliedstaaten hinaus; und das rechtfertigt es, die OECD auch in die Untersuchung einzubeziehen, obwohl acht der 27 EU-Mitgliedstaaten ihr nicht angehören.

c) *Währungsrecht*

Als drittes Teilgebiet ist – auch aus aktuellem Anlass – das Währungsrecht in die Überlegungen einzubeziehen. Die Gattungsbezeichnung „Währungsrecht“ wird dabei nicht eng verstanden: Es geht nicht nur um die Fragen, die unmittelbar Münzen, Banknoten und Wechselkurse betreffen. Vielmehr zählt zum Währungsrecht auch der Teil des öffentlichen Finanzrechts, der auf kurzem Wege auf die Stabilität der Landeswährung durchschlägt: das Recht der Geldmengensteuerung, das Recht der öffentlichen Verschuldung, das Recht der Haushaltsnotlagen und der Haushaltsstabilisierung, aber auch die immer häufiger anzutreffenden Überlegungen zu einem Insolvenzrecht für Staaten[13].

Multilateral Double Taxation Convention, Bulletin of International Taxation 2007, S. 23). Daneben besteht zwischen den genannten Staaten bereits seit 1972 ein Amtshilfeübereinkommen, das 1989 erneuert wurde. Zu den Erfahrungen mit den nordischen Übereinkommen auch *Hengsle,* The Nordic Multilateral Tax Treaties – for the Avoidance of Double Taxation and on Mutual Assistance, Bulletin of International Fiscal Documentation 2002, S. 371 ff.

[13] In diese Richtung bereits *Klotz,* Weltwirtschaftliches Archiv Bd. 13, 1918, S. 144; und *ders.*, Journal du droit international 1918, S. 601 f.; zustimmend *Manes* (FN 1), S. 200. Historischer Überblick bei *Rogoff / Zettelmeyer,* Bankruptcy procedures for Sovereigns: A History of ideas 1976–2001 (International Monetary Fund Working Paper 02 / 133, 2002). Zu Vorschlägen aus jüngerer Zeit *Meessen,* Die Insolvenzrechtliche Option in der Internationalen Schuldenkrise, Zeitschrift für Vergleichende Rechtswissenschaft, 89 (1990), S. 255 ff.; *Schwarcz,* Sovereign Debt Restructuring: A Bankruptcy Reorganization Approach, Cornell Law Review, 85 (2000), S. 956 ff.; *Bolton,* Towards a Statutory Approach to Sovereign Debt Restructuring: Lessons from Corporate Bankruptcy Practice around the World, 2002; *Paulus,* Ein Insol-

Diese einzelnen Aufgaben hängen so eng zusammen, dass heute die zentrale Internationale Organisation, der Internationale Währungsfonds (IWF)[14],

- eine Zuständigkeit auch für Staaten ohne eigene, d. h. exklusiv eigene Währung hat – namentlich für die Staaten des Euro-Raumes;
- und dass er auch dort hilft, wo Staaten Zahlungsschwierigkeiten in der eigenen Währung haben, wenn und soweit es sich dabei um Auslandsschulden handelt.

Das ist beides auch richtig und konsequent: Denn wenn die Währungen frei konvertierbar sind und bleiben sollen, wirken sich Zahlungsschwierigkeiten in einer Währung nahezu automatisch auf die Schulden aus, die der Staat in einer anderen Währung hat. Zudem verpflichtet Art. I Nr. (iii) seiner Articles of Agreement den IWF auf die Sicherung der Währungsstabilität und die Vermeidung der „competitive exchange depreciation", der übermäßigen Abwertung.

Im Unterschied zu den beiden vorangegangenen Referenzgebieten beruht das Internationale Währungsrecht fast durchgehend auf eruptiven Krisen; es ist ein Krisenbewältigungs- und Krisenpräventionsrecht. Die Rechtssetzungsgeschwindigkeit und v. a. die Rechtsanwendungsgeschwindigkeit sind hier deshalb ungleich höher. Möglicherweise ist das Währungsrecht deshalb aber auch besonders korrekturanfällig, als Recht besonders verletzlich, anders gewendet: weitaus stärker als das Zollrecht und das Steuerrecht von politischen, rechtlich nur schwach determinierten Entscheidungen geprägt.

So sehen die Statuten des IWF zwar vor, dass der IWF Kredite an Mitgliedstaaten vergibt; diese Kreditvergabe unterliegt aber seit Mitte der 1950er Jahre auf Drängen der USA einer flexiblen Konditionalität. Zu den Bedingungen, die der IWF jeweils ad hoc formuliert, gehören nicht nur Gegenleistungen i. e. S., also vor allem Darlehenszinsen. Zu den Bedingungen zählen auch haushaltswirtschaftliche, steuer- und sozialpolitische, devisenrechtliche, devisenwirtschaftliche und sogar allgemein wirtschaftspolitische Maßnahmen des jeweiligen Darlehensnehmers.

---

venzverfahren für Staaten, Humboldt Forum Recht, S. 1–7; Internet: http://www.humboldt-forum-recht.de/1-2002/Drucktext.html (10. 6. 2010); *Dabrowski / Fisch / Gabriel / Lienkamp,* Das Insolvenzrecht für Staaten, 2003; *Raffer,* Internationalizing US Municipal Insolvency: A Fair, Equitable, and Efficient Way to Overcome a Debt Overhang, Chicago Journal of International Law 6 (1) (2005), S. 361 ff.; ferner *Berensmann / Herzberg,* Insolvenzrecht für Staaten: Ein Vergleich von ausgewählten Vorschlägen (Deutsches Institut für Entwicklungspolitik: Discussion Paper Nr. 9 / 2007). Aktueller Überblick bei *Hahn / Häde,* Währungsrecht, 2. Aufl. 2010, § 2 Rn. 5 f. Maßstabgebende Behandlung des internationalen Währungsrechts insgesamt: *Ebke,* Internationales Devisenrecht, 1991.

14 Zu Entwicklung, Aufgaben und Struktur des IWF *Ebke* (FN 13), S. 48 ff. und passim; *Fiesser,* Die mexikanische Finanzkrise 1994 / 95 und ihre Auswirkungen auf die Reform des Internationalen Währungsfonds, 2004.

Diese Bedingungen bedeuten für den Darlehensnehmer einen Verlust an Hoheitsrechten; sie sind deshalb gefürchtet. Zugleich aber stärken sie das Vertrauen der Märkte in die Krisenbewältigung; insofern sind sie ihrerseits bares Geld wert, kommen dem Schuldnerstaat von Anfang an zugute und halten den Liquiditätsbedarf ceteris paribus gering.

3. Europäisches Finanzrecht

a) Zollrecht

Alle drei Rechtsgebiete spiegeln sich in der Europäischen Integration. Das gilt zunächst für das Zollrecht: Die Staaten der Europäischen Wirtschaftsgemeinschaft bilden eine Zollunion ohne Binnengrenzen; das Zollaufkommen steht der EU als solcher zu[15]. Denkbar war diese Entwicklung nur mit gemeinschaftsweit einheitlichen materiell- und verfahrensrechtlichen Regeln. Das Erfordernis einheitlicher Regelungen hat nun zwei Richtungen:

Erstens musste das Recht nach innen vereinheitlicht werden. Hierzu steht der EU eine „harte" Rechtsetzungskompetenz, nicht nur eine Koordinierungskompetenz zu[16]. Auf ihr beruht der Zollkodex, der 1992 als EG-VO erlassen[17], 2008 umfassend modernisiert worden ist und manchen als Blaupause eines Europäischen Allgemeinen Verwaltungsrechts gilt. Zweitens muss sich das Europäische Zollrecht nach außen verhalten; die EG (EU) als solche muss als Völkerrechtssubjekt mit Drittstaaten die zollrechtlichen Rechte und Pflichten aushandeln, mit denen sie sich selber und ihre Mitgliedstaaten im Verhältnis zu diesen Drittstaaten ausstatten will.

b) Steuerrecht

Anders das Recht der direkten Steuern: Es hat in Europa bis etwa 1990 ein Schattendasein gefristet. Bis heute steht das Steueraufkommen ausschließlich den Mitgliedstaaten zu; die Harmonisierungsmaßnahmen lassen sich bis heute an den Fingern abzählen[18]; und die Rechtsprechung zu den

---

15 Art. 2 Abs. 1 lit. a des Beschl. des Rates 2007 / 36 / EG, Euratom v. 7. 6. 2007, ABl. L 163 / 17 v. 23. 6. 2007 über das System der Eigenmittel der Europäischen Gemeinschaften (Eigenmittelbeschluss). Hierzu umfassend *Helmke,* Die Finanzkompetenzen der Europäischen Gemeinschaft, 2009, S. 194 ff.

16 Zu dieser Unterscheidung statt aller *Nettesheim,* Völkerrechtliche Verfassungselemente, in: von Bogdandy / Bast (Hrsg.) (FN 16), S. 428.

17 Überblick bei *Hohrmann,* Quellen und Systematik des gemeinschaftlichen und nationalen Zollrechts nach Inkrafttreten des Zollkodex der Gemeinschaften, DStZ 1994, S. 449 ff. Ausführliche Darstellungen: *Lux,* Guide to Community Customs Legislation, 2002; *ders.,* Das Zollrecht der EG, 2004; *Witte / Wolfgang* (Hrsg.), Lehrbuch des Europäischen Zollrechts, 6. Aufl. 2009.

18 Überblick bei *Terra / Wattel,* European Tax Law, 2008, S. 475 ff.

Grundfreiheiten hat auf dem Gebiet der direkten Steuern erst vor 15 Jahren eingesetzt[19]. Darin liegen erhebliche Unterschiede zum Zollrecht, auf die noch zurückzukommen ist.

c) Währungsrecht

Wieder anders das Währungsrecht: Im Rahmen der verstärkten Zusammenarbeit, aber gestützt auf spezifische primärrechtliche Regelungen, haben die Staaten der Euro-Zone unter Aufgabe ihrer nationalen Währungen die Gemeinschaftswährung eingeführt. Sie haben sich insofern ein eigenständiges, nahezu ausschließlich durch Unionsorgane gesetztes und vollzogenes Währungsrecht gegeben. Prägende Akteure sind einerseits die Europäische Zentralbank (EZB) und das Europäische System der Zentralbanken, andererseits die Euro-Gruppe als die (informelle) Versammlung der Finanzminister der Mitgliedstaaten des Euro-Währungsgebiets, des Präsidenten der EZB und des Kommissars für Wirtschaft und Währung[20].

Das materielle Recht der Währungsunion wird durch die Maastrichter Stabilitätskriterien[21] und die Hilfsverbote des AEUV (die sog. „bail out-Verbote“[22]) geprägt.

II. Rechtsimport und Rechtsverdichtung

Es gibt zahlreiche Beispiele für das Phänomen eines Imports von Völkerrecht in das Europarecht, und dieser Rechtsimport ist mit einer Rechtsverdichtung und einer Normveredelung verbunden. Besonders gut erforscht ist dies für den Bereich des Zollrechts[23] und – breiter – des Welthandelsrechts insgesamt[24] (1.). Das Phänomen begegnet aber auch im Recht der direkten Steuern (2.) und im Währungsrecht (3.).

---

19 Statt aller *E. Reimer*, Die Auswirkungen der Grundfreiheiten auf das Ertragsteuerrecht der Bundesrepublik Deutschland, in: Lehner (Hrsg.), Grundfreiheiten im Steuerrecht der EU-Staaten, 2000, S. 39 ff.; *Cordewener*, Europäische Grundfreiheiten und nationales Steuerrecht, 2002; und *Terra / Wattel* (FN 18), S. 713 ff.

20 Zu dem Verhältnis beider Akteure zueinander *o. Verf.*, Entwicklung und Perspektiven der Beziehungen der EZB zu den Organen und Einrichtungen der Europäischen Union, in: Monatsbericht der Europäischen Zentralbank 1/2010, S. 77 ff.

21 Art. 126 AEUV.

22 Art. 122 ff. AEUV. Überblick bei *Kube / E. Reimer*, Grenzen des Europäischen Stabilisierungsmechanismus, NJW 2010, S. 1911 ff.

23 *Lux* (FN 9), zuvor bereits *Christiansen*, Gemeinschaftszollrecht und völkerrechtliches Zollrecht, ZfZ 1976, S. 226 ff.; *Waldhoff*, in: Calliess / Ruffert (Hrsg.), Das Verfassungsrecht der Europäischen Union, 3. Aufl. 2007, Art. 23 EGV Rn. 12 f.

24 *Steinberger*, GATT und regionale Wirtschaftszusammenschlüsse, 1963, S. 93 ff.; *Oppermann*, Die Europäische Gemeinschaft und Union in der Welthandelsorganisation (WTO), RIW 1995, S. 919 ff.; *Ott*, GATT und WTO im Gemeinschaftsrecht, 1997; *von Bogdandy / Makatsch*, Kollision, Koexistenz oder Kooperation? – Zum Verhält-

1. Zollrecht

Historisch ist die Abschaffung von Zollschranken ein Hauptinstrument wirtschaftlicher und politischer Integration[25]; EWG, EG und EU haben daher der Übernahme des Internationalen Zollrechts in das Europarecht einen hohen Stellenwert eingeräumt. Er schlägt sich darin nieder, dass die EG im Jahr 2007 der Weltzollorganisation beigetreten ist[26] und zahlreiche völkerrechtliche Verträge, Vertragsteile oder Empfehlungen in das Europarecht übernommen hat[27]. Das heutige Europäische Zollrecht ist damit in weiten Teilen Ausfluss völkerrechtlicher Vorgaben aus dem GATT und dem Recht der WCO[28].

Die dort enthaltenen Begrenzungen der mitgliedstaatlichen Zölle und nichttarifären Handelshemmnisse nimmt der Zollkodex auf, ergänzt sie aber schon materiell-rechtlich um weitere Regelungen und Gewährleistungen. Während selbst das GATT die Einfuhr-, Ausfuhr- und Transitabgaben nicht generell verbietet, sind sie innerhalb der EU vollständig ausgeschlossen; und auch das Recht der Umsatzsteuer ist so ausgestaltet, dass der Grenzübertritt keine Zusatzbelastungen auslöst und dass man an der Grenze steuerrechtlich nicht mehr abbremsen muss. Daneben haben einzelne Rechtsinstitute des Europäischen Zollrechts – in jüngerer Zeit etwa die Verwendung der Figur des „Zugelassenen Wirtschaftsbeteiligten" – ihre Wurzeln im Völkerrecht[29].

Zusätzlich enthält der Zollkodex verfahrensrechtliche Vorgaben, die für ein Massenverfahren unabdingbar sind. Auch sie greifen völkerrechtliche Verpflichtungen der EU und der Mitgliedstaaten auf, ergänzen und verdich-

---

nis von WTO-Recht und europäischem Außenwirtschaftsrecht, EuZW 2000, S. 261; *von Bogdandy,* Rechtswirkungen von WTO-Entscheidungen im Unionsrecht – Zur Dogmatik völkerrechtlicher Organakte und des Art. 288 Abs. 2 EG-Vertrag, in: Dörr (Hrsg.), Ein Rechtslehrer in Berlin. Symposium für Albrecht Randelzhofer, 2004, S. 1; *Uerpmann-Wittzack,* Völkerrechtliche Verfassungselemente, in: von Bogdandy / Bast (Hrsg.) (FN 16), S. 177 ff.

25 *Weber,* Der Deutsche Zollverein als Präzedenzfall für die Bildung eines freien europäischen Marktes, in: Schmollers Jahrbuch, 78 (1958), S. 45; *Fischer,* Der Deutsche Zollverein, die Europäische Wirtschaftsgemeinschaft und die Freihandelszone. Ein Vergleich ihrer Motive, Institutionen und Bedeutung, in: ders., Wirtschaft und Gesellschaft, 1961, S. 129 ff.; *Christiansen,* Vom Deutschen Zollverein zur Europäischen Zollunion (Schriftenreihe des Bundesministeriums der Finanzen, Bd. 26; 1978); *Bartsch,* Zollrecht – Meilenstein auf dem Weg zur Europäischen Integration, Jura 1993, S. 347 ff.

26 Beschl. des Rates 2007 / 668 / EG v. 25. 6. 2007, ABl. L 274 / 11 v. 18. 10. 2007.

27 *Lux* (FN 9).

28 *Wolffgang,* in: Witte / Wolffgang (Hrsg.), Lehrbuch des Europäischen Zollrechts, 6. Aufl. 2009, S. 16 ff.

29 *Jochum,* Zugelassene Wirtschaftsbeteiligte (ZWB). Eine neue Rechtsfigur der Missbrauchsbekämpfung? in: Schön / Beck, Zukunftsfragen des deutschen Steuerrechts, 2009, S. 91 ff. (94 f.). Zu diesem Status auch *Drüen,* Die Zukunft des Steuerverfahrens, in: Schön / Beck ebd., S. 1 ff. (23 f.).

ten sie aber entsprechend den Bedürfnissen eines Binnenmarkts, der ein einheitliches Zollgebiet markiert. Nur so lässt sich gewährleisten, dass Importe aus Japan oder Exporte in die Schweiz oder die USA materiell- und verfahrensrechtlich einem einheitlichen Regime unterliegen – unabhängig davon, welches Tor nach Europa oder aus Europa der Spediteur wählt.

2. Recht der direkten Steuern

Im Recht der direkten Steuern zeigt sich die Hereinnahme und Verdichtung des Völkerrechts ebenfalls, wenn auch in anderer Weise[30].

a) Art. 293 EG a. F. als Beispiel für den Europäischen Ruf nach dem Völkerrecht

Hereingenommen wird das Völkerrecht – die Doppelbesteuerungsabkommen – nicht etwa dadurch, dass ihre Regelungen textlich kopiert und dabei verbessert, d. h. durch eine Europäische Kodifikation abgelöst würden. Vielmehr bleiben diese völkerrechtlichen Verträge als solche bestehen. Das ist kein Zufall; bis zum Inkrafttreten des Vertragswerks von Lissabon am 1. 12. 2009 hatte Art. 293 EG die Mitgliedstaaten ausdrücklich dazu verpflichtet, untereinander Verhandlungen einzuleiten, um zugunsten ihrer Staatsangehörigen die Beseitigung der Doppelbesteuerung innerhalb der Gemeinschaft sicherzustellen.

Was diese Klausel bedeutete, ist nie richtig verstanden worden: In der historischen Auslegung hat man sie als Pflicht zum Abschluss eines multilateralen Abkommens verstanden, das dann aber nie geschlossen worden ist. Der EuGH hat indes auch und gerade die bestehenden bilateralen DBA unter die Vorschrift subsumiert, allerdings stets nur in obiter dicta[31]. In der Rechtsprechung plausibilisiert die Existenz von Art. 293 EG immerhin den – m. E. auch ohne Art. 293 EG richtigen – Satz, dass die Grundfreiheiten für die Frage, ob eine Diskriminierung oder Beschränkung vorliegt, stets nur einen Mitgliedstaat isoliert in den Blick nehmen, also keine Remedur gegen das unabgestimmte Zusammenwirken zweier Mitgliedstaaten und damit

---

30 Hierzu statt aller *Lehner,* Der Einfluss des Europarechts auf die Doppelbesteuerungsabkommen, IStR 2001, S. 329; *ders.,* in: Vogel / Lehner (Hrsg.), Doppelbesteuerungsabkommen. Kommentar, 5. Aufl. 2008, Einl. Rn. 250 ff.; *Pistone,* The Impact of Community Law on Tax Treaties: Issues and Solutions, 2002; *Kofler,* Doppelbesteuerungsabkommen und Europäisches Gemeinschaftsrecht, 2007.

31 So z. B. Urt. v. 12. 5. 1998, Rs. C-336 / 96, Slg. 1998, I-2793 – *Gilly;* Urt. v. 14. 9. 1999, Rs. C-391 / 97, Slg. 1999, I-5451 – *Eheleute Frans Gschwind;* Urt. v. 14. 11. 2006, Rs. C-513 / 04 – *Kerckhaert und Morres,* Slg. 2006, I-10967, Rn. 21; Urt. v. 6. 12. 2007, Rs. C-298 / 05 – *Columbus Container,* Slg. 2007, I-10451, Rn. 44 ff. Siehe zu diesem Phänomen bereits *Jones,* Carry on Discriminating, European Taxation 1996, S. 46 (49); und *Reimer* (FN 19), S. 68.

insbesondere gegen die Doppelbesteuerung bieten[32]. Das gilt jedenfalls dann, wenn jeder Mitgliedstaat für sich genommen ein kohärentes Regelungskonzept verfolgt, das – wenn seine Maxime zum unionsweiten Gesetz würde – die Friktion gar nicht erst entstehen ließe. Jedenfalls spricht manches dafür, dass mit der Verpflichtung der Mitgliedstaaten aus Art. 293 EG – die nur eine Bemühenspflicht war – eine kompetenzielle Schwäche der Gemeinschaft selber ausgeglichen werden sollte: Für Harmonisierungen der direkten Steuern steht lediglich die allgemeine Binnenmarktkompetenz mit Einstimmigkeitserfordernis (Art. 94 EG, jetzt Art. 115 AEUV) zur Verfügung. Möglicherweise war Art. 293 EG darüber hinaus sogar eine Kompetenzsperre oder eine Kompetenzausübungssperre zu Lasten der Gemeinschaft: Vermeidung der Doppelbesteuerung als ausschließliche Kompetenz der Mitgliedstaaten im Handlungsmodus Völkervertragsrecht. In dieser Lesart, die m. E. viel für sich hatte, erschien das Postulat „Vermeidung zwischenstaatlicher Doppelbesteuerung“ als Beispiel dafür, dass die Gewährleistungen von primärem und sekundärem Gemeinschaftsrecht allein nicht genügten, den Binnenmarkt herzustellen, sondern dass die EG dazu – in einer für das Funktionieren des Binnenmarkts zentralen Frage – das bilaterale Völkervertragsrecht in Dienst nehmen musste.

Mit dem Vertrag von Lissabon ist Art. 293 EG gestrichen worden; die Gründe dafür liegen weithin im Dunkeln. Zwar ist nicht anzunehmen, dass sich durch die Streichung von Art. 293 EG die gesamte Statik des Europäischen Steuerrechts und hier insbesondere Art und Maß des Einflusses der Grundfreiheiten auf das mitgliedstaatliche Recht der direkten Steuern ändern sollten. Gleichwohl steht das Unionsrecht seit der Streichung dieser Vorschrift vor neuen Fragen, auf die noch zurückzukommen ist[33].

b) Dividendenbesteuerung als Beispiel für den Ersatz von Völkerrecht durch Gemeinschaftsrecht

Neben der Hereinnahme des Völkerrechts gibt es aber auch im Bereich der direkten Steuern viele Beispiele dafür, dass traditionell völkerrechtliche Regelungen europarechtlich überlagert und dadurch als solche überflüssig gemacht werden: Das Europarecht enthält individuelle Gewährleistungen, die über das Maß des jeweils *völkerrechtlich* Garantierten hinausgehen.

---

32 EuGH, Urt. v. 14. 11. 2006, Rs. C-513/04, Slg. 2006, I-10967 – *Kerckhaert und Morres,* Rn. 21; EuGH, Urt. v. 6. 12. 2007, Rs. C-298/05, 2007, S. I-10451 – *Columbus Container,* Rn. 44; und zuletzt EuGH, Urt. v. 12. 2. 2009, Rs. C-67/08, Slg. 2009, I-883 – *Margarete Block,* Rn. 28 ff., v. a. Rn. 29. („Insoweit ist daran zu erinnern, dass Abkommen zur Vermeidung der Doppelbesteuerung, wie sie in Art. 293 EG vorgesehen sind, dazu dienen, die negativen Wirkungen, die sich aus dem in der vorstehenden Randnummer dargestellten Nebeneinander nationaler Steuersysteme für das Funktionieren des Binnenmarkts ergeben, zu beseitigen oder abzumildern [. . .].“)

33 Unten V.

Exemplarisch ist die Besteuerung von Dividenden zu nennen, die eine Tochtergesellschaft an ihre Muttergesellschaft zahlt: Viele innereuropäischen DBA beschränken zwar die Besteuerung im Quellenstaat (i. d. R. dem Sitzstaat der Tochtergesellschaft), belassen aber dem Zielstaat (i. d. R. dem Sitzstaat der Muttergesellschaft) die volle Besteuerung, allenfalls unter Anrechnungsverpflichtung. Dagegen verbietet das europäische Sekundärrecht auch dem Zielstaat die Besteuerung der hereinkommenden Dividenden; anders als die DBA nach OECD-Vorbild sucht die Mutter-Tochter-Richtlinie nicht nur die klassische Doppelbesteuerung ein und desselben Steuerpflichtigen, sondern auch die bloße Doppelbelastung ein und derselben Einkunftsteile bei zwei verschiedenen Steuerpflichtigen (Tochter und Mutter) zu unterbinden[34]. Diese zusätzliche Begünstigung der Steuerpflichtigen ist ein Beispiel für die veredelnde Substituierung von Völkervertragsrecht durch Europäisches Sekundärrecht[35].

Im Unterschied zum Zollrecht betrifft diese Veredelung im Bereich der direkten Steuern allerdings nicht das ganze Rechtsgebiet, sondern nur einzelne Segmente daraus, v. a. im Bereich der Unternehmensbesteuerung. Im Übrigen bleibt es bei den Doppelbesteuerungsabkommen.

3. Währungsrecht und Recht der Haushaltsnotlagen

Und schließlich zeichnet sich auch im Währungsrecht und hier v. a. dem Recht der Haushaltsnotlagen zumindest eine institutionelle Verdoppelung ab: War bislang die Hilfe für in Zahlungsschwierigkeiten geratene Staaten als alleinige Aufgabe des Internationalen Währungsfonds angesehen worden, haben sich die Staaten des Euro-Währungsgebiets nach ersten Überlegungen zur Gründung eines Europäischen Währungsfonds (EWF) und inzwischen zur Einrichtung eines Europäischen Stabilisierungsmechanismus entschlossen[36]. Er soll einerseits die Gefahr der Zahlungsunfähigkeit der Euro-Staaten bannen und Hilfestellungen der Art, die Griechenland im Frühjahr 2010 erhalten hatte[37], potenziell allen Mitgliedstaaten der Euro-Gruppe gewähren können. Andererseits dient er dazu, die Finanzstabilität der Währungsunion insgesamt zu sichern[38].

---

34 Art. 4 Abs. 1 der RL 90 / 435 / EWG des Rates v. 23. 7. 1990 über das gemeinsame Steuersystem der Mutter- und Tochtergesellschaften verschiedener Mitgliedstaaten, ABl. L 225 v. 20. 8. 1990, S. 6.

35 s. zu den Rückkoppelungen noch unten IV.3.

36 Überblick bei *Kube / Reimer* (FN 22).

37 s. das deutsche Gesetz zur Übernahme von Gewährleistungen zum Erhalt der für die Finanzstabilität in der Währungsunion erforderlichen Zahlungsfähigkeit der Hellenischen Republik (WFStG) v. 7. 5. 2010, BGBl. I 2010, 537.

38 So die Begründung für das deutsche Gesetz zur Übernahme von Gewährleistungen im Rahmen eines Europäischen Stabilisierungsmechanismus (StabMechG): BT-Drs. 17 / 1740, S. 1.

4. Zwischenergebnis

Das Zwischenergebnis unserer Untersuchungen zu Rechtsimport und Rechtsverdichtung ist also: Wir haben es mit einer dreifach differenzierten Integration von Völkerrecht in Unionsrecht zu tun:

- Im Bereich des Zollrechts und Teilen des Rechts der direkten Steuern setzt das Unionsrecht Völkerrecht um, indem es völkerrechtliche Vorgaben erfüllt (Zollrecht) oder völkerrechtliche Regelungen, die bereits self-executing sind, durch weiter gehende Regelungen ersetzt (Dividendenbesteuerung).
- Teilweise behält das Völkervertragsrecht dagegen seine Anwendbarkeit und Entscheidungserheblichkeit, und das Europarecht sagt: „Das ist gut so." Dieser Befund stimmte jedenfalls vor Lissabon, solange es den Art. 293 EG noch gab.
- Und teilweise schließlich importiert das Unionsrecht das Völkerrecht nicht, sondern schafft – wie im Währungsrecht innerhalb der Euro-Zone – eigenständige Parallelstrukturen zu den traditionellen völkerrechtlichen Regelungsstrukturen und Institutionen.

III. Abschottungen

Damit sind bereits Abschottungsphänomene angesprochen. Nicht selten sperrt sich das Europäische Finanzrecht gegen das Eindringen oder auch nur das Verbleiben völkerrechtlicher Regelungen in dem Spektrum der für das Verhältnis der Mitgliedstaaten untereinander maßgeblichen Rechtssätze. Auch dieser Befund lässt sich gleichermaßen im Verhältnis zum Welthandelsrecht (1.), zum Internationalen Steuerrecht (2.) und zu dem zuletzt angesprochenen Staatsschuldenrecht (3.) belegen.

1. Die europäische Integration als Meistbegünstigungspanzer

Ein erstes Phänomen ist die Absage an Meistbegünstigungsklauseln, wie sie im Welthandelsrecht vorkommen: Innereuropäische Vorzugsbehandlungen erstrecken sich nicht auf Angehörige von Drittstaaten, selbst wenn der handelnde Mitgliedstaat gegenüber diesem Drittstaat völkerrechtlich eine grundsätzliche Pflicht zur Meistbegünstigung übernommen hat[39]. Teilweise

---

39 Hierzu und zum Folgenden *Cordewener / Enchelmaier / Schindler* (Hrsg.), Meistbegünstigung im Steuerrecht der EU-Staaten, 2006, v. a. die Beiträge von *Herrmann,* Meistbegünstigung im Völkerrecht (ebd., S. 29 ff.) und *Rust,* Meistbegünstigungsklauseln in den Doppelbesteuerungsabkommen (ebd., S. 77); ferner *Hofbauer,* Das Prinzip der Meistbegünstigung im grenzüberschreitenden Ertragsteuerrecht. Eine Betrachtung anhand des Internationalen Wirtschaftsrechts und des Rechts der Dop-

ergibt sich dies bereits aus dem jeweiligen Völkervertrag selber: wenn er so ausgestaltet ist, dass er den Raum regionaler Verdichtung als homogenes Gebiet wahrnimmt, dessen interne Regelungen nicht automatisch – im Wege der Meistbegünstigung – nach außen, d. h. auf den nicht an dieser Verdichtung beteiligten anderen Signatarstaat durchschlagen[40]. Denn die Meistbegünstigungsklauseln in völkerrechtlichen Verträgen enthalten vielfach eine Bereichsausnahme für diejenigen Vorzugsbehandlungen, die sich aus einer verfestigten regionalen Integration ergeben[41]; und selbst wo derartige Ausnahmeklauseln fehlen, können die Meistbegünstigungsklauseln nach Maßgabe einer teleologischen Auslegung unanwendbar werden, wenn neben tatsächlichen Umständen auch das normative Umfeld im Verhältnis zum meistbegünstigten Staat einerseits und zum berechtigten Staat anderseits in die Vergleichspaarbildung einzubeziehen wäre. Für die Anwendung der Meistbegünstigungsklauseln kann die Einbeziehung normativer Elemente dazu führen, dass Sachverhalte, die sich innerhalb eines regionalen Wirtschaftsraums abspielen, von vornherein als „unvergleichbar" mit Drittstaatssachverhalten angesehen werden. Stark vereinfacht: Für die Anwendung völkerrechtlicher Meistbegünstigungsklauseln sind nur diejenigen Situationen „vergleichbar", in denen der aus der Meistbegünstigungsklausel berechtigte Staat und der unmittelbar (meist)begünstigte innereuropäische Drittstaat in einer gewissen Äquidistanz zu dem verpflichteten Staat stehen[42]; diese Äquidistanz wird durch eine regionale Integration aber durchbrochen.

Alternativ oder kumulativ enthalten völkerrechtliche Meistbegünstigungsklauseln zudem spezifisch finanzrechtliche Ausnahmen. Namentlich Vorzugsbehandlungen, die sich aus Doppelbesteuerungsabkommen ergeben, werden wegen des Gebens und Nehmens, das Vertragsverhandlung und Vertragsinhalt auszeichnet, vielfach von vornherein gegen Meistbegünstigungspflichten immunisiert[43]. Insofern umgibt die europäische Integration durch-

---

pelbesteuerungsabkommen, 2005; und demnächst *Trottmann*, Gleichbehandlung und Neutralität im Internationalen Ertragsteuerrecht aus Sicht des Welthandelsrechts (WTO). Die Vorgaben der Subventions- und Diskriminierungsverbote für die Besteuerung des grenzüberschreitenden Warenverkehrs, 2010 (in Druck).

40 Für eine Strukturparallele im Zollrecht s. Art. 11 des Kyoto-Übereinkommens (FN 8).

41 *Rust* (FN 39), S. 84 ff.

42 Vgl. bereits die Begründung des *niedersächsischen Finanzministeriums* für die Nichterstreckung von § 2 Abs. 1 Nr. 6 lit. a des alten Kapitalverkehrsteuergesetzes auf US-amerikanische Kapitalgesellschaften (zu Art. XI Abs. 3 Freundschafts-, Handels- und Schiffahrtsvertrag zwischen der Bundesrepublik Deutschland und den Vereinigten Staaten von Amerika v. 29. 10. 1954, BGBl. II 1956, S. 488): Erlass v. 9. 11. 1977, zitiert bei *A. Kempf*, Versteckte Vorschriften zur Vermeidung der Doppelbesteuerung im Verhältnis Deutschland USA, in: IStR 1997, S. 545 ff (547 Fn. 21 m. w. N.); s. im Einzelnen auch *E. Reimer*, Steuerrechtliche Bezüge der völkerrechtlichen Meistbegünstigungspflichten, in: Cordewener / Enchelmaier / Schindler (Hrsg.) (FN 39), S. 41 ff. (61 ff.).

43 *Reimer* (FN 42), S. 63 f.

aus ein Meistbegünstigungspanzer. Er bildet allerdings keine europäische oder gar europarechtliche Besonderheit. Vielmehr ist er charakteristisch für die allgemeine Scheu der Staatengemeinschaft, sich durch übermäßige völkervertragliche Bindungen (Meistbegünstigungsklauseln) in eine Lage zu bringen, in der ein Mehr an grenznachbarschaftlicher oder regionaler Kooperation nur deshalb unterbleibt, weil die dem Nachbarstaat und seinen Angehörigen eingeräumten Vorteile sogleich auf alle diejenigen Staaten (und deren Staatsangehörige) zu erstrecken wären, die meistbegünstigungsberechtigt sind. Insofern dient die Abschottung gegen völkerrechtliche Meistbegünstigungspflichten dem Selbstschutz des regionalen Staatenverbunds.

Es ist bemerkenswert, dass das Europarecht aber auch für innereuropäische Fälle keine Meistbegünstigungsverpflichtung vorsieht. In nichtharmonisierten Bereichen – etwa weiten Teilen des Rechts der direkten Steuern – wäre dies durchaus denkbar gewesen; eine entsprechende Auslegung der Grundfreiheiten ist in der Literatur mit Nachdruck gefordert worden[44]. Der EuGH ist diesen Forderungen nicht gefolgt[45]. Er versteht die Grundfreiheiten – m. E. überzeugend – nicht als Meistbegünstigungsgebote, sondern nur als isoliert bilateral wirkende Diskriminierungs- und Beschränkungsverbote[46]. Gerade diese Zurückhaltung des EuGH bei der Übernahme des (in anderen Teilen des Völkerrechts vielfach üblichen) Rechtsinstituts der Meistbegünstigung in das Europäische Steuerrecht führt nun dazu, dass die innereuropäischen Doppelbesteuerungsabkommen, die ganz überwiegend bilaterale Völkerverträge sind, auf Dauer das Rückgrat des Europäischen Steuerrechts bleiben werden. Insofern ist das schwierige Verhältnis von Europäischem und Internationalem Finanzrecht zueinander durch die Paradoxie gekennzeichnet, dass es gerade die Abschottung des Europäischen gegen das Internationale Finanzrecht ist, die diesem seinen innereuropäischen Rang nachhaltig sichert.

2. Besteuerung privater Sparzinsen

Das Steuerrecht bietet Gelegenheit zu weiteren Klärungen der Abschottungsphänomene. In den wenigen harmonisierten Bereichen des Rechts der direkten Steuern finden sich nicht nur – wie oben für die Dividenden-

---

44 So etwa *Hofbauer* (FN 39) m. w. N.

45 Statt aller EuGH, Urt. v. 5. 7. 2005, Rs. C-376/03, Slg. 2005, I-5821 – *D gegen Inspecteur van de Belastingsdienst.*

46 Wenn es also um die Behandlung durch Mitgliedstaat A geht, haben Angehörige des Mitgliedstaats B einen Anspruch darauf, dass A sie nicht schlechter stellt als die eigenen Staatsangehörigen. Sie können aber nicht beanspruchen, dass A sie sogar besser stellt als die eigenen Angehörigen – und zwar auch dann nicht, wenn A die Angehörigen eines dritten Mitgliedstaats C besser stellt (d. h. im Verhältnis seiner eigenen Leute zu den Angehörigen von Staat C eine *discrimination à rebours* begeht).

besteuerung gezeigt[47] – Beispiele einer Verdichtung völkerrechtlicher Regelungen durch das Unionsrecht. Die Richtlinie über die Besteuerung privater Sparzinsen von 2003[48] liefert daneben Beispiele dafür, dass das Europarecht bestimmten Regelungen in den DBA zuwider läuft. So werden etwa die in den Doppelbesteuerungsabkommen vorgesehenen Steuersatzbegrenzungen für Zinseinnahmen natürlicher Personen – Art. 11 Abs. 2 des OECD-Musterabkommens sieht hier 10 Prozent vor – innerhalb der EU teilweise suspendiert, weil die genannte Richtlinie es einzelnen Mitgliedstaaten zur Pflicht macht, eine Quellensteuer zu erheben, die schon bei Inkrafttreten der Richtlinie am 1. 1. 2005 einen Satz von 15 Prozent haben musste, ab 2011 sogar 35 Prozent betragen wird[49]. Das sekundäre Unionsrecht setzt sich hier kraft des allgemeinen Anwendungsvorrangs sämtlichen Unionsrechts gegenüber dem innereuropäischen Völkervertragsrecht durch; primärrechtlich lässt sich dieser Befund durch einen Umkehrschluss zu Art. 351 Abs. 1 AEUV (ex-Art. 307 EG) untermauern[50].

3. Verbot der Staatenrettung

Drittens ist nochmals auf Phänomene der Abschottung im Bereich des Staatsschuldenrechts einzugehen. Darf Europa Griechenland retten? Erlaubt das Primärrecht die Gründung des Europäischen Stabilisierungsmechanismus? In der aktuellen Krise des Staatshaushalts (nicht der privaten Kassen) Griechenlands und anderer Mitgliedstaaten verhält sich die EU gegenüber dem Völkerrecht höchst ambivalent:

- Einerseits haben die Mitgliedstaaten in Kenntnis ihrer Mitgliedschaft im Internationalen Währungsfonds neben dem Stabilitäts- und Wachstumspakt im Vertrag von Maastricht das Verbot des sog. „bail-out" (Art. 125 AEUV, früher Art. 103 Abs. 1 S. 2 EG, Art. 104b EGV) festgeschrieben: Danach haften sie nicht für Verbindlichkeiten anderer Mitgliedstaaten und treten nicht für derartige Verbindlichkeiten ein. Auch der Union als solcher sind die Hände gebunden. Zur Sicherung der gemeinsamen Währung sollte es vielmehr bei den – mit schmerzhaften Auflagen verbundenen[51] – Hilfsmaßnahmen bleiben, die der IWF leistet.
- Andererseits scheinen die Mitgliedstaaten aber nun, wo sich die Krise konkretisiert, die Einschaltung des IWF nachgerade zu fürchten. Immer

---

47 Oben II.2.b).

48 RL 2003/48/EG des Rates v. 3. 6. 2003 im Bereich der Besteuerung von Zinserträgen, ABl. EG L 157/38 v. 26. 6. 2003.

49 Art. 11 Abs. 1 der RL (FN 48).

50 Zur Bedeutung dieser Vorschrift für das Europäische Zollrecht *Lux* (FN 9), S. 254 und passim; für das Steuerrecht *Lehner*, in: Vogel/ders. (FN 30), Einl. Rn. 257 ff.

51 Zu der „flexiblen Konditionalität" oben I.2.c).

wieder ist im Laufe der ersten Hälfte des Jahres 2010 ein gemeinsamer politischer Wille der EU-Mitgliedstaaten, der Euro-Gruppe und der Europäischen Kommission erkennbar geworden, nicht oder allenfalls zurückhaltend auf den IWF zu setzen. Vielmehr wollten wichtige Mitgliedstaaten die Rettung Griechenlands und damit – tatsächlich oder gefühlt – die Rettung der Gemeinschaftswährung selber in die Hand nehmen.

Die gegenwärtige Rechtslage trägt dieses Bemühen nicht[52]. Art. 123 AEUV verbietet den mitgliedstaatlichen Zentralbanken und der EZB die Ausreichung von Überziehungskrediten und anderen Kreditfazilitäten ebenso wie den unmittelbaren Ankauf von neuen Schuldtiteln eines anderen Mitgliedstaats. Im Sinne des effet utile muss man „Zentralbank" möglicherweise pars pro toto für die öffentlichen Haushalte der Mitgliedstaaten verstehen; jedenfalls ist zusätzlich Art. 125 AEUV zu beachten. Diese Vorschrift hat trotz einer indikativischen Formulierungen („haftet nicht", „tritt nicht ein") den Charakter eines Sollenssatzes; dies ergibt sich aus dem auch auf Art. 125 Abs. 1 AEUV bezogenen Wort „Verbot" in Art. 125 Abs. 2 AEUV.

Art. 125 AEUV ist auch nicht so zu verstehen, dass er lediglich selber keine Haftung und kein Eintretenmüssen begründet. Vielmehr verbietet er auch die anderweitig – etwa staatsvertraglich, privatvertraglich oder gar sekundärrechtlich – begründete Übernahme derartiger Pflichtenstellungen. Doch ist die Darlehensvergabe eine Haftung? Ist sie zumindest ein Eintreten für Verbindlichkeiten? Beides ist sprachlich eher fernliegend; denn beide Formulierungen setzen gedanklich eine anderweitig begründete Verbindlichkeit voraus, betreffen also Dreieckssacherhalte, namentlich Sicherungsverhältnisse. Wenn dagegen ein Mitgliedstaat einem anderen Mitgliedstaat einen bilateralen Kredit gewährt, liegt darin keine Schuldübernahme und erst recht keine Haftungsübernahme.

Grundsätzlich hätte man angesichts der sprachlichen Präzision, mit der Art. 125 AEUV im Übrigen formuliert ist, eine ausdrückliche Erstreckung des Verbots auf bilaterale Darlehensgewährungen erwarten müssen. Daraus folgt, dass Art. 125 AEUV – wiederum: grundsätzlich – eine Darlehensvergabe zwischen zwei Mitgliedstaaten nicht ausschließt[53]. Nur ist Darlehen nicht gleich Darlehen. Wenn ein Darlehen oder seine Valutierung von Anfang an an die Bedingung geknüpft werden, dass der Darlehensnehmer keine anderweitig Liquidität mehr zu erlangen vermag, wird das Darlehen eben doch zu einem Sicherungsmittel. Exakt diese Bedingung scheinen die anderen Mitgliedstaaten im Fall Griechenlands und in dem

---

52 *Kube/Reimer* (FN 22), S. 1912 ff. Anders mit großem Engagement *Herrmann,* Griechische Tragödie – der währungsverfassungsrechtliche Rahmen für die Rettung, den Austritt oder den Ausschluss von überschuldeten Staaten aus der Eurozone, EuZW 2010, S. 413 ff.

53 Dies in Übereinstimmung mit *Herrmann* (FN 52).

anschließend konzipierten Europäischen Stabilisierungsmechanismus nun aber zu stellen. Darin liegt ein tatbestandlicher Verstoß gegen Art. 125 AEUV.

Dieser Verstoß gegen Art. 125 AEUV könnte aber durch die Kommissionskompetenz zur Hilfe in außergewöhnlichen Fällen (Art. 122 Abs. 2 AEUV) gerechtfertigt sein; die Union stützt sich bei der Etablierung des Europäischen Stabilisierungsmechanismus in der Tat auf diese Norm. Sie eignet sich dazu aber aus drei Gründen nicht. Erstens ist Art. 122 Abs. 2 seiner Stellung nach kaum als lex specialis zu Art. 123 und Art. 125 AEUV anzusehen; systematisch ist das Gegenteil richtig. Zweitens betrifft Art. 122 Abs. 2 AEUV tatbestandlich nur „Naturkatastrophen und außergewöhnliche Ereignisse, die sich der Kontrolle des betroffenen Mitgliedstaats entziehen", nicht aber die von dem Staat selber über einen langen Zeitraum herbeigeführten Krisen. Drittens passt die Rechtsfolge nicht: Art. 122 Abs. 2 AEUV erlaubt Hilfen der Union, nicht aber die – unabhängig vom EU-Haushalt gesammelten – Hilfen anderer Mitgliedstaaten.

Es muss also unionsrechtlich bei der Regel „no bail-out" bleiben. Welche verfassungsrechtlichen Folgen der Verstoß gegen diese Regel in dem Mitgliedstaat Deutschland hätte, ist hier nicht zu erörtern[54]; auch und gerade auf europarechtlicher Ebene hat dieser Befund aber bedrückendes Gewicht.

4. Zwischenergebnis

Damit ergibt sich folgendes Zwischenergebnis: Im Hinblick auf die ersten beiden Fragen (Meistbegünstigung, Zinsbesteuerung) schottet sich das Unionsrecht als solches gegen völkerrechtliche Einflüsse ab und entfernt sich mit seinen Regelungskonzepten von denen des Völkerrechts. Im dritten Punkt (bail-out) liegt das Problem nicht im Unionsrecht, sondern in seinem Vollzug: Hier ist der gegenwärtige *horror iuris gentium*, die Scheu der mitgliedstaatlichen Regierungen und der Europäischen Kommission vor einer Delegation der Problemlösung an den IWF, nur mehr politisch, nicht einmal ökonomisch, jedenfalls nicht juristisch zu erklären.

IV. Rückkoppelungen

In allen drei Referenzgebieten zeigen sich aber auch Rückkoppelungen aus dem Unionsrecht in das Völkerrecht. Besonders deutlich werden sie im Bereich des Steuerrechts, bei dem sich an vielen Punkten aus dem Europäischen Recht Impulse für das Internationale Steuerrecht ergeben.

---

54 Hierzu *Kube / Reimer* (FN 22), S. 1914 ff.

1. Schiedsverfahren zur Anpassung von Konzernverrechnungspreisen

Ein erstes prominentes Beispiel hierfür ist das bereits im Jahr 1990 abgeschlossene intergouvernementale Übereinkommen der (damaligen) EWG-Staaten über die Beseitigung der Doppelbesteuerung im Falle von Gewinnberichtigungen zwischen verbundenen Unternehmen.[55] Dieses Übereinkommen geht in seiner Regelungsdichte über die Vorschriften der Art. 9 und 25 OECD-MA hinaus, bietet mit der Begrenzung der Verfahrenshöchstdauer auf drei Jahre einen effektiveren Rechtsschutz als das OECD-MA und kann der Fortentwicklung des OECD-MA auch im Übrigen wichtige Impulse geben[56].

2. Dogmatik der Diskriminierungsverbote

Ein zweiter Bereich, in dem sich sowohl de lege lata als auch de lege ferenda Rückkoppelungen zwischen dem (Steuer-)Völkerrecht und dem Europäischen Recht zeigen, ist das Recht der Diskriminierungsverbote. De lege lata bestehen Wechselwirkungen zwischen europa- und abkommensrechtlichen Diskriminierungsverboten einerseits dort, wo abkommensrechtliche Diskriminierungsverbote Verstöße mitgliedstaatlicher Rechtsvorschriften gegen Europarecht unterbinden; und anderseits dort, wo europarechtliche Einflüsse zu Korrekturen des innerstaatlichen Rechts geführt und dadurch bestehende Verstöße gegen Doppelbesteuerungsabkommen beseitigt haben[57].

De lege ferenda findet die Dogmatik der Europäischen Grundfreiheiten in zunehmendem Maße Eingang in rechtspolitische Überlegungen auf Ebene des OECD-Musterabkommens. Die von der OECD bislang verwendeten Diskriminierungsverbote in Art. 24 OECD-MA sehen z. B. durchweg weder eine Ausweitung i. S. e. Erfassung auch der versteckten Diskriminierung oder der indirekten Diskriminierung noch Rechtfertigungsmöglichkeiten vor. Zugleich erleben die Mitgliedstaaten der OECD in der Entwicklung des Europäischen Steuerrechts aber, welche Flexibilität und – fiskalische – Erleichterung die Ergänzung des Nichtdiskriminierungstatbestands um eine Rechtfertigungsebene bietet. Hier deuten sich Inspirationen des Internationalen aus dem Europäischen Steuerrecht an[58].

---

55 Übereinkommen 90/436/EWG v. 23. 6. 1990, ABl. EWG Nr. L 225 v. 20. 8. 1990, S. 10. Zu diesem Abkommen *Adonnino,* Some Thoughts on the EC Arbitration Convention, European Taxation 2003, S. 403; *Oliver,* The Revival of the EC Arbitration Convention, British Tax Review 2005, S. 183; *Vögele/Forster,* Das EU-Schiedsübereinkommen, IStR 2006, S. 537; *Bödefeld/Kuntschik,* Verständigungs- und Schiedsverfahren nach dem EU-Schiedsabkommen – Theorie und Praxis, IStR 2009, S. 268.

56 Vertieft *Lehner,* in: Vogel/ders. (FN 30), Art. 25 Rn. 300 ff.

57 *Rust,* in: Vogel/Lehner (FN 30), Art. 24 Rn. 19 m. w. N.

58 In diese Richtung *Adonnino,* Non-discrimination rules in international taxation. General Report, Cahiers de droit fiscal international Bd. 78b (1993), S. 131.

3. Besteuerung von Schachteldividenden

Ähnliches lässt sich bei der Besteuerung von Schachteldividenden beobachten. Die im Europäischen Sekundärrecht angelegte Steuerfreiheit auf Ebene der empfangenden Körperschaft[59] findet Eingang in immer mehr Doppelbesteuerungsabkommen[60]. Selbst klassische Anrechnungsländer wie Japan oder die USA erwägen inzwischen die Übernahme der Dividendenfreistellung[61].

4. Zwischenergebnis

Exemplarisch für das Recht der direkten Steuern lassen sich damit Impulse identifizieren, die das Europäische Recht dem Völkerrecht (zurück-)gibt. Auch für das Haushalts- und Währungsrecht sind derartige Impulse denkbar. Gerade die Finanz-, Wirtschafts- und Haushaltskrise hat in zahlreichen außereuropäischen Staaten ein zuvor nicht anzutreffendes Interesse an den Maastrichter Konvergenzkriterien geweckt; ihre Verbreitung könnte perspektivisch – als Vorstufe oder an Stelle eines Insolvenzrechts für Staaten – auch Sache des Völkerrechts werden. In jedem Fall ist der Befund valide, dass das Internationale Finanzrecht bereits heute auf breiter Front durch unionsrechtliche Arrangements und Regulierungsstrategien bereichert wird.

V. Ausblicke

Einige der eingangs gestellten Fragen sind noch offen. Abschließend ist der Versuch zu unternehmen, die Umrisse dessen, was die einzelnen Analysen zum Vorschein gebracht haben, zu einem ersten Gesamtbild zu verdichten.

1. Ausweitung des Subsidiaritätsprinzips?

Erstens relativieren die Ergebnisse der Überlegungen die Strahlkraft der Völkerrechtsfreundlichkeit und Völkerrechtsoffenheit des Unionsrechts (Art. 3 Abs. 5 EUV). Wenn das Unionsrecht eine Grundentscheidung für die Internationale Zusammenarbeit enthält, wird sie jedenfalls nicht vollständig durchgehalten; immer wieder geht das Unionsrecht seine eigenen, konzeptionell bewusst vom Völkerrecht abweichenden Wege[62].

---

59 Art. 4 Abs. 1 1. Spiegelstrich der Mutter-Tochter-RL (FN 34).

60 Überblick bei *Vogel,* in: ders./Lehner (FN 30), Art. 23 Rn. 16; zur Funktionsweise ebd., Rn. 86 ff.

61 *Grubert/Mutti,* Taxing International Business Income: Dividend Exemption Versus the Current System, 2001; s. auch *Shaviro,* The Case against Foreign Tax Credits, Internet: http://ssrn.com/abstract=1547312 (10. 6. 2010), S. 31 f.

62 Hierzu *Uerpmann-Wittzack* (FN 24).

Man könnte es positiv formulieren: Die EU sucht für ihren Bereich, Probleme eigenständig zu lösen, ohne auf das breiter angelegte, teils sogar globale Völkerrecht rekurrieren zu müssen. In dieser Perspektive erscheint die EU im Verhältnis zur Internationale Organisation als Nachfrager gelebter Subsidiarität. Zwingend ist diese positive Perspektive indes nicht. Denn für die bilateralen Verträge, möglicherweise sogar für alle innereuropäischen Verträge, liegt in der europarechtlichen Lösung eine tatbestandliche Verletzung des Subsidiaritätsprinzips, erscheint doch die völkervertragliche Lösung nach dem Vorbild des alten Art. 293 EG hier gerade als die Lösung der niedrigeren – nämlich mitgliedstaatlichen – Ebene. Vor allem aber steht sie in der Gefahr, das Subsidiaritätsprinzip in seinen Voraussetzungen misszuverstehen.

Das zeigt sich speziell im Währungsrecht: Hier ist die EU zwar die untere Ebene, verglichen mit dem 186 Mitglieder starken IWF. Doch hat die EU nur dann die bessere Kompetenz, wenn – bei unterstellt gleicher Wirksamkeit von Hilfen der EU und des IWF – die europarechtliche Lösung gegenüber der internationalen nicht in der Sache nachteilhaft, insbesondere: weniger effizient oder gar weniger effektiv ist. Im Streit um die Hilfen für Griechenland hat sich aber die Kompromittierbarkeit der europäischen Akteure gezeigt: Wenn hier Irland, Italien, Lettland, Polen, Portugal, Spanien – um nur wenige zu nennen – zur Frage der Sanierung der Staatsfinanzen Griechenlands befragt werden, weil ja Einstimmigkeit gefordert wird, antworten sie möglicherweise nicht ganz unbefangen. Dagegen kommt in der Lehre von der guten Polizei der Ordnungshüter immer aus einem fernen Land, einer fremden Provinz: *ut scandalon evitetur.* Gerade da, wo schmerzhafte Maßnahmen durchzusetzen sind, wo die aktuelle Generation Verzicht üben muss zur Vermeidung eines ungleich größeren Schadens der künftigen, können das Internationale Finanzrecht und seine Akteure, vor allem der IWF, den wohl besseren Beitrag zur Neutralitätssicherung leisten.

Insgesamt erweist sich das Finanzrecht als zentraler Testfall für die Völkerrechtsfreundlichkeit, die in der Unionsverfassung angelegt ist. Gerade im Finanzrecht hat die Völkerrechtsfreundlichkeit des Unionsrechts eine doppelte Bedeutung. Einerseits ist das Völkerrecht Inspirationsquelle und Impulsgeber für die Herausbildung eines eigenen Finanzrechts der Europäischen Union. Andererseits kompensiert das Internationale Finanzrecht im Währungsrecht, aber auch im Steuerrecht Lücken und Schwächen des unionalen Finanzrechts[63].

---

[63] Zu einer Parallelentwicklung im Bereich des Grundrechtsschutzes, *Kühling*, Grundrechte, Völkerrechtliche Verfassungselemente, in: von Bogdandy/Bast (Hrsg.) (FN 16), S. 662 ff.

2. Entwicklung einer Handlungsform für die Vergemeinschaftung innergemeinschaftlichen Völkerrechts?

Nicht zu übersehen ist allerdings, dass das Unionsrecht seinerseits über Stärken verfügt, die dem Völkerrecht fremd sind. Das gilt – jedenfalls aus deutscher Sicht – besonders für den Einwirkungsmodus des jeweiligen Regimes auf das innerstaatliche Recht: Das Völkerrecht kann nach bislang herrschender Auffassung grundsätzlich durch innerstaatliche Gesetze überspielt werden (*treaty override*), das Europarecht genießt dagegen – von Fällen ausbrechender Rechtsakte abgesehen – Anwendungsvorrang. Das legt eine zweite Frage nahe, die nun namentlich das Steuerrecht betrifft: Lassen sich die Probleme dadurch überwinden, dass man Regelungen, die zunächst völkervertraglich zustande gekommen sind, im Wege eines Inkorporations- oder Approbierungsverfahrens mit den Rechtswirkungen ausstattet, die auch dem sekundären Unionsrecht zukommen?

Gegenständlich dürfte ein solches Inkorporationsverfahren nur das konkret völkerrechtlich Vereinbarte betreffen; hier ist also nicht an eine inhaltliche Veränderung oder Verdichtung gedacht. Selbst die Auslegungsmethoden dürfen und sollten weiterhin die der Wiener Vertragsrechtskonvention sein. In persönlicher Hinsicht kann das Verfahren neben den innereuropäischen Verträgen auch die Verträge zwischen EU-Staaten und Drittstaaten betreffen; das wäre genauer zu erwägen. Jedenfalls soll die Inkorporation den persönlichen Anwendungsbereich des je einzelnen Vertrages nicht erweitern. Insbesondere bleibt es bei der Bilateralität der Rechtsfolgen; es geht nicht um die Einführung einer Meistbegünstigung – die der EuGH, gestützt auf die Grundfreiheiten, für den Bereich der direkten Steuern ja auch aus guten Gründen abgelehnt hat.

Die Vorteile sind greifbar: Die völkerrechtlichen Absprachen werden nicht nur gegen den *treaty override* immunisiert, was bei den DBA von großer Bedeutung ist[64]. Die Wirkkraft völkerrechtlicher Verträge wird vor allem dort gesichert, wo einem Mitgliedstaat Regeln und Rechtsinstitute vorgegeben werden sollen, die sich dieser Mitgliedstaat spontan nicht geben dürfte, weil sie gegen seine Verfassung verstießen. Die Rede ist etwa von der gegenwärtig vielfach erörterten und vom britischen Premierminister prononciert geforderten Bankenabgabe: Wenn der Deutsche Bundestag sie einführt, ist er dabei an die strengen Voraussetzungen gebunden, die das Bundesverfassungsgericht an Sonderabgaben mit Finanzierungsfunktion stellt: Die Gruppe der Abgabepflichtigen muss homogen und überschaubar sein; die Abgabe muss streng gruppennützig verwendet werden; sie darf keinen Strafcharakter haben; sie darf sich nur auf künftige Krisen beziehen u. s. w.

---

[64] Beispielhaft: Bruch des Doppelbesteuerungsabkommens mit Belgien durch § 20 Abs. 2 AStG. Gegen diese Vertragsverletzung hat sich das Europarecht bislang (trotz Art. 293 EG a. F.) als machtlos erwiesen: EuGH, Urt. v. 6. 12. 2007, Rs. C-298/05 – *Columbus Container*, Slg. 2007, I-10451, Rn. 46 f.

Auch wenn man den Vorschlag des britischen Premierministers als Anregung zu einem (nur) völkerrechtlich koordinierten Vorgehen versteht, muss sich eine internationale Bankenabgabe in Deutschland m. E. vollständig an diesen finanzverfassungsrechtlichen Vorgaben messen lassen.

Ganz anders liegen die Dinge, wenn eine Europäische Bankenabgabe in Rede stünde. Dann kann der Anwendungsvorrang des Unionsrechts – in Grenzen, die näher zu bestimmen wären – auch die genannten finanzverfassungsrechtlichen Restriktionen überwinden.

Ein europäischer Besiegelungsakt für bilaterale völkervertragliche Regelungen der Mitgliedstaaten kann außerdem wieder – wie früher Art. 293 EG – als Instrument zur Wahrung des im Binnenmarkt Erreichten dienen, indem die Regelungen mit einem Verschlechterungsverbot verbunden werden. Sie würden zudem der Jurisdiktion des EuGH oder eines noch einzurichtenden Europäischen Gerichtshofs in Steuersachen unterstellt, der für ein höheres Maß an Auslegungsharmonie und Rechtsanwendungsgleichheit sorgen würde, als es die mitgliedstaatlichen Gerichte derzeit vermögen.

3. Verallgemeinerungen?

Eine dritte und letzte Frage, mit der wir das Finanzrecht hinter uns lassen: Inwiefern sind die hier angestellten Überlegungen zur Integration des Völkerrechts in das Europarecht zu verallgemeinern? Welche Strategien, Reize und Reaktionen lassen sich beobachten, wenn Rechtsimport und Rechtsveredelung, Abschottungs- und Rückkoppelungseffekte in anderen Teilbereichen des Verwaltungsrechts untersucht werden? Zu diesen Fragen lohnen sich weitere, künftige Untersuchungen.

Dritter Abschnitt

Methoden

Hat die Europäisierung des Verwaltungsrechts Methode? Oder: Die zwei Phasen der Europäisierung des Verwaltungsrechts

Von Oliver Lepsius, Bayreuth

Mit *Rainer Wahl* spricht man inzwischen von den zwei Phasen des öffentlichen Rechts in Deutschland nach 1949, der binnenorientierten und der außenorientierten Phase oder auch jener vor und nach der Europäisierung[1]. Mir scheint jene zweite Phase des öffentlichen Rechts in Deutschland ihrerseits in zwei Entwicklungsschritte zu unterfallen. Jedenfalls lassen sich bei der Europäisierung des allgemeinen Verwaltungsrechts in methodologischer Sicht wieder zwei Phasen unterscheiden: zuerst besteht eine Phase der systembewahrenden Skepsis, die inzwischen einer Phase der systemöffnenden Neugier gewichen ist. Man könnte auch, in Anlehnung an Wahl, von einer anfänglich binnenorientierten Vorgehensweise bei der Europäisierung des Verwaltungsrechts sprechen, der inzwischen eine außenorientierte Methode gefolgt ist. Dies soll im Folgenden näher entfaltet werden. Dabei wird sich zudem zeigen, dass beide Phasen und der mit ihnen verbundene Wechsel in der Systemperspektive weniger das Ergebnis der Entwicklung des Europarechts, sondern spezifisch deutscher Eigenheiten der rechtswissenschaftlichen Methode und verwaltungsrechtlichen Systembildung sind. Daraus folgt umgekehrt: Wenn wir die Europäisierung des deutschen Verwaltungsrechts analysieren, lernen wir zugleich manches über die Selbstwahrnehmung des deutschen Verwaltungsrechts durch die deutsche Wissenschaft vom Verwaltungsrecht. Die Art und Weise, wie die Europäisierung des deutschen Verwaltungsrechts verarbeitet wurde, verrät viel über methodologische Grundstandpunkte im deutschen Verwaltungsrecht, insbesondere über seine Grundstrukturen, Systemerwartungen und wissenschaftlichen Strukturierungsvorstellungen.

1 *R. Wahl,* Zwei Phasen des Öffentlichen Rechts nach 1949, in: ders., Verfassungsstaat, Europäisierung, Internationalisierung, 2003, S. 411 (412). Zuvor schon *ders.*, Die zweite Phase des Öffentlichen Rechts in Deutschland, Der Staat 38 (1999), S. 495. Über Deutschland hinausgehend *ders.*, Europäisierung: Die miteinander verbundenen Entwicklungen von Rechtsordnungen als Ganzen, in: H.-H. Trute u. a. (Hrsg.), Allgemeines Verwaltungsrecht – zur Tragfähigkeit eines Konzepts, 2008, S. 869 ff.

I. Zum Stand der Systembildung des Verwaltungsrechts vor der Europäisierung

Erinnern wir uns: Das deutsche allgemeine Verwaltungsrecht hat bekanntlich erst in jüngerer Zeit seine gesetzliche Struktur erhalten. 1960 trat die Verwaltungsgerichtsordnung in Kraft[2], 1976 nach langjährigem Abstimmungsprozess zwischen Bund und Ländern das gemeinsame Verwaltungsverfahrensgesetz[3]. Auch das Staatshaftungsrecht als Teil des allgemeinen Verwaltungsrechts wurde 1981 neu geregelt, scheiterte dann jedoch an der fehlenden Gesetzgebungskompetenz des Bundes[4]. Das deutsche allgemeine Verwaltungsrecht ist daher materiell-rechtlich ein Kind der 1950er und 1960er Jahre[5], das in gesetzlich sichtbarer Form Ende der 1970er Jahre zur Welt kam. Dieser Eindruck bestätigt sich, wenn wir wichtige Gesetze des besonderen Verwaltungsrechts hinzuziehen, etwa das Bundesbaugesetz (1960)[6], das Bundesimmissionsschutzgesetz (1974)[7] oder den Musterentwurf eines einheitlichen Polizeigesetzes (1977)[8]. Mit anderen Worten: Erst um 1980 hatte das Verwaltungsrecht in Deutschland einen hohen Grad an Vergesetzlichung erreicht. Um 1980 schien es erst einmal abgeschlossen. Ein Normgerüst hatte die Grundstrukturen errichtet, geronnen aus der Rezeption richterrechtlich entwickelter Prinzipien und Institute, wissenschaftlicher Ordnungsleistung und politischer Regelungsziele.

Vieles war gleichwohl 1980 noch nicht klar; wenige Stichworte mögen hier genügen: Welches waren die systembildenden Charakteristika des allgemeinen Verwaltungsrechts[9]? Wie verhielten sich allgemeines und beson-

---

2 Zur Entwicklungsgeschichte *E. Schmidt-Aßmann,* in: F. Schoch/ders./R. Pietzner (Hrsg.), Verwaltungsgerichtsordnung Kommentar, 1. Lfg. 1997, Einleitung, Rn. 89 ff.; zur Entstehungsgeschichte *C. H. Ule,* Die Verwaltungsgerichtsordnung, DVBl. 1960, S. 1 ff.; *K. Redeker,* Die Verwaltungsgerichtsordnung, NJW 1960, S. 409.

3 Zur Entstehungsgeschichte *C. H. Ule,* Die Kodifizierung des Verwaltungsverfahrensrechts, in: K. Jeserich u. a. (Hrsg.), Deutsche Verwaltungsgeschichte Band V, 1987, S. 1162 ff.; *B. Bredemeier,* Kommunikative Verfahrenshandlungen im deutschen und europäischen Verwaltungsrecht, 2007, S. 23 – 39.

4 StHG v. 26. 6. 1981 (BGBl. I, S. 553); BVerfGE 61, 149 (1982).

5 Schon 1956 trat eine Sachverständigenkommission des BMI unter Vorsitz von *C. H. Ule* zusammen. Deren Ergebnisse wurden vom Bundesminister des Innern herausgegeben: Bericht der Sachverständigen-Kommission für die Vereinfachung der Verwaltung, 1960; sowie: Musterentwurf eines Verwaltungsverfahrensgesetzes, EVwVfG 1963, 1966.

6 Zur Entwicklung knapp etwa *W. Krebs,* Baurecht, in: E. Schmidt-Aßmann/F. Schoch (Hrsg.), Besonderes Verwaltungsrecht, 14. Aufl. 2008, 4. Kap., Rn. 10 f.

7 *R. Sparwasser/R. Engel/A. Voßkuhle,* Umweltrecht, 5. Aufl. 2003, § 10 Rn. 53; *M. Kloepfer,* Umweltrecht, 3. Aufl. 2004, S. 1213 ff., *ders.*, Zur Geschichte des Umweltrechts, 1994, S. 22 ff., 32 ff.

8 *G. Heise,* Musterentwurf eines einheitlichen Polizeigesetzes, 1976; *E. Rasch,* Der Musterentwurf eines einheitlichen Polizeigesetzes und seine Verwirklichung, DVBl. 1982, S. 126 ff.

9 Dazu grundlegend *E. Schmidt-Aßmann,* Das allgemeine Verwaltungsrecht als Ordnungsidee und System, 1982; *ders.*, Das allgemeine Verwaltungsrecht als Ord-

deres Verwaltungsrecht zueinander[10]? Ließen sich neue Rechtsgebiete, vor allem das Umweltrecht, in diese Konzeption des Verwaltungsrechts integrieren[11]? Wie konnten bereichsspezifische Fortentwicklungen an eine Struktur von allgemeinen und besonderen Verwaltungsrechten zurückgebunden werden[12]? Auch mussten Grundkategorien noch ausgelotet werden: Ins Spannungsfeld gerieten vor allem die Handlungsformen der Verwaltung. Erinnert sei nur an den Vorstoß *Ossenbühls,* Verwaltungsvorschriften mit Außenwirkung anzuerkennen[13]. Insgesamt wurde die Lage auch geprägt durch die Abwehr des Gesetzesvorbehalts und der Wesentlichkeitslehre im Verwaltungsrecht als Ausdruck eines gewissen Drangs nach struktureller Selbständigkeit des Verwaltungsrechts gegenüber dem Verfassungsrecht[14].

---

nungsidee. Grundlagen und Aufgabe der verwaltungsrechtlichen Systembildung, 1998, 2. Aufl. 2004; sowie *W. Schmidt,* Einführung in die Probleme des Verwaltungsrechts, 1982.

10 Dazu vor allem *T. Groß,* Die Beziehungen zwischen dem Allgemeinen und dem Besonderen Verwaltungsrecht, in: Die Wissenschaft vom Verwaltungsrecht (Die Verwaltung, Beiheft 2), 1999, S. 57 ff.

11 Statt vieler *R. Breuer,* in: E. Schmidt-Aßmann / F. Schoch (Hrsg.) (FN 6), 5. Kap. Rn. 36 f.; *M. Kloepfer* (FN 7), *ders. / C. Franzius,* Die Entwicklung des Umweltrechts in der Bundesrepublik Deutschland, in: *ders.*, Umweltschutz und Recht, 2000, S. 275 ff. (1994); *P. M. Huber,* Der Immissionsschutz im Brennpunkt modernen Verwaltungsrechts, AöR 114 (1989), S. 252 ff.; *W. Hoffmann-Riem,* Die Reform des allgemeinen Verwaltungsrechts als Aufgabe – Ansätze am Beispiel des Umweltschutzes, AöR 115 (1990), S. 400 ff.

12 Hierzu diente nicht zuletzt die von *E. Schmidt-Aßmann* entwickelte Figur des Referenzgebiets. Mit ihrer Hilfe konnten spezialgesetzliche Neuerungen und bereichsspezifische Sonderentwicklungen unter dem Gesichtspunkt einer allgemeinen Systembildung nicht nur akzeptiert werden, sondern geradezu zum Trendsetter einer entwicklungsoffenen und zugleich bestimmten Ordnungsprinzipien verhafteten Systembildung erklärt werden. Vgl. *E. Schmidt-Aßmann,* Das allgemeine Verwaltungsrecht als Ordnungsidee, 2. Aufl. 2004, S. 8–10, 112; *ders.*, Zur Reform des Allgemeinen Verwaltungsrechts – Reformbedarf und Reformansätze, in: W. Hoffmann-Riem / E. Schmidt-Aßmann / G. F. Schuppert (Hrsg.), Reform des Allgemeinen Verwaltungsrechts, 1993, S. 11 (14 f., 26); *ders.*, Zur Funktion des Allgemeinen Verwaltungsrechts, Die Verwaltung 27 (1994), S. 137 (148–150); *W. Hoffmann-Riem,* Ermöglichung von Flexibilität und Innovationsoffenheit im Verwaltungsrecht – Einleitende Problemskizze, in: ders. / E. Schmidt-Aßmann (Hrsg.), Innovation und Flexibilität des Verwaltungshandelns, 1994, S. 9 (16). Dazu etwa *K. F. Gärditz,* Hochschulorganisation und verwaltungsrechtliche Systembildung, 2009, S. 163 ff.; *A. Voßkuhle,* Neue Verwaltungsrechtswissenschaft, in: W. Hoffmann-Riem / E. Schmidt-Aßmann / ders. (Hrsg.), Grundlagen des Verwaltungsrechts, Bd. 1, 2006, § 1 Rn. 43–45; *C. Möllers,* Theorie, Praxis und Interdisziplinarität in der Verwaltungsrechtswissenschaft, VerwArch 93 (2002), S. 22 (46 ff.); *O. Lepsius,* Besitz und Sachherrschaft im öffentlichen Recht, 2002, S. 9–13; *R. Schmidt,* Die Reform von Verwaltung und Verwaltungsrecht, VerwArch 91 (2000), S. 149 ff.; *H.-H. Trute,* Die Wissenschaft vom Verwaltungsrecht, in: Die Wissenschaft vom Verwaltungsrecht, Die Verwaltung, Beiheft 2, 1999, 9–31; *T. Groß* (FN 10), S. 70 ff.; *H. Schulze-Fielitz,* Verwaltungsrechtsdogmatik als Prozeß der Ungleichzeitigkeit, Die Verwaltung 27 (1994), S. 277 (280 f.).

13 *F. Ossenbühl,* Verwaltungsvorschriften und Grundgesetz, 1968; zum Fortgang der Diskussion vgl. *J. Saurer,* Die neueren Theorien zur Normkategorie der Verwaltungsvorschriften, VerwArch 97 (2006), S. 249 ff.

14 Man denke an den im Ergebnis doch nur geringen Rezeptionserfolg, der der grundlegenden Studie von *D. Jesch,* Gesetz und Verwaltung, 1961, zuteil wurde. Dazu

Und Ermessen und unbestimmter Rechtsbegriff stehen seit den 1960er Jahren im Brennpunkt der Diskussion[15]. Vieles mehr ließe sich anfügen. Der springende Punkt ist, dass sich die deutsche Verwaltungsrechtswissenschaft in den 1980er Jahren in voller Fahrt befand, aus den zahlreichen neuen Gesetzen und auch den neuen Interpretationsleistungen der Wissenschaft und der Verwaltungsrechtsprechung ein kohärentes und stimmiges Gebäude zu errichten. Die Verwaltungsrechtswissenschaft begann ein Projekt der Systembildung nach innen, verbunden mit der Wahrung einer methodischen Autonomie nach außen. Letztere zeigte sich insbesondere durch eine spürbare Abgrenzung gegenüber verfassungsrechtlichen Überwölbungen, die noch in den 1950er und 1960er Jahren die Entwicklung des Verwaltungsrecht bestimmt hatten und die Reformimpulse setzten[16]. Nun sollte Verwaltungsrecht als gleichberechtigter Sohn der deutschen Staatsrechtslehre etabliert werden und nicht mehr bloß der kleine Bruder des Verfassungsrechts sein. Daher wurden tendenziell solche Merkmale als modern empfunden und zu Systemelementen stilisiert, die dazu beitrugen, Verwaltungsrecht als eigenständiges Rechtsgebiet zu etablieren. Verwaltungsrecht sollte nicht mehr nur „konkretisiertes Verfassungsrecht" sein[17], sondern die systematische und prinzipiengesteuerte Ausgestaltung des Rechtsstaats darstellen[18].

---

auch *O. Lepsius,* Wiedergelesen, JZ 2004, S. 350 f. Das gilt auch für *H. H. Rupp,* Grundfragen der heutigen Verwaltungsrechtslehre, 1965, und schließlich für *N. Achterberg,* Allgemeines Verwaltungsrecht, 2. Aufl. 1986; s. zum Gesetzesvorbehalt im Verwaltungsrecht auch *R. Wahl,* Der Vorrang der Verfassung und die Selbständigkeit des Gesetzesrechts, NVwZ 1984, S. 401 ff.; *J. Pietzcker,* Vorrang und Vorbehalt des Gesetzes, JuS 1979, S. 710 ff.; für neuere Probleme *W. Hoffmann-Riem,* Gesetz und Gesetzesvorbehalt im Umbruch, AöR 130 (2005), S. 5 ff.; *H. H. Rupp,* Neuere Probleme um den Gesetzes- und Parlamentsvorbehalt, in: FS Peter Häberle, 2004, S. 731 ff.; erhellend ferner *H. Dreier,* Merkls Verwaltungsrechtslehre und die heutige deutsche Dogmatik des Verwaltungsrechts, in: R. Walter (Hrsg.), Adolf J. Merkl. Werk und Wirksamkeit, 1990, S. 55 ff.; *ders.*, Hierarchische Verwaltung im demokratischen Staat, 1991.

15 Dazu vor allem *H. Ehmke,* „Ermessen" und „unbestimmter Rechtsbegriff" im Verwaltungsrecht, 1960; *W. Schmidt,* Gesetzesvollziehung durch Rechtsetzung, 1969, S. 75 ff., 149 ff.; jüngst etwa *M. Jestaedt,* Maßstäbe des Verwaltungshandelns, in: H.-U. Erichsen / D. Ehlers (Hrsg.), Allgemeines Verwaltungsrecht, 14. Aufl. 2010, § 10 Rn. 10 ff.

16 *R. Wahl,* Herausforderungen und Antworten. Das Öffentliche Recht der letzten fünf Jahrzehnte, 2006; *C. Schönberger,* „Verwaltungsrecht als konkretisiertes Verfassungsrecht", in: M. Stolleis (Hrsg.), Das Bonner Grundgesetz, 2006, S. 53 ff.; *M. Stolleis,* Verwaltungsrechtswissenschaft in der Bundesrepublik Deutschland, in: D. Simon (Hrsg.), Rechtswissenschaft in der Bonner Republik, 1994, S. 227 ff.; *C. Bumke,* Die Entwicklung der rechtswissenschaftlichen Methodik in der Bundesrepublik Deutschland, in: E. Schmidt-Aßmann / W. Hoffmann-Riem (Hrsg.), Methoden der Verwaltungsrechtswissenschaft, 2004, S. 73 ff.

17 *F. Werner,* Verwaltungsrecht als konkretisiertes Verfassungsrecht, DVBl. 1959, S. 527 ff.

18 Beeindruckend etwa die verwaltungsrechtliche Entfaltung des Rechtsstaatsprinzips bei *E. Schmidt-Aßmann,* in: P. Kirchhof / J. Isensee (Hrsg.), Handbuch des Staatsrechts, Band I, 1987, § 24 Rn. 69 – 89.

II. Die erste Phase der Europäisierung des Verwaltungsrechts

1. Die selbstvergewissernden 1980er Jahre

In dieser Situation der selbstvergewissernden Systembildung der 1980er Jahre sind nun deutliche Einflüsse des Europarechts vernehmbar. Sie werden überwiegend als Störungen, Einbrüche und Systemveränderungen empfunden. *Ladeur* spricht sogar von Schockwellen[19], *Schoch* von strukturellen Tiefenwirkungen[20]. Man darf wohl rückblickend sagen, vor 30, vielleicht auch noch vor 20 Jahren war unser Verwaltungsrecht methodisch auf die Einflüsse des Europarechts noch nicht vorbereitet und zwar nicht aus Gründen einer Europarechtsfeindlichkeit, sondern weil man schlicht mit der internen Systembildung beschäftigt und gegenüber Einflüssen höherrangiger Normen (seien sie verfassungsrechtlicher oder europarechtlicher Provenienz) eher reserviert eingestellt war.

Es ist schwierig, Stand und Entwicklung der deutschen Verwaltungsrechtswissenschaft in den 1980er Jahren mit wenigen Worten zu kondensieren. Aber vielleicht treten zwei Kernprobleme hervor, die in unserem Kontext, der Verarbeitung der Europäisierung der Rechtsordnung, von besonderer Bedeutung sind. Zum einen war der Normcorpus des Verwaltungsrechts neu und harrte der dogmatischen Verarbeitung. Zum anderen war das Verhältnis des Verwaltungsrechts zum Verfassungsrecht noch nicht bewältigt: In wie weit ließen sich vorkonstitutionelle verwaltungsrechtliche Prinzipien fortführen, an welchen Stellen verlangte das Grundgesetz eine strukturelle Neuorientierung und normative Modernisierung des überkommenen Systems? Man kann die 1980er Jahre daher auch als eine Phase der bloß scheinbaren Verfestigung des Verwaltungsrechts beschreiben. In Wirklichkeit war fast alles im Fluss: das einfache materielle Recht, der Status des Verwaltungsrechts innerhalb der Rechtsordnung, die Ausbildung wissenschaftlicher Ordnungsprinzipien[21].

---

19 *K.-H. Ladeur,* Die Bedeutung eines Allgemeinen Verwaltungsrechts für ein Europäisches Verwaltungsrecht, in: H. H. Trute u. a. (Hrsg.) (FN 1), S. 796 ff. (796).

20 *F. Schoch,* Die Europäisierung des Allgemeinen Verwaltungsrechts und der Verwaltungsrechtswissenschaft, in: Die Wissenschaft vom Verwaltungsrecht (Die Verwaltung, Beiheft 2), 1999, S. 135 (136 ff.).

21 Aus dieser Situation heraus erklärt sich auch, warum Ende der 1980er Jahre *W. Hoffmann-Riem, E. Schmidt-Aßmann* und anfangs *G. F. Schuppert* das höchst einflussreiche Projekt beginnen, Verwaltungsrecht wissenschaftlich zu modernisieren. Vgl. als „ersten Band" der inzwischen berühmt gewordenen zehn Bände zur Reform des Verwaltungsrechts *dies.* (Hrsg.), Reform des Allgemeinen Verwaltungsrechts. Grundfragen, 1993; zuvor schon *W. Hoffmann-Riem / E. Schmidt-Aßmann* (Hrsg.), Konfliktbewältigung durch Verhandlungen, 2 Bände, 1990, sowie *W. Hoffmann-Riem* (FN 11), S. 400 ff. Es geht dabei auch um das Fruchtbarmachen weiteren Normmaterials, bei dem sich die modernen Aufgaben und Themen des Verwaltungsrechts manifestieren, für die Zwecke einer wissenschaftlichen Neukonzeption („Systembildung") und, damit verbunden, um das Abschneiden vormoderner Beharrungskräfte. In der

2. Europäisierung als negative Kontrastschablone

In dieser Situation nun leistet die Europäisierung einen wichtigen Beitrag für die Frage der Systembildung des deutschen Verwaltungsrechts, denn diese durchaus offene und keineswegs entschiedene Fragestellung (Was macht das System des Verwaltungsrechts aus? Ist das Verwaltungsrecht verfassungsrechtsakzessorisch oder gibt es vorkonstitutionelle, fortwirkende Systemgrundsätze?) konnte nun durch die Abgrenzung zum Europarecht beantwortet werden. Als negative Kontrastschablone erhielt Europarecht eine systembildende Funktion für die wissenschaftliche Durchdringung und Ordnung des Stoffes. Jedenfalls mutet es in der Rückschau merkwürdig an, dass man gerade in den Themenfeldern, in denen europarechtliche Einbrüche besonders empfunden wurden, gerne strukturelle Tiefenschichten des deutschen Verwaltungsrechts erkannte. Erst durch die Diagnose von Einflüssen des Europarechts entstand eine Vorstellung, welches die tragenden Säulen des spezifisch deutschen Verwaltungsrechts sind. Aus der Konfrontation mit Europa schien das spezifisch deutsche deutlicher hervorzutreten.

Diese erste Phase der Europäisierung ist methodologisch unglücklich verlaufen, weil sie im Ergebnis fragwürdige Aspekte des deutschen Verwaltungsrechts tendenziell zu systemprägenden Säulen stilisierte. Als wichtige Beispiele seien genannt:

a) *Normkonkretisierende Verwaltungsvorschriften.* Die Entscheidung des EuGH gegen die Umsetzung des Europarechts in der Form von normkonkretisierenden Verwaltungsvorschriften[22] erregte erheblichen Unmut[23]. Dem EuGH wurde vorgeworfen, das spezifisch deutsche System der Rechtsquellenlehre nicht verstanden zu haben. Aber seien wir ehrlich: Die Entscheidung des EuGH war richtig und das schon aus rein nationaler Perspektive[24]. Die Erfindung der normkonkretisierenden Verwaltungsvorschriften

---

Anbindung der Neukonzeption an das Verfassungsrecht freilich wurde die Lösung nicht gesucht; insofern teilt die „Reformbewegung" die auch sonst in der Verwaltungsrechtswissenschaft spürbare Tendenz zur Eigenständigkeit und einer Emanzipation des Rechtsgebiets von höherrangigen Normprägungen. Vgl. die frühzeitige Laudatio auf die Reformbewegung von *A. Voßkuhle,* Die Reform des Verwaltungsrechts als Projekt der Wissenschaft, in: Die Verwaltung 32 (1999), S. 545 ff.

22 EuGH, Urteil v. 28. 2. 1991, Slg. 1991, I-825; EuGH, Urteile v. 30. 5. 1991, Slg. 1991, I-2567, Slg. 1991, I-2607.

23 Kritisch gesehen etwa von *M. Reinhardt,* Abschied von der Verwaltungsvorschrift im Wasserrecht?, DÖV 1992, S. 102 (107); *H. Sendler,* Normkonkretisierende Verwaltungsvorschriften im Umweltrecht, UPR 1993, S. 321 (328); *T. v. Danwitz,* Normkonkretisierende Verwaltungsvorschriften und Gemeinschaftsrecht, VerwArch 84 (1993), S. 73 ff.

24 Befürwortend etwa *F. Schoch,* Die Europäisierung des Allgemeinen Verwaltungsrechts, JZ 1995, S. 109 (119); *C. Gusy,* Probleme der Verrechtlichung technischer Standards, NVwZ 1995, S. 105 ff.; *J. Saurer,* Die Funktionen der Rechtsverordnung, 2005, S. 311 ff.

war zwar eine Glanzleistung von Wissenschaft[25] und Rechtsprechung[26], sie war aber mit der verfassungsrechtlich gebotenen Aufgliederung der Rechtsquellen kaum zu vereinbaren. Hier hat uns die Rechtsprechung des EuGH vor weiterem Irrweg bewahrt und einer drohenden Zerfaserung der Rechtsquellenlehre einen Riegel vorgeschoben.

b) *Rückforderung von Subventionen.* Erhebliche Irritationen verursachte die Rechtsprechung des EuGH zur Rückforderung von Beihilfen entgegen dem Vertrauensschutzregime des § 48 VwVfG[27]. Von der Regelsystematik dieser Vorschrift blieb europarechtlich wenig übrig[28]. Mit dieser Rechtsprechung vermochten sich viele nicht anzufreunden. Lange wurde beklagt, die hehren Grundsätze des Vertrauensschutzes würden ausgehebelt. Man konnte den Eindruck gewinnen, § 48 VwVfG sei als Verankerung des Vertrauensschutzes eine systemprägende Vorschrift des allgemeinen Verwaltungsrechts, und es erscheint mir zweifelhaft, ob gerade diese Norm ohne den Angriff des EuGH diesen Rang erhalten hätte.

Dabei enthält § 48 VwVfG keineswegs eine rechtsstaatlich gebotene oder gar zwingende Regelung des Vertrauensschutzgedankens. Sie durchbricht nämlich den gleichfalls im Rechtsstaatsprinzip wurzelnden und verfassungsrechtlich explizit genannten Grundsatz der Gesetzmäßigkeit der Verwaltung sowie die materielle Gesetzesbindung der Verwaltung (Art. 20 Abs. 3 GG) zugunsten von Rechtssicherheit und Vertrauensschutz. § 48 VwVfG trifft eine Entscheidung zugunsten subjektiven Vertrauensschutzes auf Kosten objektiver Gesetzmäßigkeit. Aus rein rechtsstaatlicher Perspektive ließe sich aber ebenso gut genau umgekehrt entscheiden. Jedenfalls besteht genügend Anlass, auch über die Rückforderung EG-rechtswidriger Beihilfen hinaus, am Sinn der Norm zu zweifeln. Denn § 48 VwVfG gewährt Vertrauensschutz bei der Rücknahme rechtswidriger Verwaltungsakte aus einem subkutan zugrunde gelegten persönlichkeitsrelevanten Kontext. Die mit der Norm gedanklich erfassten Fälle betreffen etwa Versorgungsansprüche, die am Beginn der Rechtsprechung des BVerwG zum Vertrauens-

---

25 Vgl. in erster Linie *F. Ossenbühl* (FN 13), S. 250 ff.; *ders.*, in: H.-U. Erichsen / D. Ehlers (Hrsg.), Allgemeines Verwaltungsrecht, 12. Aufl. 2002, § 6 Rn. 30 ff.

26 BVerwGE 72, 300 (320) – Wyhl.

27 Überblick etwa bei *T. v. Danwitz,* Europäisches Verwaltungsrecht, 2008, S. 544 ff.; Rechtsprechungsanalyse bei *D. Scheuing,* Europäisierung des Verwaltungsrechts. Zum mitgliedstaatlichen Verwaltungsvollzug des EG-Rechts am Beispiel der Rückforderung gemeinschaftsrechtswidriger Beihilfen, Die Verwaltung 34 (2001), S. 107 ff.; s. auch *J. Englisch,* Anspruch auf Rücknahme gemeinschaftsrechtswidrig belastender Verwaltungsakte nach Eintritt der Bestandskraft? Die Verwaltung 41 (2008), S. 99 ff.; *J. Suerbaum,* Die Europäisierung des nationalen Verwaltungsverfahrensrechts am Beispiel der Rückforderung gemeinschaftsrechtswidriger staatlicher Beihilfen, VerwArch 91 (2000), S. 169 ff.; *M. Potacs,* Gemeinschaftsrecht und Bestandskraft staatlicher Verwaltungsakte in: FS Georg Ress, 2005, S. 729 ff.

28 Dazu auch *W. Kahl,* in diesem Band.

schutz standen[29]. Nicht aber lagen der Entstehungsgeschichte der Norm Subventionsfälle zugrunde. Ihre Adressaten heißen Lieschen Müller, nicht Global Player. Wer die Regelung des Vertrauensschutzes in § 48 VwVfG indes zum tragenden Bestandteil des deutschen Verwaltungsrechts erklärte, versetzte eine kontextbezogene Norm in einen unpolitischen Zustand der sachverhaltsindifferenten Verallgemeinerung, in den sie durch den Erlass des VwVfG gekommen war[30]. Erneut können wir dem EuGH nur dankbar sein, verhindert zu haben, dass eine (wegen Verstoßes gegen Art. 20 Abs. 3 GG) eh schon verfassungsrechtlich bedenkliche Norm ohne Verständnis für ihre politische Wirkung dogmatisch versteinert wurde.

c) *Rechtsschutzsystem.* Das dritte Beispiel betrifft die Veränderungen im Rechtsschutzsystem. Von den zahlreichen Aspekten[31] sei einer herausgehoben: Die besonderen Vollzugsprobleme des Europarechts lösten eine Rechtsprechung aus, die auch jenseits der für eine Klagebefugnis nach § 42 Abs. 2 VwGO genügenden subjektiven Rechte dem Bürger die Durchsetzung des Europarechts ermöglicht[32]. So gehen etwa die Kriterien für die Initiativberechtigung des Einzelnen über die Verletzung subjektiver Rechte in der deutschen Doktrin weit hinaus und entsprechen vom Duktus her einer Interessentenklage[33]. Die prozessrechtliche Stellung des Bürgers wird nicht mehr ausschließlich mit seiner Rechtsschutzbedürftigkeit begründet, sondern funktional im Lichte der Durchsetzung des Europarechts auf nationaler Verwaltungsebene interpretiert.

Unser System des subjektiven Rechtsschutzes wurde mit objektiv-rechtlichen Elementen konfrontiert, die als systemwidrig empfunden wurden – anstatt zu fragen, ob nicht die Erhebung von § 42 Abs. 2 VwGO zum verwal-

---

29 BVerwGE 6, 1; 8, 255; 9, 251; 19 188. Aus der zeitgenössischen Literatur dazu etwa *F. Ossenbühl,* Die Rücknahme fehlerhafter begünstigender Verwaltungsakte, 1964.

30 Vgl. schon die kritische Bestandsaufnahme durch *G. Kisker / G. Püttner,* Vertrauensschutz im Verwaltungsrecht, VVDStRL 32 (1974), 149 ff., 200 ff. Die „Kodifikation" dieser Rechtsprechung als fehlverstandenen Umgang mit Kasuistik kritisiert *O. Lepsius,* Was kann die deutsche Staatsrechtslehre von der amerikanischen Rechtswissenschaft lernen?, in: H. Schulze-Fielitz (Hrsg.), Staatsrechtslehre als Wissenschaft, 2007, S. 319 (360 f.).

31 Überblicke etwa bei *F. Hufen,* Verwaltungsprozeßrecht, 7. Aufl. 2008, § 3 V; *F. Schoch,* Die Europäisierung des Verwaltungsprozeßrechts, in: FG 50 Jahre BVerwG, 2003, S. 507 ff.; *J. Schwarze,* Europäische Rahmenbedingungen für die Verwaltungsgerichtsbarkeit, NVwZ 2000, S. 241 ff.; *M. Burgi,* Deutsche Verwaltungsgerichte als Gemeinschaftsgerichte, DVBl. 1995, S. 792; *ders.*, Verwaltungsprozeß und Europarecht, 1996.

32 Im Überblick *T. v. Danwitz* (FN 27), S. 274 ff., 583 ff. Zur Rspr. des EuGH zur Initiativberechtigung nach dem EG-Vertrag vgl. etwa *R. Wahl,* in: F. Schoch / E. Schmidt-Aßmann / R. Pietzner (Hrsg.), VwGO, 1. Lfg. 1997, Vorb. § 42 Abs. 2 Rn. 127 f.; § 42 Abs. 2 Rn. 215 f. Vgl. dazu konzeptionell auch *J. Masing,* Die Mobilisierung des Bürgers für die Durchsetzung des Rechts – Europäische Impulse für eine Revision der Lehre vom subjektiven-öffentlichen Recht, 1997.

33 Näher *R. Wahl* (FN 32), Vorb. § 42 Abs. 2 Rn. 122 ff.

tungsprozessualen Dogma ihrerseits fragwürdig ist[34]. Man könnte schließlich auch umgekehrt ein Modell des objektiven Rechtsschutzes als Krönung des Rechtsstaats ansehen, anstatt den gröbsten Schutzlücken, die das Erfordernis der Klagebefugnis reißt, mit gewagten dogmatischen Konstruktionen wie der Schutznormtheorie, objektiver Grundrechtslehren, der extensiven Interpretation subjektiver Grundrechte zu Systemgarantien (etwa des Konkurrenten im Wettbewerb) oder mit Verbandsklagen zu begegnen[35].

Erneut kann das irritierende Moment, das wir der europäischen Rechtsetzung verdanken, nur begrüßt werden. Mir jedenfalls will es nicht einleuchten, warum im § 42 Abs. 2 VwGO ein allgemeiner, das Rechtsschutzsystem prägender Grundsatz liegen soll, der zur Schutznormtheorie führt. Man sollte vielmehr daran erinnern, dass die VwGO in ihrer Ursprungsversion Klagen mit abgeschwächter subjektiver Rechtsbetroffenheit zuließ (§ 43 Abs. 1 VwGO, allgemeine Leistungsklage) und rein objektive Rechtsbeanstandungsverfahren kannte (§ 47 Abs. 2 VwGO a. F.)[36]. Erst mit der Zeit wurde die Klagebefugnis durch eine konzertierte Aktion von Rechtsprechung[37], Wissenschaft und nicht zuletzt der VwGO-Änderungsgesetzgebung[38] zu einem allgemeinen Grundsatz des Verwaltungsprozessrechts stilisiert.

d) *Subjektivierungsprobleme.* Das Problem wird durch eine vorkonstitutionelle Vorprägung des deutschen Verwaltungsrechts verschärft. Sein Duktus der Gesetzgebung ist bis in die Gegenwart objektiv; Verwaltungsgesetze richten sich an die Behörde, nicht an den Bürger. Entsprechend selten sind als subjektive Rechte formulierte Verwaltungsgesetze. Die prozessual erforderliche subjektive Rechtsstellung kann sich daher oft nicht aus Verwaltungsgesetzen selbst ergeben, weil diese nur selten als Anspruchsgrundlagen oder Leistungsrechte formuliert sind, sondern ist auf einen Rückgriff auf die Grundrechte angewiesen („Verwaltungsrecht als konkretisiertes

---

34 Vgl. dazu *R. Wahl* (FN 32), Vorb. § 42 Abs. 2 Rn. 45 ff., 121 ff.

35 Überblick bei *R. Wahl* (FN 32), Vorb. § 42 Abs. 2, Rn. 75 ff., 94 ff.; § 42 Rn. 114 ff., 228 ff., 291 ff.

36 Zur Stellung der verwaltungsprozessualen Normenkontrolle im Rechtsschutzsystem vgl. *M. Gerhardt / W. Bier,* in: F. Schoch / E. Schmidt-Aßmann / R. Pietzner (Hrsg.), VwGO, 11. Lfg. 2005 § 47 Rn. 7 ff.

37 Etwa durch die analoge Anwendung des § 42 Abs. 2 VwGO auf den § 43 VwGO durch BVerwGE 74, 1 (4); 99, 64 (66); BVerwG, NVwZ 1991, S. 470. Vgl. *J. Pietzcker,* in: F. Schoch / E. Schmidt-Aßmann / R. Pietzner (Hrsg.), VwGO, 17. Lfg. 2008, § 43 Rn. 28 ff.; kritisch *F. Hufen* (FN 31), § 18 Rn. 21 ff. m. w. N.; *W.-R. Schenke,* Verwaltungsprozeßrecht, 10. Aufl. 2005, Rn. 410.

38 Vor allem die 6. VwGO-Novelle v. 1. 11. 1996, BGBl. I, S. 1626; dazu im Überblick *E. Schmidt-Aßmann,* Einleitung, in: F. Schoch / ders. / R. Pietzner (Hrsg.) (FN 32), Rn. 93. Durch sie wurde die Antragsbefugnis des § 47 Abs. 2 VwGO der Klagebefugnis des § 42 Abs. 2 VwGO angeglichen, was systematisch nicht überzeugt, da das Normenkontrollverfahren dem objektiven, Anfechtungs- und Verpflichtungsklage hingegen dem subjektiven Rechtsschutz dienen. Vgl. dazu § 47 Rn. 35 ff.

Verfassungsrecht“). Lange konnte der interpretatorische Reformdruck mit Hilfe der Grundrechte, die entweder unmittelbar oder auf dem Wege der verfassungskonformen Auslegung eine Klagebefugnis verschafften, bewältigt werden[39], so dass wir heute von einem grundrechtsgeprägten Verwaltungsrecht sprechen[40]. Wenn nun das Europarecht als eine weitere Subjektivierungsform neben die Grundrechte tritt[41], konnte dies in der Tat als Destabilisierung oder Umorientierung des deutschen Systems im Verwaltungsrechtsschutz angesehen werden. Freilich liegt das Ausgangsproblem in der deutschen Verwaltungsrechtsordnung selbst mit ihrer objektiven Grundorientierung, die nur eine unzureichende, nämlich subjektivrechtliche Gerichtskontrolle, erfuhr.

e) *Dienende Funktion des Verwaltungsverfahrens.* Durch das Europarecht ist schließlich ein weiterer Glaubenssatz des deutschen Verwaltungsrechts brüchig geworden, nämlich jener von der bloß dienenden Funktion des Verwaltungsverfahrens[42]. Die uferlose Heilung von Verwaltungsfehlern (§§ 45, 46 VwVfG, § 44a VwGO, § 214 BauGB)[43], die Geringschätzung der Begründung (§ 39 VwVfG)[44], die Gewährung rechtlichen Gehörs nur bei Eingriffsverwaltungsakten (§ 28 VwVfG) und eine restriktive Regelung der Akteneinsicht und Information[45] – um nur einige Beispiele zu nennen – reiben sich

---

39 Überblick über die Problematik in ihrer normtheoretischen und historischen Dimension bei *K. F. Röhl / H. C. Röhl,* Allgemeine Rechtslehre, 3. Aufl. 2008, §§ 42–46.

40 *R. Wahl* (FN 16), S. 33 f.

41 Vgl. etwa *C. D. Classen,* Der einzelne als Instrument zur Durchsetzung von Gemeinschaftsrecht?, VerwArch 88 (1997), S. 645 ff.; *T. v. Danwitz,* Zur Grundlegung einer Theorie der subjektiv-öffentlichen Gemeinschaftsrechte, DÖV 1996, S. 481; *M. Nettesheim,* Subjektive Rechte im Unionsrecht, AöR 132 (2007), S. 333 ff.; *M. Reiling,* Zu individuellen Rechten im deutschen und im Gemeinschaftsrecht, 2004; *A. Scherzberg,* Subjektiv-öffentliche Rechte, in: H.-U. Erichsen / D. Ehlers (Hrsg.), Allgemeines Verwaltungsrecht, 13. Aufl. 2006, § 11 Rn. 31 ff.; *T. v. Danwitz* (FN 27), S. 510 ff.; *M. Ruffert,* Europäisiertes Allgemeines Verwaltungsrecht im Verwaltungsverbund, Die Verwaltung 41 (2009), S. 543 (559 ff.); *J. Saurer,* Individualrechtsschutz gegen das Handeln der Europäischen Agenturen, EuR 2010, S. 51 ff.

42 Grundlegend BVerwGE 92, 258 (261); neuerlich BVerwGE 105, 348 (354). Aus der Literatur vgl. etwa *M. Schmidt-Preuß,* Gegenwart und Zukunft des Verfahrensrechts, NVwZ 2005, S. 489 (489): „Verfahrensrecht als Garant ‚richtiger' Entscheidungen“; *C. Quabeck,* Dienende Funktion des Verwaltungsverfahrens und Prozeduralisierung, 2010.

43 Bestandsaufnahme der umweltrechtlichen Rechtsprechung in europarechtlicher Perspektive bei *K.-H. Ladeur / R. Prelle,* Judicial Control of Administrative Procedural Mistakes in Germany: A Comparative European View of Environmental Impact Assessments, in: K.-H. Ladeur (Hrsg.), The Europeanisation of Administrative Law, 2002, S. 93 (97 ff.); s. auch *B. Bredemeier* (FN 3), S. 75 ff., 485 ff., 504 ff.; 525 ff.; *M. Kment,* Die Stellung nationaler Unbeachtlichkeits-, Heilungs- und Präklusionsvorschriften im europäischen Recht, EuR 2006, S. 201 ff.

44 Vgl. *U. Kischel,* Die Begründung, 2002; *J. Saurer,* Die Begründung im deutschen, europäischen und US-amerikanischen Verwaltungsverfahrensrecht, VerwArch 100 (2009), S. 364 ff.; *B. Bredemeier* (FN 3), S. 546.

45 Zur stiefmütterlichen Behandlung von Informations- und Einsichtsrechten im deutschen Verwaltungsrecht und der Entwicklung zur Verwaltungstransparenz unter

an den europäischen Erwartungen an das Verwaltungsverfahren[46]. Auch haben Richtlinien wie die IVU-Richtlinie oder die UVP-Richtlinie die dem deutschen Recht zugrunde liegende Aufspaltung von materiellem Recht und Verfahrensrecht brüchig werden lassen.

3. Systembewahrende Skepsis

Fassen wir die erste Phase der Europäisierung zusammen, so entsteht der Eindruck, als ob gerade diejenigen Bausteine des deutschen Verwaltungsrechts, die schon nach rein nationalen Kriterien besonders fragwürdig sind und die daher nicht unerwartet unter europarechtlichen Veränderungsdruck gerieten, in Deutschland zu tragenden Säulen stilisiert wurden. Das war tragisch, weil das allgemeine Verwaltungsrecht auf ein von Anfang an wackeliges Gerüst gestellt wurde. Anstatt zu erkennen, dass das VwVfG eigentlich schon bei seinem Erlass ein veraltetes und reformbedürftiges Gesetz war[47], wurden ausgerechnet seine unzeitgemäßesten Teile zu Systemgrundsätzen erklärt, so dass das Europarecht als störendes Element empfunden wurde.

Freilich gab es auch andere Stimmen. Ich erinnere nur an das höchst einflussreiche Projekt zur Reform des Allgemeinen Verwaltungsrechts von *Eberhard Schmidt-Aßmann* und *Wolfgang Hoffmann-Riem*, anfangs noch im Triumvirat mit *Gunnar Folke Schuppert*[48]. Bereits rund zehn Jahre nach Inkrafttreten des VwVfG begann eine wissenschaftliche Überprüfung des Verwaltungsrechts, die gerade nicht die genannten Aspekte zu systembildenden Säulen stilisierte, sondern den Anpassungsdruck erst einmal aus nationaler Perspektive anging und dabei die Anstöße aus dem Europarecht positiv aufgriff[49]. Im damaligen Kontext ist diese Reformdiskussion jedenfalls nicht

europarechtlichem Einfluss *B. Wegener*, Der geheime Staat, 2006, S. 8 ff., 390–401; s. auch *B. Bredemeier* (FN 3), S. 51 ff.; *E. Eisenberg*, Die Anhörung des Bürgers im Verwaltungsverfahren und die Begründung für Verwaltungsakte, 1999, S. 217 f.

46 Vgl. *E. Schmidt-Aßmann*, Der Verfahrensgedanke im deutschen und europäischen Verwaltungsrecht, in: W. Hoffmann-Riem / ders. / A. Voßkuhle (Hrsg.), Grundlagen des Verwaltungsrechts, Band 2, 2008, § 27 Rn. 15 ff., 47 ff.; *W. Kahl*, Grundrechtsschutz durch Verfahren in Deutschland und in der EU, VerwArch 95 (2004), S. 1 ff.; *R. Wahl*, Das Verhältnis von Verwaltungsverfahren und Verwaltungsprozeßrecht in europäischer Sicht, DVBl. 2003, S. 1285 ff. Abmildernd *B. Bredemeier* (FN 3), S. 559 f., 582, 600–603, die den Entwicklungsrückstand des deutschen Verfahrensrechts für gering hält, weil auch die gemeinschaftsrechtlichen Verfahrenshandlungen der Rechtmäßigkeit der Sachentscheidung dienen und daher materiell akzessorisch sind. Das deutsche Verwaltungsverfahrensrecht habe sich sogar als „vorbildlich hinsichtlich der europarechtlichen Gewährleistung der Verfahrenshandlungen" erwiesen (S. 581).

47 Vom VwVfG 1976 als einer „Kodifikation" mit konzeptionellen Schwächen spricht *E. Schmidt-Aßmann* (FN 46), Rn. 12–14.

48 Vgl. Nachweise oben FN 21.

49 Vgl. etwa *E. Schmidt-Aßmann* / *W. Hoffmann-Riem* (Hrsg.), Strukturen des Europäischen Verwaltungsrechts, 1999.

als Ausdruck der herrschenden Meinung empfunden worden, was ihre Originalität nur unterstreicht.

III. Die zweite Phase der Europäisierung des Verwaltungsrechts

1. Umorientierungen in den 1990er Jahren

Seit der zweiten Hälfte der 1990er Jahre setzte sich dann ein Wandel in der Wahrnehmung der Europäisierung durch. Der Europäisierungsprozess wurde nun zunehmend positiv begriffen. An die Stelle einer systembewahrenden Skepsis trat eine systemöffnende Neugier. Ausdruck dieses Stimmungswandels sind etwa mehrere Habilitationsschriften aus der Mitte der 1990er Jahre, die sich dem Thema zuwendeten[50]. Hinter dieser Neuorientierung steht nicht nur die Anerkennung neuer Realitäten (Integrationstiefe des Maastricht-Vertrags), sondern auch die Einsicht, dass die großen Reformanstöße im Verwaltungsrecht dem Europarecht zu verdanken sind. Anders gesagt: Aus eigener Kraft konnte das deutsche Verwaltungsrecht seine Reform – allen wissenschaftlichen Bemühungen zum Trotz – nicht voranbringen. Es war zu sehr in eine unzeitgemäß gewordene Dogmatik verstrickt, die grosso modo den Zustand der 1960er Jahre zum zeitlosen System erhoben hatte.

Seien wir ehrlich: Im Grunde verdanken wir fast alle wesentlichen Reformimpulse europarechtlichen Anstößen. Man denke nur an die gestärkte Rechtsstellung des Bürgers im Verwaltungsverfahren[51]; die kontinuierliche Bedeutungserhöhung des Verfahrensrechts im Allgemeinen[52]; die Erhebung

---

50 *C. D. Classen,* Die Europäisierung der Verwaltungsgerichtsbarkeit, 1996; *M. Brenner,* Der Gestaltungsauftrag der Verwaltung in der Europäischen Union, 1996; *T. v. Danwitz,* Verwaltungsrechtliches System und Europäische Integration, 1996; *A. Hatje,* Die gemeinschaftsrechtliche Steuerung der Wirtschaftsverwaltung, 1998; *S. Kadelbach,* Allgemeines Verwaltungsrecht unter europäischem Einfluß, 1999; *A. v. Bogdandy,* Gubernative Rechtsetzung, 2000. In der Art der Verarbeitung europäischer Einflüsse unterscheiden sich die Arbeiten naturgemäß. Von den genannten Schriften zeichnen sich die Arbeiten von *Brenner, v. Bogdandy* und *v. Danwitz* etwa dadurch aus, dass sie europäische Einflüsse zu einer Stärkung der nationalen zweiten Gewalt heranziehen, was nicht selten zur Stärkung spezifisch deutscher verwaltungsstaatlicher Elemente führt (Lockerung von Gesetzesvorbehalt und Delegationsschranken, normkonkretisierende Verwaltungsvorschriften, Verteidigung eigenständiger Gestaltungs- und Normsetzungsansprüche der Verwaltung). Die produktive Verwendung europäischer Einflüsse ermöglichte die Fortführung klassischer Fragestellungen in der deutschen Staatsrechtslehre unter modernen Vorzeichen. Zur wissenssoziologischen Auswertung einer Kohorte von Habilitationsschriften im vergleichbaren Zeitkontext vgl. *H. Schulze-Fielitz,* Die öffentlich-rechtliche Habilitationsschrift, Die Verwaltung 42 (2009), S. 263.

51 Dazu *J. Masing* (FN 32).

52 Dazu etwa *C. Walter,* Internationalisierung des deutschen und Europäischen Verwaltungsverfahrens- und Verwaltungsprozeßrechts – am Beispiel der Århus-Konvention, EuR 2005, S. 302 (317 ff.); *M. Schmidt-Preuß,* Gegenwart und Zukunft des Verfahrensrechts, NVwZ 2005, S. 489 (492 ff.).

des Organisationsrechts[53] oder neuer Kooperationsformen zu wissenschaftlichen Forschungsgegenständen[54]; die Ergänzung der klassischen Konditionalprogrammierung durch Finalprogramme und damit einhergehend die Idee, dass Gesetzmäßigkeit der Verwaltung nicht nur in der Form der materiellen Gesetzesbindung[55], sondern auch in der Bindung an Verfahrensabfolgen liegen kann (was im Kern natürlich eine Idee des US-amerikanischen Verwaltungsrechts ist, das primär auf die Verfahrensbindung und nicht auf eine materielle Gesetzesbindung vertraut[56]). Oder man denke an das Informationsverwaltungsrecht, das in den letzten zehn Jahren entstanden ist, das Vergaberecht und nicht zuletzt an das Regulierungsverwaltungsrecht mit seiner Idee sozialpflichtiger Märkte – gewissermaßen die Neubegründung des Wirtschaftsverwaltungsrechts im Sinne einer gleichermaßen sozial wie wettbewerblich geprägten marktspezifischen Perspektive[57].

2. Kategoriale Neuorientierungen

Wie lässt sich diese zweite Phase der systemöffnenden Neugier methodologisch charakterisieren? Mein Eindruck ist, dass vielleicht noch zu sehr diejenigen Kategorien angewendet werden, die dem deutschen Verwaltungsrecht

---

53 Beispielhaft: *E. Schmidt-Aßmann / W. Hoffmann-Riem* (Hrsg.), Verwaltungsorganisationsrecht als Steuerungsressource, 1997; *E. Schmidt-Aßmann,* Strukturen europäischer Verwaltung und die Rolle des Europäischen Verwaltungsrechts, in: FS Peter Häberle (FN 14), S. 395 (405 ff.) mit der Entwicklung verschiedener Prinzipien zur Kooperationsstrukturierung (homogene Verfahrensstandards, Transparenz verbindlicher Rechtsfolgen, funktionale Differenzierung). Zum Verwaltungsorganisationsrecht als Rechtsgebiet s. auch *K. F. Gärditz,* Hochschulorganisation und verwaltungsrechtliche Systembildung, 2009, S. 44 ff.

54 Beispielhaft: *S. Cassesse,* European Administrative Proceedings, Law and Contemporary Problems 68 (2004), S. 21 ff.; *E. Schmidt-Aßmann,* Der europäische Verwaltungsverbund und die Rolle des Europäischen Verwaltungsrechts, in: ders. / B. Schöndorf-Haubold (Hrsg.), Der Europäische Verwaltungsverbund, 2005, S. 1 ff.; *G. Britz,* Vom Europäischen Verwaltungsverbund zum Regulierungsverbund? EuR 2006, S. 46 ff.; *M. Ruffert,* Von der Europäisierung des Verwaltungsrechts zum europäischen Verwaltungsverbund, DÖV 2007, S. 761 ff.; *J.-P. Schneider* (Hrsg.), Strukturen des europäischen Verwaltungsverbundes (Die Verwaltung, Beiheft 8), 2009.

55 Vgl. etwa auch *I. Appel,* Das Verwaltungsrecht zwischen klassischem dogmatischen Verständnis und steuerungswissenschaftlichem Anspruch, VVDStRL 67 (2008), S. 226 (260 ff.): „graduelle Abschichtung der normativen Bindungsdichte"; *W. Hoffmann-Riem* (FN 14).

56 *H. Ehmke,* Wirtschaft und Verfassung, 1961, S. 269 ff., 412 ff.; *F. Scharpf,* Die politischen Kosten des Rechtsstaats, 1970, S. 14, 38 ff.; *H. Pünder,* Exekutive Normsetzung in den Vereinigten Staaten von Amerika und der Bundesrepublik Deutschland, 1995, S. 128 ff.; *M. Fehling,* Verwaltung zwischen Unparteilichkeit und Gestaltungsaufgabe, 2001, S. 107 ff.; *O. Lepsius,* in: M. Fehling / M. Ruffert (Hrsg.), Regulierungsrecht, 2010, § 1 Rn. 70 ff.

57 Vgl. dazu nun *M. Fehling / M. Ruffert* (Hrsg.) (FN 56); *J. Kersten,* Herstellung von Wettbewerb als Verwaltungsaufgabe, VVDStRL 69 (2010), S. 288 (316 ff.), *M. Holoubek,* Vom Wirtschaftsaufsichtsrecht zum Regulierungsverwaltungsrecht? Verhandlungen des 17. Österreichischen Juristentages 2009; *A. Musil,* Wettbewerb in der staatlichen Verwaltung, 2005.

aus der Phase der 1970er Jahre vertraut sind. Aber passen diese Kategorien noch zur Erfassung der strukturellen Veränderungen? Beleuchten wir unter diesem Aspekt einige Strukturmerkmale der Europäisierung des allgemeinen Verwaltungsrechts (naturgemäß ohne abschließenden Anspruch):

a) *Maßstabsarmut.* Das Europarecht lässt sich kennzeichnen durch eine Armut an genuin materiellen Maßstäben, die umgekehrt Finalisierung und Prozeduralisierung in der Gesetzgebungstechnik bevorzugt[58]. Die dem deutschen Recht eigene materielle Ausgestaltung des Gesetzesvorbehalts stößt bei Europäisierungsfragen an ihre Grenzen[59]. Hier liegt es näher, die Bindung an das Gesetz nicht im Sinne der materiellen Ergebnisrichtigkeit, sondern der Verfahrensrichtigkeit zu bestimmen. Ihr müsste Rechnung getragen werden durch die Weiterentwicklung der materiellen Rechtsbindung zur formellen Verfahrensbindung, also durch eine Aufwertung des Verfahrensrechts – entgegen der hergebrachten deutschen Tradition einer bloß „dienenden" Rolle des Verfahrensrechts.

b) *Effektivität durch Rechtsdurchsetzung.* Dem Europarecht ist eine Rechtsdurchsetzungseffektivität eigen, die aus seiner besonderen Vollzugsproblematik folgt. Ihr müsste Rechnung getragen werden durch eine bereichsspezifische Auffächerung der gerichtlichen Kontrolldichte sowie erneut die Aufwertung des Verfahrens- und Organisationsrechts. Das Problem der Rechtsdurchsetzungseffektivität spricht eher für Teildogmatiken und sachbereichspezifische Lösungen.

c) *Kooperationsformen.* Im Europarecht treffen wir auf neue Formen der Kooperation zwischen eigenständigen Kompetenzträgern (Regulierungsverbund, *soft law*). Dies verweist erneut auf die gestiegene Bedeutung des Organisationsrechts und von Kompetenznormen und vernachlässigt umgekehrt genuin materiell-rechtliche Fragestellungen.

d) *Gerichte als Integrationsmotoren.* Europarecht wird des Weiteren gekennzeichnet durch eine gestiegene Bedeutung der Gerichte als rechtserzeugende Akteure. Dem wäre zu begegnen mit einer verstärkten methodischen Hinwendung zu Fragen des Richterrechts, seinen Voraussetzungen und Grenzen sowie zur Präjudizienbindung, auch um die Bindungswirkung von Gerichtsentscheidungen taxieren und kontrollieren zu können, um obiter dicta und die Sachverhaltsverhaftetheit abschichten zu können. Momentan folgt die Interpretation von Gerichtsentscheidungen noch zu sehr dem methodischen Instrumentarium zur Auslegung von Gesetzen. Praktisch werden Urteile wie generell-abstrakte Normen ausgelegt (und

---

[58] Vgl. etwa *G. della Cananea,* Beyond the State: the Europeanization and Globalization of Procedural Administrative Law, European Public Law 9 (2003), S. 563 (568 ff.).

[59] Vgl. etwa *T. v. Danwitz* (FN 27), S. 507 ff.; *D. Triantafyllou,* Vom Vertrags- zum Gesetzesvorbehalt, 1996.

vom EuGH und BVerfG nicht selten auch schon so verfasst), obwohl die normativen Aussagen eines Urteils vom Sachverhalt, dem politisch-sozialen Kontext und schließlich der prozessualen Einkleidung abhängen und gerade deswegen nicht wie generell-abstrakte Normen ausgelegt werden dürfen, denen diese Kontextabhängigkeit fehlt[60].

e) *Institutionelle Perspektiven.* Im europäisierten Verwaltungsrecht gewinnt die Rechtserzeugung gegenüber der klassischen Fixierung auf die Rechtsanwendung an Bedeutung. Damit rücken Kompetenzfragen, Rechtserzeugungsverfahren und Organisationsrecht in den Mittelpunkt. Aus der Rechtsanwendung im Stufenbau der Rechtsordnung folgen besondere eigenständige Aktualisierungskompetenzen („Rechtskonkretisierungskonkurrenzen"[61]). Die kompetentiell freigesetzte aber auch begrenzte Rechtserzeugung lässt das klassische Subsumtionsmodell ergänzungsbedürftig erscheinen. An seine Stelle tritt eine dynamische Begründung von Rechtserzeugung, die die institutionelle Ausdifferenzierung bei der Rechtserzeugung methodisch aufgreifen muss. Manche sprechen hier von einer Ergänzung der Kontrollperspektive durch die Steuerungsperspektive[62], aber es ist noch nicht entschieden, ob dieser Begriff die Sache wirklich trifft[63].

f) *Rechtsvergleichung.* Eine Öffnung gegenüber den Rechtsgrundsätzen verschiedener Mitgliedstaaten, die als materieller Erfahrungsfundus harmonisierend herangezogen werden[64]. Dem ist mit einer stärker rechtsver-

---

60 *L. Kähler,* Struktur und Methode der Rechtsprechungsänderung, 2004; zur Auslegung von BVerfGE s. auch *K. Schlaich,* Die Verfassungsgerichtsbarkeit im Gefüge der Staatsfunktionen, VVDStRL 39 (1981), S. 99 (105 f., 126 ff.); *P. Lerche,* Stil und Methode der verfassungsrechtlichen Entscheidungspraxis, in: FS 50 Jahre BVerfG, Band I, 2001, S. 333 (336 ff.); *ders.*, Rechtswissenschaft und Verfassungsgerichtsbarkeit, BayVBl. 2002, S. 649, auch in: ders., Ausgewählte Abhandlungen, 2004, S. 529 ff.; *O. Lepsius,* Zur Bindungswirkung von Bundesverfassungsgerichtsentscheidungen, in: R. Scholz u. a. (Hrsg.), Realitätsprägung durch Verfassungsrecht, 2008, S. 103 (111 ff.).

61 So *M. Jestaedt* „Öffentliches Recht" als wissenschaftliche Disziplin, in: C. Engel / W. Schön, Das Proprium der Rechtswissenschaft, 2007, S. 241 (253).

62 Vgl. *A. Voßkuhle,* Neue Verwaltungsrechtswissenschaft, in: W. Hoffmann-Riem / E. Schmidt-Aßmann / ders. (Hrsg.) (FN 12), § 1 Rn. 5; *ders.*, Die Reform des Verwaltungsrechts als Projekt der Wissenschaft, in: Die Verwaltung 32 (1999), S. 545 (547 f.); *R. Schröder,* Verwaltungsrechtsdogmatik im Wandel, 2007, S. 192 ff.; *M. Eifert,* Das Verwaltungsrecht zwischen klassischem dogmatischen Verständnis und steuerungswissenschaftlichen Anspruch, VVDStRL 67 (2008), S. 286 (293 ff.) m. w. N. Vgl. auch *G. F. Schuppert,* Verwaltungsrecht und Verwaltungsrechtswissenschaft im Wandel: von Planung über Steuerung zu Governance?, AöR 133 (2008), S. 79 (90–100); sowie weiter ausgreifend *ders.*, Die Verwaltungswissenschaft als Impulsgeberin der Verwaltungsrechtsreform, in: W. Hoffmann-Riem, Offene Rechtswissenschaft, 2010, S. 1041 ff. Kritische Bewertungen bei *R. Wahl* (FN 16), S. 89–92; *F. Ossenbühl,* Besprechung „Grundlagen des Verwaltungsrechts", Die Verwaltung 40 (2007), S. 125 ff.

63 Vgl. *O. Lepsius,* Diskussionsbemerkung, VVDStRL 67 (2008), S. 349; s. auch *M. Jestaedt* (FN 61), S. 259–261. s. auch die Angaben in FN 52.

64 Art. 6 Abs. 3 EUV n. F. Vgl. statt vieler *C. Calliess,* in: ders. / M. Ruffert, EUV / EGV, 3. Aufl. 2007, Art. 6 EUV Rn. 1–9 (zu Art. 6 Abs. 1 a. F.); *T. v. Danwitz* (FN 27), S. 128 ff. jeweils m. w. N.

gleichenden und internationaler ausgerichteten Orientierung der Forschung zu begegnen[65].

g) *Einbeziehung politischer Gestaltungsfragen.* Schließlich zeichnen sich die Europäisierungsprozesse durch die Aufnahme politischer Gestaltungsfragen aus sowie die Einbeziehung des politischen Prozesses, der rationalisierend, begrenzend und kontrollierend auf die Rechtserzeugung einwirkt. Dem ist zu begegnen einerseits mit stärkerer Interdisziplinarität, andererseits durch eine Hinwendung auch der Juristen zu Fragen des politischen Prozesses. Normen werden schließlich nicht nur gerichtsförmig vollzogen und zahlreiche Normen (man denke etwa an Art. 65 S. 1 GG) lassen sich praktisch nicht gerichtsförmig vollziehen, sondern sind auf freiwilligen Normvollzug angewiesen oder werden politisch sanktioniert. Die Parallelität rechtsförmlicher und politischer Prozesse spielt im Europarecht eine tendenziell größere Rolle als im nationalen Recht. Zur gesetzgebungstechnischen Verknüpfung dienen nicht selten final verfasste Normen.

IV. Neuorientierungen

Wenn hierin jedenfalls Strukturmerkmale eines europäisierten Verwaltungsrechts liegen, sollten wir kritisch prüfen, ob unsere Analysekategorien, die teilweise doch sehr den deutschen Gegebenheiten und Erwartungen geschuldet sind, methodisch noch überzeugen. Die hier aufgeworfene Fragestellung kann naturgemäß im Rahmen dieser Überlegungen nur angeschnitten werden[66]. Exemplarisch möchte ich drei nachdenkliche Anfragen an unsere Wissenschaft vom Verwaltungsrecht richten.

1. Systemgedanke

Lässt sich unter diesen Bedingungen der überkommene Systembegriff noch aufrechterhalten[67]? Wohl nur, wenn man von der materiellen Grundorientierung absieht, die dem deutschen Systemdenken eigen ist. Man geht

---

65 Vgl. *M. Ruffert,* in diesem Band; *C. D. Classen,* Die Entwicklung eines internationalen Verwaltungsrechts, VVDStRL 67 (2008), S. 365 (406); *G. Biaggini,* Die Entwicklung eines internationalen Verwaltungsrechts, VVDStRL 67 (2008), S. 413 (428). Zu den damit verbundenen Schwierigkeiten *C. Schönberger,* Verfassungsvergleichung heute: Der schwierige Abschied vom ptolemäischen Weltbild, VRÜ 43 (2010), S. 6 ff.; *C. Möllers,* Methoden, in: W. Hoffmann-Riem / E. Schmidt-Aßmann / A. Voßkuhle (Hrsg.) (FN 12), § 3 Rn. 40 f.

66 Vgl. ergänzend auch *O. Lepsius* (FN 30), S. 319 ff.; *ders.*, Themen einer Rechtswissenschaftstheorie, in: M. Jestaedt / ders. (Hrsg.), Rechtswissenschaftstheorie, 2008, S. 1 ff.

67 Skepsis etwa auch bei *M. Jestaedt,* Das mag in der Theorie richtig sein ..., 2006, S. 81 ff.; *J. H. Klement,* Verantwortung, 2006, S. 97 ff.; *C. Möllers* (FN 65), § 3 Rn. 35–37.

wohl nicht fehl in der Beobachtung, dass – bei aller Unterschiedlichkeit der verwendeten Systembegriffe[68] – das System in der deutschen Rechtswissenschaft materiell konnotiert ist und Vorstellungen einer Einheit der Rechtsordnung in sich trägt, so dass mit dem Systemdenken materielle Einsichten deduktiv abgeleitet werden können, wenn Regelungslücken oder -widersprüche auftreten[69]. Von einem System im materiellen Sinne aber kann kaum sprechen, wer zugleich die Vielfalt der Rechtsakteure mit ihren verfassungsrechtlich eingeräumten Entscheidungsspielräumen ernst nimmt. Andernfalls entstünde ein Zielkonflikt zwischen einer systematisch aufgegebenen materiellrechtlichen Harmonisierung, die zur institutionellen Nivellierung führt, und einer norm- und legitimationstheoretisch aufgegebenen institutionellen Differenzierung, die zur materiellen Diversifizierung führt. Wer den Systembegriff auf Materielles bezieht, wird ihn gegenüber der Europäisierung nicht aufrechterhalten können, zumal schon die gegenwärtige Verfassungsordnung in inhaltlicher Hinsicht kein System errichtet hat.

System und Systematik kann sich, wenn der materielle Bezug überholt ist, daher nur auf die Verfahrensausgestaltung und die Kompetenzordnung richten. Die Rechtsordnung ist schon deswegen systematisch, weil sie eine Kompetenzordnung errichtet und demzufolge innerhalb der Einhaltung der Zuständigkeit materielle Regelungskonflikte ausscheiden. Das sieht man etwa an dem Umstand, dass Art. 31 GG, eine materielle Vorrangregel, in über 60 Jahren Grundgesetz praktisch keine Bedeutung erlangt hat, weil der Regelungskonflikt als Problem der Kompetenzordnung (Art. 70 ff. GG) ausgetragen wird[70]. Wenn sich aber der Systemanspruch auf die Kompetenzordnung bezieht, verfügt er über keinen Mehrwert mehr – anders, als wenn er sich auf das materielle Recht bezöge und hier dann deduzierbare Reservate kennzeichnen kann.

Materiellrechtlich ist der Systemgedanke daher nur sinnvoll, wenn er sich auf einen legitimations- und normtheoretisch eindimensionalen Kontext

68 Zur Vielfalt und zum Wandel der Systembegriffe vgl. *A. Brockmöller,* Die Entstehung der Rechtstheorie im 19. Jahrhundert in Deutschland, 1997, S. 137 ff.; *M. Losano,* Sistema e Struttura nel Diritto, 3 Bände, 2002; *K. F. Röhl / H. C. Röhl,* Allgemeine Rechtslehre, 3. Aufl. 2008, §§ 54–56. Zu den Herausforderungen an eine zeitgemäße Systembildung im Verwaltungsrecht erhellend auch *K. F. Gärditz,* Hochschulorganisation und verwaltungsrechtliche Systembildung, 2009, S. 93 ff. Für die deutsche Rechtswissenschaft immer noch prägend *C.-W. Canaris,* Systemdenken und Systembegriff in der Jurisprudenz, 2. Aufl. 1983 (1969); *K. Larenz,* Methodenlehre der Rechtswissenschaft, 6. Aufl. 1991, S. 165 ff., 437 ff.

69 Vgl. statt vieler *Larenz* (FN 68), S. 324 ff. Erhellend etwa *M. Morlok,* Der Text hinter dem Text, in: FS Peter Häberle (FN 14), S. 93 (130 ff.). Zur zeitgenössischen Fortschreibung der Einheitsidee *H. Schulze-Fielitz,* Einheitsbildung durch Gesetz oder Pluralisierung durch Vollzug, in: H. H. Trute u. a. (Hrsg.) (FN 1), S. 135 (137–141 zur Einheitsbildung durch Parlamentsgesetz).

70 Vgl. nur den regelmäßig geringen Umfang, den Kommentierungen des Art. 31 GG einnehmen.

bezieht, der keine Probleme der Normenhierarchie oder der Kompetenzordnung auslöst. Solche Kontexte gibt es im europäisierten Verwaltungsrecht nicht. Anders mag für die Behandlung des nationalen Rechts entschieden werden. Hier kann der Privatrechtler (noch) vom System des BGB sprechen, während bereits der Öffentlichrechtler auf die Verwendung eines materiellen Systembegriffs verzichten sollte: Im öffentlichen Recht steht die verfassungsrechtlich gewollte Fragmentierung der Regelungsebenen (Föderalismus, Normenhierarchie) und die ausdifferenzierte Kompetenzordnung einem materiellen Systembegriff entgegen und löst auch in kompetentieller Hinsicht kein Bedürfnis nach einem systematischen Residuum aus[71].

2. Allgemeine Teile

Im Bürgerlichen Recht und im Strafrecht erbringen „Allgemeine Teile" erhebliche Strukturierungs- und Rationalisierungsleistungen[72]. Man könnte versucht sein, dieses Strukturierungspotenzial auch für das öffentliche Recht und für Europäisierungsprozesse fruchtbar zu machen. Aber passen „Allgemeine Teile" auf öffentlich-rechtliche Regelungsbedürfnisse oder sind sie nicht konstitutiv ans Zivil- und Strafrecht gebunden?

Es fällt auf, dass Gesetze des öffentlichen Rechts typischerweise keine „Allgemeinen Teile" enthalten. Zwar mag das VwVfG Teil des allgemeinen Verwaltungsrechts sein, ist aber nicht dessen Allgemeiner Teil. Auch ginge etwa ein Verständnis der Verfassung als „Allgemeinem Teil" des öffentlichen Rechts an der Sache vorbei[73]. Die Verfassung regelt nicht das Allgemeine des öffentlichen Rechts, sondern das Recht bestimmter Kompetenzträger und das Recht auf einer bestimmten Hierarchiestufe. Sie ist im Übrigen auf die Rechtsordnung im Ganzen bezogen, nicht auf „besondere Teile". Uns begegnet hier ein ähnliches Problem wie beim Systembegriff: Allgemeine Teile erbringen sinnvolle Strukturierungsleistungen, wenn es darum geht, Abstraktionsfähiges auf derselben Rangstufe zusammenzufassen. Sie funktionieren daher am besten in Rechtsgebieten, die nicht in Normenhierarchien eingebunden sind, also auf eine Rechtsquelle vertrauen (prinzipiell: das Gesetz), und die auch keine Probleme mit der Verbandskompetenz

---

71 Vgl. *M. Jestaedt* (FN 51), S. 241 (250 ff.); *C. Möllers* (FN 65), § 3 Rn. 37: „über Alternativen zum Systembegriff nachdenken". In wissenschaftstheoretischer Hinsicht auch die skeptische Bestandsaufnahme des Systemdenkens in *C. Engel / L. Daston* (Hrsg.), Is There Value in Inconsistency?, 2006, darin insbesondere *N. Cartwright*, Against „The System", S. 17–38.

72 Vgl. *P. Caroni*, Gesetz und Gesetzbuch, 2003, S. 99 f., 116 f., 157 f.; *J. Schapp*, Methodenlehre, allgemeine Lehren des Rechts und Fall-Lösung, Rechtstheorie 32 (2001), S. 305 (310 ff.); *J. Schröder*, Recht als Wissenschaft, 2001, S. 184 ff.; *A. Brockmöller*, Die Entstehung der Rechtstheorie im 19. Jahrhundert in Deutschland, 1999, S. 177 ff.; *P. Noll*, Gesetzgebungslehre, 1973, S. 210, 223 ff.

73 Erhellend *M. Jestaedt*, Die Verfassung hinter der Verfassung, 2009, insbes. S. 54 ff.

haben (Föderalismus)[74]. All dies wiederum sind Eigenschaften, die auf öffentlich-rechtliche Materien nicht zutreffen und für die Charakteristika europäischer Mehrebenenstrukturen ungeeignet erscheinen[75]. Man könnte sogar umgekehrt formulieren: Allgemeine Teile braucht nur, wer die Strukturierung gerade nicht mit den Mitteln des Stufenbaus der Rechtsordnung erbringen kann und folglich keine Kompetenzprobleme hat: also vorrangig Zivilrechtler. Der „Allgemeine Teil" erbringt eine materielle Strukturierungsleistung, keine kompetentielle, und ist deswegen für Rechtsgebiete, die sich durch eine nachlassende materielle Rechtsbindung auszeichnen (wie wir es im europäisierten Verwaltungsrecht beobachten) nicht prädestiniert. Passt die Gliederungsidee „Allgemeiner Teile" auf den Europäisierungsprozess angesichts des Prinzips der begrenzten Einzelermächtigung im Primärrecht? Setzen „Allgemeine Teile" nicht grundsätzlich Erwartungen voraus, alle „Besonderen Teile" zu umfassen und sind „Allgemeine Teile" deswegen nicht gegenüber einer kompetentiell gegliederten, bereichsspezifisch vorgehenden und verfahrensrechtlich charakterisierten Rechtsentwicklung nur bedingt geeignet?

Nun muss die Strukturierungsidee des „Allgemeinen" nicht auf entsprechend organisierte Gesetze bezogen sein, sondern könnte sich auch als eine rein wissenschaftliche Ordnungsleistung bewähren, die versucht, bestimmte gemeinsame Strukturen auf einer mittleren Abschichtungshöhe zu erfassen[76]. In diesem Sinne reflektiert die Suche nach dem Allgemeinen eine genuin wissenschaftliche Strukturierungsleistung, die auf das Herausarbeiten verallgemeinerungsfähiger Strukturen gerichtet ist. Diese Tätigkeit darf aber nicht verwechselt werden mit einer regelungstechnischen Abschichtung bestimmter Normen in „Allgemeinen Teilen". Hierbei handelt es sich um eine Gesetzestechnik, die den Stufenbau der Rechtsordnung und die korrespondierenden Kompetenzprobleme negieren muss. Die wissenschaftliche Suche nach dem Verallgemeinerungsfähigen ist erstrebenswert, aber der Form nach ubiquitär. Sie kann sich auch auf die Strukturierung von Präjudizien beziehen und braucht, als wissenschaftliche Ordnungsleistung, auf Kompetenzgrenzen keine Rücksicht nehmen. Umso wichtiger ist es, beide Ebenen, das wissenschaftliche Projekt und die gesetzestechnische Abschichtung, streng zu trennen.

---

74 Differenzierte Skepsis daher bei *T. Groß* (FN 10), S. 64 ff.; *C. Möllers* (FN 65), § 3 Rn. 53–55; erhellend auch *J. Kersten / S.-C. Lenski*, Die Entwicklungsfunktion des Allgemeinen Verwaltungsrechts, Die Verwaltung 42 (2009), S. 501 (502 f., 512 f., 523 ff.).

75 Skeptisch auch *C. Möllers* (FN 65), § 3 Rn. 55.

76 In diesem Sinne *R. Wahl*, Die Aufgabenabhängigkeit von Verwaltung und Verwaltungsrecht, in: W. Hoffmann-Riem / E. Schmidt-Aßmann / G. F. Schuppert (Hrsg.), Die Reform des Allgemeinen Verwaltungsrechts, 1993, S. 177 (211 ff.); *H. Schulze-Fielitz* (FN 12), S. 277 (283); *E. Schmidt-Aßmann*, Das allgemeine Verwaltungsrecht als Ordnungsidee, 2. Aufl. 2004, S. 6–10; *J. Kersten / S.-C. Lenski* (FN 74), S. 501 (524 ff.); vgl. auch *C. Bumke* (FN 16), S. 89 ff.

Selbst bei Beachtung dieser Unterscheidung bleiben im Hinblick auf die Europäisierung Zweifel: Wenn die Sachmaterie aus den genannten Gründen nicht nach dem Muster „Allgemeiner Teile" geregelt werden kann, verliert auch eine genuin wissenschaftliche Verallgemeinerung ihre Berechtigung. Wären nicht andere wissenschaftliche Ordnungsleistungen, die etwa bereichsspezifisch vorgehen, den Ablauf der Rechtserzeugung in den Fokus nehmen oder Kompetenzfragen in den Vordergrund stellen, plausibler? Oder anders gesprochen: Reflektieren nicht Abschichtungen und Strukturierungen mit Hilfe von „Allgemeinen Teilen" die deutsche Vorliebe für eine materielle Behandlung des Rechts, obwohl die Aufgaben der Gegenwart bei der Behandlung von Verfahrens-, Organisations- und Kompetenznormen liegen?

3. Kodifikationsidee

Lässt sich die häufig geäußerte Hoffnung auf eine „Kodifikation" mit einem europäisierten Verwaltungsrecht verbinden? Wohl nur, wenn man den Anspruch der Kodifikationsidee nach einer inhaltlich umfassenden, abschließenden und ausschließenden Regelung deutlich reduziert. Dann aber wäre Normierung, Positivierung oder auch nur Reformgesetzgebung ein besserer Begriff. Sektorale Kodifikationen verwenden einen abweichenden Kodifikationsbegriff und würden besser als Neubekanntmachung bestehender Normen bezeichnet.

Gerade im deutschen öffentlichen Recht wird gerne ein eigentümlicher Kodifikationsbegriff verwendet, der sich jedenfalls vom zivil- und strafrechtlichen Grundverständnis einer Kodifikation unterscheidet. Dort hat „Kodifikation" einen erheblich weitergehenden Anspruch: Der Begriff erfasst die vollständige (also abschließende, ausschließende und dauerhafte) Regelung eines Rechtsgebiets (Strafrecht, Handelsrecht, Bürgerliches Recht, Zivilprozessrecht) in einem Gesetzbuch[77]. Als Kodifikation gilt jenes umfassende Gesetz, das ein ganzes Rechtsgebiet erfasst, es nach einheitlichen Kriterien gestaltet und dadurch – als tendenziell vollständiges Gesetzbuch – zum Zentrum eines neuen Rechtsquellensystems macht[78]. Das öffentliche Recht hingegen kann einen solchen Kodifikationsbegriff nicht verwenden, weil es aufgrund von Föderalismus und Normenhierarchie keine vollständige Regelung kennen kann: Die Kodifikation kann im öffentlichen Recht nicht abschließend sein, weil sich die materielle Rechtslage notwendig aus dem zusammenwirken von Bundes- und Landesrecht, nicht selten auch des Ortsrechts, ergibt. Man denke an eine Baugenehmigung, die den Vollzug von

77 Vgl. etwa *C. S. Lobingier*, Codification, in: Encyclopaedia of the Social Sciences, Band 3, 1930, S. 606 ff.

78 So *P. Caroni*, Kodifikation, in: Enzyklopädie der Neuzeit, Band 6, 2007, Sp. 855 (855). Ausführlich auch *ders.*, Gesetz und Gesetzbuch, 2003.

Bundes- und Landesgesetzen sowie Satzungen impliziert. Man denke an die Normenhierarchie der Rechtsquellen, die den Gedanken der Kodifikation im öffentlichen Recht unpassend werden lässt (Verfassungsrecht – Gesetzesrecht – Verordnungsrecht). Man denke an den gestaltenden und instrumentellen Charakter der Rechtsetzung in einer Demokratie, der die Beständigkeit und Zeitlosigkeit von Regelungen in Abrede stellen muss.

Für eine abschließende, ausschließende und dauerhafte Regelung im Sinne einer Kodifikation könnten im öffentlichen Recht daher nur wenige Materien in Betracht kommen, nämlich solche, die einer einheitlichen Verbandskompetenz unterlägen und sich auf einer einheitlichen Normenhierarchiestufe regeln ließen, praktisch also Rechtsgebiete, die ausschließlich durch Bundesgesetze geregelt werden können. Die Materien des Art. 73 GG aber taugen für einen Kodifikationsanspruch wohl kaum. Auch wenn sich andere Beispiele finden ließen, gilt doch: Solche Materien stellen in der Rechtsordnung der Bundesrepublik eine Ausnahme dar. Sie sind gerade nicht die Regel. Es empfiehlt sich daher nicht, Erwartungen auf Kodifikationen zu wecken, die mit dem Stufenbau der Rechtsordnung, dem Föderalismus und der demokratischen Legitimationsbedürftigkeit der Rechtsetzung kaum vereinbar sind.

Umgekehrt wird deutlich, warum der Kodifikationsgedanke im Bürgerlichen Recht und im Strafrecht seine Heimat findet: Diese Gebiete können durch Bundesgesetz geregelt werden (Art. 74 Abs. 1 Nr. 1 GG): Es besteht also kein Föderalismusproblem. Das Gesetz regelt die Materie abschließend: BGB oder StGB kennen keine Verordnungsermächtigungen[79] und wenn es zu Einwirkungen höherrangigen Rechts kommt (Drittwirkung der Grundrechte, richtlinienkonforme Auslegung), wird dies eher als Krisensymptom empfunden. Von der Warte der Erwartungen, die mit einer Kodifikation verbunden sind, ist dies sogar nachvollziehbar. Ähnliches gilt bei Gesetzesänderungen, die politischen Regelungszielen geschuldet sind und nicht als Ausdruck neutraler Sachgesetzlichkeit gerechtfertigt werden können. Die Krise des Kodifikationsgedankens im Zivilrecht[80] lässt sich gut mit der verbreiteten Einstellung gegenüber dem Verbraucherrecht in Deutschland veranschaulichen: Die Reformimpulse gehen von höherrangigem Recht aus (Richtlinien), die politisch motiviert sind und instrumentellen Charakter tragen. Nicht wenige deutsche Zivilrechtler empfinden dies als Irritation des Kodifikationsversprechens und des damit verbundenen Systemanspruchs.

---

79 Bezeichnenderweise finden sich die Verordnungsermächtigungen des Bürgerlichen Rechts im EGBGB, um den Charakter der Kodifikation zu bewahren.

80 *N. Irti,* L'età della decodificazione, 4. Aufl. 1999; *K. Maly / P. Caroni* (Hrsg.), Kodifikation und Dekodifikation des Privatrechts in der heutigen Privatrechtsentwicklung, 1998; *K. Schmidt,* Die Zukunft der Kodifikationsidee. Rechtsprechung, Wissenschaft und Gesetzgebung vor den Gesetzeswerken des geltenden Rechts, 1985.

Das öffentliche Recht kennt diese Phänomene, die im Zivilrecht als Irritation wahrgenommen oder sogar Krisengefühle auslösen, seit langem. Man denke nur an die überwältigenden Veränderungen des einfachen Rechts, die durch den Vorrang der Verfassung und die „Drittwirkung der Grundrechte im Verwaltungsrecht“ ausgelöst wurden. Die Subjektivierung des im Tenor überwiegend objektiv gehaltenen Verwaltungsrechts ist ohne das Verfassungsrecht nicht denkbar[81]. Das deutsche Verwaltungsrecht hat den Modernisierungssprung aus dem Konstitutionalismus in die Demokratie nicht aus eigener Kraft geschafft, sondern dafür schon in den 1950er Jahren die Hilfe des einfachrechtlichen Verfassungsvollzugs in Anspruch genommen. Hätte es im Verwaltungsrecht in den 1950er Jahren „Kodifikationen“ gegeben, wäre die verfassungsrechtliche Modernisierung der Verwaltungsrechtsordnung in dieser Form wohl nicht so rasch möglich gewesen, jedenfalls an kompetentielle Grenzen gestoßen. Zugespitzt könnte man formulieren: Die Abwesenheit der Kodifikation ist die Voraussetzung für die dynamische Verarbeitung von Reformimpulsen. Kodifikationen weisen einen beharrenden und konservierenden Charakter auf, weil solche Impulse auf eine systematische Abgeschlossenheit treffen, die die Rechtfertigungslast umkehrt. Außerdem bekräftigen sie die nationalstaatliche Regelungsautonomie[82] und laufen den rechtsvergleichenden Bedürfnissen der Europäisierung entgegen.

Dann aber muss die Schlussfolgerung lauten, dass Systemerwartungen und Kodifikationsidee für Prozesse der Europäisierung des Verwaltungsrechts ungeeignete Analysekategorien oder Methodenziele sind[83]. Beide Konzepte sind mit der Gedankenwelt des deutschen Zivilrechts des 19. Jahrhunderts verbunden und passen weder auf die Regelungsprobleme noch die Normstrukturen des öffentlichen Rechts, noch gar des Europarechts. Wer solche Erwartungen erhebt, erzeugt nolens volens Krisengefühle, die aber nicht angebracht sind, weil weder die Bewahrung eines kognitiv auf das Bundesgesetz fixierten Rechtsquellensystems das Ziel sein kann (dies ent-

---

81 Grundlegend auf der Basis der frühen Rechtsprechung des BVerwG, die der Grundrechtsrechtsprechung des BVerfG vorausging: *F. Werner* (FN 17). Zur frühen Rechtsprechung des BAG und dem Einfluss von *H. C. Nipperdey* erhellend auch *T. Hollstein,* Die Verfassung als „Allgemeiner Teil“, 2007. Vgl. auch die Analyse von *C. Schönberger* (FN 16), S. 53 ff.; im weiteren Kontext *M. Stolleis,* Staatsbild und Staatswirklichkeit in Westdeutschland (1945–1960), ZRG GA 124 (2007), S. 223 ff.; *T. Schmidt,* Die Subjektivierung des Verwaltungsrechts, 2006.

82 *C. Schönberger* (FN 65), S. 6 (9).

83 Vgl. zum Problem differenzierend *C. Ladenburger,* Evolution oder Kodifikation eines allgemeinen Verwaltungsrechts in der EU, in: H. H. Trute u. a. (Hrsg.) (FN 1), S. 107 ff. Skeptischer *M. Dougan,* Enforcing the single market: the judicial harmonisation of national remedies and procedural rules, in: C. Barnard / J. Scott (Hrsg.), The law of the single European market, 2002, S. 153 ff.; *C. Harlow,* A Common European Law of Remedies?, in: C. Kilpatrick / T. Novitz / P. Skidmore (Hrsg.), The Future of Remedies in Europe, 2000, S. 69 ff.; *dies.*, Voices of Difference in a Plural Community, in: P. Beaumont / C. Lyons / N. Walker (Hrsg.), Convergence and Divergence in European Public Law, 2002, S. 199 ff.

spräche schon nicht der Konzeption des Grundgesetzes), noch die Abwehr der europäischen Reformimpulse wünschenswert ist (von ihnen ging jedenfalls die Modernisierung unseres Verwaltungsrechts in den letzten 20 Jahren aus).

V. Veränderte Rolle der Rechtswissenschaft

Wenn in der deutschen Staatsrechtslehre trotzdem gedanklich an solchen Grundkonstanten festgehalten wird, muss diese Haltung anders motiviert sein. Meine Vermutung geht dahin, dass es letztlich die Bewahrung eines Einflusses der Rechtswissenschaft selbst ist, der zur Verteidigung von System, Allgemeinem Teil und Kodifikation drängt. Mit allen drei Ideen ist nämlich eine Selbstermächtigung der Wissenschaft zur Rechtserzeugung verbunden. Sie fußt auf der Interpretationsleistung eines Rechtssystems, das eine überpositive Rationalität aufweisen soll. Die Wissenschaft entwickelt materielle Kriterien zur Behandlung und Strukturierung der Rechtsordnung, die Kompetenzfragen vernachlässigen. Weil die Kompetenzfrage vernachlässigt wird, kommt die Rechtswissenschaft als rechtserzeugender Akteur der Dogmatik[84] ins Spiel. Die wissenschaftlich gewählten Ordnungskriterien sind daher solche, die tendenziell einen Beitrag der Wissenschaft zur Rechtserzeugung manifestieren; man könnte dies auch eine Strategie nennen, welche im Namen der Ordnungsleistung zur Selbstermächtigung führt.

Für Wissenschaftler hat dies freilich auch sein Gutes. Daraus leitet sich nicht zuletzt das hohe Ansehen der deutschen Rechtswissenschaft im internationalen Vergleich ab. Aus ihr folgt auch die hohe praktische Bedeutung rechtswissenschaftlicher Erkenntnisse. Als Dogmatiker sind Rechtswissenschaftler mit Praktikern (Richtern, Verwaltungsbeamten und vertragsgestaltenden Anwälten) gleichberechtigte rechtserzeugende Akteure. Mit dem Systemgedanken verbunden ist eine materielle Verselbständigung des Rechts, das mehr umfasst als textlich positiviert ist. Mit dem Kodifikationsgedanken wird die Erwartung an eine Gesetzgebung verbunden, die mehr Akteure einbezieht als nur das Parlament[85]. Oder anders gewendet: Mit dem

---

[84] Zu Leistung und Grenzen der Dogmatik vgl. hier nur *M. Jestaedt* (FN 73), S. 29–40; *M. Morlok*, Reflexionsdefizite in der deutschen Staatsrechtslehre, in: H. Schulze-Fielitz (Hrsg.) (FN 30), S. 49 (70–74); *M. Pöcker*, Stasis und Wandel der Rechtsdogmatik, 2007, S. 141 ff., 183 ff.; *W. Krebs*, Juristische Methode im Verwaltungsrecht, in: E. Schmidt-Aßmann/W. Hoffmann-Riem (Hrsg.) (FN 16), S. 209 (210 ff.); weniger kritisch *J. Schuhr*, Rechtsdogmatik als Wissenschaft, 2006; *J. Harenburg*, Die Rechtsdogmatik zwischen Wissenschaft und Praxis, 1986, insbes. S. 154 ff., 183 ff.

[85] Bei der Kodifikationsidee steht daher oft nicht das Ergebnis im Mittelpunkt, sondern das Prozesshafte und die Integrationsleistung unterschiedlichen, auch rechtswissenschaftlichen Sachverstands. Vgl. *A. Voßkuhle*, Kodifikation als Prozeß: zur Bedeutung der Kodifikationsidee in heutiger Zeit unter besonderer Berücksichtigung

Systemgedanken ist eine materielle, mit der Kodifikation eine personelle Einbindung der Rechtswissenschaft in die Rechtserzeugung verbunden.

Insofern weist die Europäisierung des Verwaltungsrechts auf eine institutionelle Dimension für die deutsche Rechtswissenschaft hin, die als besondere Herausforderung empfunden wird: Wer die Europäisierung der Verwaltungsrechtsordnung analysiert, bemerkt Veränderungen, die mit dem überkommenen institutionellen Verständnis der deutschen Rechtswissenschaft nicht mehr ohne weiteres in Einklang zu bringen sind. Weil die herkömmlichen Strukturierungsmerkmale ihre prägende Kraft einbüßen, schwindet der Einfluss der Wissenschaft. Es droht ein erheblicher Kompetenzverlust[86]. Die rechtserzeugenden Akteure sind inzwischen bürokratische und politische Gremien, auf die die Wissenschaft kaum einwirken kann. In den Gerichten ist sie nicht mehr in der gewohnten Weise vertreten (man denke umgekehrt an die enge personelle Verflechtung der deutschen Staatsrechtslehre mit dem BVerfG)[87]. Es bleibt die Hoffnung, inhaltlichen Einfluss über die dogmatische Behandlung des Rechts zu sichern. Freilich schwindet die Prägekraft durch Dogmatik, wenn auf europäischer Ebene Spruchkörper entscheiden, die diesem (überwiegend deutschen Konzept) nicht verpflichtet sind und es europarechtlich einschlägige parallele Rechtsprechung in anderen Mitgliedstaaten gibt, die keine Tradition einer dogmatischen Rechtswissenschaft besitzen. Auch muss die wissenschaftlich kontrollierte Rationalisierungsleistung von Dogmatik schwinden, wenn die Rechtserzeugung auf konkrete Missstände reagiert, also punktuelle Anliegen verfolgt und im Grundcharakter kasuistischer wird.

Das Thema „Europäisierung des Verwaltungsrechts" verweist daher exemplarisch auf eine grundlegende methodische Dimension: Mit welchen Methoden kann und sollte die deutsche Rechtswissenschaft die veränderten Bedingungen der Rechtserzeugung verarbeiten? Nach meinem Eindruck sollten sich diese Methoden nicht auf Systemansprüche, Allgemeine Teile oder Kodifikationen beziehen, weil diese Ideen Normen auf derselben Hier-

---

der Arbeiten an einem Umweltgesetzbuch, in: H. Schlosser (Hrsg.), Bürgerliches Gesetzbuch 1896–1996, 1997, S. 77 ff.; *M. Kloepfer / P. Kunig / E. Rehbinder / E. Schmidt-Aßmann,* Zur Kodifikation des Allgemeinen Teils eines Umweltgesetzbuchs, DVBl. 1991, S. 339 ff. Freilich darf daran erinnert werden, dass das große Vorbild, die Kodifikation des BGB, kein Projekt der Rechtswissenschaft war, sondern überwiegend Praktiker vereinte. Die deutsche Rechtsgeschichtsschreibung ist hier manchmal zu wissenschaftsgeschichtslastig. Vgl. demgegenüber *M. John,* Politics and the law in the nineteenth century Germany: the origins of the civil code, 1989.

86 Die Veränderungen für die Wissenschaft vom Verwaltungsrecht thematisiert in einem europäischen Rahmen auch *S. Cassese,* The Transformation of Administrative Law from the 19th to the 21st Century, in: A. Benz (Hrsg.), Institutionenwandel in Regierung und Verwaltung, 2004, S. 267 ff.; *J. Schwarze,* Zukunftsaussichten für das Europäische Öffentliche Recht, 2010.

87 Vgl. *A. Voßkuhle,* Die politischen Dimensionen der Staatsrechtslehre, in: H. Schulze-Fielitz (Hrsg.) (FN 30), S. 135 ff.

archiestufe benötigen, also methodisch ans Zivilrecht gekoppelt sind. Für eine europäisierte Rechtsordnung mit delikater Normenhierarchie (Vorrang des Europarechts), kasuistischer Aufbereitung (EuGH) und instrumentellen Anliegen (Richtlinienrecht), einer Rechtsordnung, die im Übrigen auch die Trennung von öffentlichem Recht und Privatrecht brüchig werden lässt, scheinen sie mir nicht mehr abschließend geeignet zu sein. Was müsste an die Stelle treten? Naturgemäß ist dies eine Frage, die eine Forschergeneration beschäftigen wird und hier auch nicht in Ansätzen beantwortet werden kann. Vielleicht zeichnen sich drei Richtungen ab[88]:

Zum einen sollte die Fixierung auf das materielle Recht durch eine gleichberechtigte Behandlung des Verfahrensrechts sowie von Organisations- und Kompetenzfragen ergänzt werden. In einer Mehrebenenstruktur mit ausdifferenzierten Kompetenzen zur Rechtserzeugung stellt der materielle Regelungspluralismus den Normalfall dar. Die Systematizität und Einheit der Rechtsordnung kann nicht mehr im materiellen Recht erbracht werden. Verfahrens-, Organisations- und Kompetenzrecht werden noch stärker als bisher zentrale rechtswissenschaftliche Forschungsfelder, weil in ihnen das materielle Recht geformt wird und sich aus ihnen gemeinsame Strukturen ableiten lassen.

Des Weiteren muss der Relativismus des erzeugten materiellen Rechts auch inhaltlich verarbeitet werden. Wenn Formen der materiellen Rechtskontrolle tendenziell durch eine Verfahrenskontrolle abgelöst werden, steht zu erwarten, dass sich die rechtswissenschaftliche Inhaltskontrolle neue Wege suchen wird. Diese können zum einen in einer Hinwendung an den politischen Prozess und die ihm innewohnende Rationalität (Mehrheit / Minderheit, Kompromiss, Änderbarkeit) liegen[89]. Diese kann zum anderen in einer freimütigeren Diskussion der Sinnhaftigkeit und Zweckmäßigkeit der inhaltlichen Lösungen liegen[90], also in einer Diskussion rechtspolitischer Ziele, die nicht, um rechtswissenschaftlich anschlussfähig zu sein, als Verfassungsauslegung oder Dogmatik getarnt werden muss.

Und drittens schließlich ist eine Methode zur Analyse, Interpretation und Abschichtung von Präjudizien vonnöten. Der Umgang mit *case law* ist in-

---

88 Vgl. im übrigen auch *E. Schmidt-Aßmann* zur Bedeutung des Organisationsrechts in diesem Band, zur Bedeutung des Verfahrensrechts; *ders.*, Der Verfahrensgedanke im deutschen und europäischen Verwaltungsrecht, in: W. Hoffmann-Riem / ders. / A. Voßkuhle (Hrsg.) (FN 46), § 27 Rn. 70 ff. s. auch *H.-H. Trute,* Funktionen der Organisation und ihre Abbildung im Recht, in: E. Schmidt-Aßmann / W. Hoffmann-Riem (Hrsg.) (FN 53), S. 249 ff.

89 Man vergleiche die Aufmerksamkeit, die der politische Prozess etwa in der US-amerikanischen Rechtswissenschaft und im Rechtsunterricht an den Law Schools findet. Sinnbild sind zahlreiche Casebooks über „Legislation" oder „The Legal Process".

90 Vgl. etwa das Plädoyer von *C. Engel,* Rationale Rechtspolitik und ihre Grenzen, JZ 2005, S. 581 ff.

zwischen eine Selbstverständlichkeit geworden, die aber methodisch noch nicht verarbeitet wird. Dies setzt notgedrungen auch eine Auseinandersetzung mit den Sachverhalten der Präjudizien, also den Tatsachen, und den politischen Regelungskontexten, also der Entstehungsgeschichte, voraus[91]. Dazu sollte sich eine präjudizienorientierte Rechtswissenschaft aus einer materiellen Voreingenommenheit befreien und gegenüber Empirie, Politik und Geschichte öffnen, weil sonst das Normenmaterial nicht mehr adäquat rechtswissenschaftlich verarbeitet werden kann. Kurzum: Die Beschäftigung mit der Methode bei der Europäisierung des Verwaltungsrechts löst weitere Fragen aus, nämlich solche, die die Zukunftsfähigkeit der deutschen Rechtswissenschaft in einer europäischen Demokratie betreffen.

91 Vgl. etwa *U. Haltern,* Europarecht. Dogmatik im Kontext, 2007.

Hat die Europäisierung des Verwaltungsrechts Methode?

Von Matthias Ruffert, Jena

I. Einleitung

Die gegenwärtige intensive Debatte um Gegenwart und Zukunft des Rechts der europäischen Integration hat das europäische Verwaltungsrecht noch nicht erfasst. Ob Vertrag von Lissabon und zugehöriges Urteil des BVerfG, ob Vorratsdatenspeicherung, Altersdiskriminierung oder Griechenland-Krise – verwaltungsrechtliche Fragen sind in den Brennpunkten der (fach)öffentlichen Diskussion nur sehr begrenzt vertreten[1]. Dem Beobachter präsentiert sich in dieser Stabilität des europäischen Verwaltungsrechts jedoch keine neue Variante des „Verfassungsrecht vergeht, Verwaltungsrecht besteht"[2] – im Gegenteil: Die von den Organisatoren des Kolloquiums gewählte Thematik zeigt vielmehr zunächst die Risiken und Untiefen des Europäisierungsprozesses im Verwaltungsrecht, denn die Frage nach der Methode der Europäisierung des Verwaltungsrechts führt vor allem zu konkreten Methodenproblemen hin (s. u. II.). Blieben diese Probleme ohne Lösung, wäre die Krise des europäischen Verwaltungsrechts vorprogrammiert. Die Suche nach Lösungsansätzen muss glücklicherweise nicht beim Nullpunkt beginnen, sondern kann auf vorhandene methodische Strukturelemente zurückgreifen (s. u. III.). Schließlich können auf dieser Grundlage Schritte zu mehr methodischer Konsistenz vorgezeichnet werden (s. u. IV.).

---

1 s. zu diesen Brennpunkten nur BVerfGE 123, 267; BVerfG, EuGRZ 2010, S. 85; EuGH, Rs. C-555/07, EuZW 2010, S. 177 (Kücükdeveci); „Eine Hilfe der Gemeinschaft für Griechenland wäre ein Rechtsbruch", F.A.Z. Nr. 19 v. 23. 1. 2010, S. 19.

2 Zu den Ursprüngen des Zitats (*Otto Mayer*, Deutsches Verwaltungsrecht, 3. Aufl. 1924, Vorwort) s. *Alfons Hueber*, Die „juristische Methode" im Verwaltungsrecht, 1982, S. 123; Bezug zum europäischen Verwaltungsrecht bei *Christoph Engel*, Die Einwirkungen des Europäischen Gemeinschaftsrechts auf das deutsche Verwaltungsrecht, Die Verwaltung 25 (1992), S. 437 (438), sowie *Matthias Ruffert*, „Verfassungsrecht vergeht, Verwaltungsrecht besteht", in: Walter Pauly (Hrsg.), Wendepunkte – Beiträge zur Rechtsentwicklung der letzten 100 Jahre, 2009, S. 159 (164 – 167).

II. Methodenprobleme der Europäisierung des Verwaltungsrechts

1. Inkohärenz des Verwaltungsrechtsstoffes

Methodenprobleme entstehen durch die Europäisierung in dreierlei Hinsicht: durch Inkohärenz des Rechtsstoffes, die Pluralität der beteiligten Rechtsordnungen und schließlich eine allgemeine Unsicherheit in der Methodenfrage. Dabei sind die Problemlagen nicht durchweg auf den Europäisierungsprozess begrenzt, was im Einzelfall gezeigt werden kann. Sie offenbaren sich dort jedoch mit besonderer Stärke.

Je näher sich ein Rechtsstoff der klaren und systematischen Ordnung präsentiert, desto besser kann sich an diesem Stoff eine methodisch geleitete Rechtswissenschaft entfalten. Dies ist das Vorbild, das die Entstehung des allgemeinen Verwaltungsrechts in Deutschland in der Hochphase des spätkonstitutionellen Positivismus geleitet hat[3] – von der Zivilrechtslehre, die seinerzeit ihren Methodenkanon auf eine jahrhundertealte Tradition wissenschaftlicher Systematisierung aufsetzen konnte, ganz zu schweigen[4]. Das europäische Verwaltungsrecht macht es der Verwaltungsrechtslehre vielfach schwerer.

Zunächst ist die Reichweite der Anforderungen von Europäisierung im konkreten Fall durch die Flexibilität des europarechtlichen Maßstabes häufig schwer vorhersehbar. In Ermangelung ausdrücklicher Regelungen gilt für das allgemeine Verwaltungsrecht, insbesondere das Verfahrensrecht, der kombinierte Maßstab von Nichtdiskriminierung und Effektivität[5]. Insbesondere nach dem zweiten Element dieses Maßstabs ist aber oft nicht abzusehen, dass und warum die Durchsetzung des Unionsrechts im Einzelfall praktisch unmöglich gemacht oder übermäßig erschwert würde, zumal sich die oft befürchtete, flächendeckende Anwendung des *effet utile*-Prinzips in der Rechtsprechung des EuGH nicht in der Weise nachweisen lässt, dass sich europarechtliche Strukturprinzipien in der Praxis immer durchsetzen müssen[6]. Eine solcherart differenzierend gestaltete Europäisierung schafft nicht nur Spannungen mit überkommenen Traditionen im mitgliedstaatlichen Verwaltungsrecht, sondern führt auch zu Systembrüchen und kann so die systematische Konsistenz gewachsener mitgliedstaatlicher Regelun-

---

[3] Statt aller *Michael Stolleis,* Geschichte des öffentlichen Rechts in Deutschland, Zweiter Band 1900 – 1914, 1992, S. 394 ff.

[4] s. nur *Bernd Rüthers,* Rechtstheorie, 4. Aufl. 2008, § 22, Rn. 696 ff.

[5] St. Rspr. seit EuGH, verb. Rs. 205 – 215 / 82, Slg. 1983, 2633, Rn. 19 (Deutsche Milchkontor). Dazu statt aller *Wolfgang Kahl,* in: Christian Calliess / Matthias Ruffert (Hrsg.), EUV / EGV, 3. Aufl. 2007, Art. 10 EGV, Rn. 31.

[6] s. *Matthias Ruffert,* Europäisierung des Verwaltungsrechts, in: Armin von Bogdandy / Sabino Cassese / Peter Michael Huber (Hrsg.), Ius Publicum Europaeum, Band V, i. E. 2011, § 95, Rn. 47 mit einem konkreten Beispiel in Fn. 151.

gen gefährden[7]. Dies gilt insbesondere, wenn man Auswirkungen der Europäisierung auf mitgliedstaatliches Verwaltungsrecht mit einbezieht, das nicht aufgrund unionsrechtlicher Vorgaben angepasst werden muss (*spill-over*-Effekt)[8].

Was das gesetzte Recht betrifft, so ist Anwendungsvorrang offenkundig nicht mit Qualitätsvorsprung gleichzusetzen[9]. Misst man die Qualität von Verwaltungsrecht wiederum an den Maßstäben Rechtsklarheit und -sicherheit, innere Kohärenz und sachliche Effizienz, so führt der Verhandlungscharakter des europäischen Rechtsetzungsprozesses, vor allem mit den berüchtigten „Paketlösungen", häufig zu sachlich unbefriedigenden Kompromissregelungen[10]. Überdies kann die Überfrachtung mit fachlichen Spezialregelungen der Anschlussfähigkeit an eine allgemeine Begriffs- und Prinzipienbildung entgegenstehen[11].

Ferner birgt die richterrechtliche Fortentwicklung des europäischen Verwaltungsrechts Risiken für die Qualität der entstehenden Rechtssätze und Probleme für die Methodenentwicklung. Kasuistischem Vorantasten ist die vordringliche Orientierung an den konkreten zu entscheidenden Fallgestaltungen immanent, und diese können – *hard cases make bad law* – in ihrer Spezialität derart von der Grundlinie der gewünschten, erwarteten oder sinnvollen Rechtsentwicklung abweichen, dass es zu Überzeichnungen und Verzerrungen in der richterlichen Rechtsfortbildung kommt. Der hohe zeitliche Druck auf die Entscheidungspraxis namentlich des EuGH kann sein Übriges tun und dazu führen, dass für systematische, qualitätsorientierte Überlegungen über den konkreten Fall hinaus nicht genügend Raum bleibt. Auch die Integration zwölf zusätzlicher Rechtsordnungen und -kulturen seit 2004 dürfte noch nicht vollständig verarbeitet sein, wenngleich belastbares empirisches Material zur Untermauerung dieser Vermutung nicht vorliegt.

---

7 s. nur *Rainer Wahl*, Europäisierung: Die miteinander verbundenen Entwicklungen von Rechtsordnungen als ganzen, in: Hans-Heinrich Trute / Thomas Groß / Hans Christian Röhl / Christoph Möllers (Hrsg.), Allgemeines Verwaltungsrecht – zur Tragfähigkeit eines Konzepts, 2008, S. 869 (871, 882 f.).

8 Zur Begrifflichkeit *Karl-Peter Sommermann*, Veränderungen des nationalen Verwaltungsrechts unter europäischem Einfluss – Analyse aus deutscher Sicht, in: Jürgen Schwarze (Hrsg.), Bestand und Perspektiven des Europäischen Verwaltungsrechts, 2008, S. 181 (195 f.), ähnlich *Eberhard Schmidt-Aßmann*, Verfassungsprinzipien für den Europäischen Verwaltungsverbund, in: Wolfgang Hoffmann-Riem / ders. / AndreasVoßkuhle (Hrsg.), Grundlagen des Verwaltungsrechts, Band I, 2006, § 5, Rn. 34 (im Anschluss an *Karl-Heinz Ladeur*, Supra- und transnationale Tendenzen in der Europäisierung des Verwaltungsrechts – eine Skizze, EuR 1995, S. 227 (228): „‚überwirkende' Veränderungseffekte"; ähnlich *Wahl* (FN 7), S. 875: Breitenwirkung.

9 Deutlich *Wahl* (FN 7), S. 884.

10 s. die illustrative Darstellung des Verhandlungsprozesses bei *Ulrich Haltern*, Europarecht, 2. Aufl. 2007, Rn. 204 ff.

11 *Ruffert* (FN 6), Rn. 53.

Inkohärentes, durch Ergebnisse politischer Verhandlungen entstandenes Recht, Überzeichnungen durch ausufernde Kasuistik und Verkürzungen durch Überlastung höchster Gerichte sind auch den mitgliedstaatlichen Rechtsordnungen nicht fremd, doch zeigen sich solche Faktoren und zusätzlich die nur auf der EU-Ebene wahrnehmbaren hier mit besonderer Intensität.

2. Pluralität der Rechtsordnungen

Wenn die Europäisierung des Verwaltungsrechts Methode haben soll, so spitzt sich die Frage: „Welche?" vor allem auf die Zuordnung zu einer bestimmten Rechtsordnung zu. Selbst bei großzügiger Annahme rechtsordnungsübergreifender Methodenelemente – generell und im Verwaltungsrecht – lassen sich Unterschiede im methodischen Ansatz doch kaum leugnen. Die im späten 19. Jahrhundert begonnene Separierung der europäischen Rechtswissenschaft an den Staatsgrenzen hat hier ganze Arbeit geleistet[12]. Sprachbarrieren behindern den transnationalen rechtswissenschaftlichen Diskurs häufiger als der Wunsch nach übergreifender Zusammenarbeit zu einem gelungenen Austausch von Argumenten und zum Zusammenwachsen grenzüberschreitenden Wissenschaftlerkommunitäten führt, deren kommunikative Basis einen wissenschaftlich ernstzunehmenden Tiefgang erreicht – unbeschadet einiger Ausnahmen[13]. Die methodischen Denkansätze reichen von der cartesianischen Askese in Struktur und Inhalt juristischer Argumentation, die in Frankreich gepflegt wird, bis zur nahezu feuilletonistischen Umschreibung von kasuistischer Argumentationsfülle im angelsächsischen Raum – wenn diese Überzeichnung erlaubt sein mag[14]. Ähnlich weit fallen die Ansprüche an systematische Verwaltungsrechtswissenschaft auseinander. Rechtsimporte aus unterschiedlichen Rechtsordnungen, teilweise mit divergierenden Regelungstendenzen, prägen das positive Recht – die wissenschaftlich kaum noch zu handhabende Interpretation der Vorschrift über die Klagebefugnis bei der Nichtigkeitsklage Privater zum EuG (jetzt geregelt in Art. 263 Abs. 4 AEUV) ist hierfür ein anschaulicher Beleg[15]. Hin-

---

12 Für das öffentliche Recht anschaulich dargestellt bei *Christian Tietje,* Internationalisiertes Verwaltungshandeln, 2001, S. 86 ff.

13 Dazu näher u. FN 67.

14 Speziell zum methodischen Ansatz in Großbritannien *Matthias Ruffert,* Was kann die deutsche Europarechtslehre von der Europarechtswissenschaft im europäischen Ausland lernen?, in: Helmuth Schulze-Fielitz (Hrsg.), Staatsrechtslehre als Wissenschaft, Die Verwaltung, Beiheft 7/2007, S. 253 (257 ff.). Zum Vergleich *ders.*, Die Methodik der Verwaltungsrechtswissenschaft in anderen Ländern der Europäischen Union, in: Eberhard Schmidt-Aßmann/Wolfgang Hoffmann-Riem (Hrsg.), Methoden der Verwaltungsrechtswissenschaft, 2004, S. 165.

15 s. nur *Wolfram Cremer,* Zum Rechtsschutz des Einzelnen gegen abgeleitetes Unionsrecht nach dem Vertrag von Lissabon, DÖV 2010, S. 58; *Meinhard Schröder,* Neuerungen im Rechtsschutz der Europäischen Union durch den Vertrag von Lissabon, DÖV 2009, S. 61 (63 f.).

zu kommt, dass ausgerechnet die Sprache desjenigen Mitgliedstaates die *lingua franca* des grenzüberschreitenden methodischen Diskurses ist, der nicht nur die größte Integrationszurückhaltung offenbart, sondern dessen Verwaltungsrecht sich erst in den letzten Jahren in einer Weise entwickelt, die eine Annäherung an methodische, systematische und partiell auch rechtsstaatliche Standards des im europäischen Verwaltungsrecht Erreichten ermöglicht[16].

3. Offenheit der Methodenfrage

Schließlich kann auch innerhalb der mitgliedstaatlichen Rechtsordnungen kaum behauptet werden, dass die Frage nach der richtigen Methode abschließend beantwortet ist. Das lässt sich bereits im Ausland beobachten. In England wird immer wieder die Frage nach dem Ziel des Verwaltungsrechts virulent – Sicherung rechtsstaatlicher Minimalstandards oder Durchsetzung parlamentarisch-politischer Zielformulierungen einschließlich ihrer Schranken im Rechtsschutz[17]. Das französische Verwaltungsrecht ringt um die Rezeption verwaltungswissenschaftlicher Entwicklungen im Rahmen von *New Public Management*[18]. Besonders tiefgreifend sind die Umwälzungen in Deutschland, denn die Proklamation einer „Neuen Verwaltungsrechtswissenschaft" versteht sich zuallererst als methodischer Szenenwechsel[19]. Die Verwaltungsrechtswissenschaft soll sich von der interpretationsorientierten Anwendungswissenschaft zur rechtsetzungsorientierten Handlungs- und Entscheidungswissenschaft wandeln. Konkurrierende Konzepte – Governance, Regulierung, um nur zwei zu nennen – treten ergänzend, nicht unbedingt verdrängend hinzu und entfalten jeweils eigene methodische Ansprüche[20]. Die Frage nach der Methode der Europäisierung des Verwaltungsrechts muss auch in den Kontext einer anhaltenden Methodendebatte vor allem in Deutschland gestellt werden.

---

16 Umfassende Analyse der britischen Reformen aus deutscher Sicht *Gernot Sydow,* Parlamentssuprematie und *Rule of Law,* 2005.

17 Zu dieser grundlegenden Debatte *Paul Craig,* Administrative Law, 7. Aufl. 2008, S. 3 ff.

18 Aufschlussreich *Jacques Caillosse,* Le droit de l'action publique entre rationalité juridique et rationalité managériale, in: ders., La constitution imaginaire de l'administration, 2008, S. 271.

19 s. *Andreas Voßkuhle,* in: Hoffmann-Riem / Schmidt-Aßmann / ders. (FN 8), § 1, Rn. 15.

20 Zur Übersicht *Matthias Ruffert,* Begriff, in: Michael Fehling / ders. (Hrsg.), Regulierungsrecht, 2010, § 7, Rn. 34 ff.

III. Methodische Strukturelemente

1. Rechtsvergleichung

Die Methodendiskussion der Europäisierung steht gleichwohl nicht vor einem methodologischen Trümmerhaufen. So ernst die beschriebenen Methodenprobleme genommen werden müssen, so wenig Anlass besteht aber auch, die Herausforderung nicht anzunehmen. Dabei ist hilfreich, dass es bereits einige methodische Elemente gibt, die speziell durch den Europäisierungsprozess zur Entstehung gekommen sind bzw. durch den Europäisierungsprozess ihre besondere Orientierung erfahren haben.

Bezogen auf das europäische Verwaltungsrecht ist dies zunächst die Rechtsvergleichung als Methode der Rechtsgewinnung[21]. Die Entwicklung allgemeiner Rechtsgrundsätze für das Verwaltungsrecht in der Frühphase der Entwicklung eines europäischen Verwaltungsrechts (sieht man von der ganz frühen Pionierphase ab[22]) ist nicht nur eine beachtliche Leistung einer am Rechtsprinzip orientierten Rechtsprechung[23]. Sie ist auch ein rechtswissenschaftlich-methodisches Experiment. Rechtsvergleichende Analysen einer Vielzahl europäischer Verwaltungsrechtsordnungen, verbunden mit der wertenden Perspektive des Integrationsrechts, sind ein Novum in der Verwaltungsrechtsentwicklung nach 1945. Ob das Experiment geglückt ist, hängt davon ab, was man von wertender Rechtsvergleichung erwartet. Dokumentierte rechtsvergleichende Abhandlungen in EuGH-Urteilen oder auch in Schlussanträgen der Generalanwälte sind selten, wohl aber wird allgemein davon ausgegangen, dass solche Analysen den jeweiligen Entscheidungen (etwa in den Voten) zugrunde liegen[24]. Als wissenschaftlicher Ansatz ist die Gewinnung verwaltungsrechtlicher Prinzipien durch wertende Rechtsvergleichung nicht zuletzt seit dem in seiner Wirkung im Ausland nach wie vor unerreichten Werk *Jürgen Schwarzes* anerkannt[25]; auch neuere Gesamtdarstellungen des europäischen Verwaltungsrechts – zu nennen sind *Thomas von Danwitz*[26], *Paul Craig*[27] sowie

---

21 Zum methodischen Überblick *Klaus F. Röhl / Hans Christian Röhl,* Allgemeine Rechtslehre, 3. Aufl. 2008, § 78 VII (insbesondere unter Rückgriff auf die Arbeiten *Peter Häberles*); im Privatrecht *Andreas Schwartze,* Die Rechtsvergleichung, in: Karl Riesenhuber (Hrsg.), Europäische Methodenlehre, 2006, § 4.

22 Zur Periodisierung *Eberhard Schmidt-Aßmann,* Strukturen des Europäischen Verwaltungsrechts: Einleitende Problemskizze, in: ders. / Wolfgang Hoffmann-Riem (Hrsg.), Strukturen des Europäischen Verwaltungsrechts, 1999, S. 9 (10 ff.); darauf aufbauend *Matthias Ruffert,* Die Europäisierung der Verwaltungsrechtslehre, Die Verwaltung 36 (2003), S. 293 (293 ff.).

23 Zum Überblick *Thomas Oppermann / Claus Dieter Classen / Martin Nettesheim,* Europarecht, 4. Aufl. 2009, § 10, Rn. 39 ff.

24 s. auch *Christian Calliess,* Grenzen und Perspektiven europäischen Richterrechts, NJW 2005, S. 929 (933).

25 Nunmehr: *Jürgen Schwarze,* Europäisches Verwaltungsrecht, 2. Aufl. 2005.

26 *Thomas von Danwitz,* Europäisches Verwaltungsrecht, 2008, S. 168 ff.

Jan Jans / Roel de Lange / Sacha Prechal / Rob Widdershoven[28] – greifen methodisch darauf zurück.

In der verwaltungsrechtlichen Rechtspraxis wird die Bedeutung der wertenden Rechtsvergleichung als Rechtsgewinnungsmethode abnehmen, weil die durch sie entwickelten Rechtsgrundsätze in das geschriebene Recht aufgenommen worden sind. Dies gilt namentlich für die nunmehr in der Grundrechtecharta kodifizierten grundrechtlichen Grundsätze, wenngleich diese allgemeinen Grundsätze in Art. 6 Abs. 3 EUV nach wie vor Anerkennung finden[29]. Als Methode birgt die Rechtsvergleichung auch für die Zukunft das Potential, unionsrechtliche Grundsätze im Verwaltungsrecht mit Inhalten anzureichern. Neben den genuin unionsverfassungsrechtlichen Grundprinzipien, die aus dem textlichen Gefüge des Vertragswerks ermittelt werden können[30], gibt es weiterhin den Bedarf an inhaltlicher Anreicherung unionsrechtlicher Regelungsfelder aus den mitgliedstaatlichen Rechtstraditionen. Auch dort, wo das Recht der EU innovative Regelungsstrukturen ausbildet, kann es sich nicht gleichsam synthetisch, losgelöst von den mitgliedstaatlichen Rechtstraditionen entwickeln, sofern diese – und dies ist das wertende Element – von gemeineuropäischen Werten getragen sind und nicht überkommene nationale Abschottungsstrategien perpetuieren. Vielfache Prozesse der Transkulturation (einzelne Institute und Prinzipien bewegen sich von einer mitgliedstaatlichen Rechtsordnung über den Europäisierungsvorgang in andere Verwaltungsrechtsordnungen[31]) belegen, dass dies methodisch möglich ist. Positivrechtlicher Anknüpfungspunkt für die methodische Fortsetzung der wertenden Rechtsvergleichung kann Art. 2 S. 1 EUV sein[32]. Dabei müssen Konflikte durch eine präzisiere Herleitung der Rechtsgrundsätze minimiert werden, wie das aktuelle Beispiel (außerhalb des Verwaltungsrechts) um die Entscheidungen *Mangoldt* und *Kücükdeveci* zeigt[33]. In dieser Hinsicht ist auch eine durch wertende Rechtsvergleichung angeleitete Interpretation des europäischen Verwaltungsrechts möglich.

---

27 *Paul Craig,* EU Administrative Law, 2006, S. 483 ff.

28 *Jan Jans / Roel de Lange / Sacha Prechal / Rob Widdershoven,* Europeanisation of Public Law, 2007, S. 115 ff.

29 s. nur *Eckhard Pache / Franziska Rösch,* Die neue Grundrechtsordnung der EU nach dem Vertrag von Lissabon, EuR 2009, S. 769 (787 f.).

30 Zu ihnen *Armin von Bogdandy,* Grundprinzipien des Unionsrechts – eine verfassungstheoretische und -dogmatische Skizze, EuR 2009, S. 749.

31 *Sommermann* (FN 8), S. 197 f. s. auch *Stephan Neidhardt,* Nationale Rechtsinstitute als Bausteine europäischen Verwaltungsrechts, 2008, S. 22 ff., 196 ff.

32 Vgl. *Christian Calliess,* Europa als Wertegemeinschaft – Integration und Identität durch europäisches Verfassungsrecht, JZ 2004, S. 1033.

33 s. o. FN 1.

2. Unionsrechtskonforme Auslegung

Zur Interpretation des Unionsrechts ist wiederum in der Rechtsprechung[34] und im Schrifttum[35] seit langem der Grundsatz der unionsrechtskonformen Auslegung anerkannt. Er hat sich als Ausfluss des Anwendungsvorrangs[36] entwickelt und wurzelt überdies im Prinzip der loyalen Zusammenarbeit von Union und Mitgliedstaaten (Art. 4 Abs. 3 UAbs. 1 EUV). Eine dem Unionsrecht widersprechende Auslegung nationalen Rechts stellt letztlich einen Verstoß gegen die jeweilige Vorschrift aus EUV oder AEUV dar. Wählen die mitgliedstaatlichen Gerichte jedoch in ständiger Praxis eine Auslegung, die unionsrechtskonform ist, so besteht kein Anlass zur Feststellung eines solchen Verstoßes, auch wenn das mitgliedstaatliche Recht eine unionsrechtswidrige Auslegung ermöglicht, die jedoch nicht praktiziert wird[37]. Zur Schonung mitgliedstaatlichen Verfassungsrechts ist die – schwächere – unionsrechtsorientierte Auslegung als methodisches Modell vorgeschlagen worden.[38]

Praktisch noch bedeutsamer als diese, an die deutsche verfassungskonforme Auslegung erinnernde Deutung der Methode, ist die umsetzungsergänzende Wirkung der richtlinienkonformen Auslegung als Unterfall der unionsrechtskonformen Auslegung. Auch diese ist in Rechtsprechung und Schrifttum seit über zwanzig Jahren fest verankert. Entscheidend ist nicht – wie bei der verfassungskonformen Auslegung – der Aspekt der Norm-

[34] Vgl. EuGH, Rs. 157/86, Slg. 1988, 673, Rn. 11 (Murphy/An Bord Telecom Eireann); in Grenzen Rs. C-322/88, Slg. 1989, 4407, Rn. 18 (Grimaldi/Fonds des Maladies Professionnelles); Rs. C-165/91, Slg. 1994, I-4661, Rn. 34 (Van Munster); Rs. C-262/97, Slg. 2000, I-7321, Rn. 39 (Engelbrecht); Rs. C-327/00, Slg. 2003, I-1877, Rn. 63 (Santex).

[35] Vgl. Umfassend *Ulrich Ehricke,* Die richtlinienkonforme und die gemeinschaftsrechtskonforme Auslegung nationalen Rechts, RabelsZ 59 (1995), S. 598 (623 ff.); *Martin Nettesheim,* Auslegung und Rechtsfortbildung des nationalen Rechts im Lichte des Gemeinschaftsrechts, AöR 119 (1994), S. 261 (267 ff.); *Ton Heukels,* Von richtlinienkonformer zur völkerrechtskonformen Auslegung im EG-Recht: Internationale Dimensionen einer normhierarchiegerechten Interpretationsmaxime, ZeuS 1999, S. 313 (317 ff.). Andeutungsweise *Hans D. Jarass,* Richtlinienkonforme bzw. EG-rechtskonforme Auslegung nationalen Rechts, EuR 1991, S. 211 (223). s. auch *Alexander S. Metallinos,* Die europarechtskonforme Auslegung, 1994.

[36] *Hans D. Jarass / Sasa Beljin,* Die Bedeutung von Vorrang und Durchführung des EG-Rechts für die nationale Rechtsetzung und Rechtsanwendung, NVwZ 2004, S. 1 (2 f.), sprechen insoweit von Vorrang im weiteren Sinne. s. auch *dies.*, Unmittelbare Anwendung des EG-Rechts und EG-rechtskonforme Auslegung, JZ 2003, S. 769 (774 ff.); *Sasa Beljin,* Die Zusammenhänge zwischen dem Vorrang, den Instituten der innerstaatlichen Beachtlichkeit und der Durchführung des Gemeinschaftsrechts, EuR 2002, S. 351 (358); *Heukels* (FN 35), S. 317 ff.

[37] *Matthias Ruffert,* in: Christian Calliess/ders. (Hrsg.), EUV/AEUV, 4. Aufl., i. E. 2011, Art. 1 AEUV, Rn. 24.

[38] *Wolfgang Kahl,* Der europarechtlich determinierte Verfassungswandel im Kommunikations- und Informationsstaat Bundesrepublik Deutschland, in: Andreas Haratsch/Dieter Kugelmann/Ulrich Repkewitz (Hrsg.), Herausforderungen an das Recht der Informationsgesellschaft, 1996, S. 9 (26 f.).

erhaltung, sondern die Einschaltung von Gerichten und auch Verwaltungsbehörden in die Richtlinienumsetzung über die legislative Transformation hinaus[39]: Indem Gerichte und Verwaltungsbehörden bei der Rechtsanwendung das mitgliedstaatliche Recht richtlinienkonform auslegen, partizipieren sie im Sinne einer „aktiven Kooperation“[40] am Umsetzungsprozess, an der Verwirklichung des Richtlinienziels auf der Ebene der Normkonkretisierung im Einzelfall[41]. Dieser Effekt ist vor allem in einer begrenzten Organkompetenz begründet, denn der EuGH ist nicht in der Lage, mitgliedstaatliches Recht durch richtlinienkonforme Auslegung zu „retten“, weil ihm die Befugnis zur Auslegung nationalen Rechts fehlt[42].

Der Wert der unionsrechtskonformen, insbesondere der richtlinienkonformen Auslegung in methodischer Hinsicht besteht darin, dass die Europäisierung des Verwaltungsrechts durch die Wahrnehmung seiner Grenzen kanalisiert werden kann. An die Stelle der diffusen europarechtlichen Überlagerung im Sinne einer Europäisierung tritt eine Rechtsfigur, die in der Rechtsprechung entwickelte, wenn auch im Einzelnen umstrittene Grenzen aufweist, namentlich die Grenzen des dem richtlinienkonform auslegenden Organ gesetzten Interpretationsspielraums[43], die Fristbestimmungen der Richtlinie[44] sowie die unionsrechtlichen Prinzipien der Rechtssicherheit und des Rückwirkungsverbotes[45].

3. Rezeption von Organisations- und Verfahrensinnovationen

Wandlungen im mitgliedstaatlichen Verwaltungsrecht, die unmittelbar durch Rechtsakte der EU hervorgerufen werden und vor allem Verwaltungsorganisation und Verwaltungsverfahren betreffen, sind methodisch zunächst schwieriger greifbar. Außer Frage steht die unionsrechtliche Pflicht zur Implementation der organisations- und verfahrensrechtlichen Innovationen, seien es Umweltverträglichkeitsprüfung[46] und Umweltinfor-

---

39 Zur Übersicht *Matthias Ruffert,* in: Calliess / ders. (FN 5), Art. 249 EGV, Rn. 118.

40 Begriff bei *Karl-Heinz Ladeur,* Die Umsetzung der EG-Richtlinie zur Umweltverträglichkeitsprüfung in nationales Recht und ihre Koordination mit dem allgemeinen Verwaltungsrecht, UPR 1996, S. 419 (421).

41 Ähnlich *Claus-Wilhelm Canaris,* Die richtlinienkonforme Auslegung und Rechtsfortbildung im System der juristischen Methodenlehre, in: Helmut Koziol / Peter Rummel (Hrsg.), Im Dienste der Gerechtigkeit. Festschrift für Franz Bydlinski, 2002, S. 47 (55 ff.).

42 *Ruffert* (FN 39), Rn. 121.

43 St. Rspr. seit EuGH, Rs. 14 / 83, Slg. 1984, 1891, Rn. 28 (von Colson und Kamann / Land Nordrhein-Westfalen); Rs. 79 / 983, Slg. 1984, 1921, Rn. 28 (Harz / Deutsche Tradax).

44 *Ruffert* (FN 39), Rn. 119.

45 s. bereits EuGH, Rs. 80 / 86, Slg. 1987, 3696, Rn. 13 (Kolpinghuis Nijmegen).

46 Richtlinie 85 / 337 / EWG des Rates vom 27. 6. 1985 über die Umweltverträglichkeitsprüfung bei bestimmten öffentlichen und privaten Projekten, ABl.EG Nr.

mationsanspruch[47], sei es ein transparentes Vergabeverfahren[48] oder sei es der einheitliche Ansprechpartner als organisationsrechtliche Form der Verwaltungsmodernisierung[49]. Der häufig deutlich artikulierte Widerstand gegen die Neuregelung ist dann zwecklos[50], wenn es für die Umgestaltung von Organisation und Verfahren eine sichere Kompetenzgrundlage gibt.

Der Ansatz für die Methodenentwicklung besteht in der Analyse des Rezeptionsprozesses. Hier besteht zwar noch Forschungsbedarf, aber die Systematisierung der Wirkung dieses zentralen Elements direkter Europäisierung ist bereits geleistet (durch *Eberhard Schmidt-Aßmann* im Anschluss an *Dieter H. Scheuing*): Das mitgliedstaatliche Verwaltungsrecht wird durch das supranationale Europarecht (1) instrumentalisiert, um dessen Ziele zu erreichen, es erfährt in diesem Kontext (2) Umorientierungen durch neue Regelungsansätze und „Regelungsphilosophien", und es muss über weite Strecken (3) umstrukturiert werden, um in den europäischen Verwaltungsverbund eingeknüpft werden zu können[51]. Es ist allerdings davon auszugehen, dass das Innovationspotential des europäischen Organisations- und Verfahrensverwaltungsrechts über weite Strecken ausgeschöpft ist.

C 175/40 (Änderungsrichtlinie 97/11/EG, ABl.EG 1997, Nr. C 73/5; weitere Änderungen in Richtlinie 2003/25/EG, ABl.EU Nr. L 156/17, und Richtlinie 2009/31/EG, ABl.EU Nr. L 140/114); Richtlinie 2001/42/EG des Europäischen Parlaments und des Rates vom 27. 6. 2001 über die Prüfung der Umweltauswirkungen bestimmter Pläne und Programme, ABl.EG 2001 Nr. L 197/30.

47 Richtlinie 2003/4/EG des Europäischen Parlaments und des Rates vom 28. 1. 2003 über den Zugang der Öffentlichkeit zu Umweltinformationen und zur Aufhebung der Richtlinie 90/313/EWG des Rates, ABl.EU 2003 Nr. L 41/26.

48 Einschlägiges Sekundärrecht: Richtlinie 2004/18/EG des Europäischen Parlaments und des Rates vom 31. 3. 2004 über die Koordinierung der Verfahren zur Vergabe öffentlicher Bauaufträge, Lieferaufträge und Dienstleistungsaufträge, ABl.EU 2004, Nr. L 134/114; Richtlinie 2004/17/EG des Europäischen Parlaments und des Rates vom 31. 3. 2004 zur Koordinierung der Zuschlagserteilung durch Auftraggeber im Bereich der Wasser-, Energie- und Verkehrsversorgung sowie der Postdienste; ABl.EU 2004, Nr. L 134/1; Richtlinie 2007/66/EG des Europäischen Parlaments und des Rates vom 11. 12. 2007 zur Änderung der Richtlinien 89/665/EWG und 92/13/EWG des Rates im Hinblick auf die Verbesserung der Wirksamkeit der Nachprüfungsverfahren bezüglich der Vergabe öffentlicher Aufträge; ABl.EU 2007 Nr. L 335/31.

49 Art. 5 ff. der Richtlinie 2006/123/EG des Europäischen Parlaments und des Rates vom 12. 12. 2006 über Dienstleistungen im Binnenmarkt, ABl.EU 2006, Nr. C 376/36.

50 Beispiel: *Rupert Scholz,* Supranationale Dienstleistungsfreiheit und nationales Verwaltungsrecht, in: Hartmut Bauer/Detlef Czybulka/Wolfgang Kahl/Andreas Voßkuhle (Hrsg.), Wirtschaft im offenen Verfassungsstaat. Festschrift für Reiner Schmidt zum 70. Geburtstag, 2006, S. 169 (172 ff.).

51 Die Unterteilung geht zurück auf *Eberhard Schmidt-Aßmann,* Der Verfahrensgedanke im deutschen und europäischen Verwaltungsrecht, in: Wolfgang Hoffmann-Riem/ders./Andreas Voßkuhle (Hrsg.), Grundlagen des Verwaltungsrechts, Band II, 2008, § 27, Rn. 71, der insoweit den Ansatz von *Dieter H. Scheuing,* Europarechtliche Impulse für innovative Ansätze im deutschen Verwaltungsrecht, in: Wolfgang Hoffmann-Riem/Eberhard Schmidt-Aßmann (Hrsg.), Innovation und Flexibilität des Verwaltungshandelns, 1994, S. 289 (298 ff. und 331 ff.), weiterentwickelt.

IV. Schritte zu methodischer Konsistenz

1. Theoretischer Ausgangsschritt: Verbunddenken

Drei methodische Elemente machen noch keine Methode. Methodische Konsistenz verlangt nach einer übergreifenden Idee, nach einem Leitbild für wissenschaftliche Entwicklung, das sich einerseits als wirkmächtige Ordnungsidee im europäischen Verwaltungsrecht entfalten kann, andererseits im gesetzten Recht gespeicherte politische Grundentscheidungen nicht in wissenschaftlichem Überschwang marginalisiert oder gar ignoriert. Hier kann auch für die Methodenentwicklung das Denken in Verbundkonzepten nutzbar gemacht werden, und so spricht viel dafür, die eher undifferenzierte Denkfigur der Europäisierung durch das Konzept des europäischen Verwaltungsverbundes zu ersetzen[52].

Zunächst kann mit der Konzeption eines europäischen Verwaltungsverbundes im europäischen Verwaltungsrecht mit der allgemeinen juristischen Theorie der europäischen Integration Schritt gehalten und das politikwissenschaftliche Konzept des Mehrebenensystems[53] auch für die Verwaltung gleichsam rechtswissenschaftlich gespiegelt werden. Auf verfassungsrechtlicher Ebene sind Verbundkonzepte jedenfalls in der deutschen Lehre seit langem dominierend, und die antagonistische Gegenüberstellung von Staaten- und Verfassungsverbund sollte weiter an Schärfe verlieren, wenn sich die Betonung des *Verbunds*, die bündische Perspektive, weiter durchsetzt[54]. Auch die weithin bekannte und vielfach diskutierte Tendenzverschiebung im Lissabon-Urteil, das den Staatenverbund als Basis des verfassungsrechtlichen Integrationskonzepts des Grundgesetzes (im Anschluss an das Maastricht-Urteil) hervorgehoben, alternative Verbundkonzepte unerwähnt gelassen und innerhalb des Staatenverbundes das Gewicht vom Verbund auf den Staat verlagert hat[55], sollte dem *à la longue* nicht entgegenstehen, denn erstens ist die wissenschaftliche Leistungsfähigkeit des Verbunddenkens zu hoch, als dass es aufgegeben werden sollte, und zweitens ist dies im Lissabon-Urteil auch gar nicht intendiert: Immerhin ist das Konzept des Staatenverbunds ein Verbundkonzept[56]. Jenseits dieser verfassungsrecht-

---

52 Vgl. *Matthias Ruffert,* Von der Europäisierung des Verwaltungsrechts zum Europäischen Verwaltungsverbund, DÖV 2007, S. 761.

53 Für das Verwaltungsrecht s. insbesondere die Berichte von *Eckhard Pache* und *Thomas Groß,* Verantwortung und Effizienz in der Mehrebenenverwaltung, VVDStRL 66 (2007), S. 106 und 152; außerdem *Schmidt-Aßmann* (FN 8), Rn. 16 ff.

54 Im deutschen Schrifttum grundlegend *Christoph Schönberger,* Die Europäische Union als Bund. Zugleich ein Beitrag zur Verabschiedung des Staatenbund-Bundesstaat-Schemas, AöR 129 (2004), S. 81; allgemein weiterführend *Olivier Beaud,* Théorie de la fédération, 2007. s. auch bereits *Armin von Bogdandy,* Supranationaler Föderalismus als Wirklichkeit und Idee einer neuen Herrschaftsform, 1999.

55 BVerfGE 123, 267 (348 und Leitsatz 1). Dazu kritisch *Matthias Ruffert,* An den Grenzen des Integrationsverfassungsrechts, DVBl. 2009, S. 1197 (1207).

lichen Bewegungen verbleibt allerdings das Problem, den Verwaltungsverbund als gemeineuropäisches Konzept zu entwickeln, denn es fehlt bislang an einer handhabbaren Übersetzung. „Shared management“[57], „composite administration“[58], „administration mixte“ oder „coadministration“[59] meinen allenfalls Ausschnitte aus der Verbundverwaltung und stellen auch die modellhafte Theoriebildung nicht in den Mittelpunkt der Bemühungen. Dies könnte „integrated administration“[60] leisten, wobei der Verbundgedanke durch die Verwendung des Integrationsbegriffes tendenziell verdeckt wird.

Die Idee des europäischen Verwaltungsverbundes überwindet die Dichotomie zwischen mitgliedstaatlicher Verwaltung und EU-Verwaltung und gliedert kooperative Strukturen ein, um das europäische Verwaltungsrecht als ein Ensemble aus hierarchischen, kooperativen und netzwerkartigen Strukturen zu erfassen[61], sei es die Komitologie auf der Rechtsetzungsebene[62], die Gründung von Agenturen als Organisationsform der Kooperation von Mitgliedstaaten und Kommission[63] oder die Errichtung von Behördennetzwerken[64]. Die Methoden des europäischen Verwaltungsrechts bedeuten für das Verbunddenken eine Absage an ein überwölbendes Leitprinzip des *effet utile* und eine ebenenadäquate Orientierung der Argumentationsmuster. Nicht eine Methode zur Herstellung von Einheitsverwaltung ist das Ziel, sondern die Ausrichtung der Methoden an der vernetzten Pluralität von mitgliedstaatlicher und supranationaler Ebene im Verwaltungsverbund. Dabei ist Verantwortungsklarheit herzustellen, um die Rechtsschutz- und Legitimationsprobleme des Verwaltungsverbundes in den Griff zu bekommen[65].

---

56 Auf der Linie des BVerfG weiterentwickelt bei *Andreas Voßkuhle,* Der europäische Verfassungsgerichtsverbund, NVwZ 2010, S. 1.

57 *Craig* (FN 27), S. 57 ff.

58 *Hans Christian Röhl,* Procedures in the European Composite Administration, in: Javier Barnes (Hrsg.), Transforming Administrative Procedure, 2008, S. 75 (83).

59 s. nur *Claudio Franchini,* Les notions d'administration indirecte et de coadministration, in: Jean-Bernard Auby / Jacqueline Duteil de la Rochère (Hrsg.), Droit Administratif Européen, 2007, S. 245 (252 ff.).

60 So *Herwig C. H. Hofmann / Alexander H. Türk,* Conclusions: Europe's integrated administration, in: dies. (Hrsg.), EU Administrative Governance, 2006, S. 573 (erläutert auf S. 583).

61 *Ruffert* (FN 52), S. 766 f.

62 *Ruffert* (FN 37), Art. 291 AEUV, Rn. 13 ff.

63 *Ruffert* (FN 37), Art. 298 AEUV, Rn. 3 ff.

64 Zum Ganzen *Ruffert* (FN 52).

65 Aus der Literatur zum europäischen Verwaltungsverbund s. vor allem *Eberhard Schmidt-Aßmann,* Einleitung: Der Europäische Verwaltungsverbund und die Rolle des Europäischen Verwaltungsrechts, in: ders. / Bettina Schöndorf-Haubold (Hrsg.), Der Europäische Verwaltungsverbund, 2005, S. 1; *ders.,* Europäische Verwaltung zwischen Kooperation und Hierarchie, in: Hans-Joachim Cremer / Thomas Giegerich / Dagmar Richter / Andreas Zimmermann (Hrsg.), Tradition und Weltoffenheit des Rechts. Festschrift für Helmut Steinberger zum 70. Geburtstag, 2002, S. 1375; *Gabriele Britz,* Vom Europäischen Verwaltungsverbund zum Regulierungsverbund –

2. Praktischer Ausfallschritt: Europäisierung der Europäisierungsforschung

Das Übersetzungsproblem zum europäischen Verwaltungsverbund hat den Bedarf aufgezeigt, die Methodendiskussion nicht nur als deutsche Diskussion zu führen. Was sich wie eine Selbstverständlichkeit anhört, ist jedoch bislang noch ein Desiderat. Die Europäisierung des Verwaltungsrechts muss durch die Europäisierung der Verwaltungsrechtswissenschaft begleitet werden[66]. Die Anstrengungen, den Nachholbedarf zu stillen, sind gerade in den letzten Jahren unverkennbar, sei es in Gestalt großer Publikationsvorhaben, von Tagungen und Gesprächskreisen oder den Aktivitäten der großen Institute[67]. Diese Bemühungen gehen über die Rechtsvergleichung hinaus, wie sie bereits ein Element der Methoden in der Europäisierung des Verwaltungsrechts ist. Es geht um die Vergewisserung eines Selbstands des Verwaltungsrechts gegenüber, aber auch in seiner Verzahnung mit dem Verfassungsrecht sowie den übrigen Säulen der jeweiligen Rechtsordnung sowie als Bestandteil der Verwaltungswissenschaften.

3. Abschließender Fortschritt: System- und Begriffsbildung

Wichtigste und abschließende Aufgabe bleibt aber die Systembildung im europäischen Verwaltungsrecht[68]. Diese Zielsetzung wirkt unmittelbar auf die Methodenfrage zurück. Neben den anwendungsorientierten Umgang mit den verwaltungsrechtlichen Prinzipien und Regeln muss sich die Methodik des europäischen Verwaltungsrechts weiter seiner systembildenden Strukturierung annehmen. Der Rekurs auf überkommene verwaltungsrechtswissenschaftliche Begriffe verspricht dabei Rationalitätsgewinn, so-

Europäische Verwaltungsentwicklung am Beispiel der Netzzugangsregulierung bei Telekommunikation, Energie und Bahn, EuR 2006, S. 46; *Edoardo Chiti,* Decentralisation and Integration into the Community Administrations: A New Perspective on European Agencies, ELJ 10 (2004), S. 402; *Jens-Peter Schneider,* Vollzug des Europäischen Wirtschaftsrechts zwischen Zentralisierung und Dezentralisierung – Bilanz und Ausblick, EuR Beiheft 2/2005, S. 141 (147 ff.); *Herwig C. H. Hofmann / Alexander Türk,* The Development of Integrated Administration in the EU and ist Consequences, ELJ 13 (2007), S. 253; ferner *Gernot Sydow,* Die Vereinheitlichung des mitgliedstaatlichen Vollzugs des Europarechts in mehrstufigen Verwaltungsverfahren, Die Verwaltung 34 (2001), S. 517 (520 ff.); *Sabino Cassese,* European Administrative Proceedings, Law and Contemporary Problems 68 (2004), S. 21.

66 s. zur allgemeinen Anforderung einer Europäisierung der Europarechtslehre *Armin von Bogdandy,* Beobachtungen zur Wissenschaft vom Europarecht, Der Staat 40 (2001), S. 3.

67 Zu nennen sind beispielsweise die deutsch-spanischen Kreise um *Javier Barnes, Jens-Peter Schneider* und *Francisco Velasco,* die Aktivitäten von *Jean-Bernard Auby* oder *Jürgen Schwarze* oder auch die von Verf. initiierte Dornburg Research Group on New Administrative Law (http://www.rewi.uni-jena.de/Dornburg_Research_Group.html).

68 Nach wie vor aktuell die Forderung von *Eberhard Schmidt-Aßmann,* Das allgemeine Verwaltungsrecht als Ordnungsidee, 2. Aufl. 2004, 7/1.

fern der soeben beschriebene rechtsordnungsübergreifende Anspruch nicht zugunsten eines auf eine einzige mitgliedstaatliche Rechtsordnung zugeschnittenen methodischen Ansatzes missachtet wird. Eine konsistente Methodenlehre des europäischen Verwaltungsrechts kann nur entstehen, wenn sich eine wechselseitige Passfähigkeit des positiven Unionsrechts und der überkommenen begrifflichen Kategorien der Verwaltungsrechtslehre in Europa einstellt. Dies beginnt bei den Handlungsformen, deren Regelung im Vertrag von Lissabon unter dem inkonsequenten Umgang mit Begriff und Idee eines Europäischen Gesetzes leidet, denn dessen Herausnahme aus dem Reformkonzept im Mandat für die Regierungskonferenz 2007 wurde nicht konsequent durchgeführt[69]. Die Matrix der Abschichtung von legislativer und administrativer Rechtssetzung einerseits und von abstrakt-genereller Regelung zu Einzelfallentscheidung andererseits bedarf nachhaltiger wissenschaftlicher Unterstützung. Die Systembildungsaufgabe setzt sich bei den administrativen Handlungsspielräumen fort. Unsicherheiten über unionsrechtliche Weiterungen von Ermessensspielräumen im Regulierungsrecht machen dies deutlich[70]. Eine weitere „methodische Baustelle" ist das Verwaltungsorganisationsrecht. „Organe, Einrichtungen und sonstige Stellen" als Träger der Verwaltung in der EU (Art. 298 Abs. 1 AEUV) bedürfen der strukturiert-systematischen Ordnung[71]. Seit langem ist die Verwaltungswissenschaft dazu aufgerufen, Ordnungsbegriffe wie – seinerzeit und auf Deutschland bezogen – Behörde oder Anstalt[72] speziell für das europäische Verwaltungsrecht aus dem eigenen konzeptionellen Fundus zu entwickeln. Der Weg zu solcher Konzeptionalisierung ist durchaus eine Methodenfrage.

V. Schlussbemerkung

Die Frage nach der Methode der Europäisierung kann am Ende also bejaht werden, wenn man die Methodenentwicklung als Aufgabe begreift, die an die dargelegten Elemente anknüpfen kann und den formulierten Anspruch an ihre Konsistenz einzulösen hat. Das europäische Verwaltungsrecht wird sich nur dann mit Methode weiterentwickeln können, wenn Qualitätsdefizite nicht unter vorschnellem Rückgriff auf Vorrangargumente un-

---

69 Dazu *Ruffert* (FN 37), Art. 288 AEUV, Rn. 4.

70 Entwickelt von BVerwGE 130, 39 (48 f.); BVerwG, N & R 2008, S. 141 (144), sowie BVerwG, Urt. v. 28. 11. 2007, 6 C 43–46/06. Dazu *Claudio Franzius,* Wer hat das letzte Wort im Telekommunikationsrecht?, DVBl. 2009, S. 409; *Klaus Ferdinand Gärditz,* „Regulierungsermessen" und verwaltungsgerichtliche Kontrolle, NVwZ 2009, S. 1005; *Markus Ludwigs,* Das Regulierungsermessen als Herausforderung für die Letztentscheidungsdogmatik im Verwaltungsrecht, JZ 2009, S. 290 (299).

71 *von Danwitz* (FN 26), S. 319 ff.

72 Zur Begriffsbildung und ihren Hintergründen im deutschen Verwaltungsrecht *Matthias Jestaedt,* Grundbegriffe des Verwaltungsorganisationsrechts, in: Hoffmann-Riem / Schmidt-Aßmann / Voßkuhle (FN 8), § 14, Rn. 19 ff.

terdrückt werden. Umgekehrt wird manche mitgliedstaatliche Tradition zur Durchsetzung übergeordneter unionsrechtlicher Prinzipien aufgegeben werden müssen – wahrscheinlich nur noch in geringem Umfang in Deutschland. Im supranationalen Rahmen der EU muss dabei auch beachtet werden, dass der Aufbau von Verwaltungsstrukturen und die Herausbildung eines europäischen Verwaltungsrechts kein Selbstzweck ist. Verwaltung und Verwaltungsrecht haben einmal mehr dienende Funktion. Art. 298 AEUV bringt dies für die EU-Eigenverwaltung illustrativ zum Ausdruck: „*Zur Ausübung ihrer Aufgaben* stützen sich die Organe, Einrichtungen und sonstigen Stellen der Union auf eine offene, effiziente und unabhängige europäische Verwaltung." Verwaltung ist stets Mittel zum Zweck, ist aufgabenabhängig, und die Methode des Verwaltungsrechts darf dies nicht aus den Augen verlieren.

Diskussionsbericht

Von Jan Henrik Klement, Heidelberg

Das Denken im System hat in der Wissenschaft vom Öffentlichen Recht viele Gesichter. Das System ist Sinnbild guter Gesetzgebung, Leitgedanke der Kodifikationsidee, mitunter Inbegriff der Rechtsstaatlichkeit. Gesetze, die es im politischen Prozess nicht zu zweifelsfreier Stimmigkeit und Kohärenz gebracht haben, werden mit Hilfe einer systematischen Auslegung im Nachhinein – so weit wie möglich – von inneren Widersprüchen befreit und in die Rechtsordnung eingepasst. Als Postulat der Folgerichtigkeit, der Widerspruchsfreiheit oder der Kohärenz wird der Systemgedanke zum (verfassungs-)gerichtlichen Kontrollmaßstab erhoben, zum Nichtigkeitsgrund für positives Recht, bei dem die systematische Auslegung nicht weiterhilft. Schließlich ist das System als regulative Idee prägend für das Unternehmen der Rechtsdogmatik, dem positiven Recht eine widerspruchsfreie, gleichförmig anwendbare normative Ordnung „zweiten Grades" zur Seite zu stellen, das der Rechtspraxis bei der Entscheidung von Fällen als Kompass dient. Es mochte diese Vielfalt gewesen sein, die es den Teilnehmern des Symposiums im Anschluss an die Vorträge von *Oliver Lepsius* und *Matthias Ruffert* erlaubte, die Frage nach der Methode der Europäisierung des Verwaltungsrechts auf den Systembegriff zu verdichten. In dem von *Winfried Brugger* (Heidelberg) geleiteten öffentlichen Gespräch stand die Auseinandersetzung darüber, wie man es mit dem System als Argument, Idee und Ziel halten wolle, gleichsam als Stellvertreter für die Suche nach den Aufgaben der Verwaltungsrechtswissenschaft im Prozess der europäischen Integration insgesamt.

Auch wenn *Ruffert* sich schon in seinem Vortrag zum Systembegriff als rechtspolitischem und verwaltungsrechtswissenschaftlichem Ziel im europäischen Verwaltungsrecht bekannt und damit einen Kontrapunkt zu der diesbezüglich skeptischen Haltung von *Lepsius* gesetzt hatte, herrschte zwischen den Referenten in der Diskussion doch zumindest insoweit Einigkeit, als beide das Öffentliche Recht davor warnten, blindlings dem zivilrechtlichen Systemdenken nachzueifern. Systembildung, sagte Ruffert, könne zwar die Freiheit sichern, indem sie für die Rechtsanwendung „voraussehbare, klare Strukturen schafft, die sich an übergeordneten Prinzipien orientieren". Systembildung sei aber falsch verstanden, wenn man sie im Sinne einer „Ausfächerung verwaltungsrechtlicher Handlungsmöglichkeiten in alle Ecken, in der Freiheit noch irgendwie sichtbar ist" betreiben wolle. Lepsius knüpfte direkt daran an. Im Zivilrecht seien Systeme „freiheitsindifferent", weil die Einzelnen kraft ihrer Vertragsautonomie immer über die Möglichkeit verfügten, dem System des dispositiven Rechts zu entweichen. Im zwingenden Regime des Öffentlichen Rechts hingegen hat das Systemdenken nach Ansicht von Lepsius ein grundsätzlich „freiheitsbedrohendes Element":

> „Es nivelliert die föderal gegliederte Kompetenzordnung, es dient tendenziell zur Selbstermächtigung."

In der Diskussion wurde allerdings indirekt die Vermutung geäußert, *Lepsius* kritisiere einen Systembegriff, den er zuvor allein zu eben diesem Zweck selbst geschaffen habe. *Armin von Bogdandy* (Heidelberg) nannte Lepsius' Vorstellung vom System „krypto-idealistisch". Es handele sich bestenfalls um den Systembegriff, der sich im 19. Jahrhundert im Privatrecht herausgebildet habe, der aber heute jedenfalls im Öffentlichen Recht „mit Sicherheit kein Thema" mehr sei. Beim Gedanken des Systems gehe es nur darum, „das positive Material, das wir haben, so zu durchdringen, dass wir es stimmig beschreiben und daraus wiederum Kritikpunkte gegenüber dem Material und Ideen zu seiner Fortentwicklung ableiten können". *Christian Baldus* (Heidelberg) hielt Lepsius, aber auch von Bogdandy entgegen, sie zeichneten ein falsches, nicht einmal historisch passendes Bild von der zivilrechtlichen Methodendiskussion. Schon *von Savigny* habe eine Bindung der Interpretation an den Willen des historischen Gesetzgebers abgelehnt. Savignys objektive Methode sei von hoher Modernität, weil sie die Kompetenz des Rechtsanwenders begründe, eine aus sich heraus nicht verständliche Norm „zum Funktionieren zu bringen". Für ihn – Baldus – als Zivilrechtler sei es „höchst interessant" zu beobachten, wie sein Fach in der öffentlich-rechtlichen Debatte nur als „Projektionsfläche" benutzt werde, ohne dass sein wahrer Charakter erkannt würde.

Lepsius reagierte auf diese Kritik mit einem für manche überraschenden Eingeständnis: Die „Öffentlich-Rechtler" hätten in der Tat einen falschen Eindruck von der zivilrechtlichen Systembildung, da könne er *Baldus* nur Recht geben. Gerade das aber bedeute, so fuhr Lepsius fort, dass „wir doppelte Vorsicht bei der Verwendung der zivilrechtlichen Figuren" obwalten lassen müssten. Tatsächlich aber seien die mit Öffentlichem Recht befassten Wissenschaftler in ihrem methodischen Instrumentarium zu sehr durch eine „Grundausbildung im Zivilrecht" vorgeprägt, als dass sie den erforderlichen methodischen Selbststand bislang hätten erreichen können. Der Diskussionsbeitrag *von Bogdandys* zeige, dass verschiedene Systembegriffe zur selben Zeit und mit unterschiedlichen Ansprüchen vertreten würden. Der Systembegriff sei ein „gemeinsames Credo der deutschen Rechtswissenschaft", ein einheitsstiftendes Element, das alle subjektiv befriedige, ohne aber zu halten, was es verspreche. Lepsius bekräftigte seine schon im Vortrag geäußerte Kritik an einem materiellen Systembegriff. Auch von Bogdandys Vorstellung von einer „kohärenten Beschreibung großen positiven Materials“ liege ein materielles Verständnis zugrunde, und genau gegen eine solche – und nicht bloß gegen eine „krypto-idealistische“ – Begriffsbildung richteten sich seine Einwände.

> „Um materielle Kohärenz kann es meines Erachtens in einer gestuften Normenordnung unterschiedlicher Rechtserzeugungsträger nicht mehr gehen. Wir haben kein System des Verfassungsrechts oder des öffentlichen Rechts. Wir wollen keines haben, denn die hierarchisch gestufte Rechtsordnung im öffentlichen Recht ist eine bewusst fragmentarische. Das ist anders als bei der zivilrechtlichen Ordnung, die auf Abgeschlossenheit abstellt“,

führte Lepsius aus. Mit statischen, Ergebnisse bezeichnenden Begriffen wie „System“ oder auch „Ordnung“ ließen sich im Übrigen dynamische Prozesse wie derjenige der europäischen Integration kaum angemessen beschreiben.

Zu praktischen methodischen Konsequenzen seiner theoretischen Kritik äußerte sich *Lepsius* eher zurückhaltend. Der Frage von *Andreas Haratsch* (Hagen), ob die systematische Auslegung aufgegeben werden müsse, begegnete er mit dem Hinweis, dass diese Auslegungsform seiner Beobachtung nach im Öffentlichen Recht ohnehin kaum angewendet werde. Jedenfalls fielen ihm weder für den staatsorganisationsrechtlichen noch für den grundrechtlichen Teil des Grundgesetzes „zündende Beispiele“ dafür ein. Lepsius fügte allerdings relativierend hinzu:

> „Ich glaube, die Figuren heißen da anders: ‚Verfassungsinterpretation‘ eben auch schon und weniger ‚Auslegung‘. Wenn es beim Bundesverfassungsgericht im Lissabon-Urteil um eine Normkonkretisierung von Art. 38, 20 GG geht, dann habe ich nicht den Eindruck, dass sich dieses mit dem Instrumentarium der systematischen Auslegung noch erklären ließe.“

Als einen Angriff auf das Recht schlechthin verstand *Friedrich Schoch* (Freiburg) *Lepsius'* Ausführungen. Anhand eines praktischen Falles belegte Schoch die seiner Ansicht nach reelle Gefahr, dass bei einer Preisgabe des Systembegriffs „politische Willkür“ an die Stelle rechtlicher Kontrolle trete. Indirekt hob Schoch damit auch die zentrale Bedeutung des Systembegriffs für das Selbstverständnis der Jurisprudenz als Wissenschaft hervor.

> „Wir haben offenbar eine bestimmte Vorstellung von Rechtsstaatlichkeit und die können wir entfalten in formelle Anforderungen, aber auch in materielle. Wir haben ganz bestimmte Strukturierungsleistungen. Meine Conclusio lautet: Auf eine Systembildung, jedenfalls auf der rechtsdogmatischen Ebene, möchte ich nicht um alles in der Welt verzichten. Wir können über Defizite, Fortentwicklungen, Modifizierungen reden. Aber einen Verzicht zu propagieren, was für mich gleichkommt mit dem Freisetzen eines Stückes politischer Willkür, halte ich für nachgerade gefährlich.“

In eine ähnliche Richtung argumentierte *Ute Mager* (Heidelberg), die den Systemgedanken durch das positive Recht selbst verbürgt sieht. Mager nannte hierzu insbesondere das Homogenitätsgebot des Art. 28 Abs. 1 S. 1 GG und die Vorschriften des Art. 23 GG zur europäischen Integration.

Lepsius wandte sich in seiner Erwiderung auf *Schoch* zwar scharf gegen eine Gleichsetzung von Rechtsdogmatik und Systembegriff und gegen eine wechselseitige Abhängigkeit der beiden Begriffe, nutzte die Gelegenheit aber zu einer Kritik an der Rolle der Dogmatik, die einem seiner gegen das Systemdenken vorgebrachten Argumente doch zumindest ähnelte: Rechtsdogmatik führe dazu, dass die Kompetenzfrage nicht beantwortet werde. Wissenschaftler, Rechtsprechung und Behörden würden tendenziell auf dieselbe Stufe gestellt:

> „Das ist ja der Grund, warum wir alle so gerne Rechtsdogmatiker sind. Seien wir doch mal ehrlich: Weil wir nur über die Rechtsdogmatik eine Kompetenz zur Rechtsgestaltung haben. Weil Wissenschaftler plötzlich glauben, sie könnten Recht produzieren, deswegen sind wir doch Dogmatiker. [...] Dabei haben wir in Wahrheit gar keine Kompetenz zur Rechtsgestaltung."

Unbeschadet der von ihm geäußerten Vorbehalte gegenüber einer direkten Orientierung am Zivilrecht sprach sich *Ruffert* klar für eine systemorientierte Bewältigung des von der Europäischen Union initiierten Rechts aus und verteidigte den „wissenschaftlichen Anspruch, mit Methode und Systembildung an den Stoff heranzugehen". Ruffert veranschaulichte seine Position anhand von Beispielen primärrechtlicher „Konstruktionsfehler" des Lissabonner Vertrages. Die Juristen müssten den Selbstwidersprüchen des europäischen Rechts weitgehend hilflos gegenüberstehen, wenn sie sich nicht systematischer Argumente aus einem „rechtsübergreifenden Fundus" bedienen könnten, bemerkte *Ruffert*. Aufgabe der Wissenschaft sei die Neuordnung eines Stoffes, der sich im politischen Entstehungsprozess „selbst nicht ordnen konnte". Es gehe darum, eine gewisse Vorhersehbarkeit und Strukturierung herzustellen. Ruffert verglich die gegenwärtige Herausforderung der Europarechtswissenschaft mit der Gründungsphase der juristischen Methode im Verwaltungsrecht: „Vielleicht waren die Leute um Otto Mayer im 19. Jahrhundert genau in derselben Situation wie wir heute." Wieder einmal gehe es darum, über neues Recht nicht zu staunen, sondern es wissenschaftlich zu verarbeiten.

Auch *Bernhard Wegener* (Erlangen) trat dafür ein, weniger auf das nationale Recht zu blicken und die Systembildung auf das supranationale Recht zu konzentrieren. Wenn sich *Lepsius* gegen das System ausspreche, dann sei das nur „mit Blick auf die tradierte deutsche Verwendung dieses Begriffs richtig", sagte Wegener. Weiter führte er aus:

> „Was wir aber vielleicht doch brauchen, ist so etwas wie ein reduzierter Systembildungsansatz gerade auf der europäischen Ebene. Auch bei den Vorträgen heute Morgen ist mir die europäische Ebene etwas zu sehr ausgeblendet geblieben. Ich glaube, das europäische Verwaltungsrecht entwickelt sich im Moment in einer Dynamik, die nach Systembildung oder jedenfalls systemorientierter Erklärung geradezu verlangt. Wir müssen auf europäischer Ebene also heute das leisten, was wir vielleicht in den siebziger, achtziger Jahren in Deutschland geleistet haben."

Als ein Indiz dafür, dass sich der verwaltungsrechtswissenschaftliche Diskurs in Zukunft weniger auf den durch das supranationale Recht induzierten „Umbau“ der nationalen Rechtsordnung als vielmehr auf die Binnenstrukturen des Unionsrechts konzentrieren wird, konnte auch der Diskussionsbeitrag *Jürgen Basts* (Heidelberg) verstanden werden. Die erforderliche europäische Rechtseinheit könne nur durch eine Konstitutionalisierung, also anhand der Maßstäbe des europäischen Verfassungsrechts gebildet werden, sagte Bast. Die Art. 41 und 47 der EU-Grundrechtecharta, also das Recht auf eine gute Verwaltung und auf effektiven gerichtlichen Schutz, müssten hierbei eine zentrale Rolle spielen. Die richtlinienkonforme Auslegung des nationalen Rechts werde an Bedeutung verlieren. Zentraler Hebel der Systembildung auf europäischer Ebene werde die grundrechtskonforme Auslegung von Richtlinien sein. Sie erlaube es dem EuGH, die Grundrechte „unmittelbar in die Anwendungssituation zu stellen“.

Ruffert wollte dieser These nur mit Einschränkungen zustimmen. Es sei gut, dass Art. 41 EU-Grundrechtecharta als „Nukleus des europäischen verwaltungsbezogenen Verfassungsrechts“ den Bürger in den Mittelpunkt stelle. Mit der grundrechtskonformen Richtlinienauslegung aber habe er Schwierigkeiten: „Man ersetzt eine begrenzende, etablierte Dogmatik durch das Heranholen eines allgemeinen Rechtsgrundsatzes umstrittenen, hinterfragbaren Inhalts“, sagte Ruffert unter Hinweis auf die Entscheidung des Europäischen Gerichtshofs vom 19. Januar 2010 in der Rechtssache *Kücükdeveci*. Jedenfalls im Verwaltungsrecht sei es vorzugswürdig, sich an den Richtlinien „abzuarbeiten“, statt das einfache Recht mit dem Verfassungsrecht zu „überwölben“. Das sei etwa im nationalen Baurecht auch nicht anders: Der Nachbar berufe sich nicht auf Art. 14 GG, sondern es werde nach einer einfachrechtlichen, das Grundrecht konkretisierenden Norm gesucht.

Einen letzten zentralen Gegenstand der Diskussion bildete das Verhältnis des Systemdenkens zur Idee der Freiheit gegenüber dem Staat und im Staat. *Paul Kirchhof* (Heidelberg) vertrat die Auffassung, dass System und Freiheit nicht in einem Gegensatz stehen, sondern sich wechselseitig bedingen. Er verteidigte das vom Bundesverfassungsgericht entwickelte Gebot der Folgerichtigkeit und den vom Europäischen Gerichtshof verwendeten Prüfungsmaßstab der Kohärenz gegen *Lepsius'* Systemskeptizismus. Die Judikatur sei Teil eines „elementaren Kampfes“ gegen die Willkür aller hoheitlicher Gewalten: „Wenn wir diesen Kampf verlieren würden, wäre das ein gewaltiger Rückschritt.“ Systembildung und „Stimmigkeit“ als Ziele der Gesetzgebung seien Gebote der Verhältnismäßigkeit und der Gleichheit.

„Solange wir dafür keine Alternativen haben, halte ich es für sehr riskant, diese Gebote in Frage zu stellen“, sagte Kirchhof. Systemdenken im öffentlichen Recht sei schon deshalb nicht freiheitsbedrohend und entwicklungshemmend, weil im Mittelpunkt des Systems die Grundrechte und die Demokratie stünden. Die Freiheit sei also systemprägend.

> „Und Freiheit heißt: Ich kann es morgen anders machen als heute. Ich habe das Recht, etwas völlig Neues, etwas Unkonventionelles zu tun. Das ist ein Erneuerungsinstrument. Und wir wählen unbeirrt immer wieder ein neues Parlament, damit es bessere Gesetze, also andere, erneuernde und auch stimmigere Gesetze macht."

Lepsius trat dem entgegen. *Kirchhof* betone auf der einen Seite Demokratie und Freiheit, enge aber auf der anderen Seite den demokratischen Gestaltungsanspruch des Gesetzgebers, in dem sich beide ausdrückten, durch Systemerwartungen gerade ein. Das passe nicht zusammen. Das Gebot der Folgerichtigkeit möge, konzedierte Lepsius, im Steuerrecht eine gewisse Daseinsberechtigung haben. Es sei dort Teil einer über Art. 3 Abs. 1 GG organisierten Mindestkontrolle des Gesetzgebers, die auf andere Weise nicht zu bewerkstelligen sei. Längst habe das Bundesverfassungsgericht das Folgerichtigkeitsgebot aber auf andere Sachgebiete wie zum Beispiel den Nichtraucherschutz erstreckt, wo es nichts zu suchen habe.

Dass es *Lepsius* mit seiner Systemkritik nicht zuletzt darum geht, der demokratischen Auseinandersetzung und Willensbildung mehr Freiraum gegenüber der judiziellen Kontrolle zu geben, wurde auch in seiner Reaktion auf *Schoch* deutlich, der davor gewarnt hatte, Recht durch „politische Willkür" zu ersetzen. Lepsius sagte hierzu wörtlich:

> „Wir leben doch in einer Demokratie. Wir wählen Mandatsträger, damit sie Entscheidungen treffen. Und an einem bestimmten Punkt müssen wir auch akzeptieren, dass bestimmte politische Entscheidungen in einer bestimmten Art und Weise getroffen werden. Wenn wir nicht in der Lage sind, auch als Minderheit politische Entscheidungen der Mehrheit zu akzeptieren, sondern grundsätzlich alles unter rationalisierende Systemerwartungen stellen, dann entleeren wir den politischen Prozess. Und dann müssen wir uns nicht wundern, wenn die Wahlbeteiligung zurückgeht, weil alle sagen, es ist egal, wen ich wähle, die können ja doch nur alle irgendwie systematisch nachvollziehen, was irgendwo schon vorentschieden ist. Dann machen wir aus Politikern Verwaltungsangestellte."

Ein Verlust an Rationalität und Kontrolle muss mit einer stärkeren Freigabe des Politischen nach Ansicht von Lepsius nicht verbunden sein. Er erinnerte daran, dass ein Großteil der Kontrolle im Gemeinwesen nicht mit den Mitteln des Rechts, sondern in genuin politischen Formen ausgeübt werde. Und diese Kontrolle sei mitunter „schneller, effektiver und viel härter" als die juristische Kontrolle.

Vierter Abschnitt

Rechtsschutz

Die Integrationsverantwortung des Bundesverfassungsgerichts

Von Andreas Voßkuhle*, Karlsruhe / Freiburg i. Br.

I. Das Konzept der Integrationsverantwortung

Ein Schlüsselbegriff[1] für das Gelingen des europäischen Projekts ist die Integrationsverantwortung. Ich freue mich deshalb sehr, dass die Veranstalter des heutigen Symposiums uns dieses Thema zur Aufgabe gestellt haben, zumal das Konzept der Integrationsverantwortung wesentlich vom Zweiten Senat des Bundesverfassungsgerichts in seiner Entscheidung zum Lissabon-Vertrag geprägt worden ist[2] und sein Direktionspotential noch weiterer Entfaltung bedarf.

1. Integration

Der Begriff der Integration begegnet uns unter anderem in soziologischen, mathematischen, sprachwissenschaftlichen und psychologischen Kontexten[3]. Für unsere Zwecke genügt es, sich auf die primäre Bedeutung zu konzentrieren, die man mit „(Wieder-)Herstellung einer Einheit (aus Differenziertem)" umschreiben kann. Die europäische Integration darf insofern als „Musterbeispiel" über- und zwischenstaatlicher Integrationsformen gelten. Im engeren Sinne lässt sich darunter der Integrationsprozess verstehen, der nach dem Zweiten Weltkrieg einsetzte und die Friedenssicherung in Europa zum Ziel hatte[4]. Zwar schienen dabei zunächst gemeinsame wirtschaftliche

---

* Für die sehr wertvolle Unterstützung bei der Erarbeitung des Beitrags danke ich meiner Wissenschaftlichen Mitarbeiterin am Bundesverfassungsgericht Frau Oberregierungsrätin Dr. Isabel Schübel-Pfister.

1 Zur Funktion von Schlüsselbegriffen vgl. *A. Voßkuhle,* Neue Verwaltungsrechtswissenschaft, in: W. Hoffmann-Riem / E. Schmidt-Aßmann / A. Voßkuhle (Hrsg.), Grundlagen des Verwaltungsrechts, Bd. I, 2006, § 1, Rn. 40 ff. m. w. N.

2 BVerfGE 123, 267 – Leitsatz 2. Die bereits zum jetzigen Zeitpunkt als uferlos zu bezeichnende Flut an Stellungnahmen in der Literatur dokumentiert, aus welch unterschiedlichen Blickwinkeln das Lissabon-Urteil gelesen und interpretiert werden kann, vgl. dazu anschaulich *F. C. Mayer,* Rashomon in Karlsruhe, NJW 2010, S. 714 ff.

3 Vgl. nur zum Stichwort Integration Duden – Das große Wörterbuch der deutschen Sprache, 3. Aufl. 1999; Brockhaus, Enzyklopädie, Bd. 13, 21. Aufl. 2005.

4 Vgl. neben *W. Loth,* Der Weg nach Europa, 3. Aufl. 1996 und *A. Wirsching,* Europa als Wille und Vorstellung, ZSE 2006, S. 488 ff. auch den Tatbestand des Lissabon-Urteils, BVerfGE 123, 267 (272 ff.).

Interessen – also eine „wirtschaftliche Integration“ – im Vordergrund zu stehen, jedoch diente die Verschränkung ökonomischer Sachverhalte von Anfang an als Scharnier für die Verwirklichung einer politischen Integration[5]. Ungeachtet aller Vielgestaltigkeit der Zielvorstellungen im Hinblick auf ein integriertes Europa lassen sich die diversen Integrationsmodelle dabei auf einen gemeinsamen Nenner bringen: die Burckhardt'sche Idee von Europa als „Einheit in der Vielfalt“, die auch heute noch Grundlage des Europagedankens ist.

2. Verantwortung

Der Terminus der Verantwortung weist zumindest auf den ersten Blick keine vergleichbare europäische Konnotation wie der Begriff der Integration auf. Bekanntlich avancierte das Konzept der Verantwortung erst relativ spät im 20. Jahrhundert zu einer normativen Zuordnungskategorie[6] und erlebte innerhalb der Rechtswissenschaften, besonders im öffentlichen Recht, in vergleichsweise kurzer Zeit eine starke Konjunktur[7].

a) Elemente der Verantwortung. Den Begriffen der Integration und der Verantwortung ist gemeinsam, dass man auf sie in ganz unterschiedlichen Wissenschaftsgebieten rekurriert und divergierende Vorstellungen mit ihnen verbindet. Ein einheitlicher (verfassungs-)rechtlicher Verantwortungsbegriff existiert nicht[8]. Bei näherem Hinsehen lassen sich gleichwohl sechs Elemente herauskristallisieren, die als Anknüpfungspunkte einer juristischen Dogmatik die formale Struktur der Verantwortung kennzeichnen. Damit sinnvoll von Verantwortung gesprochen werden kann, bedarf es (1) eines handlungsfähigen Subjekts in Gestalt einer natürlichen oder juristischen Person, (2) das aufgrund eines bestimmten Zurechnungstatbestandes (3) für etwas (4) vor einer anderen Instanz einstehen muss. Dies ist immer nur dann zumutbar, wenn für den Verantwortlichen (5) weisungsunabhängige Entscheidungsspielräume bestehen und (6) ein Maßstab exis-

---

5 Vgl. *H. J. Küsters,* Die Gründung der Europäischen Wirtschaftsgemeinschaft, 1982, S. 55 ff. und 79 ff.

6 Zur Verantwortung als einem Schlüsselbegriff der Ethik vgl. *H. Jonas,* Das Prinzip Verantwortung – Versuch einer Ethik für die technologische Zivilisation, 1979, sowie bereits *M. Weber,* Politik als Beruf, 1919 (1992); zum Ganzen instruktiv *K. Bayertz,* Eine kurze Geschichte der Herkunft der Verantwortung, in: ders. (Hrsg.), Verantwortung. Prinzip oder Problem?, 1995, S. 3 ff.

7 Vgl. hierzu und zum Folgenden *A. Voßkuhle,* Gesetzgeberische Regelungsstrategien der Verantwortungsteilung zwischen öffentlichem und privatem Sektor, in: G. F. Schuppert (Hrsg.), Jenseits von Privatisierung und „schlankem“ Staat, Verantwortungsteilung als Schlüsselbegriff eines sich verändernden Verhältnisses von öffentlichem und privatem Sektor, 1999, S. 47 (52 ff.) m. w. N.

8 *J. A. Kämmerer,* Privatisierung, 2001, S. 435; vgl. auch *D. Wilke,* Über Verwaltungsverantwortung, DÖV 1975, S. 509 (510 f.); *M. Sachs,* Bürgerverantwortung im Verfassungsstaat, DVBl. 1995, S. 873 (874 ff.); *H. Dreier,* Verantwortung im demokratischen Verfassungsstaat, ARSP Beiheft 74 (2000), S. 9 (12 ff.).

tiert, an dem er sich bei seinen Handlungen orientieren kann. Als Gegenstand bzw. Bezugsobjekt der Verantwortung kommen dabei beispielsweise ein Tun oder Unterlassen, aber auch eine bestimmte Aufgabe in Betracht. Speziell der letztgenannte Aspekt ist gemeint, wenn von „staatlicher Verantwortung“[9], „Verwaltungsverantwortung“[10] oder eben von der „verfassungsrechtlichen Integrationsverantwortung“[11] die Rede ist.

b) Verantwortungsteilung. Verantwortung entfaltet ihre eigentliche Kraft erst durch Teilung. Nicht von ungefähr stand im Mittelpunkt der allgemeinen Verwaltungsreformdiskussion in den 1990er Jahren das Konzept der Verantwortungsteilung[12]. Ging es damals in erster Linie darum, die Verantwortung für die Erfüllung öffentlicher Aufgaben zwischen dem öffentlichen und dem privaten Sektor zu verteilen, rückt im vorliegenden Zusammenhang die Verantwortungsteilung zwischen den verschiedenen Akteuren der europäischen Integration in den Blickpunkt. Beiden Konstellationen liegt jedoch die gemeinsame Erkenntnis zugrunde, dass das komplexe Zusammenspiel unterschiedlicher Institutionen, Organe und Personen angesichts sich ständig wandelnder politischer und gesellschaftlicher Rahmenbedingungen eines zumindest heuristischen (dogmatischen) Bezugspunkts bedarf, der dem Handeln eine gemeinsame Orientierung gibt, ohne die Eigenständigkeit und Spezifika der jeweiligen Handlungsbeiträge zu negieren. Vor diesem Hintergrund stellt sich die Europäische Union nicht nur als Wertegemeinschaft dar, sondern auch als Verantwortungsgemeinschaft.

3. Integrationsverantwortung

a) Integrationsverantwortung in der bisherigen Rechtsprechung. Soweit ersichtlich, hat das Bundesverfassungsgericht den Schlüsselbegriff der Integrationsverantwortung zum ersten Mal im Lissabon-Urteil verwendet[13]. Als verfassungsrechtliches Konzept ist der Gedanke der kontinuierlichen

---

9 *P. Saladin,* Verantwortung als Staatsprinzip, 1984, S. 99 ff., 112 ff.

10 *R. Scholz* und *E. Schmidt-Aßmann,* Verwaltungsverantwortung und Verwaltungsgerichtsbarkeit, VVDStRL 34 (1976), S. 146 (149 ff.) bzw. S. 221 (229 ff.).

11 BVerfGE 123, 267 (352).

12 Vgl. *E. Schmidt-Aßmann,* Zur Reform des Verwaltungsrechts, in: W. Hoffmann-Riem/E. Schmidt-Aßmann (Hrsg.), Reform des Allgemeinen Verwaltungsrechts, 1993, S. 11 (43 f.); *G. F. Schuppert,* Die Erfüllung öffentlicher Aufgaben durch die öffentliche Hand, private Anbieter und Organisationen des dritten Sektors, in: J. Ipsen (Hrsg.), Privatisierung öffentlicher Aufgaben, 1994, S. 17 (26 ff.); *H.-H. Trute,* Verantwortungsteilung als Schlüsselbegriff eines sich verändernden Verhältnisses von öffentlichem und privatem Sektor, in: G. F. Schuppert (Hrsg.), Jenseits von Privatisierung und „schlankem“ Staat, 1999, S. 13 ff.; *W. Hoffmann-Riem,* Verantwortungsteilung als Schlüsselbegriff moderner Staatlichkeit, in: P. Kirchhof (Hrsg.), Staaten und Steuern, 2000, S. 47 ff.; *W. Hoffmann-Riem,* Gewaltengliederung und Verantwortungsteilung als Ordnungsprinzip, in: F. Hufen (Hrsg.), Verfassungen – zwischen Recht und Politik, 2008, S. 183 ff.

13 BVerfGE 123, 267 – Leitsatz 2.

Verantwortung für einen Integrationsprozess allerdings nicht neu, sondern in eine – zwar jüngere, aber bereits gefestigte[14] – völkerrechtsbezogene Judikatur des Bundesverfassungsgerichts eingebettet[15]. Das Konzept der Integrationsverantwortung trägt dem Befund Rechnung, dass völkerrechtliche Verträge ein dynamisches Regelungssystem in Gang setzen können, indem sie Vertragsorgane zur sekundären Rechtssetzung ermächtigen bzw. verpflichten oder eine evolutive Auslegung des Vertragstextes legitimieren. Durch die fortdauernde Einbindung des Parlaments in diesen Entwicklungsprozess soll die mangelnde Vorhersehbarkeit derartiger Vertragsentwicklungen zum Zeitpunkt der Ratifikation aufgewogen und eine demokratische Absicherung gewährleistet werden – nur so bleibt die Integration dem einzelnen Bürger auch zurechenbar.

Dementsprechend hat das Bundesverfassungsgericht in seinem Urteil zum Tornado-Einsatz in Afghanistan betont, dass die Zustimmung des Deutschen Bundestags zu einem völkerrechtlichen Vertrag sich nicht in einem einmaligen Mitwirkungsakt anlässlich des Vertragsschlusses erschöpft, sondern vielmehr die dauerhafte Übernahme von Verantwortung für das im Vertrag und im Zustimmungsgesetz festgelegte politische Programm bedeutet[16]. Diese Rechtsprechung hat das Gericht im AWACS II-Urteil bestätigt. Das vom deutschen Zustimmungsgesetz zum NATO-Vertrag festgelegte Integrationsprogramm und die damit einhergehende politische Bindung der Bundesrepublik würden maßgeblich von den Gesetzgebungsorganen mitverantwortet, deren rechtliche und politische Verantwortung sich trotz der Prärogative der Exekutive in Auswärtigen Angelegenheiten auf den weiteren Vertragsvollzug erstrecke[17].

b) Integrationsverantwortung im Lissabon-Urteil. Im Lissabon-Urteil hat das Bundesverfassungsgericht diese am völkerrechtlichen Friedensgebot entwickelte Rechtsprechung zu Systemen gegenseitiger kollektiver Sicherheit im Sinne des Art. 24 GG in das europabezogene Außenstaatsrecht eingeführt und auf den europäischen Integrationsprozess nach Art. 23 GG übertragen[18]. Integrationsverantwortung bedeutet danach die dauerhafte

---

14 Zu der vom Bundesverfassungsgericht verantworteten Pflege des verfassungsrechtlichen „Quellcodes" anhand des Parameters der Stabilität bzw. Kontinuität vgl. *A. Voßkuhle,* Stabilität, Zukunftsoffenheit und Vielfaltsicherung – Die Pflege des verfassungsrechtlichen „Quellcodes" durch das BVerfG, JZ 2009, S. 917 (918 f.).

15 BVerfGE 104, 151 (208); 108, 34 (43); 118, 244 (258); 121, 135 (153 f.); vgl. zu dieser Herleitung auch *F. Schorkopf,* Die Europäische Union im Lot – Karlsruhes Rechtsspruch zum Vertrag von Lissabon, EuZW 2009, S. 718 (723). Im Maastricht-Urteil ist von einer „politischen Verantwortung für die Einräumung von Hoheitsrechten" die Rede, vgl. BVerfGE 89, 155 (183).

16 BVerfGE 118, 124 (258).

17 BVerfGE 121, 135 (157 f.).

18 Tendenziell zustimmend *C. Calliess,* Das Ringen des Zweiten Senats mit der Europäischen Union: Über das Ziel hinausgeschossen..., ZEuS 2009, S. 559 (560);

und nachhaltige Übernahme von Verantwortung im Rahmen der europäischen Integration, also zunächst bei der Übertragung von Hoheitsrechten und der Ausgestaltung der europäischen Entscheidungsverfahren[19], des Weiteren aber auch bei der dynamischen Vertragsentwicklung bzw. dem weiteren Verwaltungsvollzug[20].

Hinsichtlich der Vorgehensweise des Gerichts besteht eine Parallele zu dem gleichfalls im Lissabon-Urteil aus der Taufe gehobenen, im Zusammenhang mit der Integrationsverantwortung stehenden Grundsatz der Europarechtsfreundlichkeit des Grundgesetzes, der seine Genese ebenfalls der Übertragung eines in Art. 24 GG verorteten völkerrechtsbezogenen Konzepts auf Art. 23 GG verdankt. Dem verfassungsrechtlichen Prinzip der Völkerrechtsfreundlichkeit steht nunmehr ein eigenständiger, aus der Präambel sowie dem „Europa-Artikel" abgeleiteter Grundsatz der Europarechtsfreundlichkeit zur Seite, der die Mitwirkung Deutschlands an der Verwirklichung eines vereinten Europas nicht nur erlaubt[21], sondern sogar als Verfassungspflicht gebietet[22].

Das „Lissabonner" Konzept der Integrationsverantwortung soll das Spannungsverhältnis zwischen den verfassungsrechtlichen Anliegen der Mitwirkung am europäischen Integrationsprozess einerseits und des Schutzes der nationalen Verfassungsidentität andererseits bewältigen. Dementsprechend ist die konzeptionelle Integrationsverantwortung als „Verfassungsauftrag" zunächst an die Bundesrepublik Deutschland in ihrer Gesamtheit, als Völkerrechtssubjekt, gerichtet[23]. Die produktive Kraft des Integrationsverantwortungskonzepts liegt darin, die im Einzelfall gegenläufigen Strukturprinzipien der Europarechtsfreundlichkeit nach Art. 23 GG und der integrationsfesten Verfassungsidentität nach Art. 79 Abs. 3 GG im Wege der „praktischen Konkordanz" einem möglichst schonenden Ausgleich zuzuführen. Die Europarechtsfreundlichkeit erscheint zugleich als Konkretisierung der Integrationsverantwortung für den Bereich der Auslegung, also als Argumentationsfigur bzw. dynamisches Optimierungsgebot, um die Integrationsverantwortung mit Leben zu erfüllen. Dabei sollte die Integrations-

M. Ruffert, An den Grenzen des Integrationsverfassungsrechts: Das Urteil des Bundesverfassungsgerichts zum Vertrag von Lissabon, DVBl. 2009, S. 1197 (1200 f.); kritisch dagegen etwa *A. v. Bogdandy,* Prinzipien der Rechtsfortbildung im europäischen Rechtsraum, Überlegungen zum Lissabon-Urteil des BVerfG, NJW 2010, S. 1 (3); *M. Nettesheim,* Die Integrationsverantwortung – Vorgaben des BVerfG und gesetzgeberische Umsetzung, NJW 2010, S. 177 ff.; ambivalent *M. Kottmann / C. Wohlfahrt,* Der gespaltene Wächter? Demokratie, Verfassungsidentität und Integrationsverantwortung im Lissabon-Urteil, ZaöRV 69 (2009), S. 443 (454 ff.).

19 BVerfGE 123, 267 (353).

20 BVerfGE 123, 267 (434).

21 Vgl. in diesem Sinne noch die Formulierung im Maastricht-Urteil BVerfGE 89, 155 (182): „zugelassen".

22 BVerfGE 123, 267 (346 f.).

23 BVerfGE 123, 267 (352, 365).

verantwortung keinesfalls als Einbahnstraße – hin zu mehr oder weniger Integration – begriffen werden[24], sondern als zweispuriges Konzept, bei dem die wohlwollende Begleitung des europäischen Integrationsprozesses und seine rückkoppelnde, identitätswahrende Komponente ineinandergreifen. Die in den Stellungnahmen zum Lissabon-Urteil mitunter zu hörenden Antagonismen vom „Motor" und „Bremser" der Integration[25] erscheinen damit endgültig überholt!

c) Subjekte der Integrationsverantwortung. Während die Integrationsverantwortung in der völkerrechtsbezogenen Judikatur des Bundesverfassungsgerichts klar auf die Rolle des Parlaments zugeschnitten war, verfolgt das Gericht im Lissabon-Urteil einen wesentlich breiteren Ansatz, der jedem Verfassungsorgan eine nachhaltige, organspezifische Verantwortung im Integrationsprozess zuweist[26]. Auch wenn sich das Gericht – seinem Rechtsprechungsauftrag folgend – auf die mitgliedstaatlichen Akteure der Integrationsverantwortung konzentriert hat, sind spiegelbildlich auch die Organe auf europäischer Ebene in den Blick zu nehmen. Dabei möchte ich insbesondere das Europäische Parlament, den Rat, die Kommission und den Gerichtshof der Europäischen Union nennen, die weiterhin – auch nach der Neujustierung des institutionellen Rahmens durch den Vertrag von Lissabon – den institutionellen Kern der Union bilden[27]. Nach Art. 13 Abs. 2 EUV handelt jedes Unionsorgan nach Maßgabe der ihm in den Verträgen zugewiesenen Befugnisse nach den in den Verträgen festgelegten Verfahren, Bedingungen und Zielen. Hierin lässt sich – ebenso wie in der anschließend formulierten Verpflichtung der Organe zur loyalen Zusammenarbeit – die Kodifikation des Gedankens der geteilten Integrationsverantwortung erblicken.

Die europäischen Subjekte der Integrationsverantwortung sind ihrerseits mit den mitgliedstaatlichen Verantwortungsträgern verschränkt. So stehen beispielsweise die Mitwirkung des Europäischen Parlaments am Integrationsprozess und die demokratische Rückkoppelung über die nationalen Parlamente in einem fruchtbaren Ergänzungsverhältnis, das geradezu programmatischen Charakter für die geteilte Integrationsverantwortung in der „Europäischen Verantwortungsunion" aufweist. Dabei kommt nicht etwa allen Akteuren dieselbe Verantwortung zu; vielmehr nimmt jeder Beteiligte in seiner eigenen Weise, mit unterschiedlichen Instrumenten und Funk-

[24] In der Literatur wird in diesem Zusammenhang ein „integrationsorientierter Impetus" der Integrationsverantwortung angemahnt, vgl. *Ruffert* (FN 18), S. 1200; vgl. des Weiteren *Kottmann / Wohlfahrt* (FN 18), S. 455.

[25] Vgl. etwa *T. Oppermann,* Den Musterknaben ins Bremserhäuschen! – Bundesverfassungsgericht und Lissabon-Vertrag, EuZW 2009, S. 473.

[26] Vgl. BVerfGE 123, 267 (356): „Den deutschen Verfassungsorganen obliegt eine dauerhafte Integrationsverantwortung."

[27] Vgl. *R. Streinz / C. Ohler / C. Herrmann,* Der Vertrag von Lissabon zur Reform der EU, 3. Aufl. 2010, S. 59.

tionsbedingungen und auf verschiedenen Ebenen eine spezifische Verantwortung wahr. In dieser Verantwortungsabschichtung entfaltet das Konzept der Verantwortung seinen eigentlichen Sinn, denn bekanntlich ist jedermanns Verantwortung letztlich niemandes Verantwortung[28].

II. Die spezifische Integrationsverantwortung des Bundesverfassungsgerichts

Auch das Bundesverfassungsgericht trägt eine zentrale und kontinuierliche Verantwortung für die Erfüllung des Verfassungsauftrags zur europäischen Integration[29]. Es übt seine spezifische Integrationsverantwortung sowohl in innerstaatlichen als auch in supranationalen Bezügen im Zusammenwirken mit den übrigen Verantwortungsträgern aus.

1. Die innerstaatliche Verteilung der Integrationsverantwortung

Auf innerstaatlicher Ebene wird das Bundesverfassungsgericht seiner verfassungsrechtlich gebotenen Integrationsverantwortung dadurch gerecht, dass es die anderen Akteure zur Anwendung und Durchsetzung des Europarechts – und damit zur Wahrnehmung ihrer eigenen spezifischen Integrationsverantwortung – ermutigt. An zwei Beispielen, der Verantwortungsteilung mit dem Gesetzgeber einerseits und der Verantwortungsteilung mit den Fachgerichten andererseits, möchte ich diesen Aspekt veranschaulichen.

a) Verantwortungsteilung mit dem Gesetzgeber. Eine wichtige Rolle nimmt die Verantwortungsteilung mit den gesetzgebenden Körperschaften ein, deren Integrationsverantwortung das Bundesverfassungsgericht im Lissabon-Urteil besonders angemahnt hat[30]. Neben der Bundesregierung obliegt es demnach dem Bundestag und, soweit die Gesetzgebungsbefugnisse der Länder betroffen sind, dem Bundesrat, ihre besondere Verantwortung bei der Mitwirkung am Integrationsprogramm der Europäischen Union gemäß

---

28 *F. A. Hayek,* Die Verfassung der Freiheit, Tübingen 1971 (1960), S. 102.

29 Vgl. BVerfGE 123, 267 (399). In der Literatur wird die Integrationsverantwortung allerdings bislang nur vereinzelt auf das Bundesverfassungsgericht bezogen, vgl. etwa *P. Hector,* Zur Integrationsverantwortung des Bundesverfassungsgerichts, ZEuS 2009, S. 599 (610 ff.).

30 BVerfGE 123, 267 (353); zustimmend etwa *Calliess* (FN 18), S. 560; vgl. auch *ders.,* Nach dem Lissabon-Urteil des Bundesverfassungsgerichts: Parlamentarische Integrationsverantwortung auf europäischer und nationaler Ebene, ZG 2010, S. 1 ff.; kritisch beispielsweise *K. Dingemann,* Zwischen Integrationsverantwortung und Identitätskontrolle: Das „Lissabon"-Urteil des Bundesverfassungsgerichts, ZEuS 2009, S. 491 (519 ff.): „Verhinderungsverantwortung"; *E. Pache,* Das Ende der europäischen Integration? Das Urteil des BVerfG zum Vertrag von Lissabon, zur Zukunft Europas und der Demokratie, EuGRZ 2009, S. 285 (295 f.).

den Anforderungen des Art. 23 Abs. 1 GG wahrzunehmen. Das Konzept der parlamentarischen Integrationsverantwortung sichert die Mitwirkung von Bundestag und Bundesrat nicht nur bei der Fortschreibung der vertraglichen Grundlagen der Europäischen Union. Es fordert diese Organe auch zur politischen Begleitung der Entscheidungen auf, welche die Union in Wahrnehmung der bestehenden Kompetenzen trifft. Die innerstaatliche Verteilung der Integrationsverantwortung stellt damit nicht nur eine Frage des parlamentarischen Selbstverständnisses, sondern auch der demokratischen Legitimation dar[31]. In seinem „Integrationsverantwortungsgesetz" hat der Gesetzgeber die vom Bundesverfassungsgericht entwickelte Begriffsbildung übernommen und die geforderten Änderungen im staatlichen Organgefüge zur Sicherstellung der innerstaatlichen Begleitung des Integrationsprozesses umgesetzt[32].

b) Verantwortungsteilung mit den Fachgerichten. Des Weiteren wird das Bundesverfassungsgericht seiner Integrationsverantwortung innerstaatlich dadurch gerecht, dass es die Fachgerichte zur Beachtung des Vorrangs des Unionsrechts anhält und europarechtlichen Vorgaben so zum Durchbruch verhilft. Bekanntlich sind die europäische und die nationalen Rechtsordnungen durch die unmittelbare Wirksamkeit des Unionsrechts in den Mitgliedstaaten aufs Engste verzahnt. Zur Gewährleistung der einheitlichen Auslegung und Anwendung des Unionsrechts ist der Gerichtshof der Europäischen Union berufen, der seinem Rechtsprechungsauftrag im Zusammenwirken mit den Gerichten der Mitgliedstaaten nachkommt. Deren Verpflichtung, dem Unionsrecht gemäß dem Grundsatz der loyalen Zusammenarbeit nach Art. 4 Abs. 3 EUV Vorrang vor entgegenstehendem nationalem Recht einzuräumen, wird prozedural durch das ausgesprochen erfolgreiche Vorlageverfahren gemäß Art. 267 AEUV abgesichert[33].

Auch das Bundesverfassungsgericht steht in diesem fruchtbaren und intensiven Jurisdiktionszusammenspiel nicht abseits. Vielmehr sorgt es dafür, dass die Einhaltung der Vorlagepflicht, deren Verstoß unionsrechtlich regelmäßig nicht sanktioniert wird[34], einer verfassungsrechtlichen

---

31 Vgl. *H. Sauer*, Kompetenz- und Identitätskontrolle von Europarecht nach dem Lissabon-Urteil – Ein neues Verfahren vor dem Bundesverfassungsgericht?, ZRP 2009, S. 195 (198).

32 Gesetz über die Wahrnehmung der Integrationsverantwortung des Bundestages und des Bundesrates in Angelegenheiten der Europäischen Union (Integrationsverantwortungsgesetz – IntVG), BGBl. I 2009, S. 3022; dazu *Nettesheim* (FN 18), S. 177 ff.; *J.-U. Hahn*, Die Mitwirkungsrechte von Bundestag und Bundesrat in EU-Angelegenheiten nach dem neuen Integrationsverantwortungsgesetz, EuZW 2009, S. 758 ff.; *S. Hölscheidt / S. Menzenbach / B. Schröder*, Das Integrationsverantwortungsgesetz – ein Kurzkommentar, ZParl 2009, S. 758 ff.

33 Vgl. nur *V. Skouris*, Stellung und Bedeutung des Vorabentscheidungsverfahrens im europäischen Rechtsschutzsystem, EuGRZ 2008, S. 343 ff.

34 Hinsichtlich des Vorlageverfahrens nach Art. 267 AEUV haben die Parteien keine Initiativrechte, sondern nur Gelegenheit zur Äußerung, vgl. EuGH, Rs. C-364/92,

Kontrolle unterliegt. Verletzt ein deutsches Gericht seine Vorlagepflicht in offensichtlich unhaltbarer Weise, verstößt es nicht nur gegen Unionsrecht, sondern zugleich auch gegen deutsches Verfassungsrecht, weil den Verfahrensbeteiligten der von Art. 101 Abs. 1 S. 2 GG verbürgte gesetzliche Richter vorenthalten wird[35]. Dieser Grundrechtsverstoß kann mittels der Verfassungsbeschwerde vor dem Bundesverfassungsgericht gerügt werden[36].

2. Die überstaatliche Verteilung der Integrationsverantwortung

a) Integrationsverantwortung im europäischen Verfassungsgerichtsverbund. Auf supranationaler Ebene nimmt das Bundesverfassungsgericht seine Integrationsverantwortung in einem „europäischen Verfassungsgerichtsverbund"[37] mit dem Gerichtshof der Europäischen Union wahr. Der Begriff des Verbundes als „Ordnungsidee" (*Schmidt-Aßmann*[38]) hilft, Funktionsweisen eines komplexen Mehrebenensystems zu beschreiben, ohne dass damit schon die genauen Techniken des Zusammenspiels festgelegt wären. Dabei ermöglicht er den Verzicht auf räumliche, stark vereinfachende Bilder wie Gleichordnung, Über- und Unterordnung. Stattdessen eröffnet er die differenzierte Umschreibung anhand unterschiedlicher Ordnungsgesichtspunkte wie Einheit, Differenz und Vielfalt, Homogenität und Pluralität, Abgrenzung, Zusammenspiel und Verschränkung. Im Gedanken des Verbundes sind Eigenständigkeit, Rücksichtnahme und Fähigkeit zu gemeinsamem Handeln gleichermaßen angelegt. Das komplexe, durch einzigartige Verflechtungen geprägte Verhältnis zwischen der Luxemburger und der Karlsruher Gerichtsbarkeit lässt sich aus meiner Sicht auf diese Weise am besten erfassen.

SAT/Eurocontrol, Slg. 1994, I-43, Rn. 9. Zwar kann die Kommission beim Verstoß eines letztinstanzlichen Gerichts gegen die Vorlagepflicht ein Vertragsverletzungsverfahren nach Art. 258 AEUV gegen den betreffenden Mitgliedstaat einleiten, jedoch wird diese Möglichkeit sehr zurückhaltend gehandhabt; vgl. hierzu *M. Breuer,* Urteile mitgliedstaatlicher Gerichte als möglicher Gegenstand eines Vertragsverletzungsverfahrens nach Art. 226 EG?, EuZW 2004, S. 199 ff.; *E. Lenski / F. C. Mayer,* Vertragsverletzung wegen Nichtvorlage durch oberste Gerichte?, EuZW 2005, S. 225.

35 Ständige Rechtsprechung, vgl. nur BVerfGE 82, 159 (192 ff.).

36 Vgl. beispielsweise den stattgebenden Kammerbeschluss wegen Verletzung des Anspruchs auf den gesetzlichen Richter durch Nichtvorlage an den Europäischen Gerichtshof bei einander widersprechenden EG-Richtlinien im Fall ärztlicher Aus- und Weiterbildung: BVerfG, NJW 2001, S. 1267 (1267 f.).

37 *A. Voßkuhle,* Der europäische Verfassungsgerichtsverbund, NVwZ 2010, S. 1 ff.; vgl. zur „Kooperation der Verfassungsgerichte im überstaatlichen Verbund" bereits *U. Di Fabio,* Der Verfassungsstaat in der Weltgesellschaft, 2001, S. 78; vgl. weiter das Konzept einer europäischen Verfassungsgerichtsbarkeit bei *F. C. Mayer,* Verfassungsgerichtsbarkeit, in: A. v. Bogdandy / J. Bast (Hrsg.), Europäisches Verfassungsrecht, 2. Aufl. 2009, S. 559 ff.

38 *E. Schmidt-Aßmann,* in: ders. / B. Schöndorf-Haubold (Hrsg.), Der Europäische Verwaltungsverbund, 2005, S. 1 (7); s. auch *ders.,* Das allgemeine Verwaltungsrecht als Ordnungsidee, 2. Aufl. 2004, S. 1 f.

b) Balance zwischen überstaatlicher Integration und staatlicher Integrität. Konkret bedeutet die verbundgerechte Wahrnehmung der Integrationsverantwortung für das Bundesverfassungsgericht, eine Balance zwischen überstaatlicher Integration einerseits und staatlicher Integrität bzw. Identität andererseits zu finden. Dafür hat das Gericht von Anfang an durch eine mitunter kritische, stets aber konstruktive Begleitung des europäischen Integrationsprozesses Sorge getragen. Das zuletzt im Lissabon-Urteil aktivierte und aktualisierte Konzept aus Integration und Identitätswahrung ist dabei entgegen mancher kritischen Stimme in der Literatur[39] kein abwehrendes und retardierendes Element im Integrationsprozess. Vielmehr stellt es eine positive Erfolgsbedingung, ja eine tragende Säule im großen europäischen Haus dar. Denn: Solange ein europäischer Bundesstaat politisch nicht gewollt ist, sichert erst die produktive Rückkoppelung über die unterschiedlichen nationalen Rechtssysteme die dauerhafte Akzeptanz des europäischen Integrationsprozesses in den Mitgliedstaaten, die bis auf weiteres das Fundament der Europäischen Union bilden. Integration und Identität erscheinen so als zwei Seiten derselben Medaille, als zwei verfassungs- und unionsrechtlich zu schützende Werte, deren Bewahrung und Förderung ineinandergreifen.

c) Integrationsverantwortung als Kontrollverantwortung. Integrationsverantwortung bedeutet dabei auch die Übernahme von Verantwortung für die Einhaltung des – hinreichend bestimmten und vorhersehbaren – Integrationsprogramms mit dem unantastbaren Kerngehalt der Verfassungsidentität des Grundgesetzes als „Schranken-Schranke"[40]. In seltenen Ausnahmefällen kann sich daher die Integrationsverantwortung des Gerichts zu einer Kontrollverantwortung verdichten, als deren funktionsadäquate Ausprägungen neben der Grundrechtskontrolle insbesondere die Ultra-vires- und die Identitätskontrolle zu nennen sind. In den früheren Jahren seiner Judikatur hatte das Bundesverfassungsgericht vor allem eine Lanze für die Gewährleistung eines adäquaten Grundrechtsschutzes auf europäischer Ebene gebrochen. Die von ihm in der Solange-Rechtsprechung entwickelte, verfassungsrechtlich gebotene Reserveverantwortung zur Gewährleistung des unabdingbaren Grundrechtsstandards[41] hat das Gericht im Maastricht-Urteil[42] sowie im Bananenmarkt-Beschluss[43] bruchlos fortgeführt und zuletzt im Lissabon-Urteil[44] erneut bestätigt.

---

39 Vgl. hierzu – speziell unter dem Gesichtspunkt der Integrationsverantwortung – *R. Lhotta/J. Ketelhut,* Integrationsverantwortung und parlamentarische Demokratie: Das Bundesverfassungsgericht als Agent des „verfassten politischen Primärraums"?, ZParl 2009, S. 864 (869, 877); *N. Reich,* „Europarechtsfreundlichkeit" und „Integrationsverantwortung" – eine lettische Variante, EuZW 2009, S. 713.

40 Vgl. BVerfGE 123, 267 (353).

41 BVerfGE 37, 271; 73, 376 (387).

42 BVerfGE 89, 155 (174 f.).

43 BVerfGE 102, 147 (167).

44 BVerfGE 123, 267 (399).

Eine ähnliche Auffangverantwortung hat das Bundesverfassungsgericht in jüngerer Zeit hinsichtlich der weiteren Grenzen der Integrationsermächtigung entwickelt. Diese werden aus europarechtlicher Sicht durch den Grundsatz der loyalen Zusammenarbeit nach Art. 4 Abs. 3 EUV bestimmt, der die Rücksichtnahme auf identitätsbestimmende Verfassungsgrundsätze der Mitgliedstaaten und den so abgesteckten Rahmen der Hoheitsübertragung gebietet[45]. Art. 4 Abs. 2 EUV gewährleistet als unionsrechtliches Korrelat zur Europarechtsfreundlichkeit des Grundgesetzes sogar explizit die Wahrung der nationalen Identität einschließlich der Verfassungsstrukturen der Mitgliedstaaten. Zur Konturierung der damit vorgezeichneten Integrationsschranken hat das Bundesverfassungsgericht im Maastricht-Urteil zunächst die Ultra-vires-Kontrolle entwickelt[46], die es im Lissabon-Urteil um die Identitätskontrolle als prozessuales Gegenstück zum Schutz der integrationsfesten Verfassungsidentität nach Art. 79 Abs. 3 GG angereichert hat[47]. Die Identitätskontrolle gründet in der Erkenntnis, dass die grundgesetzliche Ermächtigung zur Übertragung von Hoheitsrechten auf die Europäische Union ihre Grenze in dem von Art. 79 Abs. 3 GG geschützten materiellen Identitätskern der Verfassung findet – was für den verfassungsändernden Gesetzgeber unverfügbar ist, muss auch weiterhin integrationsfest sein.

Diese „Notbremse-Verfahren“ mussten bislang nicht in Anspruch genommen werden. Sollte dies eines Tages doch einmal der Fall sein, so wird das Bundesverfassungsgericht seine Prüfungskompetenz jedenfalls mit einer europarechtsfreundlichen Stoßrichtung auszuüben haben[48], um seiner Integrationsverantwortung im europäischen Rechtsraum dauerhaft und nachhaltig gerecht werden.

III. Perspektiven der Integrationsverantwortung

Im Lissabon-Urteil hat das Bundesverfassungsgericht seine spezifische Verantwortung für das Gelingen des so sensiblen und zugleich so unver-

---

45 Vgl. *A. Voßkuhle,* in: H. v. Mangoldt / F. Klein / C. Starck (Hrsg.), GG, 5. Aufl. 2005, Art. 93 Rn. 85.

46 BVerfGE 89, 155 (188, 209 f.) in Anknüpfung an BVerfGE 75, 223 (240 ff.); vgl. auch BVerfG, NJW 2000, S. 2015 (2016).

47 BVerfG, NJW 2009, S. 2267 (2272); vgl. dazu statt vieler *Sauer* (FN 31), S. 195 ff.; *J. Bergmann / U. Karpenstein,* Identitäts- und Ultra-vires-Kontrolle durch das Bundesverfassungsgericht – Zur Notwendigkeit einer gesetzlichen Vorlageverpflichtung, ZEuS 2009, S. 529 ff.; kritisch *V. Skouris,* Das Verhältnis des Europäischen Gerichtshofs zu den nationalen Verfassungsgerichten, Festvortrag anlässlich des österreichischen Verfassungstags 2009, Manuskript S. 13 ff.

48 Vgl. BVerfGE 123, 267 (354). In der Literatur wird in diesem Zusammenhang unter anderem die Stellschraube der „ersichtlichen“ Überschreitung der Zuständigkeits- bzw. Identitätsgrenzen betont, vgl. *Sauer* (FN 31), S. 196; *Schorkopf* (FN 15), S. 722.

zichtbaren Prozesses der europäischen Integration erneut betätigt. Gewiss bleibt die volle Entfaltung der verfassungsrechtlichen Tragweite des Integrationsverantwortungskonzepts der zukünftigen Entwicklung vorbehalten. Bereits heute lässt sich allerdings feststellen, dass diese Verantwortung untrennbar mit einem bestimmten Stil ihrer Wahrnehmung verbunden ist. Stets gilt es zu bedenken, dass das Bundesverfassungsgericht keine Europapolitik betreibt, sondern am Maßstab des Grundgesetzes die verfassungsrechtlichen Rahmenbedingungen auslotet, in denen die übrigen Akteure gestaltend tätig werden. Der nüchterne, trockene Ton des Rechts mag dabei nicht immer dem emphatischen Stil der Politik entsprechen und wird deshalb mitunter – wie ich meine, sehr zu Unrecht – als fehlendes Engagement in der Sache ausgelegt. Schließlich hat die Rechtsprechung des Bundesverfassungsgerichts von Anfang an den Geist der Europarechtsfreundlichkeit geatmet und stets den Weg für eine den Menschen- und Bürgerrechten verpflichtete Integration bereitet. An dieser europäischen Berufung des Bundesverfassungsgerichts wird sich auch in Zukunft nichts ändern!

Über die Integrationsverantwortung des Gerichtshofes der Europäischen Union

Von Thomas von Danwitz, Luxemburg / Köln

Über die Einladung zu diesem Symposion, das nach Programmabfolge und Teilnehmerkreis gleichsam als Sondertagung der Staatsrechtslehrervereinigung erscheint, habe ich mich sehr gefreut und meine Teilnahme aus einer ganzen Reihe von Gründen spontan zugesagt. Die langjährige persönliche Verbundenheit mit Ihnen, lieber Herr *Kirchhof,* bildet fraglos den ersten Grund. Die schon frühzeitig im Geiste verwaltungsrechtlicher Systembildung geknüpfte akademische Wahlverwandtschaft zu Herrn *Schmidt-Aßmann,* der mich unmittelbar nach dem Erscheinen meiner Schrift „Verwaltungsrechtliches System und europäische Integration" noch 1996 bat, die darin entwickelte Perspektive in sein Seminar einzubringen, bildet fraglos den zweiten Grund. Damit ist zugleich meine besondere Verbundenheit zu der Themenstellung des heutigen Tages bezeugt. Der Umstand, dass mir schon 1999 die Ehre zuteil wurde, von ebendieser Stelle auf der Tagung der deutschen Staatsrechtslehrer einen rechtsvergleichenden Bericht über das Thema „Arbeitsmarkt und staatliche Lenkung" zu geben, ist ein zweifelsohne ebenso gewichtiger Grund. Doch sie alle werden durch einen weiteren, ungleich persönlicheren Anlass übertroffen: der in gemeinsamen Bonner Assistentenjahren gegründeten und seither gefestigten Freundschaft zu *Peter Axer,* der sich Ihnen heute als neues Mitglied und schon bald tragende Säule dieser Fakultät vorgestellt hat. Im akademischen Leben sind Freundschaften ein knappes und daher kostbares Gut, sie zu pflegen ist mir also ein besonderes Anliegen.

Der Besonderheit all dieser Gründe entspricht die Bedeutung der mir gestellten Thematik, die einer staats- und europarechtlichen Grundfrage ersten Ranges gewidmet ist und es sogar mir verständlich erscheinen lässt, zu der eigentlichen Themenstellung des heutigen Symposions nicht sprechen zu dürfen. Doch genug der Vorrede. Ich werde meine Gedanken zur Integrationsverantwortung des Gerichtshofes der Europäischen Union in sieben Thesen zum Ausdruck bringen. Einleitend möchte ich zunächst betonen, dass das wechselseitige Verhältnis von BVerfG und Europäischem Gerichtshof aus Luxemburger Sicht im Allgemeinen fraglos als konstruktiv anzusehen ist, da es über eine friedliche Koexistenz hinausgeht und Züge echter Kooperation aufweist. Damit meine ich namentlich die in ihrer praktischen

Bedeutung gar nicht überschätzbare Anerkennung des Gerichtshofes als gesetzlichen Richter gemäß Art. 101 Abs. 1 Satz 2 GG durch das BVerfG und die damit einhergehende Sanktionierung von Nichtvorlagen letztinstanzlicher Gerichte, die den entscheidenden Grund für die seit Jahren festzustellende Spitzenstellung der deutschen Gerichte im europaweiten Vergleich bei den Vorlageverfahren bildet[1]. Damit hat das BVerfG eine Öffnung der deutschen Rechtsordnung für das Recht der Europäischen Union bewirkt, die ihresgleichen sucht. Dieser Zusammenhang sollte bei allem Verständnis für die vielleicht recht aufgeregten Diskussionen um das Lissabon-Urteil nicht unterschätzt werden.

These 1:

Die Unionsrechtsordnung setzt die demokratische Legitimation der in ihren Organen und Institutionen tätigen Vertreter der Mitgliedstaaten voraus, ohne spezifische Anforderungen an Art und Maß oder Intensität ihrer Bindung an innerstaatliche Entscheidungsstrukturen zu stellen. So frei die Mitgliedstaaten daher von Unionsrechts wegen in der Ausgestaltung und der Wahrnehmung ihrer verfassungsrechtlichen Integrationsverantwortung sind, so wenig sollten diese in der Praxis dazu führen, die Handlungsfähigkeit des Unionsgesetzgebers einzuschränken. Erst recht darf die legitime Wahrnehmung von Mitwirkungsbefugnissen im Rahmen der Europäischen Union nicht dazu dienen, die strikten Umsetzungs- und Ausführungsverpflichtungen der Mitgliedstaaten zu relativieren oder gar in Zweifel zu ziehen.

Zum Begriff der Integrationsverantwortung möchte ich bemerken, dass man die Aufgaben und das Wirken des Gerichtshofes natürlich aus der Perspektive einer wie auch immer zu beschreibenden Integrationsverantwortung betrachten kann, wenngleich der eigentliche Bedeutungsgehalt dieser neuen Begriffsbildung, die auf die demokratische Legitimation der mitgliedstaatlichen Teilhabe an der Rechtsentwicklung im Rahmen der Europäischen Union Bezug nimmt, nicht auf die Fragestellung zu passen scheint, wie ein Organ der Europäischen Union seine Aufgaben wahrnimmt bzw. zu erfüllen hat. Losgelöst vom spezifischen Bedeutungsgehalt dieser verfassungsrechtlichen Begriffsschöpfung dürfte zudem wohl unstreitig sein, dass dem Gerichtshof eine Integrationsverantwortung zukommt, ihn also im natürlichen Wortsinne eine Verantwortung für die Integration und ihren Fortgang trifft. Das eigentliche Interesse an der mir gestellten Frage dürfte daher darauf gerichtet sein, wie der Gerichtshof seine Integrationsverantwortung wahrnimmt bzw. wie er sie wahrnehmen sollte.

---

1 Im Jahr 2009 führten die deutschen Gerichte mit 59 von 302 Ersuchen die Statistik an. Im Jahre 2008 waren es sogar 71 von 288 Ersuchen. Berücksichtigt man die Bevölkerungszahl, dürften 2008 nur die österreichischen Gerichte mit 25 Ersuchen noch vorlagefreudiger gewesen sein. Italien mit 29 bzw. 39, die Niederlande mit 24 bzw. 34 und Belgien mit 35 bzw. 24 Ersuchen folgen, während das Vereinigte Königreich mit 28 bzw. 14 und Frankreich mit 28 bzw. 12 sowie Spanien nur mit 11 bzw. 17 Ersuchen zu Buche schlagen, siehe Jahresbericht des Gerichtshofes 2008, S. 110 und Jahresbericht 2009, im Erscheinen.

Doch bevor ich Ihnen meine Überlegungen zu dieser Frage unterbreiten werde, möchte ich eine Bemerkung zu der Kategorie einer Integrationsverantwortung machen, die im deutschen Verfassungsrecht am Beginn einer steilen Begriffskarriere zu stehen scheint. So positiv der Begriff besetzt ist und so plausibel er das Gemeinte zum Ausdruck bringt, so sehr möchte ich zur Vorsicht raten, den Begriff der Integrationsverantwortung zu einem autonomen verfassungsrechtlichen Maßstab zu entwickeln, der das Handeln deutscher Vertreter im Rahmen der Unionsgesetzgebung losgelöst von den politischen Gegebenheiten demokratischer Legitimation und den Funktionsbedingungen europäischer Organstrukturen autonom determiniert. Problematisch erschiene es, wenn der Begriff auf diese Weise ein Eigenleben entfalten würde, das aus dem legitimen Streben nach demokratischer Teilhabe im System der Unionsrechtsordnung ein Instrument formt, das Vorbehalte gegenüber der Integration zum Ausdruck bringt und ihr verfassungsrechtliche Schranken zieht, die vertraglich nicht konsentiert sind. So wenig aus Sicht der Europäischen Union gegen eine Optimierung der Integrationsverantwortung einzuwenden ist, welche namentlich die Volksvertretungen ihrer 27 Mitgliedstaaten wahrzunehmen haben, so unausweichlich wirft diese Konzeption die Frage nach der Kompromissfähigkeit der im Rat vertretenen Regierungen und damit nach der Handlungsfähigkeit des Unionsgesetzgebers auf.

Vor dem historischen Gründungshintergrund der Europäischen Union ist daher vor allem an die fast schon triviale Erkenntnis zu erinnern, dass in einem Integrationsverbund von 27 Mitgliedstaaten nicht alle gleichermaßen Recht behalten können. Zur Integrationsverantwortung eines jeden Mitgliedstaates gehört daher zuvörderst die Bereitschaft aller, stets Zugeständnisse akzeptieren zu können und in jeder Verhandlungssituation kompromissfähig zu bleiben, um die Handlungsfähigkeit der Union in der Praxis unter Beweis zu stellen. Aus täglicher Anschauung darf ich Ihnen zudem berichten, wie schwierig es mitunter sein kann, eine Lösung zu finden, mit der alle leben können. Daher darf ich darauf hinweisen, dass das Gemeinschaftsrecht im eigentlichen Wortsinn unser gemeinsames Recht ist. Ein Recht, das die Rechts- und Methodentraditionen aller Mitgliedstaaten aufnimmt und widerspiegelt. Ein Recht, das durch die Integration der mitgliedstaatlichen Rechtsordnungen entsteht: Genuines Integrationsrecht, das von der Bereitschaft aller Beteiligten lebt, Eigenes einzubringen, um Gemeinsames zu schaffen.

These 2:

Der Gerichtshof ist umfassender Garant der Unionsrechtsordnung in allen Facetten, die er unabhängig von der zentralen oder dezentralen Zielsetzung einzelner Strukturelemente der Unionsrechtsordnung oder der auf ihrer Grundlage erlassenen Politiken im Einzelfall anzuwenden und auf diese Weise zur Geltung zu bringen hat.

Die nicht enden wollende Diskussion zu der Frage, ob der Rechtsprechung des Gerichtshofes ein bestimmtes Vorverständnis zugrunde liegt und ob sich der Gerichtshof als Integrationsmotor versteht bzw. verstehen darf[2], ist in jüngerer Zeit in einen Zusammenhang gestellt worden, der geeignet ist, die Objektivität seiner Rechtsfindung in Zweifel zu ziehen. Demgegenüber habe ich schon an anderer Stelle[3] herausgearbeitet, warum eine solche Vorstellung in die Irre geht. Wenn der Gerichtshof als *defensor iuris communitatis* wirkt, entspricht dies seiner Rolle als höchstes Rechtsprechungsorgan der Union, das durch seine tägliche Fallanschauung von offensichtlichen und sogar hartnäckigen Verstößen[4] gegen das Unionsrecht einen wachen Sinn für die bis heute nicht gesicherte Akzeptanz des Unionsrechts entwickelt hat.

Statt sich in fragwürdige Mutmaßungen über die psychologische Verfassung des Gerichtshofes zu flüchten, bleibt die Rechtslehre aufgerufen, die Rechtsprechung des Gerichtshofes in ungeteilter Aufmerksamkeit zu verfolgen, in allen Einzelheiten zu analysieren und substanziell zu kritisieren, um etwaige Schwächen, Fehler und Unzulänglichkeiten aufzudecken und dem Gerichtshof, namentlich im Dialog mit den Gerichten der Mitgliedstaaten, die Möglichkeit zur Fortentwicklung und ggf. zur Korrektur seiner Rechtsprechung zu geben. Demgegenüber kann man sich des Eindrucks nicht erwehren, dass manche Autoren einen unvollständigen Überblick über die Rechtsprechung des Gerichtshofes geben und daraus einseitige Schlussfolgerungen ziehen. Namentlich die dem Unionshandeln Grenzen ziehenden Entscheidungen finden mitunter kaum Aufmerksamkeit. Während die erste Entscheidung zum Verbot der Tabakwerbung[5] heute zum europarechtlichen Allgemeingut zählt, wird bereits die *PNR-Entscheidung*[6]

---

2 *Jean-Pierre Colin,* Le gouvernement des juges dans les Communautés Européenes, 1966; *Robert Lecourt,* L'Europe des juges, 1976; *Jürgen Schwarze,* Die Befugnis zur Abstraktion im europäischen Gemeinschaftsrecht, 1976; *Pierre Pescatore,* La carence du législateur communautaire et le devoir du juge, in: Gedächtnisschrift für Constantinesco, 1983, S. 559 ff.; *Torsten Stein,* Richterrecht wie anderswo auch?, in: FS Juristische Fakultät Heidelberg, 1986, S. 619 ff.; *Manfred Zuleeg,* Thesen über die Stellung des Gerichtshofs, zitiert nach dem Diskussionsbericht von Wülker, in: Europäisches Verwaltungsrecht im Werden, 1982, S. 42 f.; *ders.,* Die Rolle der rechtsprechenden Gewalt in der europäischen Integration, JZ 1994, S. 1 ff.; *Thomas Oppermann,* Die Dritte Gewalt in der Europäischen Union, DVBl. 1994, S. 901 ff.; *Ulrich Everling,* Die Zukunft der Europäischen Gerichtsbarkeit in einer erweiterten Europäischen Union, EuR 32 (1997), S. 398 f.; *Paul Craig / Gráinne de Búrca,* EU Law, 4. Aufl. 2007, S. 75.

3 *Thomas von Danwitz,* Funktionsbedingungen in der Rechtsprechung des Europäischen Gerichtshofs, EuR 43 (2008), S. 769 ff.

4 Dies gilt namentlich für die Nichtbeachtung von Verurteilungen der Mitgliedstaaten durch den Gerichtshof, die zur Einfügung des Sanktionsverfahrens nach Art. 340 Abs. 2 AEU geführt hat, s. dazu *Peter Karpenstein / Ulrich Karpenstein,* in: Eberhard Grabitz / Meinhard Hilf (Hrsg.), Recht der Europäischen Union, Art. 228 EG, Rn. 18 ff.

5 EuGH, Rs. C-376 / 98, Slg. 2000, I-8419 – Tabakwerbung I.

6 EuGH, verb. Rs. C-317 / 04 und C-318 / 04, Slg. 2006, I-4721 – PNR.

kaum noch angeführt und scheint das jüngst ergangene *Gutachten 1/08*[7], in dem der Gerichtshof die Kompetenzen der Gemeinsamen Handelspolitik entsprechend der Vertragsfassung von Nizza getreulich nachzeichnete, obwohl der Lissabonner Vertrag Zweifel an der integrationspolitischen Praktikabilität der darin getroffenen Kompetenzabgrenzung offenkundig gemacht hat, nicht registriert worden zu sein. Gleiches gilt für die Urteile zu den Konsequenzen einer fehlenden bzw. unzureichenden Veröffentlichung von Rechtsakten in den Rechtssachen *Skoma-Lux*[8] und *Heinrich*[9].

Auch in anderen Bereichen bezeugt die jüngere Rechtsprechung einen ausgeprägten Sinn für ausgewogene Lösungen, wie es sich namentlich für die direkte Besteuerung in einer Vielzahl von Rechtssachen[10], für das Vergaberecht in den Rechtssachen *An Post, Abfallbeseitigung Hamburg, Helmut Müller* und *Wall AG*[11], für die Anerkennung als Flüchtling in der Rechtssache *Abdulla*[12], für den Wahlrechtsakt von 1976 in der Rechtssache *Donnici*[13], für das europäische Gesellschaftsrecht in den Rechtssachen *Cartesio*[14] und *Audiolux*[15], für die Unionsbürgerschaft in der Rechtssache *Rottmann*[16], für die Freizügigkeit von Studierenden in der Rechtssache *Bressol*[17] sowie selbst für so integrationssensible Bereiche wie die Fortentwicklung der *Francovich*-Rechtsprechung in der Rechtssache *Danske Slagterier*[18]

7 EuGH, Gutachten 1/08 vom 30. 11. 2009, noch nicht in amtl. Slg., abrufbar unter http://curia.europa.eu.

8 EuGH, Rs. C-161/06, Slg. 2007, I-10841 – Skoma-Lux.

9 EuGH, Rs. C-345/06, Urteil vom 10. 3. 2009, noch nicht in amtl. Slg., DVBl. 2009, S. 587.

10 EuGH, Rs. C-157/07, Urteil vom 23. 10. 2008, noch nicht in amtl. Slg., EWS 2008, S. 529 – Finanzamt für Körperschaften III in Berlin / Krankenheim Ruhesitz am Wannsee; Rs. C-311/08, Urteil vom 21. 1. 2010, noch nicht in amtl. Slg., EWS 2010, S. 37 – SGI; Rs. C-541/08, Urteil vom 11. 2. 2010, noch nicht in amtl. Slg., EWS 2010, S. 83 – Fokus Invest; Rs. C-337/08, Urteil vom 25. 2. 2010, noch nicht in amtl. Slg., IStR 2010, S. 213 – X Holding.

11 EuGH, Rs. C-507/03, Slg. 2007, I-9777 – An Post; Rs. C-480/06, Urteil vom 9. 6. 2009, noch nicht in amtl. Slg., NVwZ 2009, S. 898 – Abfallbeseitigung Hamburg; Rs. C-451/08, Urteil vom 25. 3. 2010, noch nicht in amtl. Slg., abrufbar unter http://curia.europa.eu – Helmut Müller; Rs. C-91/08, Urteil vom 13. 4. 2010, noch nicht in amtl. Slg., abrufbar unter http://curia.europa.eu – Wall AG.

12 EuGH, verb. Rs. C-175/08, C-176/08, C-178/08 und C-179/08, Urteil vom 2. 3. 2010, noch nicht in amtl. Slg., abrufbar unter http://curia.europa.eu – Abdulla.

13 EuGH, verb. Rs. C-393/07 und C-9/08, Urteil vom 30. 4. 2009, noch nicht in amtl. Slg., abrufbar unter http://curia.europa.eu – Donnici.

14 EuGH, Rs. C-210/06, Slg. 2008, I-9641 – Cartesio.

15 EuGH, Rs. C-101/08, Urteil vom 15. 10. 2009, noch nicht in amtl. Slg., DÖV 2009, S. 1150 – Audiolux.

16 EuGH, Rs. C-135/08, Urteil vom 2. 3. 2010, noch nicht in amtl. Slg., abrufbar unter http://curia.europa.eu – Rottmann.

17 EuGH, Rs. C-73/08, Urteil vom 13. 4. 2010, noch nicht in amtl. Slg., abrufbar unter http://curia.europa.eu – Bressol und Chaverot u. a.

18 EuGH, Rs. C-445/06, Urteil vom 24. 3. 2009, noch nicht in amtl. Slg., IStR 2009, S. 277 – Danske Slagerier.

und die Ausgestaltung der *Bosman*-Rechtsprechung in der Rechtssache *Olympique Lyonnais*[19] gezeigt hat.

Unabhängig von dem Standpunkt des jeweiligen Beobachters führt ein Überblick über die Rechtsprechung des Gerichtshofes zu der Feststellung, dass diese in ihrem quantitativen und qualitativen Gros der bloßen Anwendung des Unionsrechtes dient und sich keineswegs durch methodisch gewagte Rechtsfortbildungen auszeichnet und namentlich nicht durch eine die Unionskompetenzen stets erweiternde Auslegung gekennzeichnet ist. Es ist daher schlicht unzutreffend, wenn so getan wird, als ergreife der Gerichtshof jede sich ihm bietende Gelegenheit zur Vergemeinschaftung von Rechtsmaterien. Die auch gegenüber nationalen Höchstgerichten regelmäßig geäußerte Kritik des Aktivismus scheint mir jedenfalls für den Gerichtshof unzutreffend. Wie jedes andere Gericht sind auch wir zur Passivität verpflichtet und können nur über die an uns herangetragenen Verfahren entscheiden, zumal wir im Unterschied zu staatlichen Höchstgerichten über keine Zulassungs- bzw. Auswahlverfahren verfügen, die es uns ermöglichen würden, eine integrationsbezogene Agenda zu entwickeln. Es ist allerdings auch richtig, dass es vereinzelt Urteile gibt, die aus der Sicht der deutschen Rechts- und Methodentradition Fragen und Verständnisschwierigkeiten aufwerfen können.

These 3:

> Im Rahmen seiner Zuständigkeiten wacht der Gerichtshof über die Einhaltung der Integrationsverfassung, welche die Verträge bilden. Nach Maßgabe der vertraglichen Ordnung hat er den Fortbestand und die Fortentwicklung der Integration zu gewährleisten. Dazu gehören namentlich die Funktionsfähigkeit der Organe der Union einschließlich ihrer supranationalen Handlungsbefugnisse sowie die Achtung des *acquis communautaire*, wie er vor allem Ausdruck in der Verwirklichung des Binnenmarktes findet, seiner Wettbewerbsverfassung und der Wirtschafts- und Währungsunion einschließlich des Handelns der Union in den Bereichen von Beschäftigung und Sozialpolitik, von Verbraucher- und Umweltschutz.

Es bedarf eigentlich keiner besonderen Hervorhebung, dass der Gerichtshof als Organ der Europäischen Union verfasst ist und es zu seinem Aufgabenverständnis gehört, die Funktionsfähigkeit der Union zu gewährleisten sowie die Rechtsakte ihrer Einrichtungen einer sinnvollen Auslegung zuzuführen. Die vom Unionsgesetzgeber erlassenen Rechtsakte weisen in einem gewissen Maße Unzulänglichkeiten in der redaktionellen Qualität auf und können mitunter als bloße dilatorische Formelkompromisse erscheinen, welche die Auslegung solcher Bestimmungen besonders schwierig gestalten können, vor allem wenn man die gleiche Verbindlichkeit der verschiedenen Sprachfassungen bedenkt. Obwohl die vom Wortlaut einer Vorschrift aus-

---

19 EuGH, Rs. C-325/08, Urteil vom 16. 3. 2010, noch nicht in amtl. Slg., abrufbar unter http://curia.europa.eu – Olympique Lyonnais.

gehende Auslegung die statistisch häufigste Auslegungsmethode[20] darstellt, kommt vor diesem Hintergrund einer an Sinn und Zweck orientierten Auslegung oftmals eine zentrale Rolle zu. Eine intensivierte Wahrnehmung der Integrationsverantwortung im Rahmen der Unionsrechtsetzung sollte sich vor allem in einer Verbesserung der legistischen Qualität der Rechtsakte der Union äußern, durch die namentlich dem rechtsstaatlichen und demokratischen Anliegen der Rechtsklarheit und der Vorhersehbarkeit der Rechts- und Integrationsentwicklung in besonderem Maße Rechnung getragen werden kann. Die in der Gerichtspraxis festzustellenden Unzulänglichkeiten sind allerdings in aller Regel jedoch nicht von hinreichendem Gewicht, um die Gültigkeit eines Rechtsaktes erfolgreich in Zweifel ziehen zu können. Der Gerichtshof trägt durch eine prägnante Begründung seiner Entscheidungen dazu bei, die Vorhersehbarkeit der Rechtsentwicklung zu ermöglichen. Ob er diesem selbst gesetzten Anspruch immer gerecht wird, sollte Gegenstand der Diskussion konkreter Einzelfälle bleiben. Allerdings verzichtet der Gerichtshof auf weit ausgreifende dogmatische oder konzeptuelle Erläuterungen ohne unmittelbare Ergebnisrelevanz, die problematisch sind. Überdies treten sie in Widerspruch zur grundlegenden Verpflichtung des Gerichtshofes auf die Wahrung seines *judicial self restraints*.

These 4:

> Der Gerichtshof wacht in gleicher Weise über die Einhaltung der Grenzen der Integration sowie über die der Schranken des Unionshandelns. Seiner Rechtsprechung zur vertikalen Kompetenzabgrenzung und zum Prinzip begrenzter Einzelermächtigung sowie namentlich zu den Kompetenzausübungsschranken der Verhältnismäßigkeit und der Subsidiarität kommt daher zentrale Bedeutung zu. Die verbindliche Aufnahme der Grundrechtecharta in das Vertragsrecht der Union verstärkt den Schutz gegen die Rechtsakte der Union, die diese Grenzen nicht wahren.

Obwohl diese Grundsätze vom Gerichtshof in einer prätorischen Rechtsentwicklung herausgearbeitet wurden, sind die Klarstellungen und Akzentsetzungen zu begrüßen, die namentlich dem Protokoll über die Grundsätze der Verhältnismäßigkeit und der Subsidiarität des Vertrages von Amsterdam zu entnehmen sind. Auf dieser Grundlage ist durch den Vertrag von Lissabon eine Neuordnung der Kompetenzvorschriften erfolgt[21], deren konkrete Bedeutung und Tragweite sich in der Praxis wird erweisen müssen. Gleiches gilt für die Selbstverpflichtung der Union zur Achtung der Gleichheit der Mitgliedstaaten und der grundlegenden Funktionen des Staates sowie der jeweiligen nationalen Identität, wie sie in den grundlegenden verfassungsmäßigen Strukturen des Staates einschließlich der regionalen und lokalen Selbstverwaltung zum Ausdruck kommt.

---

20 *Marlene Dederichs*, Die Methodik des Gerichtshofs der Europäischen Gemeinschaften, EuR 39 (2004), S. 345 (349 ff.).

21 Art. 4 und 5 EU sowie Art. 2 bis 6 AEU.

Zudem sei darauf hingewiesen, dass die Mitgliedstaaten als Herren der Verträge die Grenzen ihrer Integrationsbereitschaft im Vertragsrecht in vielfacher Weise zum Ausdruck gebracht und zu diesem Zweck Schutz- bzw. Vorbehaltsklauseln in das Vertragsrecht eingefügt haben. Sie reichen von der schlichten Verpflichtung zur Berücksichtigung nationaler Besonderheiten[22] über die Möglichkeiten zum *opting-up*[23] im Rahmen der Binnenmarktverwirklichung bis zu der Beschränkung des Unionshandelns auf Fördermaßnahmen unter gleichzeitigem Ausschluss jeglicher Harmonisierung in der Bildungspolitik, der Kultur, der Gesundheitspolitik sowie in der Arbeitsmarkt- und in der Sozialpolitik[24]. Schließlich sieht das Vertragsrecht ein echtes *opt-out*-Regime für das Vereinigte Königreich und Irland im Raum der Freiheit, der Sicherheit und des Rechts vor, das mit der Befugnis zu einem punktuellen *opting-in* einhergeht[25].

Doch auch der Gerichtshof hat die sich ihm bietenden Gelegenheiten nicht verstreichen lassen, um die Identität der Mitgliedstaaten, ihre besonderen Traditionen sowie wichtige Strukturprinzipien ihrer Rechtsordnungen zu schützen. Beispielhaft sei auf die Anerkennung von Beschränkungen der Dienstleistungsfreiheit aus Gründen der Meinungsvielfalt[26] sowie zur Sicherung flächendeckender medialer Grundversorgung[27] oder zum Schutz der nationalen Kultur[28], auf die Rechtfertigung des Abtreibungsverbotes in Irland[29] oder auf die Beschränkungsmöglichkeiten der Grundfreiheiten durch Belange der Versammlungs-, der Meinungs- und der Koalitionsfreiheit[30] sowie auf den vorrangigen Schutz der Menschenwürde gegenüber der Dienstleistungsfreiheit[31] hingewiesen. Vor diesem Hintergrund und namentlich angesichts der *Omega*-Rechtsprechung des Gerichtshofes scheint es wenig gewagt, wenn ich die vom BVerfG für sich reklamierte Identitätskontrolle als eine eher verfassungskonzeptuelle Vorstellung verstehe, der in der Gerichtspraxis kaum Bedeutung zukommen dürfte.

---

22 EuGH, Rs. C-322/01, Slg. 2003, I-14887 – Doc Morris; Rs. C-41/02, Slg. 2004, I-11375 – Kommission/Niederlande; Art. 52 Abs. 1, 65 Abs. 1, 191 Abs. 2 und 3, 107 Abs. 2 lit. c) AEU.

23 Art. 114 Abs. 5 und 6, 169 Abs. 4, 193 AEU.

24 Art. 165 Abs. 1 und 4, 167 Abs. 1, 2 und 5, 168 Abs. 2, 4 lit c) und 5, 146 Abs. 2, 151 Abs. 2, 153 Abs. 2, 4 und 5 AEU.

25 s. das Protokoll Nr. 21 über die Position des Vereinigten Königreichs und Irlands hinsichtlich des Raums der Freiheit, der Sicherheit und des Rechts.

26 EuGH, Rs. C-288/89, Slg. 1991, I-4007 – Antenne Gouda.

27 EuGH, Rs. C-336/07, Slg. 2008, I-10889 – Kabel Deutschland.

28 EuGH, Rs. C-260/89, Slg. 1991, I-2925 – ERT.

29 EuGH, Rs. C-159/90, Slg. 1991, I-4685 – Grogan.

30 EuGH, Rs. C-112/00, Slg. 2003, I-5659 – Schmidberger; Rs. C-438/05, Slg. 2007, I-10779 – Viking; Rs. C-341/05, Slg. 2007, I-11767 – Laval; s. dazu *von Danwitz,* Grundfreiheiten und Kollektivautonomie, EuZA 2010, S. 6 ff.

31 EuGH, verb. Rs. C-27/00 und C-122/00, Slg. 2002, I-2569 – Omega.

Soweit die praktische Wirksamkeit der vertikalen Kompetenzkontrolle des Gerichtshofes sowie die der Grundsätze von Verhältnismäßigkeit und Subsidiarität in Zweifel gezogen worden sind, möchte ich zunächst darauf hinweisen, dass die maßgeblichen Kompetenzvorschriften des Vertragsrechtes in aller Regel nicht durch ein strikt durchnormiertes System von Anwendungsvoraussetzungen geprägt sind, sondern sich durch eine rechtsbegriffliche und konzeptionelle Weite auszeichnen, die oftmals nur Zielsetzungen formulieren und den politisch handelnden Organen daher erhebliche Ausgestaltungs- und Entscheidungsfreiräume eröffnen. Angesichts solcher Maßstabsnormen sind der Kontrolle ihrer Einhaltung durch den Gerichtshof erkennbar Grenzen gezogen. Gleiches wird man für die Ausgestaltung der Subsidiaritätskontrolle feststellen müssen, die einem prozeduralen Grundverständnis folgt und eine materielle Subsidiaritätsprüfung durch den Gerichtshof ebenfalls nur in Grenzen zulässt[32]. Aus meiner Sicht handelt es sich dabei um ein bisher unzureichend behandeltes Thema für die Europarechtswissenschaft der nächsten Jahre. In Bezug auf den Grundsatz der Verhältnismäßigkeit gehört die Diskussion um das rechte Maß der im Rahmen seiner Anwendung zu verwirklichenden Kontrolldichte fraglos zu den besonderen Herausforderungen, der sich jede Verfassungsgerichtsbarkeit zu stellen hat. Während im deutschen Schrifttum seit geraumer Zeit Kritik an einer unzureichenden Kontrollintensität der Verhältnismäßigkeitskontrolle des Gerichtshofes geäußert wird, ist die gerichtliche Kontrolldichte gegenüber dem Gesetzgeber in den Rechtstraditionen zahlreicher anderer Mitgliedstaaten anerkanntermaßen weniger ausgeprägt[33]. Die Frage nach der jeweils angemessenen Kontrollintensität bedarf vielmehr der sorgfältigen Analyse im Einzelfall, die namentlich nicht auf eine bloße Betrachtung von Obersätzen beschränkt werden darf[34].

These 5:

Der Gerichtshof ist das zur letztverbindlichen Auslegung der Verträge und des abgeleiteten Rechts berufene Organ der Union. Als solches hat er namentlich die einheitliche Geltung des Unionsrechts in allen Mitgliedstaaten zu gewährleisten. Das Grunderfordernis einheitlicher Geltung des Unionsrechts vermag jedoch keine die Kompetenzgrenzen sprengende Wirkung zu entfalten. Die Gewährleistung ein-

---

32 s. *von Danwitz,* Subsidiaritätskontrolle in der Europäischen Union, in: Festschrift Sellner, 2010, S. 37 ff.

33 s. *Simone Christine Reul,* Die Bindung des europäischen Gesetzgebers an das europäische Primärrecht, 2007, S. 20–181; hinzuweisen ist namentlich auf den berühmten *Wednesbury*-Test der *reasonableness* im Recht des Vereinigten Königreichs, s. *von Danwitz,* Der Grundsatz der Verhältnismäßigkeit im Gemeinschaftsrecht, EWS 2003, S. 393 ff.

34 Unzureichend sind daher die Ausführungen von *Walter Frenz,* Gleichheitssatz und Wettbewerbsrelevanz bei BVerfG und EuGH – Das Beispiel Emissionshandel, DVBl. 2010, S. 223 (226 f.), der nicht berücksichtigt, dass der Gerichtshof das Gleichheitsgrundrecht in der *Arcelor*-Entscheidung am Maßstab verhältnismäßiger Gleichheit prüft, statt sich auf eine bloße Willkürkontrolle zu beschränken.

heitlicher Rechtsgeltung berechtigt namentlich nicht dazu, eine umfassende Rechtsvereinheitlichung zu erstreben.

Die einheitliche Geltung des Unionsrechts wird zu Recht als zentrales Element der „Grundnorm" der Union angesehen[35]. Dementsprechend ist die einheitliche Rechtsgeltung stets als wesentliche Voraussetzung für die Funktionssicherung der Union und ihre Identitätswahrung verstanden worden. Durch dieses Erfordernis wird gewährleistet, dass „das Gemeinschaftsrecht in allen Mitgliedstaaten gleiche Geltungskraft beansprucht" und in seinem Inhalt nicht durch das innerstaatliche Recht beeinflusst werden kann[36]. Demgegenüber darf das Prinzip der Einheitlichkeit nicht als schrankenloses Postulat verstanden werden, um im Wege der Rechtsetzung oder der Rechtsprechung eine umfassende Rechtsvereinheitlichung zu erstreben[37].

In diesem Sinne sieht der Gerichtshof die Anwendung des Unionsrechts im Einzelfall sowie die ihr zugrunde liegende Tatsachenfeststellung prinzipiell als einen Bereich an, der den Gerichten der Mitgliedstaaten vorbehalten ist. Zudem hat der Gerichtshof auch in der Auslegung und Anwendung des Unionsrechts Beurteilungsspielräume in Bereichen anerkannt, die bisher keiner unionsrechtlichen Harmonisierung unterworfen wurden. Beispielhaft seien auf den Gesundheitsschutz[38], die Bekämpfung von Kriminalität und Glückspielsucht[39] und die Verkehrssicherheit[40] hingewiesen. Selbst im Rahmen umfassender Rechtsangleichungsmaßnahmen wie dem gemeinsamen Mehrwertsteuersystem hat der Gerichtshof den Mitgliedstaaten gewisse Beurteilungsspielräume bei der Anwendung unbestimmter Rechtsbegriffe konzediert[41]. Namentlich die Rechtsprechung zum materiellen Privatrecht belegt, dass die Einheitlichkeitsanforderungen in Abhängigkeit von Art und Maß der bewirkten Rechtsangleichung zu bestimmen sind

---

35 So *Mauro Cappeletti / Peter Golay,* in: Mauro Cappelletti / Monica Secombe / Joseph Weiler (Hrsg.), Integration through law, Vol. I, Book 2, 1986, S. 261 (346); *Wolf-Dietrich Grussmann,* in: von Danwitz et al. (Hrsg.), Auf dem Weg zu einer Europäischen Staatlichkeit, 1993, S. 47 ff.

36 So EuGH, Rs. 13/68, Slg. 1968, 680 (693) sowie die Schlussanträge von GA Gand, ebd., S. 695 (705).

37 So *Carl Otto Lenz,* Immanente Grenzen des Gemeinschaftsrechts, EuGRZ 1993, S. 57 (63).

38 EuGH, Rs. C-319/05, Slg. 2007, I-9811 – Kommission / Deutschland; Rs. C-141/07, Slg. 2008, I-693 – Kommission / Deutschland; verb. Rs. C-171/07 und C-172/07, noch nicht in amtl. Slg., NJW 2009, S. 409 – Apothekerkammer des Saarlandes.

39 EuGH, verb. Rs. C-338/04, C-359/04 und C-360/04, Slg. 2007, I-1891 – Placanica; Rs. C-42/07, Urteil vom 8. 9. 2009, noch nicht in amtl. Slg., NJW 2009, S. 3221 – Liga Portuguesa; Rs. C-153/08, Urteil vom 6. 10. 2009, noch nicht in amtl. Slg., abrufbar unter http://curia.europa.eu – Kommission / Spanien.

40 EuGH, Rs. C-110/05, Slg. 2009, I-519, Rn. 61 – Kommission / Italien.

41 EuGH, Rs. C-484/06, Slg. 2008, I-5097 – Koninklijke Ahold; Wetherspoon; Rs. C-72/05, Slg. 2006, I-8297 – Wollny. – Rs. C-302/07, Urteil vom 5. 3. 2009, noch nicht in amtl. Slg., abrufbar unter: http://curia.europa.eu.

und im Ergebnis durchaus unterschiedlich ausfallen können[42]. Zudem hat der Gerichtshof im harmonisierten Bereich des Aufenthaltsrechts eine unionsrechtliche Ausnahmebestimmung für die Gewährung von Unterhaltsstipendien als zulässige Differenzierung angesehen[43].

In diesem Zusammenhang ist es fraglos richtig, dass der Rückgriff auf allgemeine Rechtsgrundsätze, um Lücken des geschriebenen Rechts zu schließen und das Recht fortzubilden, in der Unionsrechtsordnung der umsichtigen Handhabung bedarf. Allerdings darf die Heranziehung allgemeiner Rechtsgrundsätze im Rahmen der Rechtsfindung nicht einer bloß kompetenzrechtlichen Betrachtung unterzogen werden, handelt es sich doch um ein in den Rechts- und Verfassungstraditionen der Mitgliedstaaten allgemein anerkanntes Mittel der Rechtsfindung und -fortbildung. Daher ist es prinzipiell von dem Mandat des Gerichtshofes zur Rechtsfortbildung umfasst, das ihm auch vom BVerfG ausdrücklich attestiert worden ist[44]. Dass der Gerichtshof dabei durchaus behutsam vorgeht, bezeugt bspw. das im vergangenen Jahr ergangene Urteil in der Rechtssache *Audiolux*[45]. Vor diesem Hintergrund scheint mir, dass auch der vom BVerfG in Anspruch genommenen *ultra-vires-Kontrolle* vor allem eine appellative Bedeutung für den Gerichtshof und damit zugleich eine vorbeugende Funktion zukommt, die nur in außergewöhnlich gelagerten Ausnahmefällen überhaupt praktisch relevant werden könnte.

These 6:

> Soweit der Gerichtshof über die Verwirklichung im Einzelfall gegenläufiger oder widerstreitender Prinzipien der Unionsverfassung zu befinden hat, lassen seine Entscheidungen keine Orientierung an einem falsch verstandenen „Vorrang" von Wertungen oder Interessen erkennen, die dem Integrationsanspruch der Union in besonderer Weise entsprechen.

Die Abwägung von Grundrechten und Grundfreiheiten gehört zweifelsohne zu den besonderen Herausforderungen, die sich im Rahmen der Rechtsprechung des Gerichtshofes stellen, wenn man die Vorverständnisse abstreift, die in dieser Konstellation allzu leicht aufkommen können. Dies gilt namentlich für die Bestimmung zulässiger Begrenzungen von Grundfreiheiten zum Schutz elementarer Rechtsgüter, die auf nationaler Ebene angesiedelt sind. Die in den Rechtssachen *Schmidberger*[46], *Omega*[47] sowie

---

[42] s. *von Danwitz,* Die Aufgabe des Gerichtshofes bei der Entfaltung des europäischen Zivil- und Zivilverfahrensrechts, ZEuP 2010, im Erscheinen.

[43] EuGH, Rs. C-158/07, Slg. 2008, I-8507, Rn. 47 ff., 54 ff. – Förster.

[44] BVerfGE 75, 223 (243 f.) – Kloppenburg.

[45] EuGH, Rs. C-101/08, Urteil vom 15. 10. 2009, noch nicht in amtl. Slg., DÖV 2009, S. 1150 – Audiolux.

[46] EuGH, Rs. C-112/00, Slg. 2003, I-5659 – Schmidberger.

[47] EuGH, Rs. C-36/02, Slg. 2004, I-9609 – Omega.

Viking[48] und *Laval*[49] einerseits und zum Betrieb von Krankenhausapotheken[50] sowie dem Fremdbesitzverbot von Apotheken[51] andererseits ergangenen Urteile bezeugen zunächst, dass sich der Gerichtshof in besonderer Weise von den konkreten Umständen des jeweiligen Einzelfalles hat leiten lassen. Zudem ist er ersichtlich ohne ein Vorverständnis im Sinne einer abstrakten Rangordnung der abzuwägenden Rechtsgüter an den vorzunehmenden Ausgleich herangegangen. Angesichts der rechtserheblichen Unterschiede, die zwischen den verschiedenen Mitgliedstaaten der Union zu verzeichnen sind, hat der Gerichtshof den mitgliedstaatlichen Gerichten eine „dezentrale" Abwägung eröffnet, die es im Einzelfall rechtfertigen kann, die auf mitgliedstaatlicher Ebene geschützten Rechtsgüter im Ergebnis vorrangig zu Geltung zu bringen. Dass die weitreichende Bedeutung dieser Rechtsprechungsentwicklung im Schrifttum keine angemessene Würdigung als ausgleichende Lösung erfahren hat, die das vorherrschende Rangverständnis zwischen den Rechtsordnungen übersteigt und zugleich einen Beitrag des Gerichtshofes zu einem wertebezogenen Rechtsgüterausgleich leistet, ist mir bis heute unverständlich geblieben.

Aus Sicht des Unionsrichters bleibt naturgemäß die Grund- und Gretchenfrage nach dem *quis judicabit*. Nicht nur als Rechtslehrer, sondern auch als Unionsrichter habe ich viel Verständnis dafür, dass ein Verfassungsgericht für sich das Recht in Anspruch nimmt, über die Identitätsmerkmale der eigenen Verfassungsordnung zu entscheiden und diese im Rahmen der Integration zu wahren. Jedoch scheint mir, dass insoweit kein Gegensatz zur unionsrechtlichen Gewährleistung in Art. 4 Abs. 2 des Lissabonner Unionsvertrages besteht. Daher glaube ich persönlich nicht, dass es insoweit zu praktisch relevanten Spannungslagen oder gar zu Divergenzen kommen wird.

Gleiches gilt meines Erachtens auch für die vom BVerfG beanspruchte *ultra-vires*-Kontrolle, die wohl nur in Ausnahmefällen relevant werden dürfte. Natürlich kann man trefflich darüber streiten, wie weit oder wie eng der Bereich der übertragenen Zuständigkeiten zu ziehen ist, und dementsprechend, wo die Grenzlinie der wechselseitigen Zuständigkeiten von BVerfG und Europäischem Gerichtshof zu ziehen ist. In der abstrakten Gegenüberstellung der wechselseitigen Positionen wird sich eine Lösung daher nicht finden lassen. Vertretbare Auslegungen des Vertragsrechts und Rechtsfortbildungen, welche die Grenzen der übertragenen Kompetenzen wahren, dürften meines Erachtens auch für das BVerfG unproblematisch

48 EuGH, Rs. C-438/05, Slg. 2007, I-10779 – Viking.

49 EuGH, Rs. C-341/05, Slg. 2007, I-11767 – Laval.

50 EuGH, Rs. C-141/07, Slg. 2008, I-693 – Kommission/Deutschland.

51 EuGH, verb. Rs. C-171/07 und C-172/07, Urteil vom 19. 5. 2009, noch nicht in amtl. Slg., NJW 2009, S. 409 – Apothekerkammer des Saarlandes.

sein. In der praktischen Bewältigung dieser Spannungslage dürfte es daher entscheidend darauf ankommen, dass die beteiligten Gerichtsbarkeiten ihre jeweiligen Zuständigkeiten im Geiste wechselseitiger Rücksichtsnahme und echter Kooperation ausüben. Auch insoweit liegt die Zukunft Europas im vertrauensvollen Miteinander.

These 7:

Jede akademische Analyse der Rechtsprechung des Gerichtshofes bedingt eine intensive Befassung mit den Funktionsbedingungen, unter denen sich seine Rechtsprechung entfaltet. Institutionelle Bedingungsfaktoren der Organstruktur des Gerichtshofs, Grundsätze seiner Verfahrensgestaltung und Charakteristika der normativen Beschaffenheit des Unionsrechtes finden im Schrifttum nur allzu selten eine angemessene Berücksichtigung, wenn es um die Auseinandersetzung mit der Rechtsprechung des Gerichtshofes geht, die daher oftmals erfolgt, ohne ihre Entstehungsbedingungen wirklich verstanden zu haben. Diese Unzulänglichkeit der europarechtswissenschaftlichen Forschung zu schließen, bleibt daher die Bitte des Unionsrichters an seine akademischen Kollegen.

Diskussionsbericht

Von Matthias Valta, Heidelberg

Die dogmatischen und rechtspraktischen Weiterungen der Lissabon-Entscheidung des BVerfG wurden im Anschluss an die Vorträge des Präsidenten des BVerfG *Andreas Voßkuhle* und des Richters am EuGH *Thomas von Danwitz* in einer Diskussion unter Leitung des Richters am BVerfG a. D. *Paul Kirchhof* vertiefend erörtert.

Die Brisanz des Themas wurde von *Kirchhof* bereits in seinen einleitenden Worten unterstrichen. Das europäische Recht habe sich wissenschaftlich mehr und mehr von einer Interpretationswissenschaft zu einer Entscheidungswissenschaft entwickelt und damit zu Fragen, die nicht typisch richterlich seien. Diese These unterlegte er mit Verweis auf Werke der Vortragenden: *von Danwitz* habe in seinem Europäischen Verwaltungsrecht herausgearbeitet, dass sich das europäische Verwaltungsrecht nicht herkömmlich nach Formen, sondern nach seinen vielfältigen Rechtsquellen ordne. *Voßkuhle* beschreibe diesen Umstand im Handbuch des Verwaltungsrechts als die notwendige Integration des final definierten europäischen Rechts in das eher instrumentell definierte deutsche Recht, die eine zweite Phase des Verwaltungsrechts erfordere. Dadurch, so schreibe Voßkuhle, lockere sich die Dogmatik und die Wissenschaft müsse die Geschichte und die Methode des europäischen Rechts bedenken und dessen Rechtsrealität kennen. Kirchhof hob hervor, dass es diese übereinstimmende Erkenntnis der Herausforderungen an die Rechtspraxis als besonders interessant erscheinen lasse, dass nun zwei Richter zu Wort kommen.

Im Anschluss an die Vorträge würdigte *Kirchhof,* dass *Voßkuhle* klar herausgearbeitet habe, dass die Integrationsverantwortung in der Europarechtsfreundlichkeit des Grundgesetzes begründet sei und sich daraus differenzierte Verantwortlichkeiten der einzelnen Organe ergeben. Voßkuhle habe damit manche Aufregungen über die Lissabon-Entscheidung zurückgewiesen. Im Hinblick auf den Vortrag *von Danwitz'* hob Kirchhof einen Schlüsselgedanken hervor: das Unionsrecht sei nach dem Vortrag eine Rechtsordnung eigener Art, in die jeder Mitgliedstaat einen eigenen Beitrag einbringe, damit sich unser gemeinsames Recht ergebe. Daraus ergäben sich materielle und verfahrensrechtliche Bindungen.

Adelheid Puttler (Bochum) sprach die dogmatische Begründung für den Katalog der Rechtsgebiete an, die im Lissabon-Urteil als zur Verfassungsidentität gehörig und daher nur unter besonderen Voraussetzungen übertragbar bezeichnet werden. Gibt es hier außer der Beschränkung der Europarechtsfreundlichkeit durch Art. 79 Abs. 3 GG weitere Prämissen? *Voßkuhle* stellte klar, dass es sich bei den dargestellten Rechtsgebieten nicht um eine Staatsaufgabenlehre handle. Es handle sich lediglich um einen nicht abschließenden Katalog identitätsnaher „Aufmerksamkeitsfelder", bei denen die „grüne Ampel auf gelb geht" und dem Ausgleich von Europarechtsfreundlichkeit und Identitätswahrung besondere Aufmerksamkeit gewidmet werden müsse. Voßkuhle gestand zu, dass man sich über die Aufnahme solcher Felder in die Entscheidung streiten könne. Das Gericht habe aber bei den Beratungen den Eindruck bekommen, dass man das Zusammenspiel und die Konflikte zwischen europäischem Recht und nationalem Recht in den einzelnen Gebieten betrachten müsse, um die Funktionsfähigkeit der Europäischen Union und die eigentlichen Konflikte wirklich zu verstehen. Das Gericht habe daher mit der Benennung konkreter Aufmerksamkeitsfelder bewusst über abstrakt-generelle Konzeptionen hinausgehen wollen.

Puttler stellte zudem die Frage nach der Letztentscheidungskompetenz über die nationale Identität. Würde der EuGH in Fortführung der „Omega"-Entscheidung auch weitere Bereiche nationaler Identität anerkennen, wenn diese vom BVerfG als solche identifiziert werden? Oder sind Differenzierungen denkbar, nach denen nationale Besonderheiten der Menschenwürde anerkannt würden, des Familienrechts beispielsweise aber nicht? *Voßkuhle* verwies auf die Rechtsprechung des EuGH, nach der dieser die identitätswahrenden Elemente nicht selbst bestimme, sondern dies den mitgliedstaatlichen Gerichten überlasse. Das BVerfG wiederum gehe selbstverständlich davon aus, dass es den nationalen Identitätskern selbst bestimme. *von Danwitz* stimmte diesen Aussagen Voßkuhles grundsätzlich zu. Er gab aber zu bedenken, dass der EuGH bisher noch keinen Anlass hatte, über die Kernbereiche mitgliedstaatlicher Identität nachzudenken oder die mitgliedstaatlichen Feststellungen in Zweifel zu ziehen, da diese immer aus sich selbst heraus verständlich gewesen seien. Aus Sicht des EuGH sei der Umfang seiner Kompetenz jedenfalls aus dem Vertrag und ausschließlich aus dem Vertrag zu bestimmen. Da der Begriff „nationale Identität" ein Vertragsbegriff sei, über den der EuGH zu entscheiden habe, müsse er hierbei grundsätzlich auch die Letztentscheidungsbefugnis beanspruchen. Man könne sich aber wohl darauf verständigen, dass schon außergewöhnliche Umstände vorliegen müssten, bevor der EuGH beispielsweise dem polnischen Verfassungsgericht erkläre, was die polnische nationale Identität sei.

Ulrich Hufeld (HSU Hamburg) bemängelte, dass die allgemeine Unionsbürgerfreiheit, die sich aus den europäischen Grundfreiheiten entwickelt habe, in der Legitimationsprüfung des Lissabon-Urteils nicht berücksichtigt sei. Der Begriff der Integrationsverantwortung ziele auf Legitimation und das Lissabon-Urteil sei als Demokratieurteil auch unangreifbar. Dennoch wisse man seit 1789, dass sich ein Gemeinwesen bipolar legitimieren müsse: in erster Linie über definierte Freiheitsrechte und erst in zweiter Linie demokratisch. Müsse man die Unionsbürgerfreiheit, die nur ein europäischer Staatenverbund gewährleisten könne, nicht in eine Legitimationsbilanz mit einstellen? *Voßkuhle* gab zu, dass diese „grundrechtliche Dimension" im Urteil aus Platzgründen nicht sehr breit ausgearbeitet sei. Die Frage sei aber im Gericht diskutiert worden, ohne dass der Eindruck gewonnen wurde, dass aus ihr konkrete Aussagen zur Verfassungsmäßigkeit des Zustimmungsgesetzes und der Begleitgesetze hätten gewonnen werden können.

Andreas Haratsch (Hagen) stellte eine Systematisierung und Vereinheitlichung der Kontrollmaßstäbe des BVerfG zur Diskussion. Es bestünden in genauerer Betrachtung drei Maßstäbe: erstens die Identitätskontrolle des Lissabon-Urteils, zweitens die „ultra-vires"-Kontrolle des Maastricht-Urteils und drittens die ältere „Solange"-Kontrolle. Haratsch regte an, die „Solange"-Kontrolle als Unterfall der Identitätskontrolle zu begreifen, da die Grundrechte in ihrem Kern über Art. 79 Abs. 3 i. V. m. Art. 1 Abs. 1 GG einen Maßstab der Identitätskontrolle darstellten. Hinsichtlich der „ultra-vires"-Kontrolle schlug Haratsch vor, diese in einer europarechtsfreundlichen Auslegung erst bei der Berührung unantastbarer Kerngehalte der Verfassung ansetzen zu lassen, so dass man sie gleichfalls als Unterfall der Identitätskontrolle begreifen könne. Zusammenfassend bestünde dann der einheitliche und systematisierte Maßstab der Identitätskontrolle, der in den Unterfällen der „Solange"-Kontrolle und der „ultra-vires"-Kontrolle ausdifferenziert sei. *Voßkuhle* verwies vorsichtig auf die Entwicklungsfähigkeit der Rechtsprechung des BVerfG: Hier müsse sich zeigen, ob und inwieweit die drei Kontrollmaßstäbe zueinanderfänden. Ausdrücklich als Wissenschaftler bescheinigte er den Systematisierungsvorschlägen aber eine gewisse Plausibilität und persönliche Sympathie.

Klaus Gärditz (Bonn) stimmte dem Vortrag *von Danwitz'* darin zu, dass angesichts der Rücksichtnahme des EuGH auf die nationalen Besonderheiten in der von diesem referierten Entscheidungspraxis bislang wenig Bedürfnis bestehe, die latent vorhandene Identitätskontrolle durch das BVerfG zu operationalisieren. Gärditz sah aber in den zwischen den Mitgliedstaaten bestehenden und sich im europäischen Recht abbildenden divergierenden Vorstellungen über die demokratische Legitimation ein Konfliktfeld. Der EuGH kommt nach Auffassung von Gärditz seiner Pflicht zum Schutz der Verfassungsidentitäten der Mitgliedstaaten nach Art. 4 Abs. 3 EU in diesem Bereich nicht in vollem Maße nach, so dass eine künftige Intervention des BVerfG denkbar sei. Gärditz führte zum beispielhaften Beleg zwei EuGH-Urteile an: das Urteil vom 9. 3. 2010 zu den Datenschutzbeauftragten (C-518/07 – Kommission/Deutschland) und das Urteil vom

3. 12. 2009 zu § 9a TKG (C-424/07 – Kommission/Deutschland). Im Urteil zu den Datenschutzbeauftragten habe es der EuGH gebilligt, dass die Datenschutzrichtlinie den Datenschutzbeauftragten exekutive Vollzugsbefugnisse zuerkenne und diese gleichzeitig einer politischen Kontrolle durch andere Exekutivstellen entziehe. Der EuGH halte die Ersetzung mittelbarer parlamentarischer Verantwortlichkeit durch Berichtspflichten und ähnliche Vorkehrungen für ausreichend. Gärditz stellt die Frage, ob dies unter dem Gesichtspunkt der demokratischen Identität nicht ein viel zu weitreichender Eingriff in die nationalen Verwaltungsstrukturen sei. Im Urteil zu § 9a TKG gehe es um eine wesentliche Regulierungsvorentscheidung des Gesetzgebers selbst. Der EuGH habe diese für europarechtswidrig erklärt, da – verkürzt gesprochen – die wesentlichen Regulierungsentscheidungen sekundärrechtlich den politisch unabhängigen Verwaltungsbehörden überantwortet seien, so dass der Gesetzgeber über die Ausgestaltung der Rahmenbedingungen hinaus nicht intervenieren dürfe. Gärditz sah darin eine Umkehrung der deutschen Wesentlichkeitsdoktrin: die wesentlichen Entscheidungen seien nicht dem Gesetzgeber vorbehalten, vielmehr sei der Gesetzgeber umgekehrt gerade von ihnen ausgeschlossen.

von Danwitz wies die Kritik an den beiden EuGH-Entscheidungen zurück. Er äußerte im Ausgangspunkt Verständnis für die Wertschätzung der demokratischen Kontrolllegitimation. Er verwies aber darauf, dass die deutsche Bundesregierung bei den Datenschutzbeauftragten kein wesentliches Problem mit dem Demokratieprinzip gesehen habe, da sie der in der Datenschutzrichtlinie verankerten vollständigen Unabhängigkeit zugestimmt und ihr Klagerecht nicht ausgeübt habe. Von Danwitz sah in dieser Offenheit für gewisse Variationen demokratischer Kontrolle einen zutreffenden Hinweis darauf, dass die verfassungsrechtliche Identität nicht jegliche verfassungsrechtliche Erkenntnis umfassen könne, die sich im Laufe einer langen Verfassungsjudikatur entwickelt habe. Demgegenüber habe die Entscheidung zu § 9a TKG mit der demokratischen Wesentlichkeitslehre und all dem, was im Schrifttum dazu zuvor vertreten wurde, „wirklich nichts zu tun". Es gehe lediglich darum, dass unionsrechtlich ein Marktanalyseverfahren vorgesehen ist, das nicht korrekt durchgeführt werden könne, wenn es für einen bestimmten Typus von Märkten nationalrechtlich nicht zugelassen ist, sondern die Marktbeherrschung ex lege festgestellt oder nicht festgestellt wird.

Gärditz griff in einer zweiten Frage die siebte These *von Danwitz'* auf, die eine Beschäftigung mit den institutionellen Besonderheiten des EuGH anregte. Gärditz stimmte diesem Anliegen zu, wies es aber gleichzeitig auch an den EuGH zurück, da dieser in seinen Urteilen die methodischen und institutionellen Schwierigkeiten seiner komplexen Rechtsfindung vor rechtsvergleichendem Hintergrund nicht transparent mache. Gärditz forderte den EuGH auf, seine eigene Methodensensibilität und sein institutionelles Ausgeliefertsein zu thematisieren und damit auch den Lesern der Urteile verständlich zu machen. von Danwitz stellte daraufhin klar, dass der EuGH keine Schwierigkeiten habe, seine Aufgabe zu erledigen. Allerdings wirkten sich die Rahmenbedingungen aus, die ihm die Herren der Verträge für seine Tätigkeit gesetzt hätten. Zu diesen Rahmenbedingungen gehörten die Entscheidungsfindung mit einfacher Mehrheit, das Fehlen von Sondervoten und das hauptsächliche Tätigwerden des Gerichtshofs im Vorabentscheidungsverfahren, das nur dann nützlich sei, wenn es ein schnelles Urteil hervorbringe. von Danwitz verdeutlichte, dass sich seine Bitte an die akademische Analyse schlicht auf die Berücksichtigung dieser leicht nachvollziehbaren Rahmenbedingungen bezog.

Zur Einleitung der Schlussrunde erinnerte *Kirchhof* daran, dass sich die gute Zusammenarbeit zwischen BVerfG und EuGH stets sowohl aus der persönlichen Begegnung als auch aus dem gemeinsamen Auftrag ergeben habe, bei dem jeder wisse, dass die Funktion der Rechtsprechung nur von beiden Gerichten gemeinsam in den jeweils unterschiedlichen Kompetenzen ausgeübt werden könne. Das Maastricht-Urteil spreche dahingehend von einem Kooperationsverhältnis, die neueren Urteile von einer verbundgerechten Wahrnehmung der Integrationsverantwortung. *von Danwitz* habe wiederum darauf hingewiesen, dass die Rechtsprechung des BVerfG Züge echter Kooperation trüge. Kirchhof lud die beiden Vortragenden dazu ein, diese drei Maßstäbe in ihren Schlussworten zusammenzufügen.

von Danwitz regte daraufhin eine Rückbesinnung auf die einfache, aber wirkmächtige Kooperations-Formel des Maastricht-Urteils an. Er würde sich freuen, wenn er auch in Zukunft sagen könnte, dass das Verhältnis beider Gerichte ausschließlich im Geiste echter Kooperation gepflegt würde.

Voßkuhle schloss sich in seinem Schlusswort nicht nur dem Wunsch nach weiterer Kooperation an, sondern erklärte auch, dass er dabei „sehr guter Hoffnung“ sei. Das Fehlen des Begriffs „Kooperationsverhältnis“ im Urteil solle die Leser nicht irritieren. Das Kooperationsverhältnis bleibe ein maßgeblicher Bestandteil des viel umfassenderen Prinzips der Europarechtsfreundlichkeit. Das Gericht wollte mit diesem Prinzip eine prägende entwicklungsfähige Grundlage schaffen, die über die reine Kooperation hinausgehe. Der Konkretisierung der Europarechtsfreundlichkeit müsse man Zeit lassen. Voßkuhle stimmte dabei *von Danwitz* zu, dass man immer den einzelnen Fall und den konkreten Konflikt betrachten und bewältigen müsse. Anstatt eines großen charismatischen Wurfs sei Kärrnerarbeit gefragt, die am Einzelfall prüfe, ob man einen Schritt vorgehen könne oder sich zurücknehmen müsse, und so nach und nach ein dogmatisches Geflecht im Mehrebenenverhältnis entwickle, mit dem man leben könne. Voßkuhle räumte ein, dass dies nicht bruchlos den Idealen der Wissenschaft von Klarheit und Reinheit entspreche, die ihre Berechtigung behielten. Diesen Idealen hielt er aber die Anforderung an den Richter in der Praxis entgegen, nicht mit einer Entscheidung alles zu entscheiden, sondern eine Offenheit für weitere Entwicklungen zu bewahren. Insofern seien nicht nur die Passagen eines Urteils wichtig, die tatsächlich in ihm enthalten sind, sondern auch diejenigen, die nicht aufgenommen wurden.

Fünfter Abschnitt

Ausblick

Perspektiven der Europäisierung des Verwaltungsrechts

Von Eberhard Schmidt-Aßmann, Heidelberg

I. Konsolidierung angesichts erkennbaren Wandels

Gute Verwaltungsrechtswissenschaft lässt sich von Verwaltungspraxis und Verwaltungsgesetzgebung nicht leichthin vereinnahmen. Sie hält *Distanz,* um ihre eigenen, wissenschaftlichen Fragen stellen zu können: die Fragen nach den Entwicklungslinien eines Rechtsgebietes, nach Systembildung und Kodifikation, Fragen nach den Bauformen und Regelungsstrukturen, Fragen nach den Methoden des Rechts. Die *Konsolidierungsphase,* der die Aufmerksamkeit des Gesamtthemas gilt, ist eine sinnvolle und notwendige Phase wissenschaftlichen Arbeitens.

Konsolidierung bedeutet jedoch nicht Konservierung. Ein bloßes Festschreiben des Überkommenen und selbstgenügsames Nachzeichnen tradierter Bestände sind nicht gemeint. Konsolidierung verlangt vielmehr Wachsamkeit, Aufgeschlossenheit und eine gute Beobachtungsgabe für neue Entwicklungen. Sie hat es immer zugleich mit *kritischer Positionsbestimmung* zu tun. Zutreffend wird von der „Dialektik der Konsolidierung" gesprochen[1].

Zu solcher Aufgeschlossenheit besteht für die Verwaltungsrechtswissenschaft gerade heute aus drei Gründen besonderer Anlass: Zum einen werden die mit dem Vertrag von Lissabon geschaffenen neuen Rechtsgrundlagen und neuen Verfahren die Koordinaten des Verwaltungsrechts nicht unerheblich verschieben. Zum zweiten sind schon jetzt neue Verwaltungsaufgaben, insbesondere solche der Finanzmarktregulierung und der Sicherheitsgewährleistung erkennbar, die auch eine stärkere Einbeziehung von Drittstaaten und damit eine zunehmende Internationalisierung des Europäischen Verwaltungsrechts mit sich bringen werden. Drittens ist durch das Lissabon-Urteil des Bundesverfassungsgerichts erneut eine grundlegende Reflexion über Ziele und Legitimationsgrundlagen der europäischen Integration überhaupt angestoßen worden, der sich auch das Verwaltungsrecht nicht entziehen kann.

Wir müssen uns daher bewusst sein: Es geht um eine *Konsolidierung im Angesicht deutlich spürbarer Veränderungstendenzen.* Das gilt für die bei-

---

[1] So *W. Kahl,* in diesem Heft S. 39 (40 f.).

den großen Erscheinungsformen, die hier unter dem Begriff der „Europäisierung des Verwaltungsrechts" zusammengefasst werden, gleichermaßen[2]: Es gilt zum einen für die Überformung des nationalen *Verwaltungsrechts* durch das europäische Recht, und es gilt zum andern für die Ausbildung ebenenübergreifender *Verwaltungsstrukturen* zwischen europäischen und mitgliedstaatlichen Verwaltungsbehörden.

Im Folgenden soll zunächst das Verwaltungskonzept des Lissabon-Vertrages kurz dargestellt werden. Eine kritische Analyse zweier bekannter Bauformen des Europäischen Verwaltungsrechts bildet dann den zweiten Untersuchungsschritt (II.). Ihre Befunde leiten auf die besondere Bedeutung des *Verwaltungsorganisationsrechts* zu, das im Schlussabschnitt stärker als bisher in den Mittelpunkt der Systembildung im Europäischen Verwaltungsrecht gestellt werden soll (III.)[3].

1. Das Verwaltungskonzept des Vertrages von Lissabon

Wesentlich klarer als bisher arbeitet der Vertrag von Lissabon die früher gern totgeschwiegene *administrative* Seite der Union heraus[4]. Die gesamte Verwaltungsthematik erhält damit eine primärrechtliche Verankerung, die ein auf vier Komponenten gegründetes Konzept erkennen lässt:

- Auf der *einen* Seite steht ein klares Votum für einen *Vorrang mitgliedstaatlichen Verwaltens*, der als Recht und als Pflicht der Mitgliedstaaten ausgestaltet ist (Art. 291 Abs. 1 AEUV). Die Union ist zudem zur Wahrung der nationalen Identität ihrer Mitgliedstaaten verpflichtet, die in ihren grundlegenden verfassungsgemäßen Strukturen einschließlich der regionalen und lokalen Selbstverwaltung zum Ausdruck kommt (Art. 4 Abs. 2 S. 1 EUV).
- Auf der *anderen* Seite steht ein ebenso klares Votum für die *Exekutiv- und Verwaltungsfunktion* der Kommission (Art. 17 Abs. 1 S. 5 EUV). Deutlich wird zudem, dass es auf Unionsebene einen eigenen Verwaltungsunterbau gibt: „Zur Ausübung ihrer Aufgaben stützen sich die Organe, Einrichtungen oder sonstigen Stellen der Union auf eine offene, effiziente und unabhängige Verwaltung", heißt es in Art. 298 AEUV.

---

2 Zu diesen *beiden* Seiten der Europäisierung des Verwaltungsrechts *E. Schmidt-Aßmann,* DVBl. 1993, S. 924 ff.; abgedruckt auch in: *ders.*, Aufgaben und Perspektiven verwaltungsrechtlicher Forschung, 2006, S. 384 ff.

3 Zu Begriffsklärungen vgl. nur *U. Mager,* in: H.-H. Trute / Th. Groß / H. Ch. Röhl / Ch. Möllers (Hrsg.), Allgemeines Verwaltungsrecht – Zur Tragfähigkeit eines Konzepts, 2006, S. 369 ff.; *dies.*, in diesem Heft, S. 11 ff.

4 Zum Folgenden *M. Ruffert,* Institutionen, Organe, Kompetenzen – der Abschluss eines Reformprozesses in der Europarechtswissenschaft, in: J. Schwarze / A. Hatje (Hrsg.), Der Reformvertrag von Lissabon, EuR 2009 Beiheft 1, S. 31 (44 ff.); *K. F. Gärditz,* DÖV 2010, S. 435 ff.; *W. Frenz,* DÖV 2010, S. 66 ff.

Ergänzt wird diese Aussage um eine Rechtsetzungsermächtigung in Absatz 2 der Norm, in der man – zusätzlich das Kohärenzprinzip des Art. 7 AEUV heranziehend – „eine Kompetenznorm für übergreifende verwaltungsrechtliche Regelungen“ sehen kann[5]. Art. 263 und 265 AEUV ziehen aus der Existenz einer solchen administrativen Sekundärstruktur die für den Gerichtsschutz notwendigen Konsequenzen, indem sie die Nichtigkeits- und die Untätigkeitsklage auf das außenwirksame Handeln dieser Verwaltungseinheiten erstrecken.

- Beide Eckpfeiler überwölbend, erklärt Art. 197 AEUV die effektive Durchführung des Unionsrechts durch die Mitgliedstaaten ganz generell zur „*Frage von gemeinsamem Interesse*“ und ermächtigt die Union zu Unterstützungsmaßnahmen. Derselbe Gedanke einer komplementär wahrzunehmenden gemeinsamen Erfüllungsverantwortung findet sich für die Gerichtsbarkeiten in Art. 19 EUV. In diesen Kontext gehören ferner die Kooperationspflichten des Art. 4 Abs. 3 EUV[6].
- Die vierte Komponente des Verwaltungskonzepts bildet das *Recht auf eine gute Verwaltung,* mit dem Art. 41 GR-Charta die Union und die Mitgliedstaaten beim Vollzug des Unionsrechts in die Pflicht nimmt[7].

Bei alledem geht es dem Vertrag von Lissabon weniger darum, neue Politikfelder in den ohnehin breiten Kompetenzbestand der Union einzubeziehen, obwohl es auch Beispiele solcher Erweiterungen gibt, so für die Energie (Art. 194 AEUV), den Katastrophenschutz (Art. 222 AEUV) und die Daseinsvorsorge (Art. 14 AEUV). Vielmehr geht es mit der klareren Verankerung des Verwaltungskonzepts im Primärrecht vor allem um eine allgemeine „Verstetigung“, „Verdichtung“ und „Ausbalancierung“ von Verwaltungskompetenzen und Verwaltungsbeziehungen. Dabei dürfte gerade die neue Kategorie der Koordinierungskompetenzen in Art. 5 und 6 AEUV zu weiteren administrativen Verflechtungen führen. Jedenfalls wird der „Raum der Freiheit, der Sicherheit und des Rechts“, der dem Binnenmarkt in der neuen Zieltrias der Union in Art. 3 Abs. 2 EUV den Rang abgelaufen hat, in ganz erheblichem Maße ein *Verwaltungsraum* sein[8].

---

5 *Ruffert,* in: Schwarze / Hatje, Reformvertrag (FN 4), S. 45.

6 Ausführlich dazu *Frenz,* Verwaltungskooperation (FN 4), S. 67 f.

7 Dazu *K.-D. Classen,* Gute Verwaltung im Recht der Europäischen Union, 2008; *B. Grzeszick,* EuR 2006, S. 161 ff.; *H. Goerlich,* DÖV 2006, S. 313 ff.; *P.-M. Efstratiou,* in: Trute / Groß / Röhl / Möllers, Verwaltungsrecht (FN 3), S. 281 ff.

8 Zum Konzept des Unionsraumes als Verwaltungsraum vgl. *E. Schmidt-Aßmann,* in: ders. / W. Hoffmann-Riem (Hrsg.), Strukturen des Europäischen Verwaltungsrechts, 1999, S. 9 (12 ff.); *M. Ruffert,* Kohärente Europäisierung, Anforderungen an Verfassungs- und Verwaltungsverbund, in: W. Hoffmann-Riem (Hrsg.), Offene Rechtswissenschaft, 2010, S. 1397 (1408 f.). Zu unterschiedlichen Raumkonzepten vgl. *P.-Ch. Müller-Graff,* Der Raum der Freiheit, der Sicherheit und des Rechts in der Lissabonner Reform, in: Schwarze / Hatje, Reformvertrag (FN 4), S. 105 ff.

2. Das Lissabon-Urteil des Bundesverfassungsgerichts

Wer den beschriebenen Verfestigungen und Verdichtungen der administrativen Beziehungen im europäischen Verwaltungsraum skeptisch gegenübersteht, wem dieses alles zu weit geht, wird im Lissabon-Urteil des Bundesverfassungsgerichts nach Abhilfen suchen. Er wird dort aber letztlich nur wenig Trost finden. Eher besteht die Gefahr, dass einige Aussagen des Gerichts zum Legitimationskonzept der Union, wenn man sie speziell auf die administrative Seite der Union beziehen wollte, zu falschen Schlüssen veranlassten und die oft beklagte Unübersichtlichkeit des Entscheidungsgefüges noch erhöhten, weil sie stark auf die Mitgliedstaaten und auf die durch diese vermittelte Legitimation der europäischen Hoheitsgewalt abstellen. Die Mitgliedstaaten, die „Herren der Verträge", müssen aber nicht notwendig auch die uneingeschränkten „Herren der europäischen Verwaltung" sein. Sie haben den Vorrang des dezentralen Vollzuges auf ihrer Seite (Art. 197 AEUV), unterliegen aber im Übrigen den Aufsichtsbefugnissen der Kommission. Die Notwendigkeit einer wirksamen Aufsicht folgt schon aus dem Gedanken der *Ausbalancierung,* der das gesamte Verwaltungskonzept bestimmt[9].

In den Argumentationen des Verfassungsgerichts spielt das im Lissabon-Vertrag geschärfte *Kompetenzrecht* der Union eine wichtige Rolle: „Die souveräne Staatsgewalt bleibt nach den Regeln über die Zuständigkeitsverteilung und -abgrenzung gewahrt"[10]. Gerade die sich abzeichnenden Verdichtungen des administrativen Gefüges erfasst das Kompetenzrecht jedoch kaum. Die einzelnen Kompetenztitel des Vertrages sind breit gefasst und umgreifen regelmäßig auch Regelungen zum Verwaltungsvollzug entweder zentral durch eigene Einrichtungen der Union oder durch Netzwerkbildung zwischen den dezentral agierenden Verwaltungseinheiten der Mitgliedstaaten. Gerade die genannte Koordinierungskompetenz der Union steht dafür. Als Anknüpfungspunkt genügen durchgängig die einzelnen Sachtitel. Eines Rückgriffs auf die (in Art. 352 AEUV neu gefasste und vom Bundesverfassungsgericht eng interpretierte[11]) Abrundungskompetenz des alten Art. 308 EGV bedarf es nicht[12].

Auch das im Unionsvertrag normierte und in einem Protokoll neu konkretisierte *Subsidiaritätsprinzip* schafft hier wenig Orientierung. Eher kann es selbst zum Teil des Problems werden; denn gerade dann, wenn man ihm in seiner gestärkten Position deutlicher noch als bisher einen Vorrang

---

9 Zur Ausbalancierung der politischen Kräfte in der Union allgemein *Ch. Möllers,* Gewaltengliederung, 2005, S. 253 ff.; *Th. Siegel,* DÖV 2010, S. 1 ff.

10 BVerfGE 123, 267 (381): „Prinzip der begrenzten und kontrolliert ausgeübten Einzelermächtigung".

11 BVerfGE 123, 267 (394 f.).

12 Vgl. EuGHE 2006, S. 3771 (3806) zu Art. 95 EGV; allg. *D. Fischer-Appelt,* Agenturen der Europäischen Gemeinschaft, 1999, S. 86 ff.

des mitgliedstaatlichen Verwaltungsvollzuges entnehmen wollte (vgl. auch Art. 291 Abs. 1 AEUV), wäre ein solcher Vollzug nicht ohne Zusammenarbeit und Vernetzungen zwischen Mitgliedstaaten und EU-Eigenverwaltung zu haben. Die Vorstellung, man könne den Unionsraum mit isolierten Einheiten, mit Verwaltungsmonaden, administrieren, erweist sich als Fehlvorstellung. Mit dem dezentralen Vollzug ist die Vernetzungsnotwendigkeit vorgegeben.

Die vom Grundgesetz geforderte Wahrung der staatlichen Souveränität bedeutet „für sich genommen nicht, dass eine von vorneherein bestimmbare Summe oder bestimmte Arten von Hoheitsrechten in der Hand des Staates bleiben müssten“[13]. Selbst unter den besonders sensiblen fünf Bereichen, die nach Ansicht des Bundesverfassungsgerichts besonders integrationsresistent sein sollen[14], findet sich kaum etwas, was der aufgezeigten Verdichtungstendenz entgegengesetzt werden könnte. Insbesondere lassen sich die einer Europäisierung des Strafrechts angelegten Zügel nicht auf das Verwaltungsrecht übertragen. Für das Verwaltungsrecht bleibt es bei der nüchtern ausgezeichneten Grundlinie: „Politische Union meint die gemeinsame Ausübung von öffentlicher Gewalt, einschließlich der gesetzgebenden, bis hinein in die herkömmlichen Kernbereiche des staatlichen Kompetenzraumes“[15]. Die Überformung des mitgliedstaatlichen Verwaltungsrechts durch europäisches Recht und die Verfestigung der ebenenübergreifenden Verwaltungsbeziehungen – kurz die Ausformung eines *Europäischen Verwaltungsverbundes*[16] – liegen unterhalb dieser Schwelle.

3. Die „Exekutivlastigkeit“ der Union als Ärgernis

Und dennoch: Muss nicht etwas gegen die starke Exekutivlastigkeit der Union getan werden[17]? Gerade von Deutschland, das im eigenen föderalen System mit „Verhandlungsrunden“, „Fachbruderschaften“ (*Frido Wagener*) und „Politikverflechtungsfallen“ (*Fritz Scharpf*) hinreichend Erfahrungen hat, darf hier besondere Aufmerksamkeit erwartet werden – allerdings nicht im Sinne landläufigen Jammerns über eine „ausufernde Brüsseler Bürokratie“, wie es ein vielstimmiger Chor bis ins Feuilleton der Frankfurter Allgemeinen Zeitung immer wieder anzustimmen pflegt, wohl aber als eine Auf-

13 BVerfGE 123, 267 (357).

14 BVerfGE 123, 267 (357 ff. und 406 ff.).

15 BVerfGE 123, 267 (357).

16 Dazu *E. Schmidt-Aßmann / B. Schöndorf-Haubold* (Hrsg.), Der Europäische Verwaltungsverbund, 2005; *E. Packe / Th. Groß,* VVDStRL 66 (2007), S. 106 ff. u. S. 152 ff.; *J.-P. Schneider / F. Velasco Caballero* (Hrsg.), Strukturen des Europäischen Verwaltungsverbundes, Die Verwaltung Beiheft 8, 2009; *Th. Siegel,* Entscheidungsfindung im Verbund, 2009, S. 224 ff.

17 Abgewogene Darstellung bei *M. Bach,* Europa als bürokratische Herrschaft, in: G. F. Schuppert / I. Pernice / U. Haltern (Hrsg.), Europawissenschaft, 2005, S. 575 ff.

forderung, durch Gestaltung des Verwaltungsrechts dazu beizutragen, dass „Entscheidungen möglichst offen und möglichst bürgernah getroffen werden“, wie es sich die Union mit Art. 1 Abs. 2 EUV zum Ziel gesetzt hat.

Das Verwaltungsrecht kann die Überzogenheiten bürokratischer Herrschaft in Europa, kann Detailversessenheit, Spartendenken, kann Tauschgeschäfte und eine zu geringe Bereitschaft zu fachübergreifenden, gemeinwohlbewußten Lösungen nicht als solche beseitigen. Aber es kann darauf sehen, dass Entscheidungen zwischen den beteiligten Verwaltungen besser abgestimmt, transparenter gefasst und eindeutiger verantwortet werden. Es kann, indem es die Realvoraussetzungen seiner Rechtsinstitute besser herausarbeitet und sie als wirkliche *Voraussetzungen* des Verbundes behandelt, außerdem darauf dringen, dass unzulängliche Vollzugsstandards nach und nach aufgebessert und ungenutzte Kontrollinstrumente künftig entschiedener eingesetzt werden.

Das sind im Europäischen Verwaltungsverbund zunächst einmal Organisationsfragen, d. h. Fragen nach den *checks and balances,* nach Weisungsbefugnissen und Aufsichtskompetenzen, aber auch nach Abschottungsregelungen und Unabhängigkeitsgarantien. Mehr noch als bisher – so die schon oben formulierte These – muss künftig das *Verwaltungsorganisationsrecht* als Zentralperspektive für die Systematik des Europäischen Verwaltungsrechts genommen werden. Dabei ist das Organisationsrecht weit zu verstehen: Es umfasst die klassischen Materien, das Recht der Agenturen, Ausschüsse und sonstigen Verwaltungseinheiten, ebenso wie das Recht der intra- und interadministrativen Informationsflüsse sowie das Aufsichts- und Kontrollrecht. Gerade hier sind in jüngster Zeit erhebliche Auffassungsunterschiede zwischen europäischen und deutschen Organisationsvorstellungen deutlich geworden. Zwei Entscheidungen des Europäischen Gerichtshofes zur gebotenen Unabhängigkeit nationaler Regulierungsbehörden[18] bzw. Datenschutzkontrollstellen[19] indizieren die Notwendigkeit einer auf breiten Erfahrungen beruhenden organisationsrechtlichen Dogmatik (dazu unten III.).

II. Zwei Bauformen des Europäischen Verwaltungsrechts und ihre Strukturprobleme

Die folgenden Ausführungen konzentrieren sich auf den Mechanismus der gegenseitigen *Anerkennung* von Verwaltungsentscheidungen (1.) und die Rolle der *Europäischen Agenturen* (2.). Beide sind wichtige Bauformen

---

18 EuGH, Urteil vom 3. 12. 2009, JZ 2010, S. 195 ff. mit Anm. *K. F. Gärditz,* ebd., S. 198 ff.

19 EuGH, Urteil vom 9. 3. 2010, EuZW 2010, S. 296 ff. mit Anm. *A. Roßnagel,* ebd., S. 299 ff.

des Europäischen Verwaltungsrechts – verwaltungswissenschaftlich gesprochen –, Formen der horizontalen Verwaltungskooperation und der Netzwerkbildung. Meine Kritik richtet sich in beiden Fällen gegen ein Überhandnehmen partikularer Einflüsse, gegen falsche Rücksichtnahmen und Aufsichtsschwächen. Man muss sich unvoreingenommen fragen, ob nicht auf Dauer mehr Zentralität *allen* beteiligten Interessen besser gerecht würde als die Versuche, möglichst viel Intergouvernementales in den Verwaltungsalltag zu retten. In einer *problembezogenen Analyse* soll untersucht werden, welche Einsichten diese beiden Institute im Blick auf das Verwaltungsorganisationsrecht vermitteln.

1. Das Rechtsinstitut der gegenseitigen Anerkennung

Gegenstände der hier interessierenden Anerkennung können Rechtsakte aller Art sein[20]: Gesetze und Gerichtsurteile, vor allem aber Verwaltungshandlungen: Genehmigungen, Zulassungen, Prüfungszeugnisse, Befähigungsnachweise und Statusverleihungen, aber auch amtliche Sachverhaltsfeststellungen und behördliche Verfahrensentscheidungen; einbezogen werden außerdem die vor allem im Produktsicherheitsrecht häufigen Zertifizierungen (ohne Rücksicht darauf, ob sie von öffentlichen oder privaten benannten Stellen ausgestellt worden sind)[21].

Eine systematische Erörterung müsste hier zunächst die einzelnen Komponenten des Rechtsinstituts herausarbeiten:

- Die *Grundlagen* von Anerkennungspflichten im primären oder sekundären EU-Recht, im Völkerrecht oder nationalen Recht.
- Die unterschiedlichen *Formen* der Anerkennung konkret-aktuell durch Gerichts- oder Verwaltungsentscheidung oder abstrakt-antizipierend durch Rechtsatz[22].
- Die *Anerkennungstechniken:* ausdrückliche oder inzidente Anerkennungen.
- Die *Anerkennungsintensität:* volle oder nur partielle, zeitlich befristete oder unter Prüfungsvorbehalt stehende Anerkennungen.

a) Vertrauen als zentrale Voraussetzung. Eine solche systematische Untersuchung soll hier jedoch nicht geboten werden. Vielmehr wird nach der zen-

---

20 Zu diesem Institut vgl. nur *S. Michaels,* Anerkennungspflichten im Wirtschaftsverwaltungsrecht der Europäischen Gemeinschaft und der Bundesrepublik Deutschland, 2004; *M. Möstl,* CMLR 47 (2010), S. 405 ff. mit ausf. Nachweisen.

21 Zu anderen Gegenständen der Anerkennung, insbesondere im Internationalen Gesellschafts-, Familien- und Erbrecht *H.-P. Mansel,* Die Anerkennung als Grundprinzip des Europäischen Rechtsraums, RabelsZ 70 (2006), S. 651 ff.

22 So die Einteilung von *Michaels,* Anerkennungspflichten (FN 20), S. 75.

tralen Anerkennungsvoraussetzung gefragt. Diese Voraussetzung heißt Vertrauen. Das Vertrauen ist bei Anerkennungen nicht *einer* von zahlreichen Gesichtspunkten ordnungsgemäßen Verwaltens, sondern die zentrale Voraussetzung. Sie wird in den einschlägigen Rechtstexten nicht selten ausdrücklich angesprochen oder in einem Atemzug mit der Anerkennung genannt[23]. Der „Grundsatz des gegenseitigen Vertrauens“ sei es, – so heißt es in einer jüngeren Entscheidung des EuGH –, der eine bestimmte Verfahrenskonzentration vorzunehmen gestatte, auf die sich die anderen Mitgliedstaaten einstellen müssten[24]. Diese zum Insolvenzrecht getroffene Entscheidung kann ähnlich auch für das Verwaltungsverfahrensrecht getroffen werden. Vertrauen ist ein unverzichtbarer Funktionsmechanismus der Verwaltungskooperation. Sich mit ihm zu beschäftigen, darf nicht allein der Verwaltungslehre oder der Politikwissenschaft überlassen werden, sondern gehört in das Verwaltungsrecht. Das gilt im besonderen Maße für das Europäische Verwaltungsrecht, dessen Institute weit weniger auf gesicherten Realvoraussetzungen aufbauen können, als das für das deutsche Verwaltungsrecht gilt.

b) Vertrauen in elementare Standards der Verwaltungspraxis. Vertrauen als Voraussetzung des Rechtsinstituts der Anerkennung meint ein Sichverlassenkönnen auf eine hinreichend ausgebildete und ausgestattete, kompetente, unparteiische und loyale Verwaltung. Wo dagegen amtliche Urkunden leichtfertig ausgestellt, Missstände fortlaufend verschleiert und strukturelle Mängel nicht behoben werden, erhält die Basis des Rechtsinstituts Risse. Hier hat es in jüngerer Zeit einige bedenkliche Vorfälle gegeben:

- Wenig vertrauensbildend wirken die Verwaltungspraxen in einigen Nachbarstaaten der Bundesrepublik, die den Hintergrund für den sogenannten „Führerscheintourismus“ gebildet haben[25].
- Noch bedenklichere Umstände werden deutlich, wenn sich das Bundesverfassungsgericht und eine Reihe von Verwaltungsgerichten gezwungen sehen, die Überstellungen von Asylsuchenden, wie sie das EU-Asylrecht vorsieht, jedenfalls einstweilen zu unterbinden, weil im Aufnahmemitgliedstaat die nach dem zugrunde gelegten gemeinsamen Konzept vorgesehenen Einrichtungen und Verfahrensstandards nicht gewährleistet sind[26].

---

23 So z. B. bei *Th. Oppermann / H. D. Classen / M. Nettesheim*, Europarecht, 4. Aufl. 2008, § 33 Rn. 6.

24 EuGH, Urteil vom 21. 1. 2010, EuZW 2010, S. 188 Tz. 27 unter Bezugnahme auf EuGH, Urteil vom 2. 5. 2006, EuZW 2006, S. 337 Tz. 39.

25 Siehe dazu nur *J. Saurer*, Jura 2009, S. 260 ff.; *Möstl* (FN 20), S. 427 ff.

26 BVerfG-K, NVwZ 2009, S. 1281; OVG NW, NVwZ 2009, S. 1571 ff.; VG Frankfurt, NVwZ 2009, S. 1176 (1180); VG Oldenburg, NVwZ 2010, S. 200.

Das Rechtsinstitut der gegenseitigen Anerkennung setzt nicht nur ein Minimum vergleichbarer Rechtsregeln[27], sondern vergleichbarer *Qualitätsstandards der Verwaltungspraxis* voraus[28].

Diese elementare Einsicht europäischen Verwaltens ist von den Organen der Union in der Vergangenheit nicht immer beachtet worden. Besonders deutlich wird das im Blick auf die Erweiterungen der Union. Die Verbesserung der Verwaltungssituation in Beitrittsländern ist bei den Vorbereitungen des Beitritts in den entsprechenden Dokumenten zwar regelmäßig angesprochen. Ist hier aber wirklich genau hingesehen worden, oder hat man sich mit vagen Aussichten zufrieden gegeben? Ähnliche Fragestellungen ergeben sich aber auch im Blick auf alle anderen Mitgliedstaaten und die Gewährleistung notwendiger Minimalstandards gemeinsamen Verwaltungsvollzuges. In den Jahresberichten der Kommission liest man dazu so gut wie nichts; im Vordergrund stehen hier Umsetzungsdefizite und Vollzugsmängel in Einzelbereichen. Strukturelle Mängel der mitgliedstaatlichen Verwaltungen geraten demgegenüber nicht in den Blick[29].

Der neue Art. 197 Abs. 1 AEUV gibt Anlass zu einer Neubesinnung. Die erforderlichen Vollzugsstandards sind ein Gegenstand gemeinsamen Interesses und müssen gegebenenfalls im Wege der Unionsaufsicht durchgesetzt werden. Das Vertragsverletzungsverfahren nach Art. 258 AEUV mag für solche praktischen Aufsichtsmaßnahmen zu aufwendig und zu umständlich sein. Der Union stehen jedoch zahlreiche andere Aufsichtsmittel zur Verfügung, in einer ganzen Reihe von Bereichen sogar Befugnisse zu Vor-Ort-Kontrollen (Inspektionen) in Unternehmen und in mitgliedstaatlichen Verwaltungen[30]. Das Unionsrecht besitzt insofern sogar mehr Zugriffsmöglichkeiten, als sie dem deutschen Bundesstaatsrecht vertraut sind. Ersichtlich fehlte es bisher jedoch an der konsequenten Anwendung der verfügbaren Instrumente. Die Gründe bedürfen der Analyse. Die starke Sektoralisierung der Unionspolitiken und eine ebenso stark sektoral aufgespaltene Binnenorganisation der EU-Kommission sind sicher Ursachen dieser Aufsichtsdefizite. Wenig förderlich erscheinen auch die gern benutzte Partnerschafts-

---

27 Dazu *Michaels*, Anerkennungspflichten (FN 20), S. 275.

28 Ähnlich zum Institut des transnationalen Verwaltungsakts *Ruffert*, in: Hoffmann-Riem, Offene Rechtswissenschaft (FN 8), S. 1413: „Kohärenz setzt hier gegenseitiges Vertrauen auf solider Grundlage voraus."

29 Vgl. den 25. Jahresbericht der Kommission über die Kontrolle der Anwendung des Gemeinschaftsrechts (2007), vom 18. 11. 2008, KOM (2008), S. 777 endg.

30 Dazu *M. Eekhoff*, Die Verbundaufsicht, 2006. Speziell zu Inspektionen *A. David*, Inspektionen im Europäischen Verwaltungsrecht, 2003; *dies.*, Inspektionen als Instrument der Vollzugskontrolle in: Schmidt-Aßmann / Schöndorf-Haubold, Verwaltungsverbund (FN 16), S. 237 (239 ff.). Zum Zusammenhang zwischen Kontrollverschränkungen und Vertrauen vgl. *E. Schmidt-Aßmann*, in: ders. / Hoffmann-Riem (Hrsg.), Verwaltungskontrolle, 2001, S. 9 (32). *Ruffert*, in: Hoffmann-Riem, Offene Rechtswissenschaft (FN 8), S. 1414: „Der Vertrauensgedanke öffnet den Blick auf die Optionen institutioneller Kohärenzvorsorge im Verwaltungsrecht."

rhetorik und der Verweis auf eine Vielzahl von Ausschüssen und Expertengremien[31]. Manches spricht dafür, dass direkte oder indirekte Einflussnahmen der mitgliedstaatlichen Bürokratien und eine falsch verstandene Solidarität zwischen ihnen, die sich gerade in Ausschüssen leicht zur Geltung bringen lassen, die Kommission daran hindern, die ihr rechtlich zur Verfügung stehenden Instrumente zu nutzen, um die Basisvoraussetzungen des Anerkennungsprinzips zu gewährleisten.

c) Rechtsfolgen mangelnden Vertrauens: Wo es an den Realvoraussetzungen fehlt, nimmt das Institut gegenseitiger Anerkennung auch im Rechtssinne Schaden. Die Pflicht zu gegenseitiger Anerkennung von Verwaltungsentscheidungen ist keine Selbstverständlichkeit; sie ist mit dem Gedanken eines Europäischen Verwaltungsverbundes nicht automatisch mitgegeben. Das Völkerrecht kennt kein durchgängiges Prinzip der Anerkennung[32]. Auch für das Unionsrecht gilt, dass Anerkennungspflichten nur existieren, soweit sie durch besondere Rechtssätze des primären oder des sekundären Unionsrechts festgelegt sind.

Der allgemeine Gedanke der Solidarität verpflichtet die Mitgliedstaaten dagegen nicht dazu, ihre Verwaltungsentscheidungen durchgängig gegenseitig anzuerkennen. Bei der Anwendung bzw. Schaffung pflichtenbegründender Normen ist absehbaren Qualitätsmängeln in mitgliedstaatlichen Verwaltungen Rechnung zu tragen[33]:

- Soweit Anerkennungspflichten durch Sekundärrecht festgelegt werden sollen, muss darauf gesehen werden, dass entsprechende Kontrollmechanismen geschaffen oder die Anerkennung unter einschränkende Voraussetzungen gestellt werden. Die Interessen der Mitgliedstaaten mögen – je nach dem Zustand ihrer Verwaltungen – bei der *Schaffung* solchen Sekundärrechts unterschiedlich sein. Einzelne Mitgliedstaaten dürfen sich aber nicht scheuen, auf Mängel anderer hinzuweisen und auf eine entsprechend restriktive Fassung des vorgesehenen Anerkennungstatbestandes zu drängen. Solche „Vorbehalte" können auf Dauer zu einer Standardverbesserung beitragen.
- Der Europäische Gerichtshof wiederum muss bei der *Auslegung* von Anerkennungsvorschriften ebenfalls auf den Zusammenhang zwischen der Anerkennung und dem von ihr vorausgesetzten Vertrauen achten. Der Anerkennungsrigorismus, den er in den ersten Führerscheinfällen prakti-

---

31 Vgl. nur den Jahresbericht (FN 29), S. 2: „Zudem werden die Bedeutung einer festen Partnerschaft zwischen der Kommission und den Mitgliedstaaten hervorgehoben, die in den Expertengremien zusammenarbeiten, um die Rechtsinstrumente zu steuern und vorausgreifende Lösungsansätze zu entwickeln". An späterer Stelle (S. 8) werden 260 Ausschüsse und 1200 Expertengruppen genannt.

32 *Michaels,* Anerkennungspflichten (FN 20), S. 102 f.

33 Ähnlich *Möstl* (FN 20), insb. S. 416 f.

ziert hat, ist – zumal angesichts der auf dem Spiel stehenden Rechtsgüter (Verkehrssicherheit, Gesundheit) – unverständlich[34]. Auch jüngere Urteile korrigieren den verfehlten Ansatz nur partiell[35]. Die bisherige Linie, über Verwaltungsmängel hinwegzusehen und die Tatbestände der Anerkennung möglichst weit auszulegen, zulässige Einschränkungen dagegen als ganz eng zu interpretierende Ausnahmen anzusehen, wird der Anerkennung als einem voraussetzungsvollen Institut nicht gerecht[36]. Sie erweist dem Grundgedanken des Europäischen Verwaltungsverbundes einen Bärendienst.

2. Europäische Agenturen

Die Herausbildung verselbständigter Verwaltungseinheiten neben Kommission und Rat gehörte von Anfang an zur Verwaltungsentwicklung der Gemeinschaft[37]. Anders wäre es zu der auch heute noch einflussreichen „Meroni"-Rechtsprechung nicht gekommen, die der Europäische Gerichtshof 1958 zum Montanvertrag entwickelte[38]. Was in der Folgezeit zunächst unscheinbar begann, gewann in den 1990er Jahren größere Dynamik: Unter den bekannteren Einrichtungen befinden sich seither die Europäische Arzneimittelagentur, eine Umweltagentur, das Markenamt in Alicante und die Agentur für Flugsicherheit in Köln. Wichtige Gründungen aus jüngerer Zeit sind die Chemikalienagentur in Helsinki und eine Agentur auf dem Gebiet der Regulierung der Energiemärkte. Insgesamt gibt es kaum noch ein Feld europäischer Politik, das nicht auch über eine eigene Agentur verfügt[39]. Schwerpunkte der Agenturtätigkeiten sind Sicherheitsfragen (Schutz der Außengrenzen, Seeverkehr, Fluggerät), Qualitätsgewährleistung (Arzneimittel, Lebensmittel) und Fragen der Aufsicht und der Regulierung.

Im Verwaltungsalltag der Union sind Agenturen mittlerweile eine feste Größe[40]. Der Vertrag von Lissabon nennt sie alle „Einrichtungen und sons-

---

34 Zutr. Kritik bei *Möstl* (FN 20), S. 416 f., 427 ff.; *B. Schöndorf-Haubold,* LMK 2009, S. 273729 ff.

35 EuGH, Urteil vom 26. 6. 2008, EuZW 2008, S. 472 ff.; EuGH, Urteil vom 3. 7. 2008, EuR 2009, S. 269 ff.; dazu *T. B. Scholz,* ebd. S. 275 ff.; EuGH, Urteil vom 9. 7. 2009, EuZW 2009, S. 735 ff.

36 Allgemein zu methodischen Schwierigkeiten bei der Anwendung von Ausnahmeregeln vgl. *Th. Schilling,* EuR 1996, S. 44 ff.

37 *M. Hilf,* Die Organisationsstruktur der Europäischen Gemeinschaften, 1982, S. 132 ff.

38 EuGHE 1958, S. 9 ff. und S. 51 ff. sowie 1961, S. 217 ff.

39 Vgl. dazu *H. Friedrich,* Die Inflation der EU-Behörden, FAZ vom 22. 05. 2007; *St. Augsberg,* Europäisches Verwaltungsorganisationsrecht und Vollzugsformen, in: Terhechte (Hrsg.), Verwaltungsrecht in der Europäischen Union, 2010 (i. E.), § 6 Rn. 38 ff.

40 Zum Folgenden vgl. *Fischer-Appelt,* Agenturen (FN 12); *Chr. Görisch,* Demokratische Verwaltung durch Unionsagenturen, 2009; *Th. v. Danwitz,* Europäisches Verwaltungsrecht, 2009, S. 319 ff.; *M. Ruffert,* Verselbständigte Verwaltungseinheiten:

tige Stellen“ und erkennt sie als eigene organisatorische Schicht und als rechtsschutzrelevante Verwaltungsträger an (Art. 263 Abs. 1 S. 2, Abs. 5, 298 Abs. 1 AEUV).

Offizielle Dokumente unterscheiden seit einiger Zeit zwischen Exekutivagenturen und Regulierungsagenturen[41].

- Die *Exekutivagenturen* bereiten organisationsrechtlich wenig Schwierigkeiten. Sie sind als rechtlich selbständige Verwaltungseinheiten nach Maßgabe einer vereinheitlichenden sogenannten Statusverordnung verfasst[42], werden von der Kommission zur finanztechnischen Durchführung von Gemeinschaftsprogrammen ins Leben gerufen und sind dieser nachgeordnet. Die Statusverordnung regelt die interne Organisation, die Entscheidungsstrukturen und auch die Fragen des Rechtsschutzes gegen Agenturentscheidungen in der Art eines Modellgesetzes für alle Agenturen dieses Typs einheitlich, so dass in diesem Sektor von einer Transparenzgewährleistung durch strukturierendes Recht gesprochen werden kann. Ihre Aufgaben weisen die zur Zeit existierenden Exekutivagenturen als besondere Organisationsform unionseigener Leistungsverwaltung aus[43].
- Politisch und rechtlich wesentlich interessanter sind die *Regulierungsagenturen*. Ihre Zahl beträgt im Augenblick gegen 30 – mit steigender Tendenz. Darunter befinden sich kleine Einheiten mit nicht mehr als einigen Dutzend Bediensteten und einem schmalen Etat, die sehr speziellen Fragen nachgehen, aber auch große Behörden mit mehreren hundert Beamten, die den Politikbereich zu wesentlichen Teilen selbst administrieren.

Seit September 2009 liegen Vorschläge der EU-Kommission zur Gründung dreier neuer Agenturen vor, die sich im Gefolge der Finanzkrise mit der Aufsicht über Banken, Versicherungen und Wertpapierdienstleister beschäftigen sollen. Überwölbt von einem ebenfalls geplanten Europäischen Ausschuss für Systemrisiken soll hier eine neue „Architektur der europäischen Finanzaufsicht“ entstehen, die „einerseits als horizontales Netz zwischen europäischer und nationaler Aufsichtsebene fungieren, andererseits dafür sorgen (soll), dass die geplanten EU-Aufsichtsbehörden vertikal nicht losgelöst voneinander agieren“[44]. Eine solche Architektur

---

Ein europäischer Megatrend im Vergleich, in: Trute / Groß / Röhl / Möllers, Verwaltungsrecht (FN 3), S. 431 ff.

41 Vgl. Mitteilung der Kommission: Europäische Agenturen – Mögliche Perspektiven, vom 11. 3. 2008, KOM (2008), S. 135 endg.

42 Verordnung (EG) Nr. 58 / 2003 vom 12. 12. 2002 zur Festlegung des Status der Exekutivagenturen, ABl. EG 2003 Nr. L 11 / 1.

43 So zutreffend die Analyse dieses Agenturtyps von *W. Schenk*, Strukturen und Rechtsfragen der gemeinschaftlichen Leistungsverwaltung, 2006, S. 183 ff.

44 So *M. Lehmann / C. Manger-Nestler*, EuZW 2010, S. 87 (88).

hat zwar in den sogenannten Lamfalussy-Ausschüssen einen Vorläufer, die neuen Agenturgründungen stellen jedoch eine deutliche Verfestigung dar[45]: Die Agenturen sollen eigene Rechtspersönlichkeit und verbindliche Entscheidungsbefugnisse gegenüber den nationalen Aufsichtsbehörden und – was zwischen Kommission und Parlament einerseits und dem Rat andererseits noch umstritten ist – ausnahmsweise sogar gegenüber privaten Dritten erhalten.

Nimmt man die jüngere Entwicklung der Agenturen insgesamt in den Blick, so verdienen zwei Themen unsere besondere Aufmerksamkeit: zum einen ihre rechtsschutzrelevanten Handlungsformen [a)] und zum anderen ihre Binnenorganisation [b)].

a) Handlungsformen und Rechtsschutz. Die Handlungsformen der Agenturen sind so vielfältig, dass sie sich einer einfachen Zweiteilung zwischen einem Typus nur verwaltungsintern wirksamer Informationshandlungen und einem Typus außenwirksamer Entscheidungen entziehen[46].

aa) Nur wenige Agenturen sind befugt, förmliche Entscheidungen gegenüber Unternehmen und Bürgern zu treffen: Das gilt für das Harmonisierungsamt für den Binnenmarkt, in begrenztem Umfang auch für die Agentur für Luftsicherheit[47] und die Chemikalienagentur sowie für die Exekutivagenturen. Soweit förmliche Entscheidungen getroffen werden dürfen, enthalten die Gründungsverordnungen normalerweise auch Vorschriften über den Rechtsschutz: entweder sehen sie eigene Beschwerde- oder Widerspruchskammern vor[48], oder es ist eine Beschwerdemöglichkeit an die EU-Kommission eröffnet. In beiden Fällen hat der Kläger zudem die Möglichkeit, danach die Europäischen Gerichte anzurufen. Diese Konfigurationen des Rechtsschutzes galten schon bisher als legal, obwohl sie in Art. 230 EGV nicht vorgesehen waren[49]. Anerkannt war auch, dass Rechtsmittel gegen Entscheidungen von Agenturen auch dann zulässig sind, wenn die entsprechenden Grundverordnungen darüber nichts sagen. Das hatte das Europäische Gericht in der Rechtssache „Sogelma“ bereits 2008 festgestellt[50]. Der Vertrag von Lissabon bestätigt das in Art. 263 Abs. 1 S. 2 AEUV nunmehr ausdrücklich, ohne jedoch auf die Besonderheiten des Agenturhandelns im Einzelnen einzugehen[51].

---

45 So zutreffend *Lehmann / Manger-Nestler* (FN 44), S. 88.

46 Vgl. *Görisch,* Unionsagenturen (FN 40), S. 202 ff.; zum Rechtsschutz jüngst *J. Saurer,* EuR 2010, S. 51 ff.

47 Speziell dazu *D. Riedel,* Die Gemeinschaftszulassung von Luftfahrtgerät, 2006, S. 339 ff.

48 Vgl. *Th. Siegel,* EuZW 2008, S. 141 ff.

49 Ausführlich zu diesen Fragen *H. Krämer,* Rechtsschutz im EG-Eigenverwaltungsrecht zwischen Einheitlichkeit und sektorieller Ausdifferenzierung, 2005.

50 EuG, Urteil vom 8. 10. 2008, Rs. T-411 / 06, Slg. II, S. 2771, Rn. 37 ff.

51 Dazu *J. Gundel,* EuR 2009, S. 383 ff.; *Saurer* (FN 46), S. 60 ff.

bb) Die meisten Agenturen treffen nämlich keine förmlichen Entscheidungen. Ihre vorrangige Aufgabe ist es, Informationen zu sammeln, aufzubereiten und an andere europäische oder nationale Verwaltungsstellen weiterzugeben. Dazu unterhalten manche Agenturen große Informationsnetzwerke[52]. Informationssammlung und Informationsweitergabe sind zwar keine förmlichen Entscheidungen. Auch sie können aber zu Rechtsbeeinträchtigungen führen. Auch sie müssen folglich dem Gerichtsschutz zugänglich sein[53].

Das ist – was den Schutz persönlicher Daten betrifft – heute auch anerkannt: Regelmäßig existieren nach den einschlägigen Rechtsakten bestimmte Rechte der Betroffenen auf Auskunft, Berichtigung und Löschung, und es existieren Möglichkeiten, diese Rechte *gerichtlich* durchzusetzen. Dabei kann es allerdings schwierig sein, im Prozess die verantwortliche Behörde zu identifizieren, wenn mehrere nationale und supranationale Stellen Informationen in ein Informationssystem eingegeben haben. Avancierte Rechtsakte helfen den betroffenen Bürgern hier, indem sie ihnen eine Klage gegen jede Behörde oder die Behörde desjenigen Staates ermöglichen, in dem der Schaden eingetreten ist[54]. Eine solche Lösung sollte künftig als allgemein notwendiger Standard für Informationsnetzwerke gelten.

cc) Wirkliche Probleme des Rechtsschutzes bereitet schließlich ein neuer Typ von administrativen Aktivitäten im Europäischen Verwaltungsverbund. Dieser Typ liegt „zwischen" den förmlichen Entscheidungen auf der einen Seite und der Sammlung und Verwertung von Informationen auf der anderen Seite. Es sind Aktivitäten, die vor allem in einem *Realhandeln* bestehen, das für Bürger oder Unternehmen gewisse belastende Folgen haben kann. Ein Beispiel sind die Inspektionen, die die Kommission oder Agenturen bei Unternehmen durchführen dürfen[55]. Die Entwicklung der jüngsten Zeit indiziert eine Tendenz zum Ausbau solcher „operativer Befugnisse": zum Beispiel in den Ergänzungen der FRONTEX-Verordnung von 2007 durch Bildung von Soforteinsatzteams für Grenzsicherungszwecke[56].

FRONTEX koordiniert die Mitgliedstaaten, kann aber auch eigene Experten zur Unterstützung der nationalen Behörden einsetzen[57]. Die Soforteinsatzteams bestehen zwar aus Beamten der Mitgliedstaaten, FRONTEX

---

52 Dazu grundlegend *K. Heussner*, Informationssysteme im Europäischen Verwaltungsverbund, 2007.

53 *Heussner*, Informationssysteme (FN 52), S. 367 ff.

54 Einzelheiten bei *Heussner*, Informationssysteme (FN 52), S. 380 ff.

55 Dazu ausführlich *David*, Inspektionen (FN 30), S. 339 ff.

56 Verordnung (EG) des Europäischen Parlaments und des Rates vom 11. 7. 2007 über den Mechanismus zur Bildung von Soforteinsatzteams für Grenzsicherungszwecke und zur Änderung der Verordnung Nr. 2007 / 2004, ABl. 2007 Nr. L 199 / 30.

57 Genaue Analyse der Handlungszusammenhänge bei *A. Fischer-Lescano* / *T. Tohidipur*, ZaöRV 2007, S. 1219 ff., speziell zum Rechtsschutz dort S. 1264 ff.

stellt aber die Teams zusammen und hat wesentlichen Einfluss auf die Gestaltung des Einsatzplans. Anders als zur Haftung sagt die FRONTEX-Verordnung zum Rechtsschutz nichts. Ganz generell hat das Unionsrecht Schwierigkeiten, Realhandlungen in das Klagesystem einzuordnen. Das zeigt das Urteil des EuG in der Rechtssache „Tillack". Die Rechtsprechung hat den Begriff der „Entscheidung" in Art. 230 EGV zwar erweiternd definiert[58]. Nach wie vor umfasst er aber „nur solche Maßnahmen, die verbindliche Rechtswirkungen erzeugen, die die Interessen des Klägers durch eine qualifizierte Änderung seiner Rechtsstellung beeinträchtigen"[59]. Operative Befugnisse lassen sich damit aber kaum erfassen, weil sie in striktem Sinne nicht die Rechtsstellung betreffen, sondern (nur) faktische Auswirkungen haben. Auf die Mitgliedstaaten kann das Rechtsschutzdefizit in diesen Fällen nicht abgeschoben werden (vgl. Art. 19 Abs. 1 AEUV); denn zu deren Verantwortungsbereich fehlt es an der erforderlichen Anknüpfung. Hier muss der Europäische Gerichtshof schon selbst aktiv werden[60]. Seine bisherige restriktive Linie ist, auch angesichts seines in anderen Gebieten zu beobachtenden *judicial actvism*[61], nicht verständlich. Der Schutz nationaler Rechtsschutz- und Prozessrechtskompetenzen auf den für eine Zurückhaltung sonst gern hingewiesen wird, steht hier nicht entgegen. Es geht allein um eine adäquate Ausgestaltung des Rechtsschutzes im Eigenverwaltungsrecht der Union, für die Art. 47 GR-Charta uneingeschränkt Beachtung verlangt.

b) Interne Entscheidungsstrukturen der Agenturen. In der ersten Gründungsphase der Agenturen lag es nicht fern, in den Agenturen eine ähnliche Ausdifferenzierung hochstufiger Fachverwaltungen zu sehen, wie sie sich in Deutschland unter der Reichsverfassung von 1871 mit der Bildung von Reichsämtern vollzogen hatte. Der Vergleich führt jedoch nicht weiter. Nur die Exekutivagenturen sind dekonzentrierte Einheiten innerhalb einer hierarchisch geordneten und kontrollierten Exekutive. Die politisch wesentlich bedeutsameren Regulierungsagenturen sind es nicht. Sie haben sich vielmehr zu einer Organisationsform entwickelt, die vor allem der Entkoppelung von der Kommission und der Einflusssicherung der Mitgliedstaaten dient. Nur so ist es auch erklärlich, dass sich der Rat immer häufiger bereit gefunden hat, solche Einheiten zu gründen – oft sogar durch einstimmigen Beschluss[62]. Parallel zur Komitologiepraxis, die die Durchfüh-

---

58 Dazu *M. Burgi,* in: W. Rengeling / A. Middeke / M. Gellermann (Hrsg.), Handbuch des Rechtsschutzes in der Europäischen Union, 2. Auflage 2003, § 7 Rn. 37 ff.

59 EuG, Urteil vom 4. 10. 2006, Rs. 193 / 04, Slg. II, S. 3995, Tz. 67 ff.

60 Ebenso *F. Schoch,* Gerichtliche Verwaltungskontrollen, in: W. Hoffmann-Riem / E. Schmidt-Aßmann / A. Voßkuhle (Hrsg.), Grundlagen des Verwaltungsrechts – GVwR – Bd. 3, 2009, § 50 Rn. 24 und 376.

61 Dazu nur *J. Wieland,* NJW 2009, S. 1841 ff.

62 Zu den herangezogenen Kompetenzentiteln vgl. *Görisch,* Unionsagenturen (FN 40), S. 229 ff.

rungsrechtsetzung der Kommission beeinflusst (Art. 291 Abs. 3 AEUV), erweist sich das Agenturwesen so als zweite große Trasse, die zu einer Ausweitung des Partikularen auf Kosten des Gemeinschaftsinteresses in der Europäischen Verwaltung führt. Der den Agenturen üblicherweise zuerkannte Unabhängigkeitsstatus und eine Tendenz, sie zur Netzwerkbildung zwischen mitgliedstaatlichen und europäischen Fachbürokratien einzusetzen, erhöht die Intransparenz; sie kann zudem auf die Verantwortungszüge und Loyalitäten nationaler Verwaltungen prekäre Rückwirkungen entwickeln.

aa) Das Zentralorgan der Regulierungsagenturen ist in den meisten Fällen ein *Verwaltungsrat,* in dem den Vertretern aller Mitgliedstaaten meistens nur ein einziger Vertreter der EU-Kommission gegenübersteht. Der Verwaltungsrat legt die Politik der Agentur fest; er ist es, der ihre Exekutivspitze wählt und die Besetzung der anderen Gremien bestimmt. Im Einzelnen variieren die internen Entscheidungszüge von Agentur zu Agentur. In der Grundtendenz aber sind alle durch die Exekutiven der Mitgliedstaaten beherrscht.

Im Lichte des Lissabon-Urteils sollte das sogar ein Vorzug sein, scheint sich der Einfluss der mitgliedstaatlichen Bürokratien doch auf die vom Bundesverfassungsgericht klar an die erste Stelle gerückte mitgliedstaatliche Legitimation berufen zu können[63]. Gerade hier aber zeigt sich die Einseitigkeit eines solchen Legitimationskonzepts: Die bei den Mitgliedstaaten ansetzenden „Legitimationsketten" sind, bis sie in den Verwaltungsräten und sonstigen Gremien der Agenturen ankommen, so langgezogen, dass nicht mehr politisch, sondern bürokratisch entschieden wird. Die Entscheidungen werden in Verhandlungsrunden getroffen, die immer wieder Kompromisse zwischen den nationalen Vertretern suchen und eindeutige Lösungen verhindern. Verantwortlichkeiten lassen sich so nicht zuordnen. Für wirksame Kontrollen bleibt zu wenig Raum, ja sie sind in den Gründungsstatuten der meisten Agenturen (sieht man von der Finanzkontrolle ab) nicht einmal angesprochen[64]. Intransparenz ist die Folge. Wer sich hier von einem Mehr an mitgliedstaatlichem Einfluss eine besser legitimierte Verwaltung erhofft, befindet sich auf einem Irrweg.

bb) Die Unübersichtlichkeit wird noch dadurch erhöht, dass jede Agentur ihr eigenes Gründungsstatut hat. Jede ist so organisiert, wie es sich in der Gründungssituation zwischen den Mitgliedstaaten im Rat hat heraushandeln lassen. Einen festen Typus *der* Regulierungsagentur gibt es nicht. Damit aber gibt es keine Vergleichbarkeit und folglich fehlen die Ansätze

---

[63] Vgl. BVerfGE 123, 267 (367 f.), freilich nicht speziell die *administrative* Seite der Union betreffend; vgl. *Frenz* (FN 4), S. 69 ff.

[64] Vgl. im Einzelnen *Görisch,* Unionsagenturen (FN 40), S. 209 ff.; zu optimistisch in der Annahme eines „vielschichtigen Kontrollsystems" *M. H. Koch,* EuZW 2005, S. 455 (459); wohl auch *Augsberg* (FN 39), § 6 Rn. 79.

für eine übergreifende Bewertung und Kritik. Mit den herkömmlich beliebten Formeln, man wolle lieber „von Fall zu Fall" entscheiden, um „flexibel" zu bleiben, ist es eben doch nicht getan. Es sind diese Formeln, die eine Mitschuld an der entstandenen Intransparenz der Verbundverwaltung tragen. Das wird von Kommission und Parlament mittlerweile als Missstand ausdrücklich anerkannt. Ungeschminkt heißt es[65]: „In Ermangelung eines einheitlichen verbindlichen Rahmens kommt es durch die Vervielfältigung der Beziehungen, Aufgaben, Organisationsstrukturen und Kontrollmechanismen dieser Agenturen zu einer wenig transparenten und schwer nachvollziehbaren Situation, die sich der Rechtssicherheit nur abträglich erweisen kann".

Soll sich daran etwas ändern, dann muss auch für die Regulierungsagenturen eine einheitliche und eigenständige Organisationsrechtsform geschaffen werden. Das ist umso wichtiger, als manche dieser Agenturen nicht nur in ihrem Status, sondern auch in ihrem Entscheidungsverhalten ziemlich unabhängig sind[66]. Dazu sind klare rechtliche Strukturen und Verfahren erforderlich. Danach ist in anderen Teilen der institutionellen Architektur der Union, nämlich bei den Komitologieausschüssen[67] und den Exekutivagenturen[68], bereits erfolgreich gehandelt worden. Deshalb hatte die Kommission 2005 ähnlich auch für die Regulierungsagenturen eine Kodifikation, eine Art „Modellakt" in Form einer interinstitutionellen Vereinbarung, vorgeschlagen. Die Aufgaben, die interne Organisation und die notwendigen Kontrollen sollten darin für alle Agenturen dieses Typs nach einheitlichen Maßstäben festgelegt werden[69].

Es ist bezeichnend, dass dieses Projekt bisher am Widerstand des Rates gescheitert ist. Die Mitgliedstaaten wollen sich nicht von ihren undurchsichtigen Möglichkeiten punktueller Einflussnahme trennen. Eine Chance, im Europäischen Verwaltungsverbund ein Stück mehr Transparenz zu erreichen, ist vertan worden. Die Kommission hat ihren Vorschlag zurückgezogen. Es soll zunächst eine „interinstitutionelle Debatte" zwischen den beteiligten Organen stattfinden, die in ein gemeinsames Konzept einmünden soll[70]. In der Sache wäre es dringend zu wünschen, dass mindestens auf

---

65 Entwurf für eine interinstitutionelle Vereinbarung zur Festlegung von Rahmenbedingungen für die europäischen Regulierungsagenturen vom 25. 2. 2005, KOM (2005) 59 endg., S. 10.

66 Auf die Zusammenhänge zwischen beanspruchter Unabhängigkeit und notwendiger Transparenz weist *Ruffert*, in: Trute/Groß/Röhl/Möllers, Verwaltungsrecht (FN 3), S. 447 ff. zutreffend hin.

67 Beschluss des Rates zur Festlegung der Modalitäten für die Ausübung der der Kommission übertragenen Befugnisse vom 28. 6. 1999, ABl. EG Nr. L 184/23.

68 s. oben FN 42.

69 s. oben FN 65.

70 So die oben (FN 41) zitierte Stellungnahme der Kommission vom 11. 3. 2008, S. 9 f.

diese Weise Rat, Kommission und Parlament eine transparentere Organisationsstruktur für Regulierungsagenturen finden.

Auch das kann jedoch nur ein erster Schritt zu mehr Verantwortlichkeit und Rechtsklarheit sein. In seiner Meroni-Rechtsprechung hat der EuGH vor mehr als 50 Jahren Grenzen festgelegt, die bei der Gründung selbstständiger Verwaltungseinheiten zu beachten sind[71]: die Wahrung des institutionellen Gleichgewichts und der Erhalt der allgemeinen öffentlich-rechtlichen Bindungen des Verwaltungshandelns, zu denen Rechtsschutz und Kontrolle gehören. Hier haben die jüngeren Agenturgründungen die Gewichte zu sehr zugunsten des Rates und damit der Mitgliedstaaten verschoben. Demgegenüber sind die Einflussmöglichkeiten der Kommission in den Gremien der Agenturen und ihre Aufsichtsrechte zu stärken. „Aus funktionaler Sicht sind durchsetzbare Kontrollrechte gegenüber Agenturen besser bei der Kommission als beim Rat oder bei mitgliedstaatlich dominierten Ausschüssen aufgehoben: die Fortsetzung intergouvernementaler politischer Kompromissbildung auf Vollzugsebene ist funktional unerwünscht“[72]. Außerdem müssen die Kontrollbefugnisse des Europäischen Parlaments ausgebaut werden. Dazu sollte auch das Recht gehören, bei festgestellten Missständen verbindliche Konsequenzen zu verlangen. Eine systemwidrige Einschränkung der mit der Gründung der Agentur angestrebten Unabhängigkeit liegt darin nicht.

III. Europäisches Verwaltungsrecht als Projekt der Wissenschaft

Aufbau und Ausbau des Europäischen Verwaltungsrechts sind nicht nur Aufgaben der Praxis und der Politik. Sie sind vielmehr auch ein Projekt der Wissenschaft: *einer Europäischen Verwaltungsrechtswissenschaft.* Das ist seit mindestens drei Jahrzehnten auch so gesehen worden, und hier ist Beachtliches geleistet worden[73]: zunächst in der Aufarbeitung der EuGH-Rechtsprechung, später auch in der kritischen Auseinandersetzung mit den legislativen Vorgaben des EG-Verwaltungsrechts, schließlich in der Beschäftigung mit den Kooperationsbeziehungen der Verwaltungen im Gemeinschaftsraum und in der Systematisierung insgesamt[74].

Dabei haben bisher die aus dem nationalen Verwaltungsrecht vertrauten großen Themenbereiche, die Rechtsformenlehre des Verwaltungshandelns,

71 EuGHE 1958, S. 1 (36 ff.) und S. 51 (75 ff.).

72 *Möllers,* Gewaltengliederung (FN 9), S. 286.

73 Vgl. nur die repräsentativen Darstellungen von *J. Schwarze,* Europäisches Verwaltungsrecht, 2. Aufl. 2005 und *v. Danwitz,* Europäisches Verwaltungsrecht (FN 40).

74 Zu den Entwicklungsphasen des Europäischen Verwaltungsrechts vgl. *Schmidt-Aßmann,* in: ders./Hoffmann-Riem, Strukturen (FN 8), S. 9 f.; *Kahl,* in diesem Heft S. 39 ff.

das Verwaltungsverfahren, die Verwaltungsmaßstäbe, der Rechtsschutz und die Staatshaftung, d. h. die Bereiche, in denen die Verwaltung den Bürgern gegenübertritt, im Vordergrund gestanden. Auch künftig werden diese Bereiche intensiv wissenschaftlich betreut werden müssen – mit Detailstudien etwa zu den veränderten Rechtsformen des Art. 288 AEUV, und mehr noch mit der Aufarbeitung von *Konzeptunterschieden* zwischen europäischem und mitgliedstaatlichem Recht, Konzeptunterschiede etwa im Verwaltungsrechtsschutz und im Verwaltungsverfahren. Hier ist nach wie vor viel zu tun!

Noch wichtiger aber ist eine Perspektivenerweiterung zur Einbeziehung und zentralen Positionierung des *Verwaltungsorganisationsrechts*[75]: Auch hierzu existieren bereits heute unbestreitbar wichtige Beiträge. Um ihre Vertiefung und Fortentwicklung muss es zum einen aus systematischen Gründen gehen: Im Organisationsrecht treffen sich die beiden großen Züge der Europäisierung des Verwaltungsrechts, treffen sich die Europäisierung des Rechts, d. h. die Überformung des nationalen Verwaltungsrechts durch Unionsrecht einerseits, und die Europäisierung der *Verwaltungsstrukturen* durch Ausbildung neuer Formen einer Verbundverwaltung andererseits[76]. Alle drei Systemteile des Europäischen Verwaltungsrechts – Eigenverwaltungsrecht, Gemeinschaftsverwaltungsrecht und Verwaltungskooperationsrecht – haben, wenn man genau hinsieht, erhebliche organisationsrechtliche Komponenten.

Eine stärkere Ausrichtung auf das Organisationsrecht ist zum zweiten und vorrangig aus rechtspolitischen Gründen geboten: Anders als im nationalen Recht erschließt sich das Verwaltungshandeln im Unionsraum nämlich nur zum geringeren Teil über außenwirksames Entscheiden, dem Rechtsschutz und Haftung entsprechen. In der europäischen Verbundverwaltung ist das meiste „strukturell“ vorentschieden, lange bevor es die Außensphäre erreicht, wenn es denn überhaupt auf diese Wirkung angelegt ist. Europäisches Verwaltungshandeln ist zu einem ganz großen Teil inter- und intra-administratives Handeln. An dieses Handeln kommt man nur über ein weit verstandenes Organisationsrecht heran, wie ich es oben definiert habe, d. h. unter Einschluss des Informationsrechts und des Aufsichts- und Kontrollrechts.

Der Ausbau der Eigenverwaltung auf Unionsebene ist, wie sich bei den Europäischen Agenturen gezeigt hat, schon für sich genommen mit erheb-

---

75 Ähnlich *O. Lepsius,* in diesem Heft S. 179 ff. [unter III. 2. e) und V.].

76 Früh als zentrales Thema erkannt von *Hilf,* Organisationsstruktur (FN 37), pass.; *W. Kahl,* Die Verwaltung 29 (1996), S. 341 ff.; *Th. Groß,* Das Kollegialprinzip in der Verwaltungsorganisation, 1999, S. 329 ff.; mit zahlreichen Nachweisen *ders.*, in: W. Hoffmann-Riem / E. Schmidt-Aßmann / A. Voßkuhle (Hrsg.), Grundlagen des Verwaltungsrechts – GVwR – Bd. 1, 2006, § 13; *Augsberg* (FN 39), pass. Speziell zu den Legitimationsfragen der Verbundorganisation grundlegend *H.-H. Trute,* in: Hoffmann-Riem / Schmidt-Aßmann / Voßkuhle (Hrsg.), GVwR – Bd. 1 (FN 75), § 6 Rn. 102 ff.

lichen Problemen verbunden; die Rückwirkungen dieser Entwicklung auf die nationalen Verwaltungen sind es ebenso[77]. Das Verwaltungsorganisationsrecht ist nicht länger ein Refugium nationaler Definitionsmacht. Der immer stärker hervortretende Verbund europäischer Verwaltungen nötigt dazu, einen gemeinsamen und übergreifenden Rechtsrahmen zu entwerfen.

Dabei sind Spannungen zwischen dem nationalen und dem europäischen Rechtsdenken vorgezeichnet. Und auch hier sind es die Konzeptfragen, die besondere Aufmerksamkeit verdienen. Die jüngere Entwicklung zeigt aufkommende Spannungen im Organisationskonzept. Das Unionsrecht wird zwar nicht die gesamte Verwaltungsorganisation der Mitgliedstaaten erfassen und radikal verändern. Aber es geht bei den erkennbaren punktuellen Konflikten um nicht mehr und nicht weniger als *Veränderungen in der Substanz,* die eine demokratisch-rechtsstaatliche Verwaltung nicht nur nach deutschem Rechtsverständnis ausmacht.

Zwei Entscheidungen des Europäischen Gerichtshofs aus jüngster Zeit (vom Dezember 2009 und vom März dieses Jahres) zeigen die Spannungen recht deutlich[78]. Es sind die Entscheidungen zur Stellung der nationalen Regulierungsbehörden und der Datenschutz-Kontrollstellen. Sie umreißen ein Organisationskonzept, das einzelne Verwaltungen sehr viel stärker von den Standardbindungen des parlamentarischen Regierungssystems freistellen und sie als unabhängig agierende Einheiten einsetzen will. Verstärkt wird diese Tendenz noch durch Netzwerkbildungen zwischen europäischen Agenturen und nationalen Fachbehörden, die das EU-Recht immer mehr vorschreibt.

Die Spannungen zum traditionellen deutschen Konzept einer hierarchisch zusammengehaltenen Verwaltung liegen auf der Hand. Sie lassen sich durch die Beschwörung nationaler Identitätsvorbehalte nicht lösen. Auf der anderen Seite muss in der Tat gefragt werden, was mit der angestrebten stärkeren Unabhängigkeit einzelner Verwaltungseinheiten gewonnen wird und welche Gefahren von solchen Entkoppelungen ausgehen[79]. Verantwortliches Handeln verlangt nach kritischer Beobachtung, Prüfung und Kontrolle. Diese einfachen Zusammenhänge hat die Verwaltungspraxis des Verbundes in der Vergangenheit leichtfertig vernachlässigt. Eine der wichtigsten Zukunftsaufgaben der Wissenschaft ist der systematische *Entwurf einer Aufsichts- und Kontrollordnung* für den Europäischen Verwaltungsverbund[80].

---

77 Dazu jüngst *K. Stöger,* ZöR 69 (2010), S. 269 ff.

78 Nachweise oben FN 18, 19.

79 Zutreffend kritisch auch *Gärditz* (FN 4), S. 461.

80 Dazu *Eekhoff,* Verbundaufsicht (FN 30); *W. Kahl,* in: Hoffmann-Riem / Schmidt-Aßmann / Voßkuhle (Hrsg.), GVwR – Bd. 3 (FN 60), § 47 Rn. 218 ff.; speziell zu Öffentlichkeitskontrollen vgl. *A. Scherzberg,* ebd. § 49.

Dazu kann die deutsche Verwaltungsrechtswissenschaft mit einem reichen Bestand an Organisationstypen und Aufsichtsmodellen Wichtiges beitragen[81]. Das wird ihr gelingen, wenn sie neuen Anstößen der europäischen Organisationspraxis nicht ängstlich abwehrend, sondern mit kritischer Aufgeschlossenheit begegnet und ihre eigenen Erfahrungen methodenbewusst und offensiv in die erforderlichen rechtsvergleichenden Diskussionen einzubringen versteht.

---

81 *Th. Groß,* in: Hoffmann-Riem / Schmidt-Aßmann / Voßkuhle (Hrsg.), GVwR – Bd. 1 (FN 76), § 13 Rn. 4 ff. und 60 ff.; *M. Jestaedt,* ebd., § 14 Rn. 19 ff. und 54 ff.; *H. Wißmann,* ebd., § 15 Rn. 19 ff. und 39 ff.

Teilnehmerverzeichnis

Prof. Dr. *Thomas Ackermann,* Ludwig-Maximilians-Universität München

Richter am Verwaltungsgerichtshof Dr. *Rüdiger Albrecht,* Verwaltungsgerichtshof Baden-Württemberg, Mannheim

Prof. Dr. *Michael Anderheiden,* Ruprecht-Karls-Universität Heidelberg

Prof. Dr. *Heribert Anzinger,* Technische Universität Darmstadt

RRef. Dr. *Birger Arndt,* Gießen

Prof. Dr. *Peter Axer,* Ruprecht-Karls-Universität Heidelberg

Dekan Prof. Dr. *Christian Baldus,* Ruprecht-Karls-Universität Heidelberg

Alban Barrón, Heidelberg

Dr. *Jürgen Bast,* Max-Planck-Institut für ausländisches öffentliches Recht und Völkerrecht, Heidelberg

Prof. Dr. med. *Axel W. Bauer,* Universität Mannheim

Johannes Becker, Ruprecht-Karls-Universität Heidelberg

Jenna-Anna Behrends, Ruprecht-Karls-Universität Heidelberg

Prof. Dr. *Eyal Benvenisti,* Tel Aviv

Lisa Beretzky, Heidelberg

Sabine Berger, Ruprecht-Karls-Universität Heidelberg

Richter am Verwaltungsgerichtshof Prof. Dr. *Jan Bergmann,* Verwaltungsgerichtshof Baden-Württemberg, Mannheim

Dr. *Jochen von Bernstorff,* Max-Planck-Institut für ausländisches öffentliches Recht und Völkerrecht, Heidelberg

Prof. Dr. *Ulrich Beyerlin,* Max-Planck-Institut für ausländisches öffentliches Recht und Völkerrecht, Heidelberg

Prof. Dr. *Armin von Bogdandy,* Max-Planck-Institut für ausländisches öffentliches Recht und Völkerrecht, Heidelberg

Katrin Boldt, Seevetal

Maximilian Bowitz, Ruprecht-Karls-Universität Heidelberg

Johannes M. Brandt, Ruprecht-Karls-Universität Heidelberg

Christoph Bräunig, Hamburg

Prof. Dr. *Gabriele Britz,* Justus-Liebig-Universität Gießen

Prof. Dr. *Winfried Brugger,* LL.M., Ruprecht-Karls-Universität Heidelberg

Prof. Dr. *Hermann Butzer,* Leibniz-Universität Hannover

Prof. Dr. *Matthias Cornils,* Johannes Gutenberg-Universität Mainz

Mia Corre, Ruprecht-Karls-Universität Heidelberg

Dr. *Martin Cramer,* C.F. Müller Verlag, Heidelberg

Rechtsanwalt Dr. *Normen Crass,* SMNG Rechtsanwaltsgesellschaft mbH, Frankfurt am Main

Prof. Dr. *Wolfram Cremer,* Ruhr-Universität Bochum

Prof. Dr. *Detlef Czybulka,* Universität Rostock

Dr. *Philipp Dann,* Max-Planck-Institut für ausländisches öffentliches Recht und Völkerrecht, Heidelberg

Prof. Dr. *Gerhard Dannecker,* Ruprecht-Karls-Universität Heidelberg

Richter am Gerichtshof der Europäischen Union Prof. Dr. *Thomas Danwitz,* Luxemburg

Priv.-Doz. Dr. *Marc Desens,* Westfälische Wilhelms-Universität Münster

Prof. Dr. Dr. h.c. *Karl Doehring,* Max-Planck-Institut für ausländisches öffentliches Recht und Völkerrecht, Heidelberg

Vizepräsident des Sozialgerichts *Franz-Wilhelm Dollinger,* Sozialgericht Karlsruhe

Rechtsanwalt *Cornelius Dommel,* C.F. Müller Verlag, Heidelberg

Christina Dörfler, Neudrossenfeld

Prof. Dr. *Klaus-Dieter Drüen,* Heinrich-Heine-Universität Düsseldorf

Charlotte Dubber, Ruprecht-Karls-Universität Heidelberg

Prof. Dr. Dr. *Wolfgang Durner,* LL.M., Rheinische Friedrich-Wilhelms-Universität Bonn

Prof. Dr. Dr. h.c. *Werner F. Ebke,* LL.M., Ruprecht-Karls-Universität Heidelberg

Prof. Dr. *Dirk Ehlers,* Westfälische Wilhelms-Universität Münster

Richter des Bundesverfassungsgerichts Prof. Dr. *Michael Eichberger,* Karlsruhe

Prof. Dr. *Martin Eifert,* Justus-Liebig-Universität Gießen

Silvan Eppinger, Heidelberg

Rechtsanwältin *Jutta von Falkenhausen,* Berlin

Dr. *Heiko Feurer,* Wiesloch

Rechtsanwalt Dr. *Hartmut Fischer,* Rittershaus, Mannheim

Julian Fridrich, Heidelberg

Anja Fritzsche, Ruprecht-Karls-Universität Heidelberg

Dr. *Andreas Funke,* Universität Köln

Prof. Dr. *Klaus Ferdinand Gärditz,* Rheinische Friedrich-Wilhelms-Universität Bonn

Dr. *Claas Friedrich Germelmann,* LL.M., Universität Bayreuth

Dr. *Andreas Glaser,* Ruprecht-Karls-Universität Heidelberg

Prof. Dr. *Pascale Gonod,* Université Paris I Panthéon-Sorbonne, Frankreich

Prof. Dr. *Christoph Gröpl,* Universität des Saarlandes, Saarbrücken

Dr. *Stefan Grote,* Nomos-Verlagsgesellschaft, Baden Baden

Prof. Dr. *Bernd Grzeszick,* LL.M., Ruprecht-Karls-Universität Heidelberg

Prof. Dr. *Elke Gurlit,* Johannes Gutenberg-Universität Mainz

Jan Häller, Ruprecht-Karls-Universität Heidelberg

Prof. Dr. *Andreas Haratsch,* FernUniversität Hagen

Prof. Dr. *Friedhelm Hase,* Universität Bremen

Prof. Dr. *Christian Hattenhauer,* Ruprecht-Karls-Universität Heidelberg

Caspar Heckscher, Heidelberg

Prof. Dr. *Markus Heintzen,* Freie Universität Berlin

Dr. *Thorsten Helm,* KPMG Rechtsanwaltsgesellschaft mbH, Mannheim

Prof. Dr. *Ansgar Hense,* Institut für Staatskirchenrecht der Diözesen Deutschlands, Bonn

Dr. *Holger Hesermeyer,* LL.M., Max-Planck-Institut für ausländisches öffentliches Recht und Völkerrecht, Heidelberg

Juliane Hettche, Heidelberg

Patrick Hilbert, Ruprecht-Karls-Universität Heidelberg

Prof. Dr. Dr. h.c. *Thomas Hillenkamp,* Ruprecht-Karls-Universität Heidelberg

Prof. Dr. *Sven Hölscheidt,* Deutscher Bundestag, Berlin

Dr. *Frederike Holthausen,* Springer-Verlag, Heidelberg

Prof. Dr. Dr. h.c. mult. *Peter Hommelhoff,* Ruprecht-Karls-Universität Heidelberg

Richter am Verwaltungsgericht *Michael Hoppe,* Verwaltungsgericht Karlsruhe

Prof. Dr. *Ulrich Hufeld,* Helmut-Schmidt-Universität Hamburg

Prof. Dr. *Friedhelm Hufen,* Johannes Gutenberg-Universität Mainz

Prof. Dr. *Josef Isensee,* Rheinische Friedrich-Wilhelms-Universität Bonn

Prof. Dr. *Roland Ismer,* Friedrich- Alexander-Universität Erlangen-Nürnberg

Prof. Dr. *Christian Jäger,* Universität Bayreuth

Prof. Dr. *Wolfgang Kahl,* M.A., Ruprecht-Karls-Universität Heidelberg

Dr. *Anna-Bettina Kaiser,* LL.M., Albert-Ludwigs-Universität, Freiburg im Breisgau

Dr. *Rainer Keil,* Ruprecht-Karls-Universität Heidelberg

Rechtsanwältin Dr. *Julia Kersjes,* White & Case LLP, Frankfurt am Main

Prof. Dr. *Jens Kersten,* Ludwig-Maximilians-Universität München

Priv.-Doz. Dr. *Gregor Kirchhof,* Universität Bonn

Richter des Bundesverfassungsgerichts a.D. Prof. Dr. Dr. h.c. *Paul Kirchhof,* Ruprecht-Karls-Universität Heidelberg

Dr. *Jan Henrik Klement,* Ruprecht-Karls-Universität Heidelberg

Gioseppina Klingmann, Ruprecht-Karls-Universität Heidelberg

Dr. *Daniel Krausnick,* Friedrich- Alexander-Universität Erlangen-Nürnberg

Prof. Dr. *Klaus Kröger,* Justus-Liebig-Universität Gießen

Prof. Dr. Dr. h.c. *Herbert Kronke,* Ruprecht-Karls-Universität Heidelberg

Prof. Dr. *Hanno Kube,* LL.M., Johannes Gutenberg-Universität Mainz

Lena Kümmel, Ruprecht-Karls-Universität Heidelberg

Prof. Dr. *Philip Kunig,* Freie Universität Berlin

Dr. *Philipp Lamprecht,* Berlin

Richterin am Oberlandesgericht *Angelika Lange,* Frankfurt am Main

Richter des Hessischen Staatsgerichtshofs Prof. Dipl.-Volkswirt Dr. *Klaus Lange,* Justus-Liebig-Universität Gießen

Prof. Dr. *Oliver Lepsius,* LL.M., Universität Bayreuth

Prof. Dr. *Susanne Lepsius,* Ludwig-Maximilians-Universität München

Dr. *Markus Ludwigs,* Rheinische Friedrich-Wilhelms-Universität Bonn

Dr. *Stefan Magen,* Max Planck Institut for Research on Collective Goods, Bonn

Prof. Dr. *Ute Mager,* Ruprecht-Karls-Universität Heidelberg

Prof. Dr. *Siegfried Magiera,* Deutsche Hochschule für Verwaltungswissenschaften Speyer

Ruben Martini, Ruprecht-Karls-Universität Heidelberg

Richterin am Verwaltungsgericht *Anna-Maria Mayer,* Verwaltungsgericht Karlsruhe

Prof. Dr. *Bernd Mertens,* Friedrich-Alexander-Universität Erlangen-Nürnberg

Direktor Dr. *Rudolf Mögele,* Europäische Kommission, Brüssel

Prof. Dr. *Markus Möstl,* Universität Bayreuth

Prof. Dr. Dres. h.c. *Peter-Christian Müller-Graff,* Ruprecht-Karls-Universität Heidelberg

Dr. *Georg Neureither,* Verlag C. H. Beck, Frankfurt am Main

Prof. Dr. *Shoichiro Nishido,* Seijo University Tokyo, Japan

Julia Oehlenschläger, Ruprecht-Karls-Universität Heidelberg

Regierungsdirektorin Dr. *Daniela Oellers,* Innenministerium Baden-Württemberg, Stuttgart

Dr. *Karin Oellers-Frahm,* Max-Planck-Institut für ausländisches öffentliches Recht und Völkerrecht, Heidelberg

Lutz Ohlendorf, Berlin

Priv.-Doz. Dr. *Katharina Pabel,* Wirtschaftsuniversität Wien

Dr. *Ulrich Palm,* Ruprecht-Karls-Universität Heidelberg

Dr. *Christiane Philipp,* Max-Planck-Institut für ausländisches öffentliches Recht und Völkerrecht, Heidelberg

Prof. Dr. *Andreas Piekenbrock,* Ruprecht-Karls-Universität Heidelberg

Richterin am Verwaltungsgericht *Claudia Protz,* Verwaltungsgericht Karlsruhe

Prof. Dr. *Adelheid Puttler,* LL.M., Ruhr-Universität Bochum

Julia Raichle, Ruprecht-Karls-Universität Heidelberg

Dr. *Bernhard Reimer,* Bonn

Prof. Dr. *Ekkehart Reimer,* Ruprecht-Karls-Universität Heidelberg

Prof. Dr. *Franz Reimer,* Justus-Liebig-Universität Gießen

Ingrid Reimer, Bonn

Kathrin Reimer, Heidelberg

Martin Reimer, Neuss

Dr. *Sonja Reimer,* Gießen

Prof. Dr. *Barbara Remmert,* Eberhard-Karls-Universität Tübingen

Dr. *Florian Reuther,* Bonn

Prof. Dr. *Oliver Ricken,* Universität Bielefeld

Sarah Rinderspacher, Ruprecht-Karls-Universität Heidelberg

Prof. Dr. *Stephan Rixen,* Universität Bayreuth

Sebastian Röger, Ruprecht-Karls-Universität Heidelberg

Matthias Roth, Ruprecht-Karls-Universität Heidelberg

Rechtsanwalt Prof. Dr. *Wolfgang Roth,* LL.M., Redeker Sellner Dahs & Widmaier, Bonn

Prof. Dr. *Matthias Ruffert,* Universität Jena

Christoph Rung, Heidelberg

Prof. Dr. *Alexander Rust,* Universität Luxemburg

Priv-Doz. Dr. *Johannes Rux,* Nomos-Verlagsgesellschaft, Baden-Baden

Patricia Sander, Ruprecht-Karls-Universität Heidelberg

Rechtsanwältin Dr. *Judith Schaupp-Haag,* Stuttgart

Richter am Landgericht Dr. *Bernd Schendzielorz,* Landgericht Ellwangen

Prof. Dr. *Ralf-Peter Schenke,* Universität Würzburg

Prof. Dr. *Dieter H. Scheuing,* Julius-Maximilians-Universität Würzburg

Ministerialdirigent *Michael Scheuring,* Bundesministerium des Inneren, Berlin

Dr. *Stephan Schill,* LL.M., Max-Planck-Institut für ausländisches öffentliches Recht und Völkerrecht, Heidelberg

Horst Schlenger, Oldenburg / Holstein

Ingrid Schlenger, Oldenburg / Holstein

Prof. Dr. Dr. h.c. *Wolfgang Schluchter,* Ruprecht-Karls-Universität Heidelberg

Oliver Schmakowski, Ruprecht-Karls-Universität Heidelberg

Fabian Schmeisser, Ruprecht-Karls-Universität Heidelberg

Christian Schmidt, Ruprecht-Karls-Universität Heidelberg

Prof. Dr. *Reiner Schmidt,* Universität Augsburg

Prof. Dr. Dres. h.c. *Eberhard Schmidt-Aßmann,* Ruprecht-Karls-Universität Heidelberg

Marcus Schmidtchen, Ruprecht-Karls-Universität Heidelberg

RRef. *Dorothee Schmitt,* Mannheim

Robert Schneidenbach, Ruprecht-Karls-Universität Heidelberg

Prof. Dr. *Friedrich Schoch,* Albert-Ludwigs-Universität Freiburg

Dr. *Bettina Schöndorf-Haubold,* Ruprecht-Karls-Universität Heidelberg

Uta Schoser, Köln

Prof. Dr. *Eckart Schremmer,* Dilsberg

Prof. Dr. *Meinhard Schröder,* Universität Trier

Prof. Dr. *Klaus-Peter Schroeder,* Ruprecht-Karls-Universität Heidelberg

Dr. *Isabel Schübel-Pfister,* Wissenschaftliche Mitarbeiterin am Bundesverfassungsgericht, Karlsruhe

Prof. Dr. *Helmuth Schulze-Fielitz,* Julius-Maximilians-Universität Würzburg

Ulrike Schuster, Ruprecht-Karls-Universität Heidelberg

Manuel Patrick Schwind, Ruprecht-Karls-Universität Heidelberg

Prof. Dr. *Christian Seiler,* Eberhard-Karls-Universität Tübingen

Vizepräsident des Verwaltungsgerichts *Christoph Sennekamp,* Verwaltungsgericht Freiburg

Stefan Simonis, Nomos-Verlagsgesellschaft, Baden-Baden

Ljuba Sokol, Ruprecht-Karls-Universität Heidelberg

Rektor Prof. Dr. *Karl-Peter Sommermann,* Deutsche Hochschule für Verwaltungswissenschaften Speyer

Clemens Steinhilber, Ruprecht-Karls-Universität Heidelberg

Dr. *Christian von Stockhausen,* Hamburg

Philip Stomberg, Ruprecht-Karls-Universität Heidelberg

Prof. Dr. *Andreas Thier,* M.A., Universität Zürich

Martina Thum, Ruprecht-Karls-Universität Heidelberg

Benjamin Traa, Ruprecht-Karls-Universität Heidelberg

Dominic Trampler, Ruprecht-Karls-Universität Heidelberg

Prof. Dr. *Robert Uerpmann-Wittzack,* Universität Regensburg

Prof. Dr. *Arnd Uhle,* Technische Universität Dresden

Prof. Dr. Dres. h.c. *Peter Ulmer,* Ruprecht-Karls-Universität Heidelberg

Matthias Valta, Ruprecht-Karls-Universität Heidelberg

Stefanie Valta, Ruprecht-Karls-Universität Heidelberg

Maja Vogel-von Lehe, München

Prof. Dr. *Uwe Volkmann,* Johannes-Gutenberg-Universität Mainz

Präsident des Bundesverfassungsgerichts Prof. Dr. *Andreas Voßkuhle,* Karlsruhe / Freiburg

Prof. Dr. *Christian Waldhoff,* Rheinische Friedrich-Wilhelms-Universität Bonn

Christian Weber, Ruprecht-Karls-Universität Heidelberg

Prof. Dr. *Bernhard W. Wegener,* Friedrich-Alexander-Universität Erlangen-Nürnberg

Tanja Weimar, Ruprecht-Karls-Universität Heidelberg

RRef. *Christian Weißenberger,* Universität Bayreuth

Rechtsanwältin *Britta Welke,* GSK Stockmann und Kollegen, Stuttgart

Ministerialdirigent *Werner Widmann,* Finanzministerium Rheinland-Pfalz, Mainz

Dr. *Britta Wiegand,* Sozialgericht Mainz

Prof. Dr. *Hinnerk Wißmann,* Universität Bayreuth

Prof. Dr. Dr. h.c. *Rüdiger Wolfrum,* Max-Planck-Institut für ausländisches öffentliches Recht und Völkerrecht, Heidelberg

Dr. *Diana Zacharias,* Max-Planck-Institut für ausländisches öffentliches Recht und Völkerrecht, Heidelberg

Xiao Zhang, Ruprecht-Karls-Universität Heidelberg

Personen- und Sachverzeichnis